Rainer Maras

Unterrichtsgestaltung in der Grundschule heute

Planungshilfen, Strukturmodelle, grundlegende Prinzipien für die Lehr- und Lernplanung

VERLAG LUDWIG AUER DONAUWÖRTH

Die Reihe EXEMPLA wird von Walter Barsig und Hans Berkmüller herausgegeben. Sie stellt Anliegen der Schulpraxis in Grund- und Hauptschule in den Mittelpunkt und berücksichtigt moderne didaktische und methodische Erkenntnisse.

1. Auflage. 1982
© by Verlag Ludwig Auer, Donauwörth. 1982
Alle Rechte vorbehalten
Einbandgestaltung: Brigitte Karcher, Mering
Zeichnungen: Rainer Maras, Ottobrunn, und Harald Hülsmann, Donauwörth
Gesamtherstellung: Druckerei Ludwig Auer, Donauwörth
ISBN 3-403-01315-4

Inhalt

1. Einführung

Unterrichtsgestaltung geschieht in zwei verschiedenen Bereichen: in der Unterrichtsplanung und im Unterrichtsgeschehen. Die Planung äußert sich in Lehrplan, mittelfristigem Arbeitsplan, Wochenplan, geplanter Unterrichtseinheit und Unterrichtszeiteinheit. Das Unterrichtsgeschehen ist ein komplexer Vorgang, in dem die gestalteten Elemente der Planung verwirklicht werden, in dem aber insbesondere spontan auftretende Situationen in den gesamten Kommunikations- und Informationsprozeß eingegliedert werden müssen und somit die tatsächliche Gestaltung prägen.

Je mehr man sich von den groben Rahmenbedingungen des Lehrplans löst und sich der konkret zu realisierenden Unterrichtsstunde nähert, desto mehr stellt sich die Aufgabe der *Gestaltung*. Hier ist exakt zu entscheiden, welche Ziele zu verwirklichen, welche Inhalte zu vermitteln, welche Verfahren zu verwenden und welche Methoden einzusetzen sind. Dieser Bereich der unmittelbaren Vorbereitung ist ein wichtiger Teil der beruflichen Arbeit des Lehrers. „Die Vorbereitung seines Unterrichts ist eine wesentliche Berufsaufgabe des Lehrers; sie ist der Öffentlichkeit kaum bewußt, obwohl die Solidität der Berufsarbeit auf Dauer an einer gewissenhaften Vorbereitung liegt" (Beckmann, S. 581). Aus der Sicht des jungen Lehrers, der in der Ausbildung steht, bedeutet die Planung einer Unterrichtsstunde ein erhebliches Problem. Denn in dieser Vorbereitung geht es darum, die sachlichen, psychologischen und situativen Gegebenheiten und die didaktischen Forderungen, allgemeiner und fachlicher Art, zu berücksichtigen.

Da jede Planung zu Festlegungen führt, entstehen Probleme, dem Unterricht als lebendigem Interaktionsgeschehen gerecht zu werden. Deshalb wird nun die Problematik der Unterrichtsplanung umrissen. Dieser Darlegung folgen Begründungen, die schließlich zu einer Aufstellung der Zielsetzungen dieses Buches führen.

1.1 Problematik der Unterrichtsplanung

Jeder Lehrer hat die Erfahrung gemacht, daß „keine Unterrichtsstunde wie die andere verläuft". Diese schlichte Erkenntnis liegt in der Eigenheit von Unterricht begründet, trotzdem muß diese Aussage immer wieder betont werden, da gerade unsere jungen Kollegen in der Ausbildungsphase die in großer Zahl angebotenen veröffentlichten Stundenbilder häufig unverändert als Vorbereitung übernehmen. Dies gilt ebenso für gesehene Stundenbeispiele oder für bereits selbst erfolgreich gehaltene Unterrichtsstunden.

Das Problem der Planung von Unterricht stellt sich in der Praxis in zweierlei Hinsicht dar:

1. Artikulationsschemata können Verlaufsstrukturen nur allgemein beschreiben. Sie müssen auf die jeweilige Sache und Situation abgestimmt werden. Die

schablonenhafte Übernahme von Artikulationsschemata führt zur methodischen Starrheit und zur Verformung der Sache, wie es Entwicklung und Gebrauch der Herbartschen Formalstufen zeigen. Die Einengung des Unterrichts in die Zwänge eines Schemas geschah nicht nur in der Nachfolge Herbarts, etwa durch Ziller und Rein, sondern scheint auch heute die unterrichtliche Praxis zu beeinträchtigen: „Die Teilnahme an sogenannten Prüfungsvorbereitungsseminaren für Lehramtsanwärter oder an deren Prüfung selbst, der Besuch eines beliebigen Seminars, sei es der 1. oder der 2. Phase der Lehrerbildung, der Blick in bestimmte Zeitschriften für die Unterrichtspraxis – sie alle führen zu der erschreckenden Erkenntnis, daß *ein neuer ‚Stufenstil'* (i. O. kursiv, Anm. d. Verf.) gefunden wurde . . ., der dem Schema F (= Formalstufen) wahrlich in nichts nachsteht. In solchen Praxis-Zeitschriften werden alle Stoffe nicht nur äußerlich, d. h. vom Umfang her, in ein Prokrustesbett gezwängt, sondern auch ohne Rücksicht auf den Inhalt gleichmäßig ‚gegliedert'" (L. W. Müller, S. 370).

2. Der Verlaufsplan einer Unterrichtsstunde wird unter Annahme einer Vielzahl von Voraussetzungen erstellt. Die Reaktionen der Kinder sind häufig entweder nicht oder nur in einem weiten Spektrum abzuschätzen, so daß sich diesbezüglich Unterricht im Kern als unplanbar erweist. „Das vorher Geplante und das situativ Einmalige und daher Unplanbare bilden im realen Unterrichtsgeschehen eine *Wirkeinheit* (i. O. kursiv, Anm. d. Verf.). Hier zu entscheiden – meist ganz kurzfristig zu entscheiden – inwieweit die Berücksichtigung einer konkreten Situation die Abweichung vom Plan rechtfertigt – ist eine der schwierigen Aufgaben des Lehrers als Organisator des Unterrichts. Er ist zur Entscheidung gezwungen, aber diese Entscheidung ist mit großer Unsicherheit belastet, ob er bei einer anderen Entscheidung nicht bei seinen Schülern größere Lernwirksamkeit erzielt hätte. Auch eine gute Planung kann diese Entscheidungsnot dem Lehrer nicht abnehmen. Bei der Organisation des Unterrichts steht der Lehrer während des Unterrichtsverlaufs daher immer in einem Spannungsfeld zwischen Planung und ungeplanter Gestaltung" (Schröder, S. 23).

1.2 Ansätze zur Lösung des Spannungsfeldes zwischen Festlegung und Unplanbarkeit

Da Lehren ohne Präzisierung von Absichten zielblind und damit auch ineffektiv wird, ist Unterricht ohne Planung sinnlos. Um die Schwierigkeiten abzumildern, die im Spannungsfeld von Festlegung und Unplanbarkeit entstehen, müssen einige Folgerungen für die Art der Unterrichtsplanung gezogen werden:

– Das Ausmaß der Festlegung von Zielen, Inhalten, Verfahren und Methoden ist abhängig vom Lerngegenstand. Die Konsequenz daraus ist für viele Lehrstoffe eine geschlossene Unterrichtsplanung und für viele andere Lern-Sachen eine offene Unterrichtsplanung. „Die *Einschulung von Fertigkeiten* mit starker Betonung der Übung und der Normenkontrolle kann und muß sorgfältigst in

Einzelschritten geplant werden . . . Auch der *Erwerb von Kenntnissen* läßt sich in den Schritten und Inhalten weitgehend festlegen und im Ergebnis recht genau kontrollieren . . . Nur noch im Ziel festgelegt, im Weg jedoch weitgehend offen ist das Verfahren, das auf die *Gewinnung von eindeutig bestimmbaren Einsichten* auf dem Wege des ‚entdeckenden Lernens' zielt. Der einsichtige Akt selbst ist nicht verfügbar . . . Auch im Ergebnis offen ist der Unterricht dort, wo es auf die *Auseinandersetzung mit Sinnfragen* (i. O. jeweils kursiv, Anm. d. Verf.) ankommt, bei denen es die ‚richtige Lösung' gar nicht gibt. Planung besteht hier in der Bereitstellung der kontroversen Argumente und des Ausgangsproblems . . ." (Glöckel [3], S. 525).

— Abfolge, Struktur und Bezeichnung der einzelnen Phasen des Unterrichts sind abhängig vom Lerngegenstand. *„Jeder Bildungsstoff trägt das Gesetz seiner Behandlung in sich selbst"* (i. O. kursiv, Anm. d. Verf.; F. Fikenscher, zitiert bei L. W. Müller, S. 370). Dieser Grundsatz wurde auch klar in den Richtlinien für die bayerischen Volksschulen von 1966 zum Ausdruck gebracht: „Unterrichtsstufen mit formaler Einlinigkeit sind abzulehnen. Die Methode hat der Eigenart des Unterrichtsstoffes zu entsprechen . . ." (Richtlinien, S. 23). Dies schließt auch mit ein, daß Unterrichtsphasen dort so exakt benannt werden, wie es von der Sache her erforderlich ist. Es erscheint beispielsweise der Begriff „Sprachbegegnung" äußerst diffus, wenn er beliebig für die Artikulation des Unterrichts in Sprachlehre, Rechtschreiben, Schriftlichem Ausdruck und im Weiterführenden Lesen verwendet wird. Hier ist es dann im Einzelfall zutreffender, von „Begegnung mit dem Wortmaterial" oder „Textbegegnung" zu sprechen.

— Unterrichtsplanung ist abhängig von der komplexen Gesamtsituation, in der Unterricht durchgeführt werden muß. Diese Gesamtsituation ergibt sich aus einem Geflecht von Einzelbedingungen, die etwa repräsentiert werden durch räumliche Verhältnisse, Vorhandensein von Lehr- und Arbeitsmitteln, Schülerinteressen, Arbeitsgewohnheiten von Schülern, Vorwissen und Einstellungen der Schüler, emotionale Voraussetzungen, Lehrerpersönlichkeit, Struktur des Lernobjekts, Aktualität oder örtliche Gegebenheiten, die in Bezug zum Lernobjekt stehen. „Worauf es also ankommt? Auf *die variable Gestaltung der Lehrstufen* (i. O. kursiv, Anm. d. Verf.) . . . je nach Stoff, je nach Fach, je nach didaktischer Absicht, je nach Schülerpopulation, je nach Lehrerpersönlichkeit" (L. W. Müller, S. 371).

Die Verabsolutierung eines einzelnen Aspektes macht Unterricht einseitig, auf die Dauer auch wirkungslos und läuft dem Lehr- und Erziehungsauftrag einer demokratisch verstandenen Schule zuwider. An einem Beispiel zeigt W. Schulz diese Gefahr besonders deutlich auf: *„Die Konzentration auf das Thema allein* (i. O. kursiv, Anm. d. Verf.) kann zur völligen Entmündigung der Schüler führen und einem heimlichen Lehrplan . . . zur Herrschaft verhelfen, der durch alle Themen hindurch nur die Unterwerfung unter eine scheinbar menschenunabhängige Sachgesetzlichkeit, unter eine darauf beruhende Lehrerautorität . . . als Einübung in abhängige Beschäftigung bewirkt" (Schulz, S. 16).

Von dieser Einschränkung bleibt jedoch das Prinzip „Die Sache bestimmt die Methode" unberührt. In Abstraktion von den situativen Voraussetzungen können übergeordnete Grundsätze formuliert werden, die für die individuelle Ausgestaltung von Unterricht großen Raum bieten. So hat H. Roth die „originale Begegnung" als methodisches Prinzip begründet. „Auch die Unterrichtsgestaltung der Einzelstunde erfordert einen in Erkenntnisstufen sich vollziehenden Aufbau, aber diese Stufen sind nicht in einem allgemeinen Stufenschema festlegbar, obwohl auch Allgemeines über sie gesagt werden kann; entscheidender ist, daß sie für jede wesentlichere Begegnung zwischen Kind und Gegenstand neu gesucht, entdeckt und gestaltet werden müssen." Im methodischen Prinzip der originalen Begegnung „steckt der Kunstgriff, Kind und Gegenstand so aufeinander zu beziehen, daß sie einander nicht mehr loslassen . . . Alle methodische Kunst liegt darin beschlossen, tote Sachverhalte in lebendige Handlungen rückzuverwandeln, aus denen sie entsprungen sind: Gegenstände in Erfindungen und Entdeckungen . . ., Pläne in Sorgen . . ., Phänomene in Urphänomene" (H. Roth, S. 112 und 116).

1.3 Bedeutung der Planung

Dieser kurze Einblick in die Diskussion der Planbarkeit des Unterrichts enthielt bereits manche Hinweise darauf, daß der Unterrichtsplanung eine wichtige und hilfreiche Funktion zukommt. Näher betrachtet ergeben sich verschiedene Begründungen für

a) die Bedeutung der Unterrichtsplanung im allgemeinen:
– Klarheit der Intentionen hinsichtlich Lernziel, Inhalt, Verfahren und Methoden
– Übersicht über die Verteilung und Gewichtung von Inhalten und Verfahren
– Vermeidung von zufälligen Lernerfolgen
– Hilfe zum schrittweisen Aufbau von Begriffen, Strukturen und Arbeitsweisen
– Beitrag zur zielorientierten Unterrichtsgestaltung
– Mittel zur Kontrolle der getroffenen Maßnahmen im Rahmen der Nachbereitung
– Planung als Hinweis auf vorzubereitende Arbeitsmaterialien oder Aufgabenstellungen für die Schüler

b) die Bedeutung der Planung einer einzelnen Unterrichtsstunde:
– Sicherheit in der Steuerung des Lernprozesses
– Sicherheit in stofflicher und methodischer Hinsicht
– Klarheit von Aufträgen, Fragen und Impulsen
– Entlastung des Lehrers für situationsbedingte Reaktionen: Detailfragen von Schülern beantworten, auf Argumente eingehen, Würdigung von Beiträgen, Betreuung einzelner Kinder, spontane Äußerungen nützen, angemessene Bewältigung von Störungen, erzieliche Maßnahmen

1.4 Aufgabenstellungen des Buches

1.4.1 Wodurch kann die Unterrichtsgestaltung unterstützt werden?

Nachdem nun die Notwendigkeit der Unterrichtsplanung skizziert wurde, stellt sich die Frage, welchen Dienst ein Buch leisten kann, dem Lehrer eine Hilfe zu geben, einerseits den Unterricht zu planen und andererseits den Gefahren eines schablonenhaften Vollzugs zu entgehen. Zweifellos führen die – oben bei L. W. Müller angesprochenen – Publikationen mit methodischen Ausführungen zu einzelnen Stundenthemen zur bloßen rezeptiven Übernahme der Maßnahmen. Aufgrund der überwiegenden Argumente *für* derartige „Stundenbeispiele" sind sie jedoch als Hilfe zur Unterrichtsgestaltung anzusehen.

Der Eindruck, daß heute Unterricht zunehmend nach einem „Schema F" abläuft, muß relativiert werden: Wird nicht gerade das veröffentlicht, was in die Schemata hineinpaßt, die sich aus fachdidaktischen Forderungen ergeben? Abgesehen davon, daß manches Strukturschema nicht einmal im allgemeinen „paßt" (Siehe oben: „Sprachbegegnung"!) oder kaum abgesichert ist, wird der Lehrer, der ein Stundenbeispiel publiziert, nur selten ein Artikulationsschema anbieten, das nicht allgemein verwendet wird, da ihm sonst unter Umständen die „Wissenschaftlichkeit" abgesprochen wird[1].

Eignen sich weiterhin nicht gerade die Unterrichtsthemen gut zu einer schriftlichen Darstellung, die kognitive Lerngegenstände beinhalten? Dabei werden natürlich immer wieder ähnliche Lernschritte notwendig, die sich in analogen Bezeichnungen äußern. Ferner scheint es gar nicht einfach zu sein, sich von einer häufig gebrauchten Unterrichtsstufung zu lösen, auch wenn man für deren Problematik sensibilisiert ist[2].

Eine weitere Hilfe zur Unterrichtsplanung ist die Orientierung an Prinzipien des Unterrichts. Dazu hat P. Brunnhuber mit seinen „Prinzipien effektiver Unterrichtsgestaltung" einen wichtigen Beitrag geleistet. In diesem Titel zeigt sich deutlich, daß bereits in der Planung eine *Gestaltung* des Unterrichts vorbereitet wird. Prinzipien umgrenzen den Bereich, in dem sich eine Planung bewegen soll, die auf einen lerneffektiven Unterricht abzielt.

Schließlich sind sogenannte „Strukturmodelle" aus den einzelnen Fachbereichen hilfreich, den Unterricht zu gestalten. Gerade sie geben dem Anfänger im Lehrberuf die ersten Hinweise, welcher grundsätzlicher Unterrichtsprozeß im jeweiligen Fach ablaufen soll. „Diese Modelle geben brauchbare Anhaltspunkte, nach denen

---

1 Vgl. die kurze Rezension zu Barsig/Berkmüller: Die Unterrichtsvorbereitung für die Schule von heute. In: Beckmann, H.-K.: Literaturbericht zum Thema: Unterrichtsvorbereitung. In: Westermanns Pädagogische Beiträge 11/1974, S. 627–634, hier S. 628 ff.
2 Zwar wird in dem oben bereits zitierten Aufsatz ein „Unterricht ohne Schema F" angekündigt (L. W. Müller, S. 371), jedoch erscheint einige Seiten später eine Phase „Problembegegnung", in der sich überhaupt kein Problem ergibt (Bichler, A.: Die Bergwacht mahnt. In: Monatshefte für die Unterrichtspraxis – Die Scholle 6/1980, S. 380–386, hier S. 382).

sich der Lehrer bei der Unterrichtsvorbereitung richten kann, ohne stets immer wieder neu die Lernphasen überdenken zu müssen" (Geisreiter, S. 103).

1.4.2 Zielsetzungen des Buches

* Das Buch versteht sich als Fortsetzung des in dieser Reihe erschienenen Bandes „Die Unterrichtsvorbereitung für die Schule von heute". Barsig/Berkmüller haben damit 1970 praxisorientierte Verlaufsstrukturen vorgestellt. Dies war der Beginn zur Entwicklung weiterer (verfeinerter) Strukturmodelle und sicher auch eine Basis für die später, etwa ab 1974, einsetzende Veröffentlichung einer Vielzahl von Stundenbeispielen in den Fachzeitschriften. Nach nunmehr über zehn Jahren soll mit dem vorliegenden Band eine Zusammenschau dieser Entwicklung versucht werden.

* Die Darlegungen beziehen sich auf die Grundschule; jedoch können verschiedene Abschnitte, die den Unterricht allgemein betreffen, oder einige fachliche Aussagen (z. B. in Deutsch, zur Geometrie, zur Kunsterziehung) unverändert oder modifiziert für die Hauptschule übernommen werden.

* Aus dem Bereich der Unterrichtsgestaltung wird der Teil ausgewählt, der noch in der Planungsphase liegt, aber schon gestaltend in das tatsächliche Unterrichtsgeschehen hineinwirkt. Dieser Teil ist im folgenden Schema hervorgehoben:

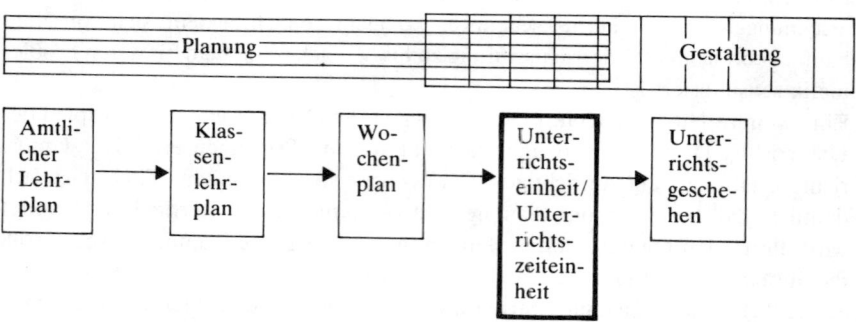

Abb. 1: Planungs- und Gestaltungsphasen des Unterrichts

* Zur Unterstützung dieser Planungs- und Gestaltungsphase werden angeboten:

a) Kennzeichnende Begriffe für die Hauptphasen des Unterrichtsprozesses und Erläuterung deren Funktion

b) Überblick über die allgemeinen Grundlagen des Unterrichtens, z. B. „Anschauung"

c) Strukturmodelle zu den einzelnen fachlichen Bereichen der Grundschule

d) Einblick in die theoretischen Grundlagen der einzelnen fachlichen Bereiche

e) Verdeutlichung der allgemeinen Feststellungen an konkreten Beispielen („Unterrichtsbeispiele") und

f) Hinweise zu wichtigen Einzelmaßnahmen des Unterrichts, z. B. zu „Unterrichtsgang".

Durch diese Informationen soll der Leser in die Lage versetzt werden, selbständig und situationsgemäß den eigenen Unterricht von der Planung her zu gestalten. Das Buch beinhaltet also Segmente, die zur Bewältigung der Gestaltungsaufgabe entsprechend zusammengesetzt werden müssen; ein umfassendes *didaktisches Konzept wird nicht entwickelt.* Ebenso wird darauf verzichtet, die Planungsschritte (Lehrplan, Wochenplan, didaktische Analyse . . .) im einzelnen zu erläutern und zu diskutieren; dies ist bereits so konkret geschehen, daß ein weiterer Beitrag nur eine Wiederholung bedeuten könnte; siehe dazu[3]

Witzenbacher, K.: Die Unterrichtsplanung. Prögel, Ansbach 1976

Schulz, W.: Unterrichtsplanung. Urban & Schwarzenberg, München 1980, 2. durchges. Aufl.

Franke, P.: Unterricht planen – Unterricht vorbereiten. Auer, Donauwörth 1977

Caspar/Glöckel/Rabenstein: Die Vorbereitung des Unterrichts, Bd. 1, Klinkhardt, Bad Heilbrunn/Obb. 1974, 2. Aufl.

∗ Neben dieser Planungshilfe soll dieses Buch eine Lernhilfe sein und spricht deshalb die jungen Kollegen an, die sich in der 1. und 2. Ausbildungsphase befinden. Deshalb wurde für die jeweiligen Abschnitte ein gleichbleibender Raster zugrundegelegt und der Umfang der einzelnen Unterpunkte so gehalten, daß die Überschaubarkeit gewährleistet ist. Um den Zugriff zu erleichtern, werden in den Abschnitten 3, 4 und 5 optische Zeichen eingeführt. Im nachstehenden Schema, Abb. 2, sind diese zu erkennen. Im Sinne der Lernhilfe sind auch die Literaturempfehlungen zu verstehen: Sie sind bewußt in der Anzahl gering gehalten und stellen hinsichtlich der Auswahl des öfteren einen Kompromiß zwischen Lesbarkeit und praxisrelevanten Informationen dar.

Diese Zielsetzungen wurden im praktischen Bereich durch die vielfältigen Ratschläge unterstützt, die ich von erfahrenen Lehrerinnen und Lehrern erhalten konnte. Deshalb danke ich an dieser Stelle meinen Kolleginnen und Kollegen, insbesondere Frau Renate Kreutzer, für die wertvollen Hinweise zur Unterrichtspraxis.

---

3 Weitere Literaturhinweise zur Unterrichtsplanung z. B. in Schulz, S. 186–188

1.4.3 Anmerkungen zum Gebrauch

– *Numerierung:* Mit der Numerierung der Ausführungen zu einem Unterpunkt wird jeweils neu begonnen; dadurch werden vielstellige Kapitelnummern umgangen. Beispiel: „3.3 Anschauung" beginnt wieder mit „1. Begriffsklärung".
– *Literaturempfehlungen:* Aus Platzgründen sind die Literaturempfehlungen zu den Kapiteln 3 und 5 im Anhang untergebracht.
– *Strukturmodelle:* In den rechten Spalten der hier dargestellten Strukturmodelle sind mehrere praktische Hinweise zur Gestaltung der jeweiligen Unterrichtsphase enthalten; diese Hinweise verstehen sich jedoch nur als Konkretisierung dessen, was in der linken Spalte abstrakt formuliert ist. In jedem Fall müssen für die zu planende Unterrichtsstunde spezifische Maßnahmen ausgewählt werden.
– *Unterrichtsbeispiele:* Zur Verdeutlichung eines – zwangsläufig verallgemeinernden – Strukturmodells ist jeweils ein Unterrichtsbeispiel angefügt. Um aufzuzeigen, daß dieses Strukturmodell in bezug auf den spezifischen Lernstoff variiert werden muß, wurde in den meisten Fällen eine modifizierte Artikulation für dieses Unterrichtsbeispiel entworfen.
– *Lehrplan:* Alle Hinweise auf den „Lehrplan" verstehen sich als Bezugnahme auf den Lehrplan für die Grundschulen in Bayern vom 22. 5. 1981.

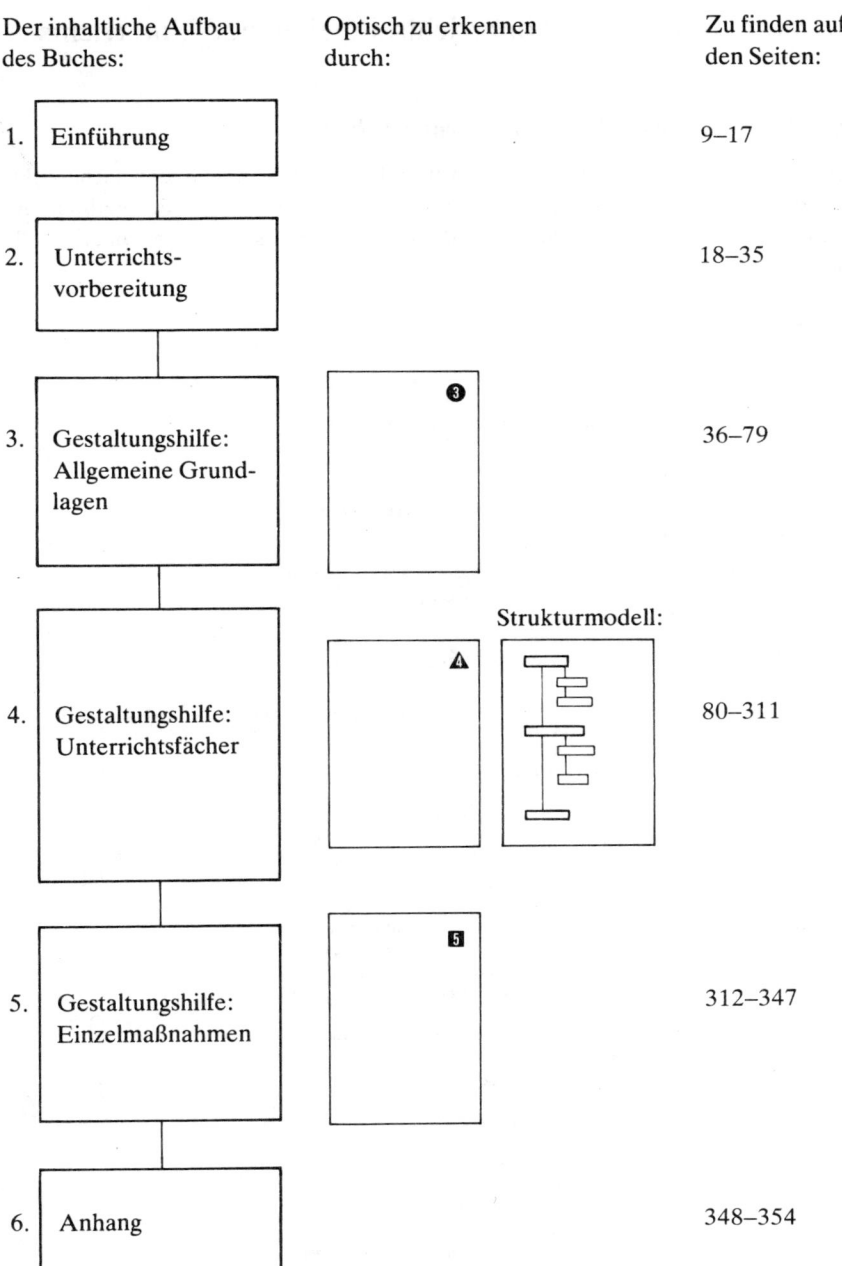

Der inhaltliche Aufbau des Buches:	Optisch zu erkennen durch:	Zu finden auf den Seiten:
1. Einführung		9–17
2. Unterrichtsvorbereitung		18–35
3. Gestaltungshilfe: Allgemeine Grundlagen		36–79
4. Gestaltungshilfe: Unterrichtsfächer	Strukturmodell:	80–311
5. Gestaltungshilfe: Einzelmaßnahmen		312–347
6. Anhang		348–354

Abb. 2: Kennzeichnung von Abschnitten des Buches

2. Vorbereitung von Unterrichtseinheiten und Unterrichtsstunden

2.1 Das Vorgehen bei der planerischen Arbeit

Die Unterrichtsplanung muß vier Schwerpunkte berücksichtigen: den Sachaspekt, die situativen Gegebenheiten, eine didaktische Analyse und die methodische Aufbereitung. In dieser Abfolge wird sich die planerische Arbeit häufig vollziehen:

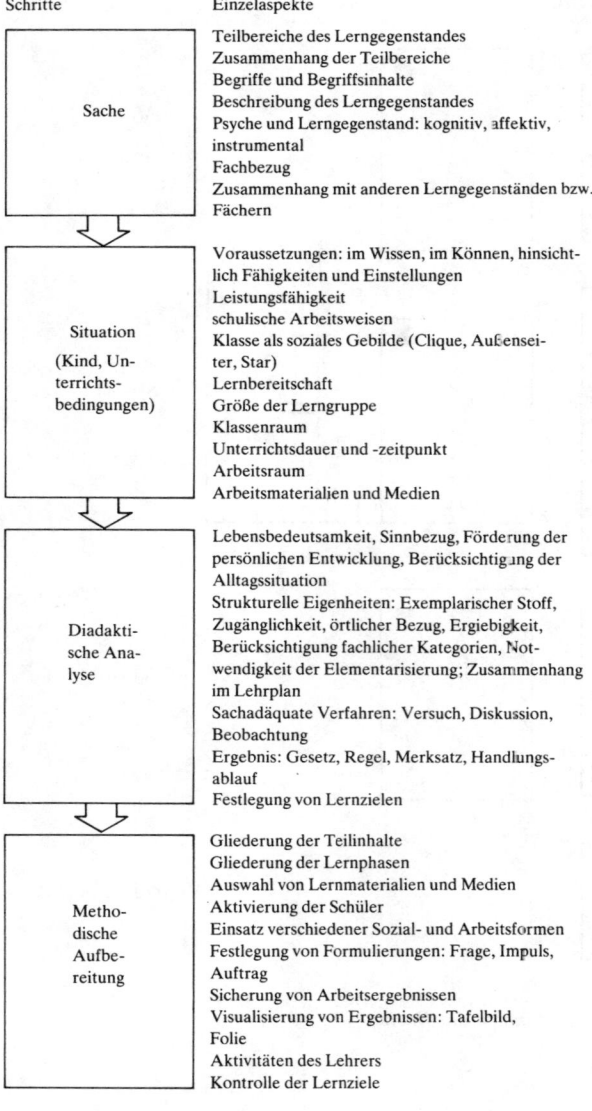

Schritte	Einzelaspekte
Sache	Teilbereiche des Lerngegenstandes Zusammenhang der Teilbereiche Begriffe und Begriffsinhalte Beschreibung des Lerngegenstandes Psyche und Lerngegenstand: kognitiv, affektiv, instrumental Fachbezug Zusammenhang mit anderen Lerngegenständen bzw. Fächern
Situation (Kind, Unterrichtsbedingungen)	Voraussetzungen: im Wissen, im Können, hinsichtlich Fähigkeiten und Einstellungen Leistungsfähigkeit schulische Arbeitsweisen Klasse als soziales Gebilde (Clique, Außenseiter, Star) Lernbereitschaft Größe der Lerngruppe Klassenraum Unterrichtsdauer und -zeitpunkt Arbeitsraum Arbeitsmaterialien und Medien
Diadaktische Analyse	Lebensbedeutsamkeit, Sinnbezug, Förderung der persönlichen Entwicklung, Berücksichtigung der Alltagssituation Strukturelle Eigenheiten: Exemplarischer Stoff, Zugänglichkeit, örtlicher Bezug, Ergiebigkeit, Berücksichtigung fachlicher Kategorien, Notwendigkeit der Elementarisierung; Zusammenhang im Lehrplan Sachadäquate Verfahren: Versuch, Diskussion, Beobachtung Ergebnis: Gesetz, Regel, Merksatz, Handlungsablauf Festlegung von Lernzielen
Methodische Aufbereitung	Gliederung der Teilinhalte Gliederung der Lernphasen Auswahl von Lernmaterialien und Medien Aktivierung der Schüler Einsatz verschiedener Sozial- und Arbeitsformen Festlegung von Formulierungen: Frage, Impuls, Auftrag Sicherung von Arbeitsergebnissen Visualisierung von Ergebnissen: Tafelbild, Folie Aktivitäten des Lehrers Kontrolle der Lernziele

Dieses Vorgehen in der planerischen Arbeit wird nun durch ein Beispiel konkretisiert. Die Thematik ergibt sich aus dem Lernziel 1.4 der Heimat- und Sachkunde, 3. Jahrgangsstufe: „Das Leben der Familie früher und heute".

I. Sachinformation

Die Typisierung der „Familie heute" geschieht im allgemeinen durch den Begriff „Kernfamilie". Dagegen läßt eine Fixierung der „Familie früher" einen größeren Spielraum zu. Hier ließe sich sowohl die „Großfamilie" (vorindustriell) als auch die patriarchalisch geprägte Kleinfamilie (Jahrhundertwende) skizzieren.

Die Großfamilie setzte sich aus Einzelfamilien und unverheiratet gebliebenen Verwandten zusammen und erstreckte sich über mindestens drei Generationen. Sie bildete eine Gemeinschaft in allen wesentlichen Daseinsfunktionen: Wohnen, Arbeiten, Erziehen, Ausbildung, Individuation, Sozialisation, soziale Sicherung. Infolge der industriellen Revolution entwickelte sich die Kleinfamilie, die jedoch aus dem System der Großfamilie die hierarchische Struktur übernahm. So traf nun der Vater, als „Herr des Hauses", alle wesentlichen Entscheidungen für das Leben der Gesamtfamilie wie auch des einzelnen Familienmitgliedes. Diese Spielart der Kleinfamilie ist geprägt von der dominierenden Rolle des männlichen Geschlechts und der Zuweisung untergeordneter und statischer Funktionen für Ehegattin und insbesondere Tochter.

Die Kernfamilie schließlich besteht in unserer Zeit aus zwei Generationen: Eltern und Kind. Deshalb sind die Beziehungen zu den anderen Verwandten zeitlich und örtlich nur punktuell gegeben: durch Besuch, Telefongespräch, Brief oder besondere Ereignisse (Taufe, Hochzeit, Tod; seltener z. B. ein gemeinsamer Ausflug). Soziale Kontakte sind nun für das Kind vielfältiger Natur, da Schule, Spielkameraden und viele andere Umweltbereiche (Einkaufen, Verkehrsmittel, Freizeit) reichhaltige Möglichkeiten bieten. Die Reduzierung der Normensetzung auf meist eine Person (Mutter) einerseits und die Erfahrung abweichender Verhaltensmuster andererseits, kann schon frühzeitig zu Spannungen zwischen Eltern und Kind führen. Sie werden aber zunehmend durch partnerschaftliche Erziehungsmaßnahmen gelöst. Damit ist die geänderte – oder sich noch verändernde – soziale Rolle des Kindes angesprochen. Neben der Einbeziehung des Kindes in Entscheidungsprozesse innerhalb der Familie hat sich auch die Funktion der Familie hinsichtlich der Freizeitgestaltung verändert. Gemeinsam für alle Familien ist wohl die Zunahme der Quantität der Freizeit, dagegen fällt die Qualität der Gestaltung des Familienlebens sehr differenziert aus. Zunehmend verselbständigt sich nämlich der Lebensbereich des einzelnen Familienmitglieds, so daß die Kinder ihre eigene Welt aufbauen und Vater und Mutter ebenfalls ihren speziellen Interessen nachgehen.

II. Kind und Lerngegenstand

1. Situationen des Kindes, in denen Familie erfahren wird:

Vater und Mutter:
- Essen bereiten
- Helfen bei verschiedenen Verrichtungen (Sauberkeit, Anziehen, Hausaufgabe)
- Bereitstellen von notwendigen Einrichtungen und Gegenständen
- Korrigieren von Verhalten
- Festsetzen von Regeln
- Bestrafen bei Übertretungen von Normen (Sanktionen)
- Trösten bei Schmerz
- Erklären von Sachverhalten
- gemeinsames Spielen
- Sprechen über Schwierigkeiten
- liebevolle Zuwendung
- Loben und Bestätigen
- Planen und Durchführen von Unternehmungen

Großmutter, Großvater, Onkel etc.:
- Besuchen am Wochenende
- Antelefonieren zum Weihnachtsfest
- Schreiben eines Einladungsbriefes
- Sich-treffen bei familiären Feierlichkeiten
- ferner prinzipiell alle anderen Tätigkeiten wie die Eltern, nur örtlich und zeitlich isoliert

2. Aktivitäten des Kindes im Rahmen der Familie
- Emotionales Reagieren auf die Tätigkeiten der Eltern
- Bitten um Gegenstände oder Tätigkeiten
- In-Anspruch-nehmen von Fürsorge- und Pflegeleistungen
- Gebrauchen von Einrichtungen, die den Daseinsfunktionen dienen
- Danken für verschiedene Leistungen
- Fragen nach Erklärungen
- Suchen nach Trost und Zuwendung
- Aufnehmen von Wertungen, Normen, Stimmungen, Haltungen
- Durchführen geforderter Verhaltensweisen (Sich-bewegen im Haus, beim Essen, beim Spielen usw.)

3. Wissen des Kindes über die eigene Familie
- Anzahl der Familienmitglieder
- Name der Familie
- Vorname(n) von Vater, Mutter und ggf. Geschwistern
- Bezeichnung für die Mutter des Vaters usw. und deren Namen
- Geburtsdaten einiger Familienmitglieder
- einige besondere Vorkommnisse aus dem Leben der Eltern;

- Beruf des Vaters und der Mutter
- Geburtsorte der einzelnen Familienmitglieder
- Ereignisse aus der gemeinsamen Familiengeschichte (z. B. Feste, Urlaub, schwere Krankheit der Schwester)

4. Informationsquellen über die eigene Familiengeschichte

- Erzählungen der Eltern, der Großeltern
- Fotografien
- Gebrauchsgegenstände, Geräte, Kleidung, Möbel
- Gegenstände, die an besondere Vorkommnisse erinnern.

III. Didaktische Analyse

Die Persönlichkeitsentwicklung des Menschen ist im wesentlichen von seiner sozialen Umwelt geprägt. Den dominierenden Sozialisationsfaktor für das Individuum bildet die Familie. Damit ist diese Thematik von grundlegender Bedeutung für das Kind; die meisten Kinder besitzen Erfahrungen mit „Familie". Die fachlichen Kategorien entstammen der Sozialkunde und der Geschichte: „Das Angewiesensein auf den anderen", „Teilung von Aufgaben", „Verantwortung gegenüber dem eigenen Leben", „Das Gegenwärtige als Gewordenes".
Die Sachanalyse beweist die Fülle der möglichen Teilinhalte; jedoch muß dieser komplexe Sachverhalt auf verstehbare Inhalte reduziert werden: Äußere Lebensbedingungen, Arbeitsteilung, Rolle des Kindes, Familie als Gemeinschaft. Durch die Erhellung des wichtigsten Bereichs in seinem Leben, nämlich der Familie, kann das Kind zu verstehen beginnen, was „Familie als Gemeinschaft" bedeutet; das Bewußtsein der Veränderbarkeit sozialer Gruppierungen wird angebahnt. Die rechte Spalte des Lehrplans gibt weitere Hilfen für die Reduktion des Stoffes im Hinblick auf das Anspruchsniveau des Kindes.
Den Zusammenhang der Thematik „Familie früher und heute" mit anderen Inhalten des Lehrplans zeigt Abb. 3.

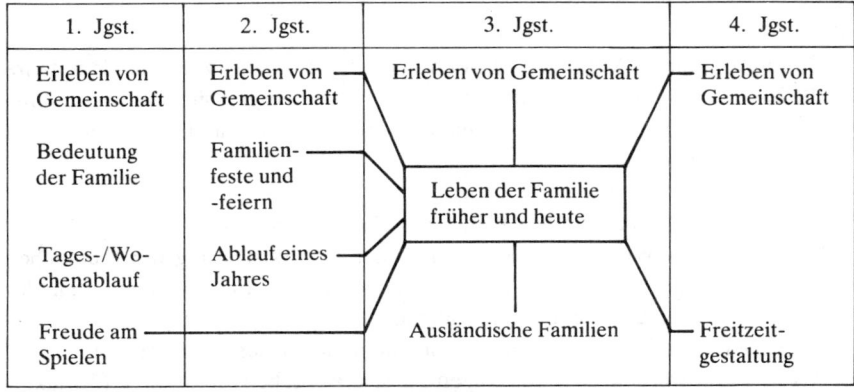

Abb. 3: Zusammenhang der Lehrplaninhalte bezüglich des Themas „Familie – früher und heute"

Mögliche Ergebnisse der Sachauseinandersetzung:

– Die Familie bestand früher aus mehreren Mitgliedern. Zu ihr gehörten auch die Großeltern und Geschwister der Eltern.
– Jeder aus der Familie hatte eine bestimmte Aufgabe.
– Heute ist die Familie kleiner geworden; sie besteht meistens aus Eltern und Kindern. Die Aufgaben verteilen sich auf wenige.
– Das Kind lernte von Anfang an durch Zuschauen (z. B. seinen späteren Beruf). Oft wurde der Sohn das, was der Vater von Beruf war.

Lernziele der Unterrichtseinheit:

– Überblick über die Andersartigkeit des Familienlebens in früherer Zeit
– Einblick in das Familienleben heute: Tagesablauf, Arbeitsteilung, Arbeitsweise, Freizeit, Rolle des Kindes
– Bewußtsein, daß jedes Mitglied der Familie eine bestimmte Aufgabe hat
– Fähigkeit, einige Änderungen in den Lebensgewohnheiten der Familie früher und heute aufzufinden
– Bewußtsein, daß auch heute die Familie als Gemeinschaft zusammenlebt
– Kenntnis einiger Mitglieder aus der eigenen Ahnenreihe

IV. Methodische Aufbereitung

1. Hilfen zur Gestaltung

An dieser Stelle zeigt eine Übersicht, Abb. 4, welche Inhalte dieses Buches nun für die ausgewählte Unterrichtseinheit relevant werden.

2. Entscheidungen zur Methode – aufgezeigt an der Unterrichtszeiteinheit „Das Leben einzelner Familienmitglieder hat sich verändert"

a) Vorbereitende Hausaufgabe: Aufnotieren der Orte, in denen die nächsten Verwandten wohnen

b) Maßnahmen zum Unterrichtsgeschehen:
– Hinführung durch Vergleich zweier Bilder: Großfamilie, z. B. aus dem Jahre 1912 – „Kernfamilie" aus dem Jahre 1982. Daraus ergibt sich die Feststellung der Änderung der Familiengröße und der Verteilung der Familienmitglieder auf mehrere Wohnorte.
– Erarbeitung:
1. Teilziel: Viele Familienmitglieder leben an anderen Orten
Einbringen des Wissens der S. in Klassenarbeit; Skizzierung der räumlichen Verteilung der gedachten „Familie Reitmeier". Erkenntnis: Familienmitglieder leben oft in kleinen Gruppen oder allein.
2. Teilziel: Das Leben einzelner Familienmitglieder hat sich geändert
Als Medium werden zwei Bildfolgen eingesetzt: Lebenssituationen (Tätigkeiten) der Großmutter früher bzw. heute. Beispiel:

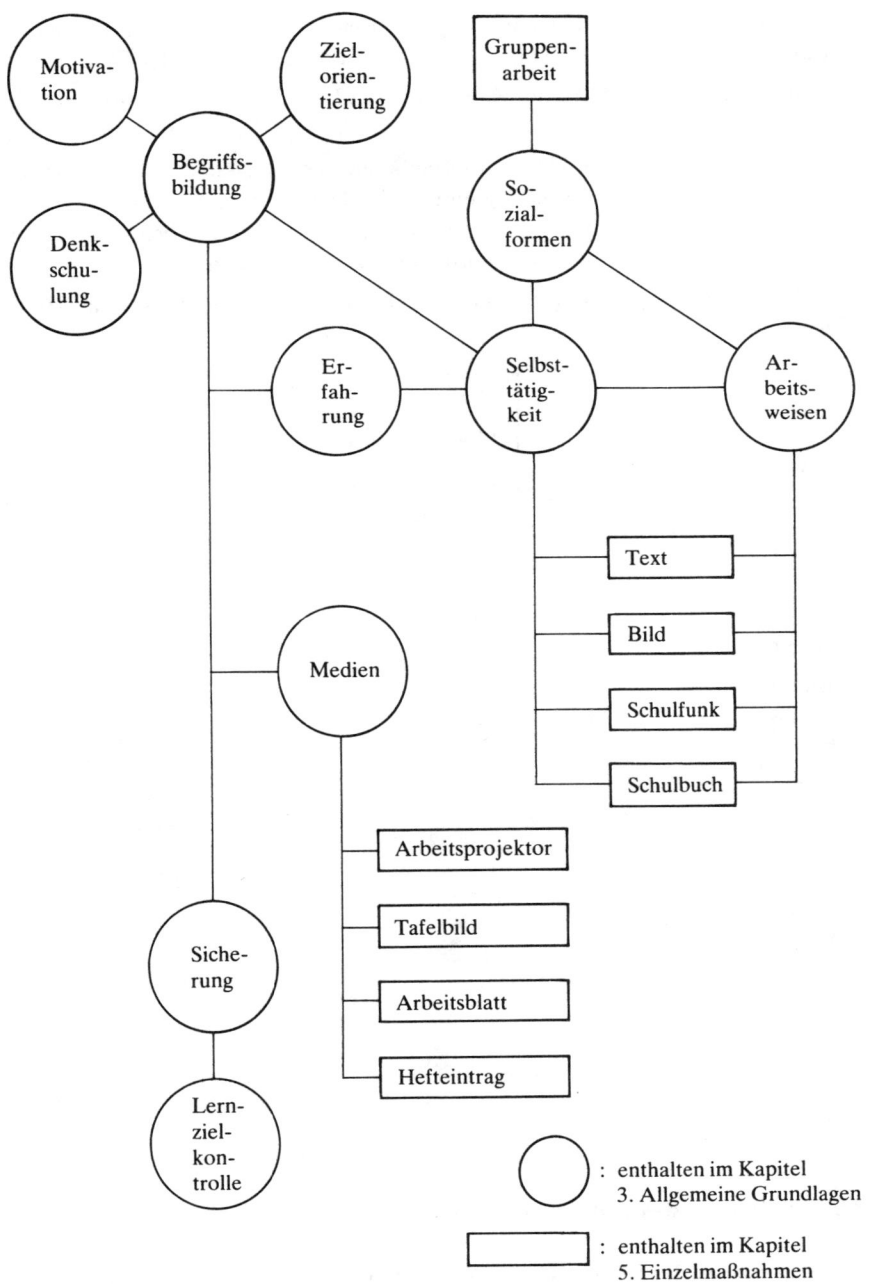

Abb. 4: Relevante Stichworte zur Planung einer Unterrichtseinheit, hier z. B. „Familie – früher und heute"

| Schält Kartoffeln | Liest (Märchen) vor | Beim Garben binden | Beim Essen mit der Familie |
| Beim Einkaufen im Supermarkt | Allein im Zimmer, sieht fern | Im Urlaub | Beim Essen im Altenheim |

Die S. betrachten die Bilder und formulieren Erkenntnisse in Gruppenarbeit; Fixierung an der Tafel; S. berichten über ähnliche Erfahrungen.

– Darstellung der eigenen Situation: Die S. skizzieren in Einzelarbeit – analog zur „Familie Reitmeier" – die Wohnorte der nächsten Verwandten.

c) Hausaufgabe: Die Wohnorte von . . . (z. B. Großmutter und Onkel), als Hefteintrag. Beispiel:

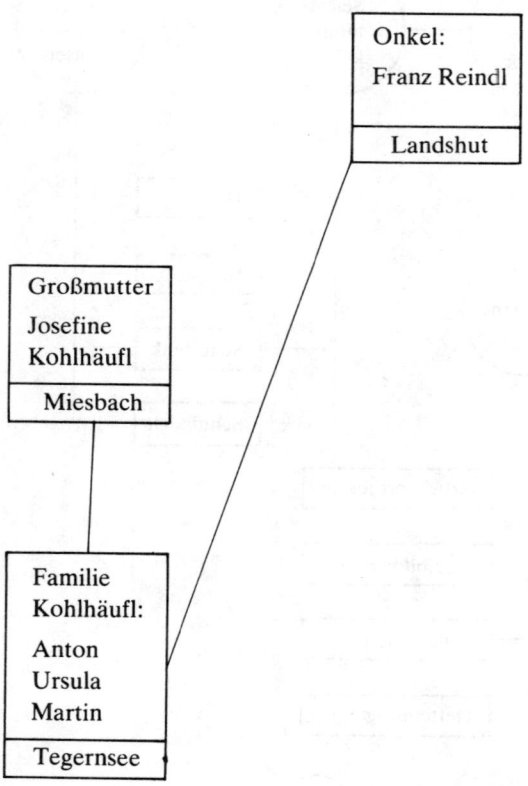

2.2 Gliederung des Unterrichtsprozesses

Ein Teilproblem der methodischen Aufbereitung bildet die Strukturierung des zu gestaltenden Unterrichtsablaufes. Dieses Teilproblem soll nun gesondert behandelt werden.

2.2.1 Verlaufsgliederung als theoretisches Problem

In dem komplexen Phänomen Unterricht sind eine Vielfalt methodischer Maßnahmen und Einzelakte enthalten. Daraus ergeben sich hinsichtlich einer Gliederung des Unterrichtsverlaufes einige Probleme:

- Können aus der Gesamtheit des Unterrichtsgeschehens einzelne Phasen voneinander abgehoben werden?
- Wie nenne ich das, was gerade unterrichtlich geschieht bzw. geschehen soll?
- Kann das Unterrichtsgeschehen durch Begriffe erfaßt werden?
- Welcher Zusammenhang besteht zwischen den einzelnen Phasen des Unterrichts?
- In welche Abfolge sind die einzelnen Phasen zu bringen?

2.2.2 Zum Begriff „Artikulation des Unterrichts"

Die Versuche zur Lösung dieser Fragestellung kommen bereits in der uneinheitlichen Terminologie zum Ausdruck. Für die Gliederung des Unterrichtsprozesses bildeten sich verschiedene Begriffe heraus (Vgl. auch Vogel, S. 9):

Arbeitsstufen	Lehrstufen	Strukturbild
steps of method	Lernstufen	Strukturierung
Methodische Struktur	Formalstufen	Glieder des Unterrichts
Didaktische Funktionen	Lernschritte	Situationen im Unterricht
Lernorganisation	Artikulation	Lehrverfahren.

Vermutlich ist es deshalb zweckmäßig, auf den ersten fundierten Entwurf einer Gliederung des Unterrichtsprozesses durch Herbart zurückzugehen und den Begriff Artikulation, unbelastet von einem dahinterstehenden Programm, zu verwenden. „Ein Rückgriff auf den Herbartschen Begriff der ‚Artikulation' erscheint nicht unberechtigt, worunter dann zu verstehen ist die Ordnung und Gliederung der Unterrichtsakte innerhalb des Unterrichtsvollzuges" (Kopp, S. 190).

2.2.3 Kurzer problemgeschichtlicher Abriß

- Vorformen der Verlaufsgliederung:
  Seit der griechischen Antike kann man eine Gliederung des Unterrichtsablaufes nachweisen[4]. Besonders in den griechischen und römischen Rednerschulen bildete sich erkennbar eine Methode heraus, wie Schülern eine Muster-Rede beizubringen war: Bereitstellen (des Inhalts) – gegliedertes Darlegen – sprachliche Ausformung – Einprägen – Vortragen. Während des Mittelalters wurde die Strukturierung von Unterrichtsinhalten besonders bei der Diskussion theologischer und philosophischer Sachverhalte durchgeführt. In der Zeit der Auf-

---

4 Siehe dazu die ausgezeichnete Darstellung von Oppolzer/Gmelch, S. 59–62

klärung begann eine gezielte theoretische Auseinandersetzung mit der Einteilung von Unterrichtsschritten. Bei J. H. Pestalozzi etwa soll durch Unterricht
die Anschauungskraft entwickelt werden; dabei entstehen klare Anschauungen
auf dem Weg über Beobachtung und Strukturierung.

– Herbart und die Herbartianer:
J. F. Herbart setzte, in bezug auf eine Assoziationspsychologie, psychologische
Annahmen fest und baute darauf seine Unterrichtslehre auf. Demnach sind
beim Neuerwerb von Wissen folgende „Formalstufen" zu beachten: Klarheit –
Assoziation – System – Methode. Nach Herbart „ist Unterricht auf Erkenntnis-
erwerb angelegt; er ereignet sich in *Stufen* mit dem Ziel der *Vielfältigkeit* und
des *Aufbaus des Gedankenkreises*. Es ist das Merkmal des vielfältig organisier-
ten Menschen, der nach der *Ordnung des Gedankenkreises* strebt, daß er nach
System und *Methode* sucht . . . Dies jedoch ist erst nach Aufnahme des Neuen
(*Klarheit*) und dessen Verknüpfung mit Vorhandenem (*Assoziation*) (i. O. jeweils kursiv, Anm. d. Verf.) sinnvoll möglich" (Vogel, S. 33).
Die Schüler Herbarts, wie Ziller, Rein und Dörpfeld, übertrugen die Herbart-
sche Theorie in die Praxis; dies brachte allerdings Fehlinterpretation, Verkürzung und Schematisierung mit sich. Fünf Formalstufen bei W. Rein: Vorbereitung – Darbietung – Verknüpfung – Zusammenfassung – Anwendung.

– Reformpädagogische Ansätze:
Die Starrheit der Formalstufen in der Schulpraxis war Gegenstand der Kritik
durch die Reformpädagogik. Ihr Anliegen war es, die selbständige Tätigkeit
und die individuelle Persönlichkeitsentfaltung zu fördern. Dem aber standen
gestufte Stoffabschnitte im Weg, dagegen entsprachen vielmehr die spontane
Schülerfrage und die „freie geistige Schularbeit" (H. Gaudig). Die Stufung zeigt
sich nun in einer Gliederung des Arbeits*vorgangs,* z. B. Arbeitsmittel auswäh-
len, Arbeitsweg entwerfen (bei O. Scheibner).

– Die Stufigkeit des Lernvorgangs:
Aufgrund empirischer Forschungsergebnisse ist die gegenwärtige Situation im
Problembereich „Artikulation des Unterrichts" durch eine lernpsychologisch
begründete Strukturierung gekennzeichnet: Im Lernvorgang sind die Eintei-
lungskriterien der unterrichtlichen Stufung enthalten (W. Guyer, H. Roth, W.
Correll). So nennt W. Correll „Regeln des Unterrichtsverlaufs": Motivierung –
Definierung – spontane Verarbeitung – logische Verarbeitung – Verifizierung
(Vgl. Correll, S. 169–178). „Die Unterteilung des Unterrichtsverlaufs wird als
Entfaltung des Lernbegriffs gesehen. Die Orientierung an vermuteten, idealtypisch verlaufenden Lernschritten des Schülers ist für den Lehrer eine große
organisatorische Hilfe. Freilich muß gleichzeitig kritisch angemerkt werden, daß
eine Beschränkung des Artikulationsproblems auf die lernpsychologische Komponente problem- und begriffsgeschichtlich . . . eine Verkürzung darstellt, da
die Artikulation immer als Funktion des Ziels zu verstehen ist" (Oppolzer/
Gmelch, S. 65).
Unter Einbeziehung der Zielsetzungen bietet A. Roth fünf Stufungsmodelle an:

Das Stufungsmodell des Kenntniserwerbs, der Erkenntnisgewinnung, der Erlebnisvermittlung, der Ausdrucksgestaltung und der Fertigkeitsschulung (A. Roth, S. 90–105). Zur Vermeidung einer zu starken Festlegung vom Ansatz her schlägt R. Maskus ein offenes, ,,dynamisch-integratives" Strukturmodell vor (Maskus, S. 137–226): Inhaltsentfaltung – Inhaltsverarbeitung – Ergebniskontrolle und Weiterführung.

– Überblick über einige Artikulationsmodelle, Abb. 5, s. S. 28:
Die enthaltenen Unterrichtsschemata sind entnommen aus Vogel, S. 25–27 und Maskus, S. 119 f.

2.2.4 Die Stufung in Entsprechung zur Sachstruktur und den situativen Gegebenheiten

Analog zum planerischen Vorgehen des Lehrers bei der Erstellung einer Unterrichtsstunde (Sachanalyse – Situationsanalyse – didaktische Analyse – methodische Aufbereitung) ist die endgültige Artikulation das Resultat von Sachstruktur, den situativen Gegebenheiten und didaktischen Überlegungen; letztere wirken als ,,Filter" für die Entscheidungen über den zu vermittelnden Inhalt und die dabei nötigen Verfahren. (Abb. 6)

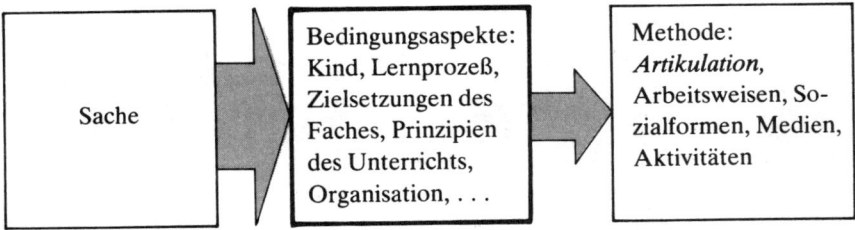

Abb. 6: Bedingungen, die als ,,Filter" bei der Lernplanung wirken

Herbart	Klarheit: ruhende Vertiefung (neues Wissen)		Assoziation: fortschreitende Vertiefung	System: ruhende Besinnung	Methode: fortschreitende Besinnung	
Ziller	Analyse		Synthese	System	Methode	
Rein	Vorbereitung	Darbietung	Verknüpfung	Zusammenfassung	Anwendung	
Dörpfeld	Anschauen			Denken	Anwenden	
Seyfert	Einstimmung	Erarbeitung des Neuen		Einarbeitung in das Bewußtseinsganze	Formale Verarbeitung	
Neubert	Einstimmung	Darbietung (Erlebnis)		Besinnung (Ausklang)	Tataufruf	
Kerschensteiner	Schwierigkeitsanalyse	Lösungsvermutung		Prüfung der Vermutungen auf ihren Lösungswert	Verifikation in der Ausführung	
Scheibner	Arbeitszielsetzung	Arbeitsmittel suchen – prüfen – ordnen – Arbeitsplan entwerfen – Arbeitsschritte ausführen		Arbeitsergebnis beurteilen – sichern – einordnen	Arbeitsergebnis auswerten	
Ströcker	Problemstufe	Lösungsstufe: Vermutung, exakte Gedankenarbeit		Ergebnisstufe: Einsicht, Regel, Gesetz	Anwendungsstufe: Üben, Anwenden, Übertragen	
Project method	purposing (Zielsetzung)	planing (Planung)	execution (Ausführung)	judging (Beurteilung)		
Roth, H.	Motivation	Stufe der Schwierigkeiten	Stufe der Lösung	Stufe des Tuns und Ausführens	Stufe des Behaltens und Einübens	Stufe der Bereitstellung, Übertragung, Integration
Drefenstedt/ Neuner (DDR)	Einführung in die Arbeit am neuen Stoff	Arbeit am neuen Stoff	Festigen und Anwenden	Systematisieren	Wiederholen	Kontrolle und Beurteilung
Okoń (Polen)	Problemsituation	Bewußtmachen der Ziele	Lösung der Probleme	Integration der Einzelresultate	Nachprüfen der Ergebnisse	

Abb. 5: Überblick über einige Artikulationsmodelle (Anmerkung: Die Begriffe in den einzelnen Spalten sind inhaltlich nicht zusammen...)

Wie unterschiedlich die Ergebnisse dieser Planung sein können, zeigen folgende Verlaufsstrukturen, z. B.

a) für die Einführung eines neuen Inhalts:

– Informationsvermittlung (idealtypisch)

– Erkenntnisgewinnung

Anfangsphase

Hinführung
1. Situation
2. Zielsetzung

Problemstellung
Gegensatz
Alltagserfahrung
Fragen formulieren

Mittelphase

Erarbeitung	
1. Teilziel	
Inhalt A	Methode a
Teilzusammenfassung	
	Überleitung
2. Teilziel	
Inhalt B	Methode b
Teilzusammenfassung	
	Überleitung
3. Teilziel	
Inhalt C	Methode c
Teil-/ Gesamtzusammenfassung	
	Überleitung

Lösung
Vermutungen
Beobachtung Versuch planen bereitstellen durchführen
Auswertung Ergebnis

Schlußphase

Verarbeitung
1. Wertung
2. Vertiefender Gedanke

Anwendung
Lebensbezug
Ausweitung
Übung

b) für die Übung einer Leistungsform:

– Einlernen von Bekanntem	– Üben einer neuen, aber eng abgegrenzten Fertigkeit

Anknüpfung	Vorbereitung der Zielübung
Wiederholung Zielangabe	1. Fertigkeitsübung 2. Aufgabenstellung

Übung		3. Lösung
		   Vorschläge
		   Vormachen
		   Begründen
		   Erklären

Übung 1	Schwierigkeitsgrad steigern;	
Übung 2	Wechsel von Tätigkeit, Lösungsmethode, Arbeitsmittel,	Durchführung der Zielübung
Übung 3	Sozialform; Kontrollen;	1. Erste Versuche Ggf. Korrektur
Übung 4	Einsicht herstellen; Differenzierung; Varianten anbieten.	2. Verbesserte Durchführung

	Arbeitsrückschau
Abschluß, z. B. Lernfortschritte herausstellen	Bewußtmachen des neu Hinzugelernten

2.2.5 Bezeichnungen und Funktionen der Unterrichtsphasen

Was allgemein Begriffe leisten, nämlich das Denken zu kanalisieren, hat ebenso für unsere Planungsaufgabe eine Bedeutung. Die Bezeichnungen für die einzelnen Unterrichtsphasen präzisieren in diesem Fall die unterrichtlichen Intentionen. Wenn eine flexible Unterrichtsgestaltung unerläßlich ist, so sollen auch die Artikulationsbegriffe helfen, die ganze Vielfalt der Möglichkeiten zu erfassen. In der nachfolgenden Übersicht sind Bezeichnungen der Unterrichtsphasen zusammengefaßt und grob nach Anfangs-, Mittel- und Schlußphase unterteilt. Hierbei ergeben sich jedoch Überschneidungen, wie dies am Beispiel „Übung" im vorausgehenden Punkt 2.2.4 ersichtlich wird (sowohl in der Schlußphase als auch in der Mittelphase denkbar). Der Übersicht ist eine Aufstellung über die möglichen Funktionen dieser drei Hauptphasen beigefügt. Ein Vergleich zeigt, daß mehrere Bezeichnungen von den Funktionen abgeleitet sind.

Bezeichnungen	Unterrichtsphasen	Funktionen

Anfangsphase

Bezeichnungen	Funktionen
Hinführung	Bereitmachen zur Arbeit
Hinwendung	Zugang zum Thema ermöglichen
Anknüpfung	Einstimmung auf den Inhalt
Einstieg	Vorbereitung zur Auseinandersetzung
Einführung	Zielprojektion, -findung
Einleitung	Weckung der inneren Teilnahme
Einstimmung	Herausforderung zur Aktivität
Eindruck	Bereitstellung des Lernmaterials
Anbahnung	Isolation der Sache
Initiation	Klärung des Sachbereichs
Eröffnungsphase	Abgrenzung des Themenbereichs
Motivation	Einführung in die Arbeit
Problemstellung	Eindruck vermitteln
Problemformulierung	Initiierung der Arbeit
Problematisierung	Schaffung eines gemeinsamen Informationsstan-
Problementfaltung	des bzw. gleicher Voraussetzungen
Problembegegnung	Erkennen des Vorhabens
Fragestellung	Anstoß zum Denken
Hypothesenbildung	Zentrierung der Aufmerksamkeit
Arbeitszielsetzung	Aufbau einer Motivation
Planung	Weckung des Interesses
Sachfall	Erzeugen einer Erwartungshaltung
Begegnung	Konzentration auf die Lernsache
Erregungsphase	Aktivierung
Vorbereitung	Herbeiführen der Aufnahmebereitschaft
Sprechsituation	Anregen zum aktiven Lernen
Ausgangssituation	Mobilisieren des Vorwissens
Vorphase	Schaffung eines Problembewußtseins
Initialphase	Hervorhebung bestimmter Aspekte
Zielangabe	Analyse eines Problems
Anwärmphase	Aufbau einer intentionalen Spannung
Fertigkeitsübung	

Erarbeitung	Erreichung einer Lernzielstufe:
Erschließung	Einblick, Überblick, Kenntnis, Vertrautheit, Fä-
Darbietung	higkeit, Fertigkeit, Bewußtsein, Einsicht, Ver-
Begegnung	ständnis, Interesse, Bereitschaft
Entfaltung	Generalisierung von Einzelfakten
Darstellung	Vermittlung von . . . (Wissen)
Besinnung	Überprüfung von . . . (Fertigkeiten)
Beurteilung	Finden der Lösung
Informationsphase	Möglichkeit zum Ausdruck
Lösung	Durchdringung des Sachverhalts
Stellungnahme	Ausgestalten . . . (einer Situation)
Generalisierung	Umgehen mit . . . (Material)
Verknüpfung	Integration in den Zusammenhang
Die Arbeit an der Sache	Operation durchführen
Der neue Stoff	Bekanntmachen mit dem neuen Stoff
Neudurchnahme	Entnahme von Informationen
Denkende Aufarbeitung	Sensibilisierung für . . . (Ausdrucksformen)
Verifikation	Weckung der Phantasie
Integration	Aneignung von Leistungsformen
Übermittlung	In-Beziehung-setzen von Teilinformationen
Vollzug	Ausbildung des Könnens
Durchdringung	Entwicklung der Lösung
Wertung	Klärung des neuen Stoffs
Problemauswertung	Kreative Gestaltung
Begriffsfindung	Erfahrbar-machen von Vorgängen
Problemlösung	Herausbilden von Begriffen
Abstraktion	Übermittlung von Informationen
Auseinandersetzung	Gewinnung von Informationen
Erkenntnisbildung	Auseinandersetzung mit dem Lernobjekt
Fruktifikation (!)	Bildung von Erkenntnissen
Verarbeitung	Überprüfen von Vermutungen
Ausführung	
Gestaltungsphase	
Aneignung	
Problemlösungsvollzug	

Anwendung	Verstehen von Einzelheiten im Rahmen des
Ausklang	Ganzen
Ausblick	Sicherung einer Fähigkeit
Abrundung	Anbahnen einer Fertigkeit
Wertung	Überprüfen des Lernzuwachses
Beurteilung	Üben der Leistungsform
Integration	Positive Verstärkung
Urteilsbildung	Wiederholung des Bekannten
Analogiebildung	Herstellung des Lebensbezugs
Ergebnissicherung	Möglichkeit der Anwendung
Gestaltung	Reproduktion der Informationen
Darstellung	Systematisieren von Elementen
Weiterführung	Reorganisation von (zusammenhängenden) Ein-
Verarbeitung	zelfakten
Ausweitung	Kontrolle des Gelernten
Lernzielkontrolle	Einprägen von Informationen
Festigung	Anregen zur Weiterarbeit
Übung	Integration erworbener Erkenntnisse
Transfer	Stärkung von Einstellungen
Vertiefung	Overlearning
Interiorisation	Festigung des Gelernten
Übertragung	Bewußtmachen des Lernzuwachses
Arbeitsrückschau	Stabilisierung
Sicherung	Einbringen von Kritik

2.3 Die schriftliche Darstellung der Verlaufsskizze

Ähnlich der Vielfalt von Begriffen zur Erfassung der einzelnen Unterrichtsschritte ist auch die Vielfalt der Möglichkeiten, den Verlauf darzustellen. Fast alle Vorschläge bevorzugen die spaltenweise Anordnung. Den Spalten sind Phänomene aus dem Unterrichtsgeschehen zugeordnet wie Inhalt, Lehreraktivität, Medien, Sozialformen, Interaktion oder „didaktischer Kommentar". Je mehr Aspekte, d. h. hier also Spalten, berücksichtigt werden, desto differenzierter wird die Darstellung.

Im Hinblick auf die praktische Verwendbarkeit muß aber die Form der Darstellung dem Lehrer im Unterricht eine rasche Orientierung ermöglichen: Die Spaltenzahl ist deshalb möglichst gering zu halten. Da Abläufe von links nach rechts und von oben nach unten dargestellt werden, müssen auch in dieser Reihenfolge die Einzelmaßnahmen genannt werden; für die Verwendung *im Unterricht* ist es beispielsweise ungünstig, als erste Spalte das „Erwartete Schülerverhalten" zu nennen. Ferner sollen voneinander abhängige Maßnahmen in räumlicher Nähe bzw. aufeinander bezogene Hinweise in derselben Höhe stehen. Es ist deshalb sinnvoll, aus dem Bereich Methode die „Artikulation" herauszunehmen und dem „Lerninhalt" zuzuordnen. Dies entspricht auch der oben erläuterten Tatsache, daß Artikulation und Stoff eng zusammenhängen.

Aufgrund dieser Überlegung erweisen sich folgende Darstellungsweisen als brauchbar:

Stufenplanung Verfahren	Ziele/Inhalte mit Verlaufssteuerung	Sozialformen/ Medien/Organisation

(Einsiedler, S. 521)

Zeit	Stufe	Stoff	Methode	Begründungen und An- merkungen

(Kober/Rössner, S. 10)

Lehr- und Lernvollzug	Arbeitsmittel/Erläuterungen

(Barsig/Berkmüller, S. 16)

Artikulation/ Inhalt	Unterrichtsaktivitäten/ Sozialformen/Medien

Die Diskussion dieser formalen Angelegenheit ist zum gegenwärtigen Zeitpunkt nötig. Bei den verpflichtenden Unterrichtsvorbereitungen im Rahmen der 2. Ausbildungsphase kann festgestellt werden, daß zunehmend die Darstellung „Methode – Stoff" verwendet wird. In der linken Spalte stehen demnach Stichworte wie Gruppenarbeit, Einzelarbeit schriftlich, Arbeit mit der Karte, Dia, szenisches Spiel. Wird dabei aber nicht der Schwerpunkt auf die methodische Seite verlagert? (Abläufe werden gewohnheitsmäßig von links nach rechts dargestellt!) Entsteht nicht die Gefahr, daß dadurch die sachliche Richtigkeit und der sachlogische Aufbau Anhängsel der Methode werden? Ausgangspunkt der Unterrichtsgestaltung muß die Auseinandersetzung mit der Sache sein, denn „alle didaktischen und logischen Überlegungen sind überflüssig, wenn der zu lehrende Inhalt falsch ist" (Beckmann/Biller [2], S. 55).

Exkurs: Dieselbe Feststellung ergibt sich auch im Blick auf die Lernziele. Viele Lernzielformulierungen sind so angelegt, daß das Verfahren dominiert. Beispiele: a) Die Schüler sollen die Eigenschaften von Glas durch Betrachten, Betasten usw. feststellen; b) Die Schüler sollen die Unterschiede der beiden Lösungswege an den entsprechenden Lösungsplänen zeigen; c) Die Schüler sollen ihre Lieblingstiere nennen und dies durch Angaben von Eigenschaften dieser Tiere begründen; d) Der Schüler soll die einzelnen Bilder des Gedichts voneinander abheben und die zunehmende Spannung mit Hilfe der Verben belegen können. Es ergibt sich hier der Eindruck, als stünde nun das „Feststellen", „Zeigen" oder „Begründen" im Vordergrund und nicht die spezifischen „Eigenschaften" usw. Die Aufgabe in der Ausbildungsphase müßte es deshalb sein, noch stärker auf den Unterschied von Inhalt und Verfahren hinzuweisen.

3.1 Erziehung

1. Begriffsklärung

„Handreichung für den Menschen bei der von ihm selbst zu bewältigenden Aufgabe der Verwirklichung seiner selbst und der Orientierung in seiner Welt" (Köck/ Ott, S. 116).

2. Grundlage

2.1 Der Erziehungsauftrag

2.1.1 „Aufgaben der Schule" gemäß Erklärung der Kultusministerkonferenz „Zur Stellung des Schülers in der Schule" vom 19. 7. 1973, z. B.
- Wissen, Fertigkeiten und Fähigkeiten vermitteln,
- zu Freiheit und Demokratie erziehen,
- zu Toleranz, Achtung vor der Würde der anderen Menschen und Respekt vor anderen Überzeugungen erziehen,
- die Bereitschaft zu sozialem Handeln und zu politischer Verantwortung wecken.

2.1.2 „Oberste Bildungsziele" gemäß Art. 131 der Bayerischen Verfassung: „. . . sind Ehrfurcht vor Gott, Achtung vor religiöser Überzeugung und vor der Würde des Menschen, Selbstbeherrschung, Verantwortungsgefühl und Verantwortungsfreudigkeit, Hilfsbereitschaft und Aufgeschlossenheit für alles Wahre, Gute und Schöne".

2.1.3 „Aufgaben der Schulen" gemäß § 3 Abs. 1 ASchO, z. B.
- Wissen, Fertigkeiten und Fähigkeiten zu vermitteln,
- zu selbständigem Urteil und eigenverantwortlichem Handeln befähigen.

2.2 Lehrplanaussagen
- Die Grundschule hat die Aufgabe, Unterricht und Schulleben aus ihrem Erziehungsauftrag heraus zu gestalten.
- Der Lehrplan räumt deshalb dem Erzieherischen Vorrang ein.
- Sinn- und Wertorientierung sind Grundlage und Ziel von Erziehung und Unterricht. Diese richten sich im Sinne der bayerischen Verfassung am christlichen Menschenbild aus. (Präambel, 1.)
- Das Kind lernt verbindliche Wertungsmaßstäbe kennen und sich an ihnen orientieren.

- Sittlich wertvolle Einstellungen und Grundhaltungen sollen angebahnt und bestärkt, wertwidrige in Frage gestellt und abgebaut werden.
- Das Kind soll schon in der Grundschule erfahren, daß es unterschiedliche Standpunkte gibt, mit denen man sich auseinandersetzen muß. (Präambel, 2.3)
- Erziehung erstreckt sich auf das gesamte Schulleben.
- Erziehung und Unterricht sind nicht voneinander zu trennen; Unterrichtsinhalte und -situationen fordern immer wieder wertende Stellungnahmen und Entscheidungen heraus. (Präambel, 2.4)

2.3 Begründung der Verbindung von Unterricht und Erziehung

- Anthropologische Gegebenheit, „daß der Mensch als Person . . . erst durch die Übernahme der Kultur allmählich aufgebaut wird" (Hauke, S. 68).
- „Das Kind . . . bedarf in seiner Entwicklung der fördernden und helfenden Unterstützung" (ebd. S. 68).
- „Bezieht die Schule die . . . prägende Wirkung der jeweiligen Umweltreize auf den heranwachsenden jungen Menschen nicht bewußt in ihre Planung und Gestaltung des Unterrichts mit ein, so erwächst die Gefahr, daß die Einflüsse außerschulischer Bereiche auf unkontrollierte Weise bei den Heranwachsenden Verhaltensmuster ausbilden und sie dadurch manipulieren" (ebd. S. 68).
- „Das kindliche Erleben in seiner ungebrochenen Unmittelbarkeit" läßt die Trennung fachlicher und erzieherischer Aspekte „nicht zu, es ist immer als ganzes präsent" (Plößl, S. 182 f.).
- Durch die Schaffung einer positiven Klassenatmosphäre wird der (fachliche) Lernprozeß unterstützt.
- Durch Imitations- und Beobachtungslernen übertragen sich die Verhaltensmuster des erzieherisch wirkenden Lehrers auf den Schüler (Langzeitwirkung von Vorbildern).

3. Bereiche der Erziehung im Unterricht

3.1 Erziehung durch Zielsetzungen und Inhalte der Unterrichtsfächer (Beispiele)

3.1.1 Deutsch

- Weiterführendes Lesen, 2.1: Aus einfachen Texten selbständig Informationen gewinnen; 2.3: Texte kritisch betrachten.
- Weiterführendes Schreiben, 4.: Schriftliche Arbeiten selbständig und ansprechend ausführen.
- Rechtschreiben, Vorbemerkung: Voraussetzung und Grundlage für erfolgreiche Rechtschreibarbeit ist die Erziehung zur Sorgfalt in allen schriftlichen Darstellungen.
- Mündlicher Sprachgebrauch, Vorbemerkung: Der Unterricht im mündlichen Sprachgebrauch bereichert und differenziert die Ausdrucksfähigkeit der Kinder und unterstützt damit Denkerziehung und Gefühlsbildung; 3./4. Jgst., 2.5:

3 Einfache Vorgänge und Zusammenhänge folgerichtig und begrifflich klar darstellen.

3.1.2 Mathematik

– Schlußfolgerndes Denken wird vor allem beim Lösen von Sachaufgaben angebahnt und geschult.
– Der Mathematikunterricht fördert die Erziehung zu Genauigkeit, Sachlichkeit und Selbstkontrolle. (Vorbemerkungen)

3.1.3 Heimat- und Sachkunde

– Das Fach Heimat- und Sachkunde unterstützt und fördert das Hineinwachsen des Kindes in seine Lebenswelt, so daß sich in ihm eine Wertschätzung der Heimat als persönlichem Lebensraum bilden und festigen kann.
– Heimat- und Sachkunde übt soziale Tugenden ein und läßt im Sinne einer ersten politischen Grundbildung Gemeinschaftsaufgaben und Wege zu ihrer gemeinsamen Bewältigung erkennen. (Vorbemerkungen)
– 1. Jahrgangsstufe:
7.6 . . . Mit einem Kleintier verantwortungsvoll umgehen
– 2. Jahrgangsstufe:
1.2 . . . die Bedeutung sozialen Verhaltens einsehen, einen eigenen Beitrag zum geordneten Zusammenleben leisten
– 3. Jahrgangsstufe:
1.3 Erkennen von Gemeinschaftsaufgaben in der Schule. Kennenlernen und Verstehen einiger grundlegender demokratischer Verhaltensweisen
7.2 . . . Mit Nahrungsmitteln verantwortlich umgehen
– 4. Jahrgangsstufe:
3.2 . . . Verständnis für den Denkmalschutz

3.1.4 Textilarbeit/Werken

– Im Rahmen vorgegebener Lernziele und Gestaltungsaufgaben lernen die Kinder sowohl planvoll, sorgfältig und ausdauernd zu arbeiten als auch Gegenstände nach eigener Idee zu fertigen.
– Beim Betrachten der fertigen Werkstücke lernt das Kind eigene und fremde Arbeit schätzen. (Vorbemerkungen)

3.2 Erziehung durch die Gestaltung des Unterrichtsgeschehens

3.2.1 Unterrichtsformen

Auch bei der Durchführung sozialer Arbeitsformen und Gesprächsformen werden Verhaltensmuster vermittelt (im Klassengespräch, in Partner- und Gruppenarbeit). So entstehen etwa bei der Gruppenarbeit erziehliche Prozesse: Verteilen von Teilarbeiten, Lösungsvorschläge akzeptieren, Alternativen entwickeln, der Wissende informiert den Unwissenden.

3.2.2 Unterrichtsprinzipien

Schüler, die Gelegenheit zu tolerantem Verhalten im Unterricht haben und damit Erfolgserlebnisse verbinden, werden eine positive Einstellung zu „Toleranz" aufbauen. Man wird immer das schätzen, was man selbst – ohne Zwang – durchgeführt hat. Ebenso können als „Wert" indirekt vermittelt werden: Selbsttätigkeit, Aktivierung, Heimatbezogenheit, Weltoffenheit, Innerlichkeit.

3.2.3 Unterrichtsphasen, in denen erziehliche Maßnahmen wirksam werden

3.3 Erziehliche Situationen im Unterricht

3.3.1 Situationen im Lerngeschehen: Einhalten von Regeln bei einem Unterrichtsgespräch, bei einer Diskussion, einem Rollenspiel, einer Gruppenarbeit; konzentrierte Auseinandersetzung mit der Sache; Durchführung von Arbeitsaufträgen; Gestaltung von Hefteinträgen; Vorbereiten der Arbeitsmittel; Pflege der Arbeitsmittel; Veränderung der Sitzordnung.

3.3.2 Situationen in der Klassengemeinschaft: Die Zusammenarbeit mit dem Tischnachbarn, Klärung von Konflikten, Durchführung von Klassendiensten, der Wechsel des Klassenraums, das Einsammeln von Heften.

3.4 Erziehung durch das Vorbild des Lehrers

Verhalten, Einstellungen, Interesse und Fähigkeiten der Schüler werden durch den Lehrer beeinflußt: durch sein Verhalten (z. B. in Störsituationen), durch seine Grundstimmung (positive Einstellung), durch seine Reaktionen auf Schülerleistung und -verhalten (Lob, Ermutigung, Strafe), durch seine Arbeitsweise (z. B. Gestaltung von Medien, Zielklarheit), durch seine Gesamtpersönlichkeit.

3.5 Erziehung durch das Schulleben

- Schulleben realisiert sich im Unterrichtsalltag: Mitwirkung bei der Gestaltung von Wandflächen und Schaukästen, Verhalten im Schulhof, das Warten vor dem Klassenzimmer, das Grüßen im Schulhaus, die Besinnung am Morgen.
- Schulleben realisiert sich in besonderen Veranstaltungen (Vorhaben, Aktionen): Feste, Feiern, Schulspiel, Sing- und Tanzspiel, Anfertigung von Requisiten, Ausstellungen, Schulfahrten, Museumsbesuche.

3.6 Erziehung durch die Gestaltung des äußeren Rahmens

- Klassenzimmer: Wandschmuck, Werkarbeiten, Unterrichtsergebnisse.
- Schulhaus: Schaukästen, Stellflächen im Gang, Abfall beseitigen.
- Der äußere Ablauf des Unterrichtstages: Abfolge der Fächer, Timing für Probearbeiten, Bewegungsphasen, Leistungskurve berücksichtigen.

③ 3.2 Erfahrung

1. Begriffsklärung

Information, die man sich durch eigenes Beteiligt-Sein in einer realen Situation erworben hat; die Informationsinhalte betreffen Sachen, Natur, Mensch und das Individuum selbst (man macht auch Erfahrungen mit sich); das „Beteiligt-Sein" kann sich in einer aktiven oder mehr passiven Form äußern (z. B. Ton läßt sich durch Kneten formen; aber passiv: Wenn ich den Ton zu rasch trocknen lasse, bekommt er Risse.).
Man kann Einzelerfahrungen und „wertvolle Erfahrungen" machen; Erfahrungen können gesammelt und später verallgemeinert werden; das *Erfahrungs*repertoire ist eine Sammlung von Sachwissen und Verhaltensmustern (im oben definierten Sinne).

2. Bedeutung

– Kinder leben zunehmend in einer Welt von mittelbaren Situationen (z. B. Wie man ein Lagerfeuer macht, wird in einem Fernsehfilm beobachtet, aber nicht selbsttätig durchgeführt).
– Einzelerfahrungen können zu Verallgemeinerungen führen, die sachlich falsch sind (z. B. „Ein Magnet zieht Metalle an"; zufälligerweise hatte das Kind aber nur Versuchsgegenstände aus Eisen); es ist deshalb wichtig, den Aspekt der Erfahrung in seine unterrichtlichen Überlegungen miteinzubeziehen: Einzelerfahrungen sind festzustellen und aufzuarbeiten.
– W. Guyer versteht Lernen als Bereitstellen von Erfahrungen. „Jeder Lernvorgang wird durch ein bereits auf Erfahrung beruhendes Tun eingeleitet. Er beginnt immer auf aktive Weise, durch ein Ergreifen oder Eingreifen des Lernenden. Erfahrung bahnt sich aber erst dann an, wenn sich diesem Tun ein Widerstand entgegensetzt. Nun erfolgt ein Abklären der Schwierigkeiten aufgrund der Einsicht des Lernenden" (Maskus. S. 125).
– Die einem gesteuerten Lernprozeß vorausgehende einschlägige Erfahrung begünstigt Lernmotivation und -erfolg.
– Abstrakte Einsichten werden besser behalten, wenn sie sich mit einschlägigen Erfahrungen verknüpfen können.
– Ein Erklärungsmodell für die Steuerung des Verhaltens „geht davon aus, daß Lebewesen in ihrer Umwelt Erfahrungen machen, diese Erfahrungen speichern und sich die Speicherinhalte bei späteren Umweltereignissen zunutze machen" (Huber, S. 62).

3. Lehrplanaussagen

– Die Grundschule vermittelt auch „aus der Erfahrung" gewonnenes Wissen. Dabei berücksichtigt sie „das dem Kinde dieser Altersstufe eigene, zunächst nicht nach Schulfächern gegliederte Erfahren seiner Umwelt".
– Die Grundschule knüpft an die vorschulischen Erfahrungen des Kindes an. (Präambel, 1.)
– Die unmittelbare Begegnung und Auseinandersetzung mit der Wirklichkeit ist Grundlage der Erfahrungsbildung. Unterrichtsmittel wie Modelle, Filme und Bilder treten ergänzend, klärend und unterstützend hinzu. (HSK, 2.)

4. Unterrichtliche Möglichkeiten

4.1 Erfahrungen mitteilen

– verbal: Erzählen von Erlebnissen mit Tieren, mit bestimmten Personengruppen (z. B. behinderten Kindern) oder mit Gegenständen (z. B. Wasserschlauch, Drachen, Drehstuhl); Berichten über Erfahrungen mit Wetter, Kleidung, Verkehrsmittel, Spielzeug, oder über Erfahrungen auf dem Schulweg oder beim Einkaufen.
– durch (wiederholendes) Tun, d. h. gemachte Erfahrungen nochmals am Objekt vorführen: Prellen eines Balles; Zerteilen einer Sperrholzplatte mit der Laubsäge; Grashalm zwischen den beiden Daumen zum Schwingen bringen (d. h. Pfeifen); einem Hamster Futter reichen; Taschenlampe zerlegen und wieder zusammenbauen; Balancieren auf dem Schwebebalken (zugrundeliegende Erfahrung z. B. Balancieren auf dem gefällten Baumstamm).

4.2 Erfahrungen machen

– HSK: Temperatur messen mit dem Thermometer; aus Roggenkörnern Mehl herstellen; sich orientieren im Schulviertel mit der Karte; mit einem Polizisten über dessen Arbeit sprechen; Material, das Strom leitet (Draht, Metallplatten), das den Strom nicht leitet (Schnur, Gummiband).
– MAT: Die Mächtigkeit einer Zahl mit verschiedenen Elementen darstellen; die Erleichterung des Rechnens durch die Normalverfahren; die Lösung von Sachproblemen (Sachaufgaben) durch Rechnen.
– In anderen Fächern: DEU (Wirkung von Sprachmitteln), MUS (Erfahrungen mit der eigenen Stimme), SPO, KUN, Te/We, Schreiben (verschiedene Werkzeuge, Geräte, Materialien, Schreibgeräte).
– Ferner: Erfahrungen mit Arbeitstechniken (Unterstreichen von Zahlen, von wichtigen Wörtern), mit verschiedenen sozialen Arbeitsformen (Gruppenarbeit usw.).

4.3 Erfahrungen ordnen

4.4 Erfahrungen in Einsichten oder Erkenntnisse überführen

❸ 3.3 Anschauung

1. Begriffsklärung

1.1 Definition

Anschauung bedeutet „im heutigen Sprachgebrauch dreierlei: 1. das absichtliche *Sehen* (i. O. kursiv, Anm. d. Verf.) . . .; 2. das Ergebnis dieses intentionalen Sehens, das man auch Wahrnehmung nennt; 3. die im Gedächtnis zurückbleibende Vorstellung" (Rombach, Bd. 1, S. 51).

1.2 Formen

Wir unterscheiden:
- äußere Anschauung (sehen; wahrnehmen durch alle Sinne) – innere Anschauung (geistig, erlebnishaft; „innewerden") (vgl. Witzenbacher, S. 96).
- Anschauung als „Funktion und Tätigkeit" – Anschauung als „Ergebnis dieser Tätigkeit, das Gebilde also, das im Bewußtsein zurückbleibt" (Schwartz, S. 262).
- primäre Anschauung: Vorstellungsbildung durch den realen Gegenstand – sekundäre Anschauung: Vorstellungsbildung mittelbar (durch Medien im weitesten Sinne).

1.3 Enger Zusammenhang mit „Begriffsbildung"

„Wenn die Pädagogik heute von Anschauungsbildung spricht, dann denkt sie an die *begriffsnahe* Form der Vorstellungen, als deren entscheidende Kriterien seit Comenius die *Klarheit* und die *Deutlichkeit* (i. O. jeweils kursiv, Anm. d. Verf.) . . . genannt werden." Klarheit bedeutet dabei „die Prägnanz" und Deutlichkeit „die vollkommene Durchgliederung und gegenständlich-strukturelle Erhellung eines Objekts oder Sachverhalts" (Engelmayer, S. 145).

2. Bedeutung

- Comenius: „Alles möglichst allen Sinnen!"
- Pestalozzi: „Anschauung ist das absolute Fundament aller Erkenntnis."
- Kant: „Begriffe ohne Anschauungen sind leer, . . ."
- „In der Anschauung werden wir durch Betrachtung und Umgang des Wesens, der äußeren und inneren Struktur eines Dinges inne . . . Die Anschauung ist transparent, durch sie leuchtet der Begriff, das Wesen der Sache hindurch. Von der Anschauung aus sind wir auf dem Sprunge zum Wesensbegriff" (Reumuth, S. 18 f.).
- Hohe Ansprechbarkeit der Kinder durch das unmittelbar vorhandene Objekt.
- Auslösung eines Lernantriebs zur (inneren) Verarbeitung.
- Herstellen von Sinnzusammenhängen und Strukturen.
- Die Wirklichkeit wird überschaubar.

– Anschaulich Erarbeitetes wird besser gespeichert; über die Begriffe wird mit größerer Sicherheit verfügt.

3. Forderungen

Veranschaulichung steht im Dienste der Anschauung. Dazu stellt O. Engelmayer fünf „Sätze der Veranschaulichung" auf, aus denen vier entnommen sind:

1. „Derjenigen Form der Veranschaulichung kommt höchste aufschließende Wirkung zu, die den vielseitigen Umgang mit dem Gegenstand zuläßt."
2. „Wo die Wahl zwischen primärer und sekundärer Anschauung besteht, wird man grundsätzlich der ersteren den Vorzug geben."
3. „Die Funktion der Veranschaulichung liegt nicht nur in der genetisch richtigen Umwandlung eines Lernproblems in anschauliches Denken, sondern in der Vereinfachung und Verdeutlichung komplizierter Sinnstrukturen."
4. „Die sekundäre Anschauung braucht die Rückübersetzung und die Ergänzung durch die primäre" (Engelmayer, S. 146–148).

Weitere Grundsätze können hinzugefügt werden:

– Unterricht kann sich nicht nur auf die verbale oder die visuelle Vermittlung beschränken.
– Ziel der Auseinandersetzung mit dem Objekt ist die innere Anschauung; die äußere Anschauung ist eine Voraussetzung dazu.
– Anschauung bedeutet psychische Inhalte erworben zu haben, die nicht nur geistiger, sondern auch emotionaler und motorischer Natur sind.

4. Verwirklichung

4.1 durch die Art der Begegnung mit dem Lerngegenstand

– die Wirklichkeit selbst: Sie kann bereitgestellt werden (Wiesenblume, Sprechsituation), sie kann aufgesucht werden (Hauptstraße, Weiher).
– die Reproduktion der Wirklichkeit (z. B. Pilze aus Plastik).
– das Modell der Wirklichkeit (z. B. Blütenmodell).
– das Abbild der Wirklichkeit (z. B. Wandbild „Eichhörnchen").
– das Symbol für Wirklichkeit (z. B. Schema „Wasserkreislauf").

4.2 durch die Art der Auseinandersetzung mit dem Lerngegenstand

Betrachten (Reproduktion eines Gemäldes, Taschenlampe), Umgehen mit dem „Gegenstand" (Meerschweinchen füttern, Setzen von Samen, Aufpumpen eines Fahrradschlauches, Sprachfloskeln gebrauchen), Erfahren eines Lerngegenstandes (Spuren einer Schleife oder Girlande mit dem Wachsmalstift), Ausführen von Operationen (Legen der Mächtigkeit einer Zahl mit Plättchen), Kneten, Schneiden, Zusammenfügen, Probieren, Vergleichen, Verändern (Manipulieren), Versuche ausführen, Messen, Vermutungen äußern, Feststellungen treffen.

3.4 Begriffsbildung

1. Begriffsklärung

Begriff: „Der Begriff wäre . . . am einfachsten als Regel oder System von Regeln zu umschreiben, mit deren Hilfe Ereignisse (Eindrücke, Reize, Erlebnisse) klassifiziert werden" (Oerter [2], S. 19).

„Nachdem ich die Handlung oder die Operation ausgeführt habe, trete ich sozusagen drei Schritte zurück und fasse den Ablauf des Ganzen ins Auge. Ich ‚objektiviere' ihn und mache ihn somit zum einheitlichen *Gegenstand* (i. O. kursiv, Anm. d. Verf.) . . . Mein Denken hat sich über ihn erhoben, es steckt nicht mehr im Ablauf des Vorgangs drin" (Aebli, S. 201).

Begriffsbildung: „Begriffe bilden wir vielmehr, indem wir das Geflecht von Beziehungen, das den Begriffsinhalt konstituiert, aufbauen" (ebd. S. 201).

2. Bedeutung

- Kant: „Begriffe ohne Anschauungen sind leer, Anschauungen ohne Begriffe sind blind."
- „Begriffe sind die Instrumente, die uns die Welt sehen und verstehen lassen. Sie sind die Werkzeuge, mit deren Hilfe wir sie analysieren" (ebd. S. 193).
- Begriffe sind „die Einheiten, mit denen wir denken, indem wir sie kombinieren, zusammensetzen und umformen" (ebd. S. 193).
- Indem wir dem Kinde „begriffliche Instrumente der Deutung und der aktiven Bewältigung der Erscheinungen und der Existenz liefern, treiben wir auch Bewußtseinsbildung" (ebd. S. 193).
- Entlastung des Gedächtnisses: Wollte man sich sämtliche konkreten Vorgänge oder Handlungen merken, so wäre man in der Speicherkapazität völlig überfordert und könnte in einer Problemsituation nicht (rasch) reagieren.

3. Psychologische Grundlagen

3.1 Entwicklung (nach Piaget)

a) bis zum 4. Lebensjahr: Vorbegrifflich-symbolisches Denken.

b) 4.–8. Lebensjahr: anschauliches Denken.

c) 8.–12. Lebensjahr: konkrete Operationen.

d) ab 11./12. Lebensjahr: formale Operationen, d. h. daß Begriffsbildung durch Deduktion erfolgen kann.

3.2 Begriffsbildung als psychologischer Prozeß

„Der dem Kind anfänglich ausschließlich zur Verfügung stehenden aktionalen Repräsentationsform von Ereignissen . . . folgt die imaginative (ikonische) Repräsentation, die mit Wahrnehmungsaspekten der Objekte zu operieren vermag. Für Begriffsbildung und Denken erweist sich die sprachlich-symbolische Repräsentationsform . . . als entscheidend" (Oerter [2], S. 31).

4. Lehrplanaussagen

DEU/Sprachbetrachtung: Die Sprachbetrachtung knüpft an den natürlichen Sprachgebrauch des Kindes an. Durch das Nachdenken über Sprache soll das Kind allmählich bewußter und sicherer über sie verfügen (Vorbemerkungen, 1.).

5. Grundsätze

5.1 Begriffsbildung erfolgt in einer Abfolge von Einzelschritten

Anders ausgedrückt: Begriffe werden entwickelt (erfahren; die Funktion geht dem Wort voraus; „von der Anschauung zum Begriff").

1. Stufe: Begegnung mit dem konkreten Gegenstand

Wirk-lich-keit	Handelnder Umgang, Erfahren der Ganzheit (Umfeld belassen), Wahrnehmungen machen, Mitteilen von eigenen Erlebnissen, Erkunden, Mobilisierung des Vorwissens; damit wird die Grundlage geschaffen für die Entwicklung eines neuen Begriffs aus den vorhandenen Begriffsbeständen.

2. Stufe: Aufbau von Vorstellungen

Be-griffs-isolie-rung	Konkrete Beobachtungen werden geordnet; Merkmale werden verglichen; die Funktion wird sichtbar gemacht, dies auch schon an einem Modell oder an einem Bild; dabei werden bereits nebensächliche Phänomene weggelassen; Skizzen und bildliche Symbole werden eingesetzt.

3. Stufe: Loslösung vom konkreten Gegenstand

Ab-straktion	Formulieren der Erkenntnis, Suchen (oder Vorgabe) des sprachlichen Sinnzeichens (Wort, Ausdruck), Feststellen der Beziehungen, Verknüpfung der Aussageelemente zu einem Sinnganzen.

5.2 Begriffe werden in neuen konkreten Zusammenhängen wieder gefunden (Vernetzung)

5.3 Lerngegenstand und Lernprozeß werden strukturiert (Gliederung, Bewußtmachen des Fortschreitens der Inhalte, Bewußtmachen des Sinns der Einzelaktivitäten, Zielklarheit). Die kognitive Gliederung/Ordnung gilt als wichtigster „Verständlichmacher" (vgl. Einsiedler, S. 517).

5.4 Teilergebnisse und deren Vernetzung werden visualisiert.

5.5 Zur Förderung des Prozesses der Begriffsablösung werden Wahrnehmungs- und Denkhilfen gegeben.

③ 3.5 Denkerziehung

1. Begriffsklärung

1.1 Definition

Denkerziehung ist Hilfe für das Kind zur Entwicklung, Förderung und Festigung des selbständigen, abstrakten Umgangs mit der Wirklichkeit.

„Im Prozeß des Denkens werden die begegnende Welt und die Beziehungen innerhalb dieser geordnet und zwar nach den Kriterien der Gleichheit, der Ähnlichkeit und der Unterschiedlichkeit" (Köck/Ott, S. 79).

1.2 Formen

Es wird zwischen „verschieden anspruchsvollen Denkleistungen unterschieden, so das anschauliche Denken vom abstrakten, begrifflichen Denken, das rezeptive Denken vom produktiven, problemlösenden bzw. vom kritischen Denken. Nach Guilford wird ein Denken in bekannten Bahnen oder nachvollziehender Art konvergentes Denken genannt . . . Im Unterschied dazu zeichnet sich das divergente Denken durch hohe Flexibilität, Originalität und Wort- und Gedankenflüssigkeit aus" (Köck/Ott, S. 79 f.).

2. Bedeutung

- Bewältigung von und Behauptung in Lebenssituationen
- Lösung von Sachproblemen und Konflikten
- Beitrag zum Aufbau der Person (Bewußtwerdung), zum Hineinwachsen in die Gemeinschaft
- Gestaltung des eigenen Lebens durch Denken

3. Psychologische Grundlagen

- Assoziationspsychologie: „Reproduziert wird eine Folge von Reizen und Vorstellungen, die dem Gesetz der Gleichzeitigkeit und dem Gesetz der Folge unterliegen" (Schlederer, S. 4).
- Gestaltpsychologie: „Wertheimer sieht das Wesentliche der Gestalt darin, daß sie nicht die Summe von Empfindungen ist, also nicht bloß durch den Zufall der Assoziationen bestimmt ist, sondern in dem Ganzen mit einem Beziehungsgefüge" (ebd. S. 5 f.).
- Verinnerlichung von Operationen: „Am Anfang steht der effektive Vollzug am konkreten Gegenstand. Auf der zweiten Stufe wird der Gegenstand bildlich dargestellt . . . Auf der dritten Stufe bedient sich der Schüler bei ihrem innerlichen Vollzug ausschließlich der Zeichen" (Aebli, S. 162).
- Sprache und Denken: „Es steht außer Frage, daß die Sprache das Denken entscheidend fördert . . . Das innere Handeln oder die Operationen des Den-

kens können als (symbolische) Repräsentation äußerer Vorgänge und Handlungsweisen verstanden werden" (Oerter [2], S. 122).
– Modellbildung und Denken: „Es zeigt sich aber, daß der Denkende nicht ganz auf die wahrnehmungsorientierte Repräsentation verzichten kann, sondern zu Hilfsmodellen anschaulicher Art greift, um den unanschaulichen Gegenstand (Operation, Begriff) leichter handhaben zu können" (ebd. S. 211).

4. Lehrplanaussagen

– Der Grundschulunterricht erweitert die Wahrnehmungsfähigkeit durch gezieltes Beobachten, fördert und differenziert Sprache und Denken. (Präambel, 3.3)
– DEU/Mündlicher Sprachgebrauch: Der Unterricht im mündlichen Sprachgebrauch bereichert und differenziert die Ausdrucksfähigkeit der Kinder und unterstützt damit Denkerziehung und Gefühlsbildung. (Vorbemerkungen, 1.)
– MAT: Im Mathematikunterricht der Grundschule erwerben die Kinder grundlegende mathematische Denkweisen.
  Schlußfolgerndes Denken wird vor allem beim Lösen von Sachaufgaben angebahnt und geschult. (Vorbemerkungen, 1.)
  Abwechslungsreiche Aufgabenstellungen und vielfältige Übungsformen stehen im Dienst beweglichen rechnerischen Denkens. (Vorbemerkungen, 2.)

5. Verwirklichung

– Schaffung günstiger äußerer Voraussetzungen: Wechsel von Spannung und Entspannung, Arbeitsruhe
– Auswahl des Stoffs: Ergiebigkeit, Durchschaubarkeit
– Logischer Aufbau der Teilinhalte: Unterrichtssequenz, Teilziele
– Schrittweises methodisches Vorgehen: Tun – Bild – Symbol
– Bewußtmachen des Fortschreitens der gedanklichen Entwicklung: Überleitungen, Fixierung der Teilergebnisse
– Bewußtmachen des Denkprozesses und von Lösungsstrategien
– Strukturierung der Inhalte und der zugeordneten Lernhilfen: Abgrenzung der Teilziele, adäquate Maßnahmen
– Von der Anschauung zum Begriff: Veranschaulichungsmittel machen das Wesen des Begriffs deutlich.
– Bereitstellen von Materialien zur Entwicklung der Erkenntnis aus der Sache heraus; auch: induktives Vorgehen
– Initiieren eines problemlösenden Unterrichts
– Freiräume zu einem offenen Unterricht nutzen
– Verknüpfung von einzelnen Aussageelementen
– Strukturiertes Festhalten von Unterrichtsergebnissen
– Präzises Wahrnehmen, Beschreiben und Schlußfolgern
– Überführung in die Vorstellungsstufe: Sprache, Symbole
– Übertragen der Informationen auf ähnliche Strukturen (Inhalte)

3 ### 3.6 Sprecherziehung

1. Begriffsklärung

Entwicklung, Förderung und Festigung der Fähigkeit, einem Partner sinnvolle und verständliche Informationen durch die gesprochene Sprache mitzuteilen.

2. Bedeutung

- Im Alltagsleben nimmt die Kommunikation durch die gesprochene Sprache den größten Raum ein.
- „Die Herausbildung allgemeiner Begriffe, die allen verfügbar bzw. mitteilbar sind, ist eng an die Entwicklung und Verfügung sprachlicher Regeln gebunden" (Pschibul, S. 43). Sprachverhalten und Intelligenz stehen in einer Wechselbeziehung.
- Mündliche Kommunikation steuert die Erziehung (argumentierende Erziehung).
- Mündliche Kommunikation leistet einen Beitrag zur Erschließung der Umwelt (Sachinformationen durch Erzählen, Berichten).
- Mündliche Kommunikation hilft zur Bewältigung eigener Probleme (Sich-mitteilen; Gefühle und Gedanken darstellen).
- Mündliche Kommunikation trägt zur Lösung von Konflikten und Problemen bei (Argumentieren als demokratische Verhaltensweise).
- Aktive geistige Auseinandersetzung mit einem Sachverhalt durch Gespräch, Frage – Antwort (Behaltwert!)

3. Zielsetzungen

K. Franz führt zum Lernbereichsziel „Sachgerechter und partnerbezogen sprechen können" fünf Lernzielkomplexe an:

- „verbale und nichtverbale Äußerungen wahrnehmen und sachgerecht verstehen
- sich deutlich und verständlich ausdrücken
- einfache Gespräche führen
- die sozialen Rollen der Gesprächsteilnehmer berücksichtigen
- seine Interessen sprachlich vertreten lernen" (Franz, S. 383 mit Hinweis auf J. Plessow).

4. Lehrplanaussagen

- DEU/Erstlesen, Lernziel 1.3: Verschiedene Laute bilden und Wörter deutlich sprechen.
- DEU/Weiterführendes Lesen, Lernziel 2.4 – rechte Spalte: Lesen mit verteilten Rollen; Erproben verschiedener Klanggestalten eines Satzes bzw. Textes; Vortragen von Geschichten und Gedichten.

48

– DEU/Mündlicher Sprachgebrauch: Der Unterricht im mündlichen Sprachgebrauch bereichert und differenziert die Ausdrucksfähigkeit der Kinder. Er befähigt die Schüler, verschiedenartige Situationen sprachlich angemessen zu bewältigen. Die Förderung des mündlichen Sprachgebrauchs ist Unterrichtsprinzip. (Vorbemerkungen, 1.)

5. Grundsätze

– Wir schaffen günstige äußere Voraussetzungen.
– Wir bieten Sprechanlässe und Sprechsituationen an.
– Wir achten auf die Partnerbezogenheit mündlicher Kommunikation.
– Wir machen nonverbale Kommunikationsmittel allmählich bewußt.
– Der Lehrer gibt ein gutes sprachliches Vorbild.
– Wir achten darauf, daß die Schüler etwas auszusagen haben.
– Wir erkennen die Schülerbeiträge an, korrigieren jedoch behutsam die Äußerungen, die inhaltlich, sprachlich oder kommunikativ den Zielsetzungen nicht entsprechen.
– Beachten von Sprechschwierigkeiten und Sprachstörungen und diese ggf. durch spezielle Maßnahmen (Logopädie) abbauen.

6. Verwirklichung

6.1 Anlässe

Persönliche Erlebnisse, Gemeinschaftserlebnis, Bild, Bildfolge, Gegenstände, Beobachtungen, Problemsituationen, Reizwort.

6.2 Übungsformen

Erzählen (Kurzerzählung, Nacherzählung, Phantasieerzählung), Beschreiben, Wetterbericht, Reizwortgeschichten, Wortschatzübungen, darstellendes Spiel, Vorlesen, Singen

6.3 Arbeitsformen

Partner-, Gruppen-, Klassenarbeit, Gespräch, Frage-Antwort

6.4 als Unterrichtsprinzip

in allen Fächern, in allen Phasen des Unterrichtsgeschehens, z. B. spontane Äußerungen zum motivierenden Impuls; verbale Zusammenfassungen; Erklären von Schemazeichnungen, Begriffen, Ordnungsprinzipien; Beschreiben eines Gegenstandes, eines Bildes oder eines Lösungsweges; Formulieren von Arbeitsergebnissen

6.5 als eigener fachlicher Bereich

Siehe 4.1.7 Mündlicher Sprachgebrauch!

3.7 Stoffauswahl

1. Begriffsklärung

Entscheidung für Unterrichtsinhalte, die festgelegten Kriterien (s. u.) genügen sollen.

2. Notwendigkeit

– *Informationsfülle:* Die Vielzahl von Gegenständen und Prozessen aus Natur, Gesellschaft, Kultur und Technik kann in ihrer Gesamtheit vom menschlichen Gehirn nicht gespeichert werden.
– *Entwicklungsstand:* Begriffsvorrat und Erfahrungen sind beschränkt; die Interessenlage ist von Subjektivität geprägt; die Auffassung richtet sich auf partielle Erscheinungen; das Denken entwickelt sich erst (konkret-anschaulich), deshalb können viele Begriffe noch nicht in die vorhandene Begriffswelt (-hierarchie) eingeordnet werden.
– *Didaktische Überlegungen:* Viele Objekte sind nicht vorhanden oder bereiten Schwierigkeiten hinsichtlich ihrer Erschließung, d. h. die angestrebten Einsichten sind an diesen Objekten nur schwer oder gar nicht zu gewinnen.
– *Gesamtlehrplan:* Manche Gegenstände bieten sich von der Interessenlage und vom Auffassungsvermögen der Schüler her gesehen öfters an; deshalb hat der Lehrer auch zu fragen, welche Aspekte des betreffenden Lehrgegenstandes schon erarbeitet sind bzw. noch folgen werden (Biologie: Der Maulwurf; Deutsch: Fabel: „Die Maus und der Löwe"; Mathematik: Symmetrie). Allerdings ist in diesem Zusammenhang zu fragen, weshalb interessierende, altersgemäße und fachspezifisch überaus ergiebige Stoffe (z. B. Froschentwicklung, Nahrungskette) im Grundschullehrplan nicht enthalten sein dürfen, nur weil diese bereits in den Hauptschullehrplänen enthalten sind.

3. Grundsätze

Der Lerninhalt soll

– den *Entwicklungsstand* des Kindes berücksichtigen
– für die Kinder eine *lebensbedeutsame Funktion* haben
– für die Kinder von *Interesse* sein
– die *persönliche Entwicklung* des Kindes fördern (emotional, Haltungen, Differenzierung und Schulung des Wahrnehmungsbereichs, Umweltbewältigung, Denkschulung, Sprecherziehung)
– für die Kinder *zugänglich* sein
– exemplarisch für andere Lerninhalte stehen
– sowohl für die unterrichtliche Arbeit *ergiebig* als auch *im Umfang angemessen* sein
– in einem erkennbaren *Zusammenhang* mit anderen Inhalten stehen

- *fachliche Kategorien* (z. B. Deutsch: Partnerbezogenheit einer schriftlichen Mitteilung) berücksichtigen
- nach Möglichkeit einen *örtlichen* und ggf. auch einen *aktuellen Bezug* haben
- mehrere *fachliche Arbeitsweisen* ermöglichen (Beispiel aus dem geschichtlichen Themenbereich: Die Aneinanderreihung von Anekdoten würde zu einer Einengung führen.)
- für den *erziehlichen Bereich* erschlossen werden können: Erziehung zur Selbständigkeit, zum kritischen Denken, zum eigenverantwortlichen Handeln, zur Toleranz.

4. Lehrplanaussagen

Während in Erstlesen, Erstschreiben oder im Fach Sport die Inhalte weitgehend festgelegt sind, muß in anderen Fächern der Stoffauswahl besondere Beachtung geschenkt werden:

- HSK: Heimat- und Sachkunde beschränkt sich auf grundlegende und für das Kind bedeutsame Lernziele und -inhalte (Vorbemerkungen, 1.). Die Lerninhalte bedürfen der konkreten Ausformung aufgrund örtlicher Gegebenheiten (Vorbemerkungen, 2.).
- DEU/Weiterführendes Lesen: Der Lehrer verwendet Texte, die dem Kind den Reichtum der Literatur und die Kraft der Sprache nahebringen, zum Verständnis gegenwärtiger und zukünftiger Lebenssituationen beitragen und seine Urteilskraft entwickeln (Vorbemerkungen).
- DEU/Rechtschreiben: Vorgabe eines Grundwortschatzes.

5. Verwirklichung der Grundsätze

Z. B. in Heimat- und Sachkunde (Themenbereich Kind und Natur)

- Fachliche Kategorien, z. B. Eichhörnchen („Anpassung")
- Durchschaubarkeit (des Repräsentanten): Sonnenblume als „Korbblütler" einsichtiger als Kornblume
- lokaler Bezug: Schule in Trabantenstadt: Löwenzahn an Straßenböschungen und am Sportplatz der Schule; Amseln, Kleintiere, Balkonpflanzen
- Aktualität: Einsetzen von Tulpenzwiebeln im Schulgarten, der Offiziant (Hausmeister) stellt Starenkästen auf, Kauf eines Hamsters durch einen Schüler

6. Wertung

- Im Einzelfall können alle Kriterien nicht erfüllt werden.
- Auch monographische Lerninhalte haben ihre Berechtigung (z. B. Ortsgeschichte: Persönlichkeiten des Heimatortes; Bedeutung heimischer Flurnamen).
- In vielen Fällen wird ein Kriterium dominieren (z. B. das Objekt ist unmittelbar zugänglich: selbständiges Erkunden, fachspezifische Arbeitsweisen einsetzbar).

3.8 Selbsttätigkeit

1. Begriffsklärung

1.1 Abgrenzung

Selbsttätigkeit aktualisiert sich in jeder Phase des Lernprozesses, deshalb ist sie sowohl Bestandteil der Erschließung als auch eine Maßnahme zur Sicherung des Lerninhalts. In vielen Fällen wird es nicht möglich sein, sich den Lerninhalt durch originale Begegnung zu erarbeiten: Der Lehrer greift dann auf Informationsquellen zurück, die den Gegenstand repräsentieren.

Es erscheint gerechtfertigt, auch das Prinzip der originalen Begegnung als eine didaktische Forderung zu begreifen, die der Selbsttätigkeit dient. Im Sinne H. Roths mündet jede originale Begegnung in eigene Aktivität. In dem methodischen Prinzip der originalen Begegnung „steckt der Kunstgriff, Kind und Gegenstand so aufeinander zu beziehen, daß sie einander nicht mehr loslassen, sondern ins Gespräch kommen und miteinander zu leben beginnen. Nur auf diese Weise entwickeln sich spontane Beziehungen zwischen beiden . . ." (H. Roth, S. 116).

1.2 Übersicht

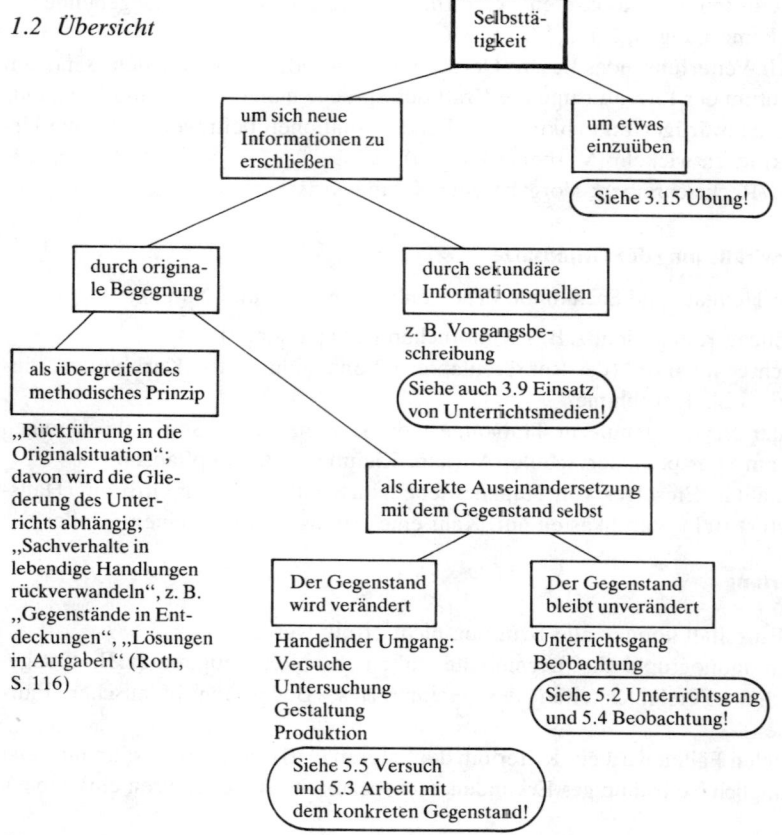

1.3 Definitionen

- *Selbsttätigkeit:* die Gesamtheit aller Aktivitäten, die auf Aneignung und Sicherung des Lerngegenstandes gerichtet sind.
- *Originale Begegnung:* Unterrichtsmethode, in deren Mittelpunkt die direkte Auseinandersetzung des Schülers mit dem tatsächlich vorhandenen Ausschnitt der Wirklichkeit steht zum Zwecke der Gewinnung von Erfahrungen und Erkenntnissen. Sie kann die Gliederung der gesamten Unterrichtseinheit prägen oder auch nur die unmittelbare Phase der Informationsgewinnung erfassen.
- *Handelnder Umgang:* Unterrichtsverfahren zur Erschließung oder Einübung des Lerninhalts durch verschiedene Tätigkeiten am und mit dem konkreten Gegenstand oder mit dem Arbeitsmittel, das diesen Lerninhalt repräsentiert.

2. Bedeutung

- Insgesamt wird die Bedeutung der Selbsttätigkeit dadurch ersichtlich, wenn man sich vergegenwärtigt, in welche Teilbereiche des Unterrichts „Selbsttätigkeit" ausstrahlt:

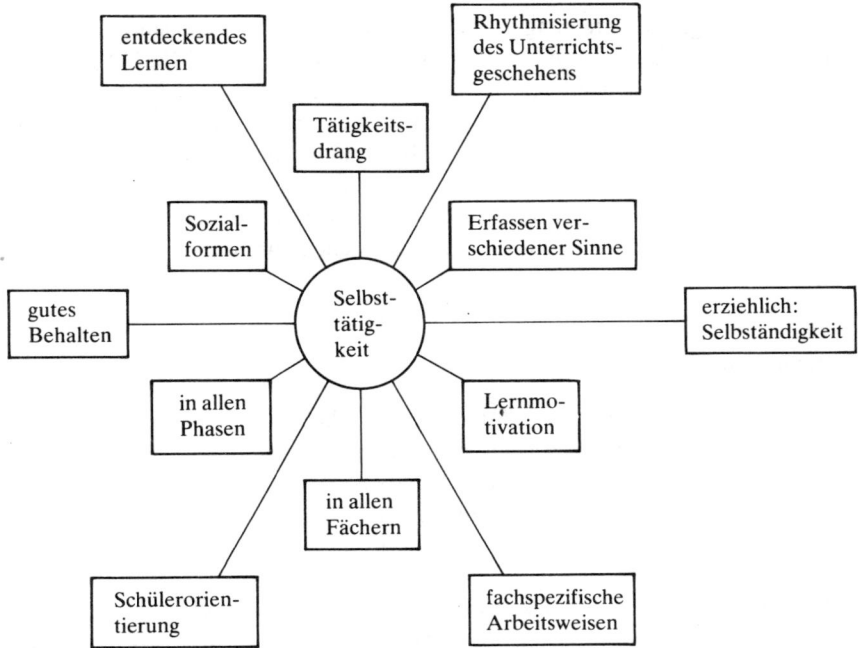

- „Der Mensch beherrscht wahrhaft nur das, was er selbst, mit eigener Arbeit erworben hat" (Kostjuk, zitiert nach Brunnhuber, S. 41).
- Tätigkeitsdrang beim Kind ist ausgeprägt.

3 – Selbständiges Lernen erhöht Eigeninitiative und Lernmotivation.
 – Grundlage für gutes Behalten (Behaltwert).
 – Beitrag zum Wechsel im Unterrichtsgeschehen.
 – Versetzung des Großhirns in eine „allgemeine Reaktionsbereitschaft" (Biester/ Möller, S. 127).

3. Lehrplanaussagen

 – Anliegen der Grundschule ist es, jedem Kind Hilfen zu einer bejahenden Lebenseinstellung in einer Atmosphäre der Anerkennung, des Vertrauens und der Geborgenheit zu geben. Nur unter dieser Voraussetzung kann zu kritischem Denken und selbständigem Handeln erzogen werden (Präambel, 1.).
 – Der Unterricht knüpft an Erfahrungen und Erlebnisse der Schüler an und geht nach Möglichkeit von situativen Anlässen aus. Die unmittelbare Begegnung und Auseinandersetzung mit der Wirklichkeit ist Grundlage der Erfahrungsbildung (HSK, 2.).
 – Der Mathematikunterricht fördert die Erziehung zu . . . Selbstkontrolle (MAT, 1.).
 – Die vielfältigen Empfehlungen zur Unterrichtsgestaltung zeigen auf, welche Bedeutung der Lehrplan der Selbsttätigkeit zuweist, Beispiel DEU/Sprachbetrachtung, 3. Jgst. – rechte Spalte: Suchen von . . . Ersetzen von Namenwörtern durch Fürwörter, Verkürzen von Texten; Beschreiben, was jetzt geschieht; Berichten über . . .; Erklären des Begriffs . . .; Gegenüberstellen von . . .; Setzen eines Textes von der Gegenwart in die Vergangenheit; Sammeln von . . .; Zerlegen von . . .; Ordnen nach . . .; Herausfinden der Bedeutung durch Vergleichen von . . .; Bilden neuer Wörter; Umstellen von Satzgliedern; Untersuchen von Sätzen.

4. Grundsätze

 – Die Art der Selbsttätigkeit soll dem unterrichtlichen Gegenstand entsprechen (Kirschblüte: betrachten, riechen, zerlegen, durchschneiden).
 – Phasen der Selbsttätigkeit sind vorzubereiten, um den Lernerfolg zu gewährleisten (d. h. zielblinde Phasen sind zu vermeiden).
 – Der Grad der Selbsttätigkeit ist dem Leistungsvermögen der Schüler anzupassen.
 – Das Ergebnis der Selbsttätigkeit ist auf die sachliche Richtigkeit und Vollständigkeit zu überprüfen (Vollständigkeit im Sinne der angestrebten Lernziele). Das Ergebnis soll in angemessener Weise gewürdigt werden.
 – Das Ergebnis der Selbsttätigkeit ist in den Lernprozeß zu integrieren.
 – Phasen der Selbsttätigkeit sollen nach Möglichkeit ungestört verlaufen können.
 – Arbeitsmittel, die für die Tätigkeit erforderlich sind, sollen bereit liegen.

5. Möglichkeiten

- *in der Anfangsphase, z. B.*
  beobachten (Versuch: Außenwand eines Trinkglases, das mit kalter Flüssigkeit gefüllt ist, beschlägt sich), betrachten (Bilder: Stadtansicht früher – heute), zuhören (Hörszene: Streit in der Pause), sich spontan äußern (als Reaktion auf einen stummen Impuls: Aufpumpen eines Fußballs), berichten (über eigene Erfahrungen: Materialeigenschaften von Plastik).
- *in der Hauptphase, z. B.*
  ordnen (Blüten: nach Farbe, Form, Größe), vergleichen (geometrische Flächen: Dreieck, Viereck, mit geraden oder nicht geraden Begrenzungslinien), interpretieren (Kreisstadt: Anzahl von Geschäften, gut ausgebaute Verkehrswege, Anzahl von Fabriken und Betrieben), unterstreichen (Sachtext: unbekannte Begriffe, Aussagen über Gegenstände oder Vorgänge, treffende Eigenschaftswörter und Zeitwörter, Gründe für eine Maßnahme), schreiben (nach einem Teilziel: wichtige Begriffe, neue Erkenntnis), berichten, planen, Versuche durchführen, erlesen eines Textes, verbalisieren.
- *in der Schlußphase, z. B.*
  wiederholen, erklären, beurteilen, einordnen („Verdunsten" in „Kreislauf des Wassers").
- in den einzelnen Unterrichtsfächern, z. B.
  MAT: schneiden, teilen, zuordnen, ändern, beschriften, rechnen (Siehe ferner 3.14 Fachgemäße Arbeitsweisen!).
- Weitere Tätigkeiten:

suchen	einteilen	Vermutungen anstellen
nachschlagen	zeigen	sich mit anderen besprechen
spielen	ergänzen	betasten
bewegen	fragen	zusammenfassen
einzeichnen	zeichnen	„nachfahren" (spuren)
eintragen	aufsagen	ausmalen
abschreiben	vormachen	nachsprechen
mitschreiben	nachmachen	diktieren

6. Grenzen

- Zeitfaktor: Selbsttätigkeit erfordert mehr Zeit
- Räumliche Gegebenheiten
- Fehlende Beherrschung der erforderlichen Arbeitstechniken
- Fehlendes Arbeitsmaterial
- Komplexität des Lerngegenstandes
- Individuelle Lerngeschichte des einzelnen Schülers

3 3.9 Einsatz von Unterrichtsmedien

1. Begriffsklärung

Unterrichtsmedien sind Repräsentanten der Wirklichkeit verschiedenen Abstraktionsgrades.
Oder: Informationsträger, die helfen, Lerninhalte zu vermitteln.

2. Formen

Entsprechend der Definition können Medien im Hinblick nach ihrem „Abstraktionsgrad" eingeteilt werden:

– Original: die Wirklichkeit selbst, z. B. Tiere im Zoo, Wiesenblumen, Materialien (Papier, Draht), Spielzeug, Bauwerke; konservierte Originale, z. B. Stopfpräparate, Tonbandaufnahmen
– Nachbildung: z. B. Pilze aus Plastikmasse, Globus, Oberflächenrelief, Gebiß (vergrößerndes Modell), Dampfmaschine (verkleinerndes Modell), Wasserleitung im Haus (vereinfachendes Modell)
– Abbildung: z. B. Foto, Dia, Zeichnung, Film
– Symbole: z. B. für Wettererscheinungen, für die Mächtigkeit von Mengen (Zahlen), für gedankliche Verbindungen (Pfeile, gleiche Farben für gleiche Aussageelemente); Sprache, Schrift; Schaubilder, Schemata
– Kombinationen: Tonfilm, Fernsehfilm, Medienpaket (etwa Folie und Tonband)

Diese Kategorien finden sich in einem „Kegel der Erfahrungen" wieder, der in den „direkten Erfahrungen" seine Basis hat und in „verbalen Symbolen" endet (siehe Peterßen, S. 278!).

3. Begründung für die unterrichtliche Verwendung

– „Der Mensch behält im Langzeitgedächtnis von dem, was er *gehört* hat, 20%, von dem was er *gesehen* hat, 30% und von dem *Gehört-Gesehenen* mehr als 50%" (Engelmayer, S. 159; i. O. jeweils kursiv, Anm. d. Verf.).
– Denkprozeß des Kindes ist an die Anschauung gebunden
– Steuerung des Lernprozesses
– Anbieten von Lernhilfen, die die Sache erschließen
– Bindung der Aussagen der Schüler an die Sache
– Gegenständliches und Handlungsabläufe (Konkreta und Prozesse) sind Grundlage für die Herausbildung abstrakter Strukturen; andererseits auch eine Hilfe, die komplexe Wirklichkeit durch Abstraktion zu verstehen (z. B. durch ein Schema)
– Möglichkeit zur Durchführung fachgemäßer Arbeitsweisen
– Abwechslung im Unterrichtsgeschehen
– Aktivierung der Schüler zur Informationsentnahme

– Aufforderungscharakter von Medien (Motivation)
– Gültig für spezielle Medien: Aktualisierung, Individualisierung, Dramatisierung, Elementarisierung, Konzentration auf das Wesentliche

4. Lehrplanaussagen

– Der Grundschulunterricht erweitert die Wahrnehmungsfähigkeit . . ., fördert und differenziert Sprache und Denken. Dies geschieht in erster Linie durch die Arbeit an der konkreten Wirklichkeit; Medien treten ergänzend hinzu (Präambel, 3.3).
– Die unmittelbare Begegnung und Auseinandersetzung mit der Wirklichkeit ist Grundlage der Erfahrungsbildung. Unterrichtsmittel wie Modelle, Filme und Bilder treten ergänzend, klärend und unterstützend hinzu (HSK, 2.).

5. Grundsätze

a) Wir stellen die inhaltlichen Aussagen des Mediums fest: Einzelinformationen, Gesamtaussage, sachliche Richtigkeit.
b) Wir prüfen, ob das Medium dem Schüler angemessen ist: Durchschaubarkeit, Begriffe, Abstraktionsniveau, Symbole, Motivation, Interessenlage, Aufnahmekapazität des Schülers.
c) Wir beurteilen die Effektivität des Mediums: Es soll eine dem geplanten Teilinhalt adäquate Information liefern; Entsprechung von Sache und Lernhilfe.
d) Wir überlegen, welche didaktische Funktion das Medium haben soll: Motivation, Problemstellung, Informationsübergabe, Zusammenfassung, Identifizierung, Vertiefung, Provokation, Vereinfachung, Lösungshilfe, Sicherung, Aktivierung, Abstraktion, Wechsel im Unterrichtsablauf, Begriffsbildung.
e) Wir legen die methodischen Maßnahmen fest: Wie muß das Medium inhaltlich vorbereitet werden? Welche Tätigkeiten werden „am" Medium ausgeführt? Formulierung von Arbeitsaufträgen, Fragen und Impulsen. Sind Hilfen während der Begegnung nötig? Wie wird ausgewertet? Wie wird das Ergebnis festgehalten?
f) Wir lassen im Unterrichtsgeschehen das Medium voll zur Wirkung kommen: Technisch einwandfrei; Begegnung vorbereiten; Zielklarheit; intensive Begegnung, d. h. ggf. auch: Zeit lassen, für Ruhe sorgen; Selbständigkeit der Schüler bei der Auseinandersetzung; Eindruck „wirken lassen"; Klärung von Schwierigkeiten; integrieren der Wahrnehmungen in das Ganze.

6. Didaktischer Ort

– Medien sind in jeder Phase des Unterrichtsprozesses einsetzbar.
– Grundsätzlich sind zwei Modelle im Hinblick auf den Medieneinsatz denkbar:
   a) Ein Medium als zentraler Informationsträger (Beispiel bei 5.9 Unterrichtsfilm); b) Das Medium als Lernhilfe für eine bestimmte Unterrichtsphase bzw. ein spezielles Teilziel.

3 ### 3.10 Motivation

1. Begriffsklärung

1.1 Definition

„. . . die allgemeine Bezeichnung für alle das Verhalten beeinflussenden und steuernden Faktoren, die nicht unmittelbar von äußeren Reizen, sondern in erster Linie von Emotionen beim Lernenden abhängig sind" (Köck/Ott, S. 284).

1.2 Arten der Motivation

– Intrinsische Motivation „ist gegeben, wenn die zu lernende Sache, das zu erwerbende Verhalten selbst Beweggrund des Lernprozesses wird. So etwa, falls ein Schüler Freude am Lösen von Problemen hat . . ." (Brunnhuber, S. 21).
– Extrinsische Motivation „liegt vor, wenn der Beweggrund des Lernens nicht im Lehrziel selbst, sondern außerhalb von ihm gesucht wird, etwa in der Anerkennung der Leistung oder in der Vermeidung von Strafe" (Brunnhuber, S. 21).

2. Bedeutung

– „Motive sind *zielgerichtete Einstellungen* . . ." Es „entstehen in Dauerhaltungen dispositionelle Gegenstandsbezüge, die die Handlungsabläufe determinieren" (Engelmayer, S. 28).
– „Motive *dynamisieren* und *aktivieren* (i. O. jeweils kursiv, Anm. d. Verf.) Verhaltensweisen und Leistungsabläufe, steigern den Wirkungsgrad von Funktionen und Fähigkeiten und erhöhen die Belastbarkeit" (ebd. S. 28).
– Ursache für In-Gang-Setzen und In-Gang-Halten des Lernens

3. Praktische Hinweise

3.1 Aufbau langfristiger Motivationen

Die allgemeine Bereitschaft zum Lernen kann durch verschiedene Maßnahmen herbeigeführt werden:

– Entspannte Klassenatmosphäre: Soziale Konflikte lösen oder zumindest mildern; Wettbewerbssituationen auf die Sache zurückführen und Konkurrenzdenken abbauen; Einhaltung der Gesprächsregeln; Vermeidung einseitiger sozialer Beziehungen
– Positive Verstärkung: „Die Motivation . . . steigt durch positive Nacheffekte" (Seidemann, S. 24). Lob, Ermunterungen und Bestätigungen beeinflussen die Lernanstrengungen günstig.
– Pädagogisches Handeln des Lehrers: Sachorientierte Reaktion auf falsche Schülerbeiträge; freundliche Haltung; vertrauensvolle Zuwendung; gerechte Beurteilung von Leistungen und Konflikten; keine Mißachtung von Schülern

- Bewußtmachen des Lernfortschritts
- Insgesamt: Schülerorientierte Unterrichtsgestaltung und allgemeine Berücksichtigung der Unterrichtsprinzipien (Strukturierung usw.)

3.2 Motivation durch die Eingangsphase

Hereinbringen des realen Gegenstands; Herstellen des persönlichen Bezugs zum Thema; Einbringen des Vorwissens der Schüler; Darstellen eines Widerspruchs: Aussagen von Texten unterscheiden sich, gegensätzliche Bildinhalte provozieren; Einsatz von gut gestalteten und aussagekräftigen Medien; eine Problemstellung zwingt zur Lösung; eine unklare Hypothesenbildung führt notwendig zum Versuch; Darstellen einer lebensechten Situation durch szenisches Spiel, Tonband oder Schulfernsehen; Anknüpfen an Bekanntes; interesseweckender Problemversuch; Vorlesen einer ungewöhnlichen Begebenheit; Bekanntgabe des Ziels, des Vorhabens, der Fertigkeit (die am Schluß des Unterrichts erreicht werden kann); Notieren der Fragen der Schüler; Formulieren von Vermutungen; Herausfordern zur Weiterarbeit durch Vorgabe einer echten Entscheidungssituation.

3.3 Motivation durch phasenübergreifende Maßnahmen

- Handelndes Tun: Zerlegen eines Gegenstandes, Anfertigen eines Modells, Durchführung eines Versuchs, Ordnen von Elementen
- Strukturierung: Abgrenzung der einzelnen Teilschritte, logische Aufeinanderfolge der Teilinhalte, Herstellen von Zusammenhängen
- Veranschaulichung: Erklären am Modell, am Bild; Verbindung von bekannten Begriffen; induktives Vorgehen
- Zielorientierung: Bewußtmachen des Fortschreitens des Denk- und Arbeitsprozesses; Formulierung von Überleitungen; Erteilen klarer Aufträge, Fragen und Impulse
- Rhythmisierung: Variation von Sozialformen, Medien und Tätigkeiten; Wechsel von Spannung und Entspannung; Wechsel von Anspruchs- und Aktivierungsniveau. „Es gibt Hinweise dafür, daß leichte Veränderungen eines mittleren Aktivierungsgrades besonders günstig für Denkprozesse sind ... Spannung und Entspannung sind beim Fortschreiten zu Teillösungen und schließlich zur Endlösung wieder zu beobachten" (Oerter [2], S. 483). Einlegen von Pausen; Wechsel der äußeren Bedingungen.
- Sprache: „ ... als Hilfe bei der Führung von Denkprozessen": Sprache ist „offensichtlich ein wichtiges Mittel der willentlichen Lenkung und erleichtert die Aufmerksamkeitssteuerung" (ebd. S. 483).
- Einhaltung eines leistungsgerechten Anspruchsniveaus
- Bewußtmachen und Anerkennung von Leistungen

1. Begriffe

- Zielorientierung: Gesamtheit der Maßnahmen aus Lernplanung und im Unterrichtsgeschehen zur Festlegung und Verdeutlichung des unterrichtlichen Vorhabens
- Lernziel: „. . . die Beschreibung des durch Unterricht herbeizuführenden Endverhaltens, das nach dem Lernen beobachtbar gezeigt werden soll" (Brunnhuber, S. 15).
- Feinlernziele: „. . . Beschreibungen von Endverhalten. Sie sollen präzise Beurteilungsmaßstäbe bereitstellen. Es muß der höchste Grad an Eindeutigkeit und Präzision vorliegen . . . Hier kommt es darauf an, die den Lernenden abzuverlangende Aufgabe der Operation und das darauf gründende Verhalten so genau wie möglich zu beschreiben, so daß eine empirische Kontrolle der Lernergebnisse möglich wird" (Maskus, S. 151).
- Zielangabe: Bekanntgabe des Vorhabens für eine bestimmte Unterrichtseinheit durch Lehrer oder Schüler, das sich aus der Einstiegssituation ergibt.
- Teilziele: Festlegung von Teilschritten innerhalb der Hauptphase einer Unterrichtseinheit (d. h. Erarbeitung, Problemlösung, Informationsphase usw.). Diese Teilschritte beziehen sich häufig auf den Inhalt: Auflösung des Gesamtinhalts in Teilinhalte (häufig bei HSK, Sprachbetrachtung); psychomotorische Lerngegenstände werden in Teilverhalten aufgegliedert (Te/We, SPO).

2. Begründung

- Unterricht wird für Lehrer und Schüler durchschaubar.
- Das Unterrichtsgeschehen gewinnt an Klarheit.
- „Vielmehr bedarf es noch einer Lokalisierung und Präzisierung der in der Aufgabe enthaltenen Schwierigkeiten. Andernfalls kommt es lediglich zu einer ziellosen, pädagogisch unwirksamen Aktivität . . ." (Correll, S. 172).
- „Der Lerngegenstand soll sich als ‚Figur' vom ‚Grund' abheben. Hinführung und klare Zielangabe lösen den Gegenstand aus seiner Verwobenheit mit naheliegenden Bereichen heraus" (Katzenberger [1], S. 43).
- „Hinführung und Zielangabe erwecken eine Reihe von Erwartungen (Hypothesen), engen diese aber auch gleichzeitig auf den Bereich des betreffenden Lerngegenstandes ein" (ebd. S. 43).
- Für das Wahrnehmen allgemein gilt: „Die Informationsmenge, die auf unsere Sinne auftrifft, ist so gewaltig, daß wir sie als chaotisches Wirrwarr erleben würden . . . Rasche und sichere Auswahl von Aspekten und Merkmalen bedeutet eine Verringerung von Unsicherheit" (Oerter [1], S. 49).
- Möglichkeit zur genaueren Überprüfung von Aufbau und Einzelmaßnahmen des Unterrichts

3. Praktische Hinweise

a) Wir setzen einen Schwerpunkt dieser Unterrichtseinheit oder Unterrichtszeiteinheit fest:
Beachtung der Anforderungsstufe (z. B. Überblick – Kenntnis?), die im Lehrplan angegeben ist
b) Wir untergliedern die Gesamtthematik in Teilinhalte und Teilverfahren (-methoden):
Nachdem bereits abgeklärt ist, wie wir der Anforderungsstufe gerecht werden, steht nun die Sache im Vordergrund; sie muß in logische Schritte aufgegliedert werden und sich organisch entwickeln.
c) Wir grenzen die Teilschritte so ab, daß die einzelnen Ziele erreichbar sind:
Das Anspruchsniveau soll sich nicht sprunghaft anheben.
d) Wir formulieren ein klare Zielangabe:
Sie soll noch nicht die zu erarbeitende Erkenntnis vorwegnehmen. Sie wird hervorgehoben durch Wiederholen (verbal) und Anschreiben an der Tafel.
e) Wir machen das Fortschreiten des Lernprozesses bewußt – im Inhalt, im Verfahren, im Denken: „Du weißt schon, wo sich das Wasser unter der Erdoberfläche sammelt; dann hast du erfahren, wie es wieder an die Oberfläche kommt."
– „Wir haben gerade beobachtet, wie . . . Nun soll uns eine Zeichnung helfen . . ."
– „Nachdem du . . . verglichen hast, kannst du schon herausfinden, wie . . ."
f) Wir schaffen Zäsuren und leiten zum nächsten Teilschritt über: „Du hast jetzt . . . geübt; nun ist es noch wichtig, daß . . ."
g) Wir fördern sachbezogene Schüleräußerungen, müssen aber im Unterrichtsgespräch von themenfremden Erwägungen wieder zur Sache führen:
„Bevor du diese Frage beantwortest, sollten wir . . ." – „Erinnere dich noch einmal genau an den Auftrag!" – „Euer (Gruppen-)Beitrag ist wichtig. Könntet ihr ihn jedoch nachher nochmal wiederholen?" – „Ich denke, du solltest bei der Idee von Sabine weitermachen!"
h) Wir ermitteln gelegentlich den vorhandenen Bestand an Wissen, Fähigkeiten und Einstellungen zu einem anstehenden Thema durch Beobachtungen und Fragen.

4. Hinweise des Lehrplans

Zielorientierung in einem umfassenden Verständnis: In zielstrebigem Aufbau führt der Grundschulunterricht das noch stark ichbezogene und von Augenblicksbedürfnissen bestimmte Kind schrittweise zu sachlicherer Einstellung. (Präambel, 3.3)

1. Begriffsklärung

1.1 Definition

„Mit Differenzierung sind organisatorische und pädagogische Maßnahmen gekennzeichnet, durch die sowohl Lernziele und Anforderungen dem Entwicklungsstand und der Leistungsfähigkeit der Schüler individuell oder gruppenweise angepaßt als auch im Lernangebot die Neigungen und besondere Lernbedürfnisse berücksichtigt werden" (Rombach, Bd. 1, S. 305).

1.2 Formen

1.2.1 Äußere Differenzierung: Aufgliederung nach Schularten, Klassen und Kursgruppen

1.2.2 Innere Differenzierung: Sie kann nach verschiedenen Gesichtspunkten unterschieden werden:
– nach dem Inhalt: a) qualitative Differenzierung: Unterschied im Schwierigkeitsgrad, quantitative Differenzierung: Unterschied im Umfang
– nach der Methode: Unterschied in der Stufung, z. B. Überspringen einer Veranschaulichungsphase, oder hinsichtlich der Lernhilfen, z. B. entdeckendes Lernen bzw. vorstrukturierte Unterweisung
– nach den Arbeitsmitteln
– nach dem Grad der Selbständigkeit: a) progressive Differenzierung: Schüler eignen sich – in individuellem Tempo – schwieriger werdende Inhalte an; b) sukzessive Differenzierung: Beginn mit der ganzen Klasse; Gruppen werden schrittweise abgekoppelt und arbeiten in Einzelarbeit weiter.
– nach Art und Ausmaß der Interaktion Lehrer – Schüler: Hilfe des Lehrers beim Problemlösen, bei der Lernzielkontrolle oder bei der Korrektur; Kontaktaufnahme, Aufmunterung, Reaktion, Reaktion bei Fehlern
Im folgenden wird nur die innere Differenzierung besprochen.

2. Ursachen

Eine dynamische Auffassung von Begabung legt nahe, den Klassenverband an bestimmten Stellen des Lernprozesses aufzuteilen. Die einzelnen Schüler zeigen Unterschiede in der Motivierbarkeit, im Auffassungstempo, in den fachlichen Interessen, im Lerntempo, im Konzentrationsvermögen, im „sachstrukturellen Entwicklungsstand" (Brunnhuber, S. 53) und im Sprachverhalten.

3. Begründung

– Individuelle Förderung des Schülers gemäß seinem Leistungsvermögen
– Der Schüler kann sein Arbeitstempo und seinen Arbeitsstil bestimmen
– Möglichkeit der Behebung von Lernschwierigkeiten in Teilbereichen

- Erhöhung der Lernmotivation, da das Anspruchsniveau so gesetzt wird, daß ❸ einerseits der Anforderungsgrad zur Bearbeitung reizt und andererseits die Lösung möglich erscheint
- Rhythmisierung des Unterrichts durch Tätigkeitswechsel

4. Grundsätze

4.1 Gezielte Gruppenbildung

Aufgrund von schriftlichen Leistungsfeststellungen werden die Schüler in zwei oder drei Leistungsgruppen eingeteilt. Diese – meist informellen – „Meßverfahren" müssen durch Schülerbeobachtungen unterstützt werden; sie betreffen z. B. Arbeitsverhalten, Arbeitstempo, Fähigkeit des Verbalisierens, Interessen oder Sozialkontakte.

4.2 Effektive Arbeit

Eine lernwirksame Durchführung stützt sich auf verschiedene Voraussetzungen: angemessene Aufgabenstellungen, geeignete Lernmaterialien, präzise Arbeitsaufträge, eingeschulte Arbeitsweisen, konsequent eingehaltene Rahmendisziplin, Wechsel der Tätigkeiten.

4.3 Motivierende Kontrolle

Die Arbeiten werden durch die Kinder selbst oder vom Lehrer überprüft. In einzelnen Fällen erfolgen Hinweise zur Weiterarbeit. Jeder Schüler soll über seine Leistung eine Rückmeldung erhalten. Berichtigungen und Verbesserungen werden im Schwierigkeitsgrad auf den einzelnen abgestimmt.

5. Didaktischer Ort

5.1 Anfangsphase: Rechenfertigkeitsübung; in der Phase der Anknüpfung werden die Schüler bei den Inhalten aktiv, die sie in der letzten Unterrichtsstunde gut lösen konnten.

5.2 Erarbeitungsphase: Lösung einer Textaufgabe (selbständiges oder vorbereitetes Lösen), Bewältigung einer Operation (selbständiges oder nachmachendes Umgehen mit den Elementen einer Menge), Speichern von Wortbildern (verschiedene Lösungshilfen), Unterrichtsgang (Gruppe der Sammler, Forscher, Detektive), Kernübung im Sport (z. B. Beibehaltung von Maßnahmen zur Unterstützung des Bewegungsablaufs), Problemlösung, Erschließung eines Textes.

5.3 Übungsphase: Einprägen von Wortbildern (Reproduktion aus dem Gedächtnis oder mit Hilfe von Buchstabengruppen), Normalverfahren (reine Zahlen, eingekleidete Aufgabe, Sachaufgabe), Formulieren von Texten (mit/ohne Stichworten).

5.4 Anwendungsphase: Bilden von Sätzen, Lösen einer Textaufgabe (ohne/mit Vorgabe der Lösungsstruktur).

③ 3.13 Sozialformen

1. Begriffsklärung

„... die nach sozialen Gesichtspunkten orientierten Formen, Lernprozesse zu organisieren und zu bewältigen. Zu ihnen zählen die Lehrformen wie z. B. Frontalunterricht, Einzelarbeit ..., Partnerarbeit, Gruppenarbeit, Planspiel, Rollenspiel, Rundgespräch ... (Köck/Ott, S. 378).

2. Bedeutung sozialer Arbeitsformen

2.1 Die Leistung der jeweiligen Formen sozialer Gruppierungen beim Unterrichten ist sehr unterschiedlich.

2.2 Allgemein betrachtet kann die Bedeutung in dreifacher Hinsicht festgestellt werden:

– Erfahren und Bewußtwerden sozialer Verhaltensmuster (Tugenden)
– Durch den Wechsel der sozialen Arbeitsformen wird ein Beitrag zur Rhythmisierung des Unterrichts geleistet.
– Es ist auch zu beobachten, daß sich manche Lernprozesse in bestimmten Gruppierungen effektiver vollziehen können. „Bestimmte Unterrichtsaufgaben lassen sich offenbar bei bestimmten Sozialformen des Unterrichts besser verwirklichen als bei anderen" (Rombach, Bd. 4, S. 111).

2.3 Bedeutung partnerbezogener Sozialformen:

– Erfahrung und Förderung von Kooperationsbereitschaft, Rücksichtnahme, Hilfsbereitschaft und der Toleranz.
– Entwicklung der Argumentationsfähigkeit, der Selbständigkeit, der Entscheidungsfähigkeit und der Verantwortungsbereitschaft.
– Beitrag zur Individuation: Erfahren (auch Bewußtwerden) der eigenen Möglichkeiten zu argumentieren, sich durchzusetzen, „Niederlagen" auszuhalten, Enttäuschungen zu verarbeiten; Bewußtwerden der eigenen Rolle im Sozialverband; Kennenlernen eigener Reaktionen z. B. auf Anschuldigungen
– Abbau lehrerzentrierter Stoffvermittlung, Förderung der Schüleraktivität

3. Lehrplanaussage

Zur bestmöglichen Förderung des einzelnen Schülers treten neben den Unterricht, der sich an die ganze Klasse wendet, Formen der Einzel-, Partner- und Gruppenarbeit. Dabei soll die Zusammensetzung der Gruppen immer wieder wechseln (Präambel, 3.5).

4. Frontalunterricht als Sozialform des Unterrichts

3

4.1 Kennzeichen: Der Lehrer steuert den Ablauf der Inhalte, der Aktivitäten und das Drankommen der einzelnen Schüler. Arbeitsrhythmus und Arbeitstempo sind für alle Schüler gleich.

4.2 Vorteile: Überblick des Lehrers über die (auch scheinbare) Aufmerksamkeit aller Schüler, Disziplinprobleme zunächst geringer, Informationen sind für alle Schüler gleich, Informationen können rasch gegeben werden.

4.3 Nachteile: Reproduktives Verhalten der Schüler; passive Haltung wird aufgebaut; Kommunikation auf Schüler – Lehrer eingeschränkt; Selbständigkeit wird nicht gefördert; Ausübung psychischen Drucks zur Aufrechterhaltung langfristiger Arbeiten; Kooperationsfähigkeit bleibt unterentwickelt.

4.4 Didaktischer Ort: „Der Klassenunterricht hat seinen berechtigten didaktischen Ort: In den Fächern Musik, Sport, Werken, Deutsch (Diktat, Vorlesen), . . . werden Sie diese Arbeitsform immer wieder einplanen müssen, wenn etwas vorgezeigt, vorgemacht, erzählt, vorgetragen, erklärt, dargestellt, vorgeführt wird" (Witzenbacher, S. 77).

5. Einzelarbeit als Sozialform des Unterrichts

5.1 Kennzeichen: Durchführung von Arbeitsaufträgen ohne situative Steuerung von außen; eine Steuerung kann jedoch durch das zugrundeliegende Arbeitsmittel gegeben sein (Hilfen z. B. durch Bilder, Lückensätze, Stichwörter). Eine Kommunikation findet nicht statt (und ist meist nicht erwünscht; Ausnahmen: z. B. Ausleihen eines Schreibgeräts; auch wird der Lehrer in vielen Fällen im Sinne individualisierender Hilfestellungen die strikte Einzelarbeit durchbrechen).

5.2 Vorteile: Bestimmung des eigenen Arbeitstempos; Kontrolle für den Lehrer über den erreichten Leistungsstand; Erfolgserlebnis für viele Schüler, ohne Fremdhilfe etwas leisten zu können; Beitrag zur Verinnerlichung von Lernprozessen; Möglichkeit, sich selbst (seine Fähigkeiten) kennenzulernen; Phase der Beruhigung und Entspannung; Ort der Differenzierung; Aktivierung eines jeden Schülers; Schulung der Selbständigkeit.

5.3 Nachteile: Kooperationsfähigkeit kann nicht aufgebaut werden; keine Möglichkeit der sozialen Kontaktaufnahme; Gefahr einer Entwicklung egoistischer Verhaltensweisen; Gefahr der Förderung des Konkurrenzdenkens; bei größeren Klassenstärken: Ausbleiben unmittelbarer Kontrollen (Verstärkung, Korrekturen) des eigenen Tuns; bei wenig angepaßten Aufgabenstellungen (Arbeitsmitteln): Überforderung führt zur Resignation, Unterforderung führt zur Gleichgültigkeit.

5.4 Didaktischer Ort: Grundsätzlich überall dort, wo der Schüler ohne Hilfestellung etwas leisten kann (z. B. Notieren von Einzelheiten aus der Umwelterfahrung, Aufschreiben gesicherter Wortbilder); bei Teilzusammenfassungen, Wiederholungen, in Übungen, Verarbeitungs- und Anwendungsphasen.

6. Partnerarbeit als Sozialform des Unterrichts

6.1 Kennzeichen: Zusammenarbeit zweier Schüler, in der Regel der beiden benachbarten Schüler; in dem zur Verfügung stehenden Zeitraum bestimmen die Partner selbst Arbeitstempo bzw. den Umfang des Arbeitsergebnisses; Grundlage ist die Kommunikation der Partner.

6.2 Vorteile: Verbesserung der Qualität der Ergebnisse; gegenseitige Überprüfung hilft Fehler vermeiden; Sitzordnung muß nicht geändert werden; Arbeitsform zur Vorbereitung der Gruppenarbeit; ferner gelten die in 2.3 aufgeführten Aspekte.

6.3 Nachteile: Das sachbezogene Arbeiten kann nur punktuell kontrolliert werden; Partner vertragen sich nicht; Aufgabenstellung wird falsch interpretiert; Gefahr, daß einem Partner die jeweils unbeliebte Tätigkeit überlassen wird; Fixierung auf eine Person.

6.4 Didaktischer Ort: ,,Die Partnerarbeit kann zu Beginn der Stunde als Wiederholung, einleitende Übung, Bestandsaufnahme, in den Hauptphasen des Unterrichts oder zum Schluß als zusammenfassende Übung, Wiederholung, Vertiefung eingeplant werden. Auch kann sie die Erarbeitung eines Lerngegenstandes einleiten . . .`` (Witzenbacher, S. 77).

6.5 Möglichkeiten der Verwirklichung

Folgende Zielsetzungen und Beispiele sind in einem Aufsatz von S. Regelein genannt:

- Sich auf einen Partner einstellen können: Partnerübungen im Sportunterricht, motorische Partnerübungen (Rückenschreiben, gemeinsam malen), pantomimische Darstellungen
- Den Partner beobachten: Mathematik (Rechnungen würfeln, Wechselübungen mit Geld), Deutsch (Wortkarten legen, Sätze bilden)
- Dem Partner zuhören und ihn ausreden lassen: Rätsel stellen, Texte vorlesen
- Dem Partner helfen: Hilfestellung im Sportunterricht, Einüben des Erklärens
- Verschiedene Partner akzeptieren
- Sich die Arbeit teilen: z. B. im Leseunterricht (Wörter am Lesekasten stecken, Sätze legen, Wortkarten zusammensetzen)
- Mit dem Partner etwas anfertigen: Bildnerisches Darstellen (Collagen), Heimat- und Sachkunde (Versuche, Obstsalat herstellen), Mathematik (Modell herstellen)
- Leistung und Verhalten des Partners beurteilen (Siehe Regelein [3], S. 10–12!)

Diese Beispiele zeigen auch, wie auf indirektem und spielerischem Wege Partnerarbeit angebahnt werden kann.

6.6 Beispiele für Arbeitsaufträge zur Partnerarbeit

„Suche zusammen mit deinem Partner mindestens vier Wörter aus der Wortfamilie „fallen" und notiere sie dann!"

„Diktiere deinem Partner die unterstrichenen Lernwörter und überprüft dann gemeinsam, ob die Wörter richtig geschrieben sind!"

„Beobachte im Filmausschnitt, wie die Schwalbe ihre Jungen füttert, und teile dann deine Beobachtungen deinem Partner mit!"

„Sucht auf der Bildtafel die Wasserpflanzen und Wassertiere, die wir bei unserem Unterrichtsgang zum Weiher sehen konnten! Der eine (linke) Partner unterstreicht die Namen der gefundenen Wasserpflanzen; der andere (rechte) Partner unterstreicht die Namen der gefundenen Wassertiere!"

„Faßt den Übenden beim Hochschwingen mit Klammergriff am Oberschenkel und verlangsamt beim Abrollen etwas die Geschwindigkeit!"

6.7 Grundsätze der Partnerarbeit

6.7.1 Setzen Sie die Partnergruppe so zusammen, daß eine möglichst spannungsfreie Arbeit möglich ist und auch die unterschiedlichen Funktionen der Partnerarbeit berücksichtigt werden (gegenseitige Ergänzung bzw. Helfersystem).

6.7.2 Lassen Sie den Schülern den Sinn und die Fortschritte in der Partnerarbeit bewußt werden!

6.7.3 Stimmen Sie die Inhalte und Aktivitäten der Partnerarbeit auf den gegenwärtigen Leistungsstand der Kinder ab!

7. Gruppenarbeit als Sozialform des Unterrichts

Siehe 5.1 Gruppenarbeit!

8. Wertung

a) Unterschiedliche Zielsetzungen: Diese können im stofflichen, erziehlichen oder sozialen Bereich liegen. „Einen geringen Zuwachs an selbständigem Lernen ermöglicht z. B. die Gruppenarbeit, zu deren Durchführung den Schülern schriftlich vorbereitete Arbeitsanweisungen gegeben werden ... Außer den sozialpädagogischen Vorzügen ist didaktisch nichts hinzugekommen, führen doch die Schüler die gleichen mehr passiven oder mehr aktiven Formen des Lernvollzugs durch" (Th. Burzer, in Schnitzer, S. 120).

b) Die gewünschte Sozialform ist aufgrund anderer Faktoren oft nicht durchzuführen: fehlendes Arbeitsmaterial, mangelnde Einführung der Schüler in die betreffende Sozialform oder Vorliebe des Lehrers für eine bestimmte Sozialform.

③ 3.14 Sachgemäße Arbeitsweisen

1. Begriffsklärung

1.1 Definition

– Arbeitsweisen: „. . . die innerhalb einer komplexen Problemlösungsstrategie eindeutig beschreibbaren Operationen." (Knoll, S. 167) „. . . ist ein in besonderer Weise von den Eigenarten einer ganz bestimmten Gruppe ‚verwandter' Unterrichtsgegenstände und den Anforderungen eines oder mehrerer Unterrichtsfächer geprägtes methodisches Modell . . ." (Pleiner, S. 8 f.).
– Arbeitstechniken: „. . . sind dagegen stets nur ‚Bausteine' für bzw. Elemente von Arbeitsweisen". Die Techniken ermöglichen die „Feinstrukturierung" des Unterrichts und „repräsentieren vornehmlich Hilfsverfahren" (Pleiner a. a. O.).

1.2 Formen

– Arbeitsweisen, die *zunächst* mehr den organisatorischen Rahmen bezeichnen, z. B. Unterrichtsgang, Befragung, Gespräch, Schaubild erstellen, Beschriften, Sammeln
– Arbeitsweisen, die vorwiegend den psychischen Vorgang kennzeichnen, z. B. Zuhören, Beobachten, Abstrahieren, Schlüsse ziehen, Beurteilen, Unterscheiden
– Umfassende bzw. elementare Arbeitsweisen, z. B. Experimentieren, Rollenspiel, Langzeitbeobachtung, Erkunden durch Unterrichtsgang bzw. Messen, Ordnen, Beschriften, Benennen, Tabelle ausfüllen
– Einteilung nach:
Informationsgewinnung, z. B. Sammeln, Erkunden, Untersuchen, Text erlesen, Bild beschreiben, Gegenstand zerlegen, Beobachten, Aufnotieren, Messen
Informationsverarbeitung, z. B. Hypothesen aufstellen, Vergleichen, Unterscheiden, Begriff finden, Fachbegriff erklären, Modell deuten, Schlüsse ziehen, Zusammenhänge herstellen, Kernaussage feststellen, Beurteilen
Informationsdarstellung, z. B. in Worten ausdrücken, zeichnerisch darstellen, Schaubilder entwickeln, eine Ausstellung planen und durchführen, Modell anfertigen, Hefteintrag selbständig entwerfen, Niederschrift schreiben.
– Sog. „fachspezifische" Arbeitsweisen: Durch Angabe von Inhalten, konkreten Gegenständen (auch deren Repräsentanten) oder technischen Arbeitsmitteln werden Arbeitsweisen dergestalt definiert, daß sie einem „Fach" oft eindeutig zugeordnet werden können. Beispiele:
a) Allgemein: Vermutungen anstellen;
Präzisierung durch den *Inhalt:* Vermutungen über den möglichen Fortgang der Fabel (Deutsch/Weiterführendes Lesen)
b) Allgemein: Berichten
Präzisierung durch den *Inhalt:* Berichten über Schwierigkeiten mit Nachbarn (Heimat- und Sachkunde, Kind und Gemeinschaft)

c) Allgemein: Untersuchen

Präzisierung durch den *konkreten Gegenstand:* Untersuchen von Stoffen, die für die Herstellung eines Lampions geeignet sind (Heimat- und Sachkunde, Kind und Natur)

d) Allgemein: Ordnen

Präzisierung durch den *konkreten Gegenstand:* Ordnen der Lernwörter nach dem Alphabet (Deutsch/Rechtschreiben)

e) Allgemein: Vergleichen

Präzisierung durch den *Repräsentanten* des Gegenstandes (Medium, Symbol): Vergleichen der Lösungswege anhand der aufgestellten Lösungspläne (Mathematik)

f) Allgemein: Beschreiben

Präzisierung durch den *Repräsentanten* des Gegenstandes: Beschreiben des Straßenverlaufs anhand der Karte (Heimat- und Sachkunde, Orientierung im heimatlichen Raum)

g) Allgemein: Betrachten

Präzisierung durch das *technische Hilfsmittel:* Betrachten des Insekts mit der Käfiglupe (Heimat- und Sachkunde, Kind und Natur)

h) Allgemein: Messen

Präzisierung durch das *technische Hilfsmittel:* Messen der Zimmertemperatur mit dem Thermometer (Heimat- und Sachkunde, Kind und Natur)

2. Bedeutung

– Jeder Unterricht muß gegenstandsspezifische Arbeitsweisen enthalten, „weil Gegenstand und Methode eine Einheit bilden" (Rabenstein [1], S. 8).
– Ort für Selbsttätigkeit der Schüler im Unterrichtsgeschehen
– Einüben selbständigen Tuns
– Beitrag zum Argumentieren von der Sache her
– Möglichkeit zum kooperativen Verhalten
– Raum für Eigeninitiative und entdeckendes Lernen

3. Lehrplanaussage

– In zielstrebigem Aufbau führt der Grundschulunterricht das noch stark ichbezogene und von Augenblicksbedürfnissen bestimmte Kind schrittweise zu sachlicherer Einstellung.
– Der Unterricht führt in sachgemäße Lern- und Arbeitsweisen ein und macht sie durch Übung und Anwendung sicher verfügbar. (Präambel, 3.3)

4. Grundsätze

4.1 Die Arbeitsweise (Arbeitstechnik) soll der Sache entsprechen

Beispiele:

Lerngegenstand	*Arbeitsweise/-technik*
Wörter mit doppeltem Mitlaut	Lautes Sprechen; Analogiebildung; Sätze bilden; Markieren des kurz gesprochenen Selbstlauts; Formulieren eines Merksatzes
Umgebung der Schule in der Karte	Unterrichtsgang: Notieren der Straßennamen und der besonderen Gebäude; Feststellen der Straßenlänge durch Schrittzählung; Herstellen einer groben Strichskizze; Übertragung der Strichskizze in den Sandkasten als „Spurenkarte", dabei Verfeinern der Längenverhältnisse; Erstellen einer Planskizze auf der Glasscheibe des Sandkastens; Übertragung der genaueren Planskizze in eine großflächige Darstellung

4.2 Die Arbeitsweise (Arbeitstechnik) muß ihren genauen didaktischen Ort erhalten

Beispiele

Arbeitsweise/-technik	*Ort im Lernprozeß*
Veranschaulichung des mathematischen Sachverhalts mit dem Streifenmodell	Vorausgehend: Begegnung mit der Textaufgabe; Klärung der Sache; Erkennen der Rechenfrage; Herauslösen des Zahlenmaterials Nachfolgend: Zuordnen der Zahlen zu den Elementen des Streifenmodells; Erstellen eines Rechenplans; Ausrechnen der Aufgabe
Vergleichen zweier historischer Bildquellen	Vorausgehend: Einführung in den historischen Zusammenhang; Beschreibung eines jeden Bildes Nachfolgend: Verbalisieren der Unterschiede; ggf. Finden von Fachbegriffen; Veranschaulichung von Einzelheiten z. B. durch Lehrererzählung; Formulierung der Erkenntnis

4.3 Die Arbeitsweise (Arbeitstechnik) soll für den Lernprozeß ergiebig sein

Beispiel

Zielsetzung	*Arbeitsweisen/-techniken*
Darstellung des Ergebnisses einer Gruppenarbeit	Mündlicher Bericht; Entwickelnde Zeichnung an der Tafel; Erklären mit Hilfe einer bereits vollstän-

zum Thema „Der Kreis-
lauf des Wassers"

digen, in der Gruppenarbeit entstandenen Folienskizze; Verbalisieren mit Hilfe von vorbereiteten
Wortkarten
In diesem Fall ergiebig für den Lernprozeß: a) als
vorläufige Maßnahme: Erklären mit Hilfe einer ent-
stehenden Folienskizze; b) als überdauernde Maßnahme: Anfertigen eines großflächigen Wandbilds

3

4.4 Die Arbeitsweise (Arbeitstechnik) muß schrittweise aufgebaut und eingeschult werden.

4.5 Die Arbeitsweise (Arbeitstechnik) soll den Schülern bewußtgemacht werden.

5. Didaktischer Ort

5.1 Arbeitsweisen (Arbeitstechniken) in der Anfangsphase:

Berichten, Beschreiben, Sammeln, Vergleichen, Probleme erkennen, konkrete
Gegenstände betrachten, Fragen formulieren, Bekanntes wiederholen

5.2 Arbeitsweisen (Arbeitstechniken) in der Hauptphase:

Hypothesen äußern; Sachverhalt präzisieren; Beispiele finden; Material sichten;
Versuch, Erkundung planen; Nachschlagen; Vorzeigen; Betrachten; Untersuchen; Hantieren mit Objekten und Geräten; Messen; Aufschreiben; Skizze anfertigen; Vergleichen, Ordnen; Klassifizieren; Berechnen; Arbeit mit Bildern, Skizzen, Karten, Tabellen, Texten, konkreten Gegenständen, Präparaten; Auswerten
von audio-visuellen Medien; Daten interpretieren; Ergebnisse kontrollieren; Erkenntnisse formulieren; Begriffe finden; Benennen; Begriffe erklären, veranschaulichen; Zusammenhänge verbalisieren; Diskutieren; szenisches Spiel; Rollenspiel; Befragung; Unterrichtsgang

5.3 Arbeitsweisen (Arbeitstechniken) in der Schlußphase:

Vermutungen überprüfen; Arbeitsrückschau; Abstrahieren; Wertungsgespräch;
kritisch überdenken; Begriffe in eine graphische Darstellung einsetzen; Schaubild
anfertigen; Modell entwickeln

6. Grenzen

– In der Grundschule keine Systematik möglich
– Komplexe Arbeitsweisen bedürfen der Vorbereitung
– Arbeitsmaterial und -geräte oft nicht vorhanden
– Zeitaufwand für manche Arbeitsweisen erheblich

③ 3.15 Übung

1. Begriffsklärung

Unter Übung versteht man die Prozesse oder die dazu notwendigen Maßnahmen zur Automatisierung und Verbesserung geistiger Funktionen, motorischer Aktionen oder Verhaltenspositionen.

„Man erfaßt das Wesen der Übung noch besser, wenn man sie etwas von dem Begriff der Gewöhnung absetzt . . . Geht es um . . . die Tatsache, daß ein Tun wieder vollzogen wird, so spricht man von Gewöhnung. Geht es um die Veränderung, und zwar um die Verbesserung eines Tuns, so spricht man von der Übung" (Bönsch [1], S. 80 f.).

2. Formen

Die verschiedenen Formen von Übungen ergeben sich dadurch, daß man die Übung von unterschiedlichen Standpunkten aus betrachtet: Was ist das Ziel der Übung? Welches sind die vorherrschenden psychischen Leistungen bei einer Übung? Wird das Denken oder eine manuelle Fertigkeit geübt? Welche Inhalte (Unterrichtsfach!) werden geübt? An welchem didaktischen Ort ist die Übung einzusetzen? Wie weit ist die Automatisierung der psychischen Funktionen schon fortgeschritten?

2.1 Ziele der „Verbesserung eines Tuns"

– die Verfeinerung der Leistung, z. B. MuB: Bei geschlossenen Augen die Lage einer Schallquelle angeben
– die Erweiterung im Umfang der Leistung, z. B. HSK: Informationen aus der Landkarte entnehmen: Schulort – Nachbarort – unbekannte Orte
– die Beschleunigung des Ablaufs, z. B. MAT: Einmaleinsreihen
– die Stabilisierung des Denkprozesses bzw. des Tuns, z. B. MAT: Vorgehen bei der Lösung einer Textaufgabe (Denkprozeß), SPO: Bewegungsablauf beim Weitsprung (Tun)

2.2 Übungsstufen

R. Rabenstein erläutert unter Bezugnahme auf den Strukturplan vier Übungsstufen:

„1. Übungsstufe: Üben der Reproduktion von Kenntnissen und Fertigkeiten
. . . Lernziel . . ., die Schüler zur Wiedergabe des Gelernten aus dem Gedächtnis zu befähigen . . .

2. Übungsstufe: Üben der Reorganisation des Gelernten
. . . Ab dieser zweiten Stufe wird ‚Üben' nicht mehr als Wiederholen des gleichen Lehrstoffes, sondern als ‚Anwenden' des Gelernten verstanden . . . neue Fragestellung . . . ähnliche Aufgaben . . .

3. Übungsstufe: Üben von Transferleistungen

   ... Es geht hier ... um selbständige Bearbeitung von neuem Lehrstoff mit Hilfe von Mitteln, die an früher Gelerntem erarbeitet wurden ... Diese Übungsanlage gilt für die Übertragung von fachlichen Begriffen auf neue Fälle (z. B. Frühblüher, Entwicklungszyklus) genauso wie für die von Lösungsverfahren (z. B. Hypothesenbildung ...)

4. Übungsstufe: Übung zur Förderung kreativen Verhaltens

   ... Didaktisch hochwertiges strukturiertes Material bietet viel Spielraum zur Entfaltung freier Aktivität, schränkt aber dennoch die Möglichkeiten des Lernenden in fachlich und lernpsychologisch begründeter Weise ein und bietet somit günstige Voraussetzungen für Erfolgserlebnisse bei kreativem Verhalten in ‚gelenkter Freiheit'" (Rabenstein [2], S. 3 f.).

2.3 Fachspezifisch ausgerichtete Maßnahmen der Übung

Entsprechend den unterschiedlichen Inhalten der Unterrichtsfächer geht es etwa im Schreibunterricht u. a. um die Feinmotorik der Hand, im Kunstunterricht um grafische Zeichen, im Sprachunterricht um die Vielfalt der Sprachmittel, im Rechtschreibunterricht um die Wiedergabe von Wortbildern oder im Mathematikunterricht um den Zahlbegriff, die Zehnerüberschreitung oder die Lösung von Sachaufgaben. Um eine Automatisierung des Denkens oder des Tuns zu erzielen, müssen ferner die Lernhilfen dem Gegenstand des Übens gerecht werden. Deshalb setzt man im Rechtschreibunterricht verschiedene Lösungshilfen (optisch, akusto-motorisch ...) ein oder unterscheidet im Mathematikunterricht zwischen mechanisierenden Fertigkeitsübungen und operativer Übung.

3. Bedeutung

– Entlastung des Gedächtnisses
– Überspringen von Teilvorgängen in einem komplexen Prozeß („4 an, 1 gemerkt" ist im fortgeschrittenen Stadium automatisiert).
– Freiwerden für umfassendere Erkenntnisse
– Schaffung von Grundlagen für neue Lerninhalte
– Erhöhung der Schnelligkeit, Genauigkeit und Sicherheit von Handlungsabläufen oder Denkprozessen

4. Lernpsychologische Grundlagen

Verschiedene Befunde der Lernpsychologie geben Hinweise auf das erfolgreiche Einprägen und Üben.

„1. Das Frequenzgesetz Thorndikes

Es besagt, daß die Übung zuerst von der Zahl der Wiederholungen abhängt. Eine geringe Wiederholungszahl bewirkt geringen Übungserfolg ...

2. *Das Gesetz der Modifizierung* (das Gesetz des Formwechsels)
... Alte Gegebenheiten sollen bei fortschreitender Übung in neuem Zusammenhang, in neuen Situationen, in immer größeren Aufgaben auftreten ... Bemerkenswert ist ..., daß Kinder bis zum 9./10. Lebensjahr etwa eine Tätigkeit auf die gleiche monotone Weise unzählige Male hintereinander wiederholen können, allein angetrieben durch die Lust am Tun ...

3. *Das Gesetz der Reinhaltung*
... Es ist ... sehr wichtig, beim Üben darauf zu achten, daß kein Fehler sich einschleicht ...

4. *Das Jostsche Verteilungsgesetz*
... Bei planmäßigem Üben sind kurzdauernde, über einen längeren Zeitraum verteilte Wiederholungen weit wirkungsvoller als ... gehäuftes Üben ...

5. *Das Gesetz der Bereitschaft*
... Die Notwendigkeit der Übung muß für das Kind einsichtig sein. Es muß ein Motiv da sein ... Zum anderen muß eine Übung sinnvoll sein ...

6. *Das Gesetz des Erfolges* (law of effect)
Lindahl und *Thorndike* (i. O. jeweils kursiv, Anm. d. Verf.) fordern, daß eine Übung ein befriedigendes Resultat für den Übenden haben muß. Der Mensch braucht immer Erfolgserlebnisse, um weiterzumachen" (Bönsch [1], S. 90–93).

Weiterhin sind für das Üben etwa das Phänomen der retroaktiven Hemmung (Eine nachfolgende neue Tätigkeit kann die Speicherung der vorausgegangenen Information negativ beeinflussen), das Auftreten eines Lernplateaus (individuell verschiedene Phase beim Lernvorgang, in der keine Veränderung bzw. Verbesserung der psychischen Funktionen erreicht wird; anders ausgedrückt: die Lernkurve verläuft in bestimmten Phasen horizontal) oder die Tatsache zu berücksichtigen, daß die meisten Schüler „einem Vorstellungstyp (visuell, akustisch, motorisch)" (Bönsch [4], S. 182) angehören.

5. Grundsätze

Von diesen lernpsychologischen Aussagen können Übungsgrundsätze unmittelbar abgeleitet werden:

5.1 Motivation: Zur Übungsarbeit soll ein Motiv vorhanden sein (intrinsisch/extrinsisch; Problemorientierung; Zielangabe; emotionale Zuwendung)

5.2 Passung: Das Übungsmaterial und die Methode ist auf die Leistungsfähigkeit der Schüler abzustimmen (Denkentwicklung, Sachwissen; Bildung von Gruppen – Differenzierung).

5.3 Konsolidierung: Zu komplexem Tun kann erst fortgeschritten werden, wenn die Teilvorgänge gesichert sind (Teilschritte, Teilzusammenfassungen, Lernpausen).

5.4 Verteilung: a) Die erste Wiederholung darf zeitlich vom Ersteindruck nicht zu weit entfernt sein (am besten am nächsten Tag); b) Übungsphasen von kurzer Dauer, aber häufig

5.5 Einsicht: a) Vom Schüler soll während des Prozesses der Automatisierung verlangt werden, den Sinn der Tätigkeit zu begründen; b) die zu übenden Wissensbestände und Handlungsabläufe sind in den größeren Zusammenhang einzubetten (Strukturierung); c) den Schülern ist Gelegenheit zu geben, vor dem Üben erst das Ganze zu überblicken; oder noch günstiger: den Gegenstand als Ganzes einlernen zu können (Ganzlernverfahren, z. B. Gedicht).

5.6 Richtigkeit: Beim Neulernen ist die sachliche Richtigkeit zu überprüfen. Fehler (auch Ungenauigkeiten) sind Anlaß, den ganzen Prozeß nochmals darzustellen.

5.7 Keine Blockierung: Hemmende Faktoren (Angst; Überlagerung von ähnlichen Inhalten, z. B. Lied – Lid; sozialer Druck; ungenügende Platz- oder Lichtverhältnisse; abfallende Leistungskurve) sind zu vermeiden oder abzubauen.

5.8 Variation: Verschiedene Tätigkeiten (Denken – Tun; unterstreichen, nachsprechen, ankreuzen, zuordnen), die Beanspruchung verschiedener Sinne, verschiedene Arbeitsmaterialien, Medien, soziale Arbeitsformen und Arbeitstechniken schaffen neue Lernanreize.

5.9 Erfolg: a) Leistungen sind zu bestätigen; b) die Kontrolle geschieht nach Möglichkeit unmittelbar; c) der Lernzuwachs (Quantität, Qualität) soll den Schülern bewußt gemacht werden.

5.10 Aktivierung: a) Den Schülern ist ein Freiraum für den eigenen Zugriff auf Übungsstoff zu gewähren (mit dem Nachdruck, ihn zu nutzen); b) insbesondere Selbstkontrolle ist eine Form der Selbsttätigkeit.

6. Lehrplanaussagen

– Der Unterricht führt in sachgemäße Lern- und Arbeitsweisen ein und macht sie durch Übung und Anwendung sicher verfügbar. (Präambel, 3.3)
– Damit der weiterführende Deutschunterricht und auch die anderen Unterrichtsfächer auf soliden und gesicherten Lernergebnissen aufbauen können, ist es gerade in diesem Fach notwendig, den Lehrstoff besonders gründlich zu erarbeiten und ausgiebig zu üben. (DEU)

7. Verwirklichung

Zu den Maßnahmen in den einzelnen Unterrichtsfächern (Lernbereichen) siehe z. B. 4.1.2 Weiterführendes Lesen oder Mathematik: 4.2.7 Übung!

3 3.16 Sicherung

1. Begriffsklärung

Zielsetzung des Unterrichtens, Wissenselemente, Denkprozesse, Erfahrungen und Handlungsabläufe zu speichern; diese Speicherinhalte sollen zu einem späteren Zeitpunkt wieder aktiviert werden können.

Sicherung umfaßt – didaktisch gesehen – alle Maßnahmen, die zum Abspeichern von Informationen beitragen. Ein Teilbereich der möglichen Maßnahmen ist die Übung. In das Begriffsumfeld von Sicherung gehören neben Übung auch Einprägen, Wiederholen, Wiedererkennen, Anwenden, Behalten und Erinnern.

2. Bedeutung

Nur durch die Verfügbarkeit über Wissen, Einsichten, Fähigkeiten und Fertigkeiten ist der Mensch in der Lage, gleiche, ähnliche und auch neue Aufgabensituationen zu bewältigen.

3. Psychologische Grundlegung

Das Wiederfinden von Speicherinhalten wird durch zwei verschiedene lernpsychologische Sichtweisen erklärt:

1. „Die Gedächtnisspuren verbinden sich mechanisch nach bestimmten Gesetzen zu Assoziationen. Wird später eine Spur aktiviert, so wird auch der Inhalt der mit ihr assoziativ verknüpften Spur psychisch repräsentiert" (Huber, S. 105).
2. „Das Individuum ordnet aktiv die psychischen Repräsentationen seiner Erfahrungen. Die einlaufenden Daten werden nicht einfach abgebildet, sondern organisiert. Spuren der dabei ablaufenden Organisations*prozesse* (i. O. kursiv, Anm. d. Verf.) dienen später dazu, die früheren Erfahrungen zu rekonstruieren" (Huber, a. a. O.).

4. Lehrplanaussagen

Solide gefestigte Unterrichtsergebnisse sind ein tragfähiger Grund für das spätere Lernen. (Präambel, 3.3)

Aufgabe der Grundschule ist es, dem Schüler elementare Rechtschreibsicherheit zu vermitteln (DEU/Rechtschreiben, 1.).

Der Unterricht soll zu sicherem und geläufigem Rechnen mit Zahlen und Größen in den vier Grundrechenarten führen. (MAT, 1.)

Für die Sicherung der Unterrichtsergebnisse ist auch in Heimat- und Sachkunde genügend Zeit einzuplanen. (HSK, 2.)

5. Allgemeine Maßnahmen

Sicherung geschieht durch
– Motivation zur Auseinandersetzung mit dem Lerngegenstand

- Aktivierung, indem die Lernsache durch selbsttätigen und selbständigen Umgang vom Schüler erschlossen wird
- Strukturierung des Stoffes in logische, sich organisch entwickelnde und überschaubare Teilinhalte
- Klare Begriffsbildung, indem Begriffe anschaulich entwickelt, abgegrenzt und gebraucht werden
- Bewußtmachen des größeren Zusammenhangs, in dem der Lerngegenstand steht
- Fixierung des Wichtigsten (der Kerninformation), z. B. an der Tafel, in optisch einprägsamer Form
- Sachadäquate Methoden, indem den Einzelinhalten entsprechende Lernhilfen zugeordnet werden (1. Teilziel: z. B. konkreter Gegenstand [als adäquate Lernhilfe]; 2. Teilziel: z. B. Schemazeichnung).
- Verbalisierung der Beobachtungen, Erkenntnisse und Erfahrungen.
- Beachtung der Übungsgrundsätze (Siehe 3.15 Übung!)
- Eigens durchzuführende Phasen: Teilzusammenfassungen, „Wertung", „Vertiefung", „Arbeitsrückschau", „Integration des Gelernten" ...
- Anwendung des Gelernten: Anwendung kann im Rahmen der Übung gesehen werden; es ist jedoch unerläßlich, die Übertragung von Wissen, Einsichten und Können auch als eigenständigen Bereich zu sehen; gerade durch das Bewußtwerden des Lernstoffes für das eigene Leben, wird eine spätere Reaktivierung des Gespeicherten wahrscheinlicher; man unterscheidet lateralen und vertikalen Transfer („Weite und Vielfalt der Situationen" bzw. „Bildung höherer, komplexerer Operationen", Brunnhuber, S. 65).
- Emotionale Bindung des Schülers an die Sache

6. Verwirklichung

6.1 Erstschreiben: Vergleichen von Formelementen bei Buchstaben, an der Tafel Formteile mit Farbkreiden kenntlich machen, vorgegebene Buchstaben nachspuren

6.2 Weiterführendes Lesen: Wortkarten kurzzeitig zeigen und Sinnerfassung feststellen, bestimmte Wörter im Text suchen, Blickspannübungen

6.3 Heimat- und Sachkunde: Zeichnungen, Schemata und Bilder in Sprache umsetzen oder beschriften, Formulieren von Merksätzen, Ausdenken ähnlicher Beispiele oder Versuche, Beurteilen neuer Situationen, Richtigstellen falscher Aussagen

6.4 Mathematik: Begründen des Lösungsverfahrens, Veranschaulichen der Sachbeziehungen, Darstellen der Mächtigkeit einer Zahl durch verschiedene Elemente, Festlegen und Gebrauchen einer exakten Sprechweise, Durchführen gleicher Rechenoperationen bei verschiedener Anordnung des Zahlenmaterials und bei Einsatz verschiedener Arbeitsmittel.

3 ## 3.17 Lernzielkontrolle

1. Begriffsklärung

„Die Lernzielkontrolle bezieht sich in erster Linie nicht auf die Überprüfung und Kontrolle eines Lernergebnisses und sie ist überhaupt nicht mit Leistungsmessung und Benotung gleichzusetzen. Sie versucht vielmehr mit Hilfe fach-, alters- und lernprozeßspezifischer Verfahrensweisen festzustellen, inwieweit das durch einen Lernprozeß beabsichtigte Endverhalten eines Lernenden mit dem gesteckten Lernziel übereinstimmt" (Köck/Ott, S. 264).

2. Formen

Köck/Ott (S. 264) nennen als Formen der Lernzielkontrolle: schriftliche und mündliche Aufgabenstellung, praktische Übungs- und Arbeitsformen, z. B. Diskussionen, Gruppenarbeit, Wiederholungsprogramme, Test, Arbeit an einem Projekt

3. Funktion

– Ermittlung von Informationen über den Lernzuwachs des einzelnen Schülers
– Ermittlung von Informationen über die Verteilung des Leistungsstandes (punktuell, bezogen auf die Lernzielkontrolle zu dem entsprechenden Lerninhalt) in der Klasse

4. Bedeutung

– Hilfe zur Selbsteinschätzung des Schülers über den eigenen Lernfortschritt
– Grundlage für Konsequenzen zur eventuellen Änderung der didaktischen Aufbereitung und der methodischen Maßnahmen
– „. . . Rückmeldung des Lernfortschritts, die der Lernende bei seinen Wiedergabeversuchen erhält. Solange er sich das Lernmaterial nur einzuprägen versucht, ist er sich nicht genau darüber im klaren, ob er es nun eigentlich schon beherrscht oder nicht" (G. L. Huber, S. 82).
– „Die Rückmeldung eines Erfolges schafft Anreize für weiteres Lernen: sie wirkt motivierend." (ebd. S. 82 f.)
– „Falls der Lernende nicht erfolgreich war, erfährt er das Ausmaß bzw. die Ursachen seiner Abweichung von der Zielrichtung" (ebd. S. 83).

5. Lehrplanaussage

Individuelle Förderung schließt die ständige sorgfältige Beobachtung des Kindes und seiner Lernfortschritte . . . ein. (Präambel, 3.5)

6. Möglichkeiten der unterrichtlichen Verwirklichung ③

- Lies das, was wir gerade herausgefunden haben, nochmals still durch und versuche, dir alles zu merken! (Die Folie wird entfernt, die Tafel verdeckt; die Schüler wiederholen.)
- Unterstreiche die Wörter, die zu der Zeichnung passen! Zwei Wörter passen nicht dazu.
- Erstelle eine Liste der Zeitwörter, bei denen wir uns ein „lautes" Sprechen gut vorstellen können!
- Subtrahiere in dieser Tabelle die richtigen Zahlen und fülle die einzelnen Felder der Tabelle mit den Ergebnissen aus!
- Drehe das Arbeitsblatt um und zeichne die Skizze auswendig!
- Auf Fragen (durch Sprechen) antworten: Wie oft kommt der Brotteig zur „Gare"?
- In diesem Bild sind manche Dinge falsch eingezeichnet: Schreibe in der Tabelle die Dinge hinein, die „richtig" bzw. „falsch" sind!
- Beobachte genau, wie Karl beim Absprung seine Arme und Beine bewegt! Vielleicht weißt du dann schon, weshalb er vorhin so weit gesprungen ist!
- Du hast gerade an diesem Dia erklärt, wie . . . vor sich geht. Versuche nun, an der einfachen Folienskizze den Vorgang nochmals zu beschreiben! (Wechsel des Arbeitsmittels)
- Manche der Fragen, die wir am Anfang notiert haben, kannst du nun schon beantworten!
- Suche die richtigen Wörter, indem du die entsprechenden Zahlen davorsetzt!

7. Grundsätze

7.1 Variation der Kontrolle durch Veränderung des Mediums

7.2 Variation der Kontrolle durch verschiedene Denkleistung
a) Wiedergabe des Gespeicherten durch Reproduktion, b) Abruf des Gedächtnisbestandes durch Reorganisation (d. h. geringfügige Änderung der Einbettung des Lerngegenstandes, z. B. Änderung von Größe, Farbe; auch Satzbau der Frage), c) Übertragung des Gelernten durch Transfer.

7.3 Variation der Kontrolle durch Wechsel der Tätigkeiten, der Anordnung des Materials und der Sozialform

7.4 Überprüft werden kann nur das, was vorher gelernt wurde.

7.5 Arbeitsanweisungen müssen knapp und verständlich formuliert werden.

7.6 Beseitigung hemmender Faktoren: z. B. Sinnentnahme aus den Aufgabenstellungen oder Beherrschung der verlangten Technik nicht gegeben, äußere Störfaktoren

4. Gestaltungshilfen für die Unterrichtsfächer

4.1 Deutsch

4.1.1 Erstlesen

4.1.1.1 Informationen zum Lernbereich Erstlesen

1. Unterrichtsgegenstand

a) Begriffe

– Erstlesen: „. . . Lesen, das allgemein als die Fähigkeit zur Entschlüsselung von in vereinbarten optischen Zeichen niedergelegten Informationen definiert wird. Im Erstlesen geht es um die Initiierung des zu dieser Fähigkeit führenden schulischen Lernprozesses" (Meiers [2], S. 82 f.).

– Leserate: „Sie definiert die Anzahl der Wörter, die in einer Minute gelesen werden . . .

– Fixation: Sie definiert den Moment, wo unsere Augen beim Lesen stillstehen, um einen bestimmten Bereich deutlich wahrnehmen zu können . . .

– Blickspannweite: Sie definiert, wieviel von einem Wort pro Fixation durchschnittlich erkannt wird . . ." (Baer, S. 65 f.)

– Lesesicherheit: „. . . zeigt ein Kind dann, wenn es zusammenhängende, sinnvolle Texte oder einzelne Wortreihen richtig, ohne sinnentstellende Fehler oder zu lange Verzögerung vorlesen kann" (Biglmaier, S. 323).

– Leseflüssigkeit: Darunter „verstehen wir den Prozentsatz der zusammenhängend vorgelesenen Sinnschritte, wobei ein Sinnschritt jene zusammengehörende Wortgruppe innerhalb eines Satzes darstellt, die für sich sinnvoll ist" (ebd. S. 323).

b) Methoden

– Ganzheitlich-analytisch-synthetische Verfahren: Sie „gliedern sich – grob gesehen – in drei Lernsequenzen: naiv-ganzheitliches Lesen, Durchgliederung der Wortgestalt und synthetisches Lesen . . . Das naiv-ganzheitliche Lesen . . . erschöpft sich im Einprägen und Wiedererkennen ganzer Wörter, Sätze oder Texte . . . Das Durchgliedern der Wortgestalt setzt in der Regel mit optischen Übungen ein . . . Die akustische Analyse des betreffenden Lautes, das heißt sein Heraushören aus gesprochenem Text, folgt nach . . . Mit Hilfe der analysierten Zeichen werden schließlich sinnvolle Zeichenfolgen erstellt, das heißt, das Kind übt sich in der Lesesynthese" (Heuß, S. 528).

– Lautsynthetische Verfahren: Auch hier „lassen sich – wiederum stark vereinfacht – drei große Lernsequenzen erkennen: Die Vermittlung der Einzellaute und ihrer Schriftzeichen (Groß- und Kleinbuchstaben), das Zusammenlesen der Einzelzeichen zu Wörtern und das Zusammenlesen der Wörter zu Sätzen" (ebd. S. 530).

80

- Methodenintegrierende Verfahren: „Sie vollziehen sich, soweit das erkennbar wird, in mindestens vier Sequenzen: Gewinnung des Laut- und Buchstabenbestandes unserer Schrift, Wiedererkennen gelernter Zeichen in Texten, Lesen unbekannter Texte mit Hilfe der gelernten Zeichen, Aufbau von Superzeichen als Voraussetzung für überschauendes Lesen" (ebd. S. 531).

2. Lernpsychologischer Hinweis

„Unter Verschmelzung der aufgenommenen Schriftzeichen mit im Wortbildgedächtnis vorhandenen Strukturbildern erfolgt ein *Ordnen* zur *richtigen Wortfigur*. An diesen Vorgängen sind vor allem optisch dominierende Buchstaben und Buchstabengruppen (Gestaltgipfel – Signalgruppen – Teilgleichheiten) beteiligt. Bei bekannten Wörtern wird durch ein ‚inneres Hören' die entsprechende *Klangbildvorstellung* (i. O. jeweils kursiv, Anm. d. Verf.), die im Lautbildgedächtnis angelegt ist, reproduziert. Bei ungeläufigen oder selten gebrauchten Wörtern entsteht aus den hervorstechenden Lautgruppen und Einzellauten eine klangliche Vorform, die über sprachliche Sinnstützen zum konventionellen Wortklangbild ausgeformt wird" (Rauh, S. 37).

Im Leselernprozeß sind mehrere Teilleistungen verlangt, die für manche Schüler zum individuellen Problem werden können, z. B. einem Zeichen den entsprechenden Laut zuordnen, Laute verbinden können oder Buchstaben optisch unterscheiden können. Mit Hinweis auf G. Heuß nennt R. Rauh vier für den Lesevorgang notwendige psycho-physische Funktionen (Vgl. Rauh, S. 39): optische Wahrnehmungsdifferenzierung, akustische Wahrnehmungsdifferenzierung, kinästhetische Differenzierung und rhythmische und melodische Differenzierung. Auf das besondere Problem der Verbindung von lautem und stillem Lesen weisen U. Kolem und E. Weigl hin, denn „in der ... Periode der Aneignung muß der Schüler das schriftlich gebotene Wort nicht nur sehen, sondern zunächst auch – vom Lehrer – hören, innersprachlich oder manifest mitartikulieren und mit Hilfe der bereits auditiv erfolgten semantischen Dekodierung schließlich der entsprechenden Bedeutung zuordnen" (Weigl, S. 55; siehe auch Kolem, S. 455).

3. Aussagen des Lehrplans

a) Zielsetzungen

- Am Ende der ersten Jahrgangsstufe sollen die Schüler einen inhaltlich und sprachlich altersangemessenen Text in Druckschrift sinnerfassend lesen können.
- Flüssiges Lesen kann zum Schuljahresende nicht von allen Kindern gefordert werden.
- Nicht nur zu Beginn, sondern auch im Verlauf des Leselernprozesses sind die Voraussetzungen und Bedingungen für erfolgreiches Lesenlernen zu beachten.

b) Hinweise zum Unterricht
- Beim Leselehrgang kann schwerpunktmäßig von Satz, Wort oder Laut ausgegangen werden, jedoch sind von Anfang an alle drei Sprachelemente einzubeziehen.
- Die lesedidaktischen Unterschiede der Verfahren sind vorrangig auf die Anfangsphase des Leselehrgangs beschränkt, im weiteren Fortgang nähern sie sich einander an.

4. Übersicht über Inhalte des Lehrplans

Ziele, die den Leselehrgang vorbereiten und ständig begleiten	Ziele für den Leselehrgang
Gleiche, ähnliche und unterschiedliche Merkmale erfassen; graphische Symbole unterscheiden und deuten	Eine begrenzte Anzahl gut strukturierter Ganzwörter beherrschen
Geräusche und Töne differenziert wahrnehmen und deuten	Laute und Lautzeichen sowie häufig vorkommende Lautzeichengruppen beherrschen
Verschiedene Laute bilden und Wörter deutlich sprechen	Einsicht, daß durch Austauschen, Hinzufügen oder Weglassen von Lautzeichen sich die Bedeutung eines Wortes ändern kann
Arbeitsrichtungen einhalten - von links nach rechts - von oben nach unten	Neue Wörter mit Hilfe von Lautzeichen und Lautzeichengruppen lesen
Freude am Lesen gewinnen	Sätze und einfache Texte lesen

5. Forderungen

Die unterrichtlichen Maßnahmen erhalten bereits eine qualitative Festlegung durch die Aussagen des Lehrplans. Ferner hat jeder Lehrgang seine eigenen Gesetzlichkeiten und Zielsetzungen, so daß hier allgemeine Forderungen formuliert werden müssen.

a) Die Leistung des einzelnen Schülers ist vor und während des Leselernprozesses festzustellen
- Feststellung der Ausgangslage: In einem von K. Meiers entwickelten Test werden mehrere Faktoren der Lesefähigkeit erfaßt, z. B. artikuliertes Sprechen,

Verfügen über Satzbaupläne, Symbolverständnis; optische und akustische Differenzierungsfähigkeit, Verfügen über Links-rechts-Orientierung (nach Wenzel, S. 448).

– Lernzielkontrolle: Anhand von Arbeitsblättern können unterschiedliche Fähigkeiten überprüft werden, wie dies S. Regelein in einem praktikablen Vorschlag erläutert: Zuordnen von Laut und entsprechendem Buchstaben, Zusammenlesen von Buchstaben, Lesen geübter Wörter, Lesen geübter Texte, Lesen ungeübter Wörter, Lesen ungeübter Texte, Leseinteresse (Siehe Regelein [2], S. 464–466!)

b) Die Übungen sind auf die entsprechende Phase des Leselernprozesses abzustimmen
R. Rauh nennt verschiedene Übungsmöglichkeiten bezogen auf die einzelnen Lernphasen (nach Rauh, S. 46–50):

– Schaffung der Voraussetzungen für die Durchgliederungsphase: Übungen zum Einprägen von Wortbildern, zur Lösung von Wortbildern aus bekannten Sinnzusammenhängen, zur Erfassung der Binnengliederung von Wortstrukturen, zur Schulung der optischen und akustischen Wahrnehmungsdifferenzierung
– Festigung von Buchstaben und Lauten und Strukturveränderung von Worten
– Selbständiges Erfassen von Textzusammenhängen

c) Die Übungen sollen innerhalb der einzelnen Phase variiert werden
In den genannten Phasen sind verschiedene Übungsformen möglich. Eine gute Übersicht findet sich bei A. Merkel; als Übungen auf der Stufe der Lautgewinnung und -sicherung werden dort aufgeführt (Siehe Merkel, S. 565 f.): Heraussuchen bestimmter Buchstaben aus Texten, Identifizieren gleicher Buchstaben und Laute, Einsetzen fehlender Buchstaben, Bildwortkarten hochhalten – den Anlaut nennen lassen, artikuliertes Sprechen des gleichen Anlautes.
Das abwechslungsreiche Üben stützt sich weiterhin auf den Einsatz verschiedener Arbeitsmittel wie Wandtafel, Setzkasten, Wortbildtafel, Satzstreifen usw.

d) Im Erstleseunterricht wird differenziert
Aus informellen Tests und den Beobachtungen des Lehrers ergeben sich die Grundlagen für die Gruppenbildung innerhalb der Klasse. (Praktische Beispiele siehe Mersinger, S. 580–585!)

e) Die Übergänge zwischen den Phasen des Leselernprozesses und die spezifischen Probleme des jeweiligen Lehrgangs sind besonders zu beachten
So soll beispielsweise bei der Synthese das Zusammenlesen sinnloser Silben auf ein Minimum beschränkt bleiben, dagegen soll die Sinnerwartung eine führende Rolle einnehmen (z. B. Ha-ns, Ha-nd, Ha-se).

Literatur

1. Meiers, K. (Hrsg.): Erstlesen. Klinkhardt, Bad Heilbrunn/Obb. 1977
2. Rauh, R.: Erstlesen. In: Altmann u. a. [3], S. 35–54

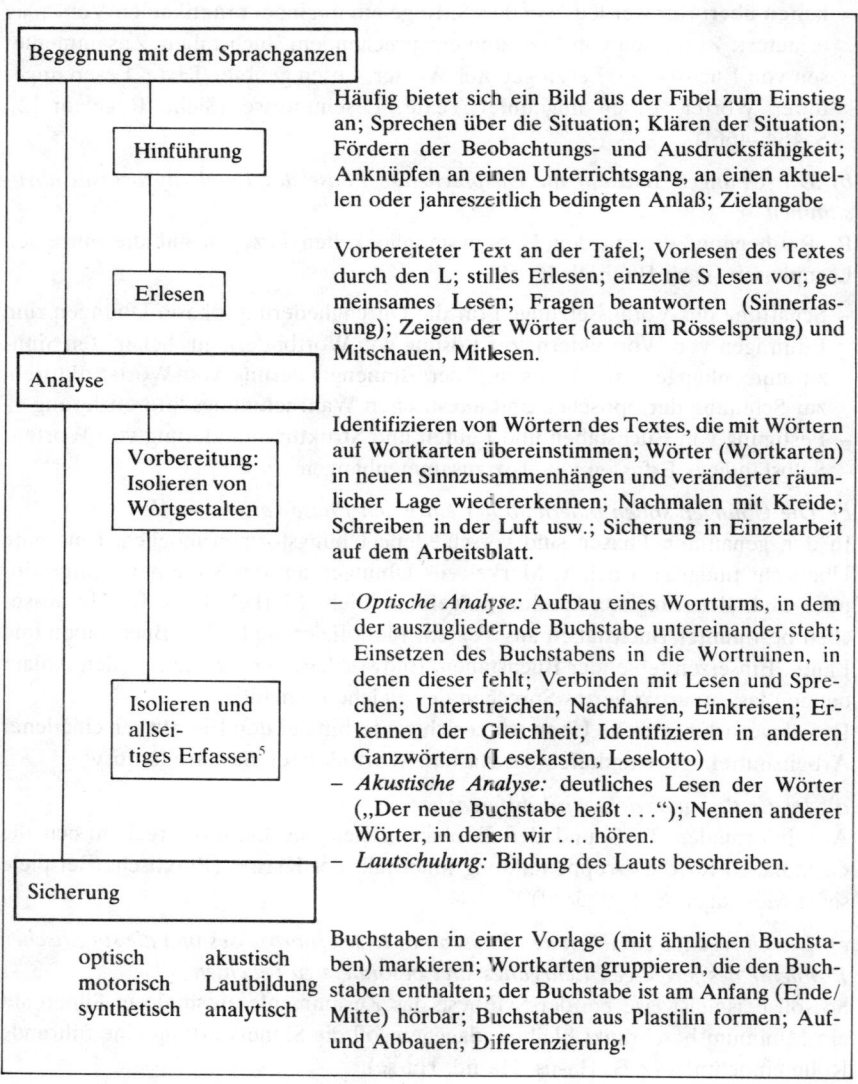

4.1.1.2 Verlaufsgliederung

1. *Strukturmodell:* Erstlesen – Unterrichtseinheit aus der 2. Phase des Leselehrgangs nach analytisch-synthetischem Verfahren – Analyse eines Buchstabens

Begegnung mit dem Sprachganzen	
Hinführung	Häufig bietet sich ein Bild aus der Fibel zum Einstieg an; Sprechen über die Situation; Klären der Situation; Fördern der Beobachtungs- und Ausdrucksfähigkeit; Anknüpfen an einen Unterrichtsgang, an einen aktuellen oder jahreszeitlich bedingten Anlaß; Zielangabe
Erlesen	Vorbereiteter Text an der Tafel; Vorlesen des Textes durch den L; stilles Erlesen; einzelne S lesen vor; gemeinsames Lesen; Fragen beantworten (Sinnerfassung); Zeigen der Wörter (auch im Rösselsprung) und Mitschauen, Mitlesen.
Analyse	
Vorbereitung: Isolieren von Wortgestalten	Identifizieren von Wörtern des Textes, die mit Wörtern auf Wortkarten übereinstimmen; Wörter (Wortkarten) in neuen Sinnzusammenhängen und veränderter räumlicher Lage wiedererkennen; Nachmalen mit Kreide; Schreiben in der Luft usw.; Sicherung in Einzelarbeit auf dem Arbeitsblatt.
Isolieren und allseitiges Erfassen[5]	– *Optische Analyse:* Aufbau eines Wortturms, in dem der auszugliedernde Buchstabe untereinander steht; Einsetzen des Buchstabens in die Wortruinen, in denen dieser fehlt; Verbinden mit Lesen und Sprechen; Unterstreichen, Nachfahren, Einkreisen; Erkennen der Gleichheit; Identifizieren in anderen Ganzwörtern (Lesekasten, Leselotto) – *Akustische Analyse:* deutliches Lesen der Wörter („Der neue Buchstabe heißt . . .“); Nennen anderer Wörter, in denen wir . . . hören. – *Lautschulung:* Bildung des Lauts beschreiben.
Sicherung	
optisch akustisch motorisch Lautbildung synthetisch analytisch	Buchstaben in einer Vorlage (mit ähnlichen Buchstaben) markieren; Wortkarten gruppieren, die den Buchstaben enthalten; der Buchstabe ist am Anfang (Ende/Mitte) hörbar; Buchstaben aus Plastilin formen; Auf- und Abbauen; Differenzierung!

---

5 Diese Bezeichnung ist entnommen aus Rauh, S. 52

84

2. *Unterrichtsbeispiel:* Buchstaben- und Lautanalyse U u[6],

1. Jahrgangsstufe

Artikulation/ Inhalt	Unterrichtsaktivitäten/ Sozialformen/Medien

I. Begegnung mit dem Sprachganzen

1. Hinführung

Märchen: Rotkäppchen	Impuls
Bei der Geburtstagsfeier hatte es nicht gleich geklappt!	
Der Wolf . . .	S äußern sich
Aber dann haben sie doch alle den Geburtstag gefeiert!	Impuls
Es gab Wein, . . .	S äußern sich

2. Erlesen des Textes

Bei der Geburtstagsfeier von Uta hat auch nicht alles sofort geklappt. Ich habe dazu eine Geschichte an die Tafel geschrieben. Was könnte da passiert sein?

Vielleicht hat Uta verschlafen. Vielleicht . . .	S stellen Vermutungen an
Jetzt sehen wir einmal, was da los war!	L

Vorbereiteter Text an der Tafel

Uta hat Geburtstag.
Mutter und Großmutter
suchen den Kuchen.
Alle rufen: Kuchen Kuchen
U u

L liest den Text vor;
L liest vor, S lesen mit;
Lesen im Chor;
Lesen durch einzelne S;
Zeigen von Wörtern durch S, lautes
Lesen durch die Klasse

---

6 Mehrere methodische Ideen zu dieser UZE verdanke ich meiner Kollegin Ulrike Scholz.

85

Artikulation/ Inhalt	Unterrichtsaktivitäten/ Sozialformen/Medien

II. Analyse des Buchstabens und Lautes U

1. Isolieren der Wörter

Aus unserer Geschichte habe ich einige Wörter aufgeschrieben.

L

Vorbereitete Wortkarten an der Nebentafel (mit Tesafilm angeheftet): S lesen und heften diese über die Wörter des Textes.

2. Isolieren des Buchstabens und Lautes U und allseitiges Erfassen

a) Optische Analyse
Einigen Kindern ist bei diesen Wörtern schon etwas aufgefallen!
Es sind Wörter mit U oder u.

Impuls

S antworten
S nehmen wieder die Wortkarten ab und fahren die U u farbig nach
Erstellen der Uu-Leiste (Wortturm)

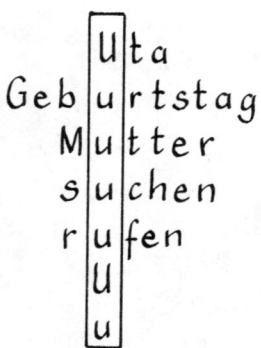

S lesen die Wörter:
Aufsuchen neuer Wörter mit U u auf Namenkärtchen;
Partnerarbeit mit dem Leselotto:
Zuordnen von Bild und Wort;
Aufsuchen des neuen Buchstabens im Lesekasten

Artikulation/ Inhalt	Unterrichtsaktivitäten/ Sozialformen/Medien
b) Motorische Sicherung	L schreibt U an die Tafel, Nachspuren in der Luft und auf der Bank; S beschreiben die Form; dasselbe mit u
c) Akustische Analyse	S lesen die Wörter nochmals, S sprechen Wörter mit U am Anfang
Ich kenne ein Mädchen mit U. (Ulla, . . .)	Impulse
Ich kenne einen Zug mit U. (U-Bahn)	Vorgabe von Bildern (Gegenständen) auf einem Arbeitsblatt:
z. B. Puppe, Hut, Hund, Blume	Leise Wort vorsprechen – Bild umfahren, in dem sich ein Wort mit U u versteckt hat
III. Ausklang	Malen der Geburtstagsfeier (mit Wachsmalkreiden)

Es schließt sich eine weitere UZE an, in der die Sicherung des gewonnenen Lautes im Vordergrund steht.

4.1.2 Weiterführendes Lesen

4.1.2.1 Informationen zum fachlichen Bereich Weiterführendes Lesen

1. Unterrichtsgegenstand

a) Begriff

„Lesen als kommunikatives Handeln ist nicht nur Sinnentnahme aus dem Text, sondern Sinnerschließung aus dem kommunikativen Zusammenhang" (E. P. Müller, S. 13).

b) Einzelaktivitäten beim Lesen

G. Kleinschmidt unterscheidet im komplexen Lesevorgang drei Leseakte: das worterschließende, strukturfassende und klanggestaltende Lesen. In einer linguistisch orientierten Terminologie wird analog dazu von einer semantischen, syntaktischen und phonologischen Dekodierung gesprochen. Auch wenn diese Leseakte einzeln beschrieben werden können, so ist jedoch zu beachten, daß sie voneinander nicht zu trennen sind, „da sie auf allen Stufen gleichzeitig und nicht zeitlich nacheinander folgen" (Greil/Kreuz [3], S. 54).

– Semantische Dekodierung: „In einem Text tritt das Wort nicht isoliert auf, sondern steht in einem Satz, der wiederum nur ein Teil einer größeren sprachlichen Einheit ist. Damit bekommt es im Gegensatz zu seiner Stellung außerhalb des Kontextes eine konkrete, eng begrenzte und individuelle Bedeutung" (ebd. S. 54.)

– Syntaktische Dekodierung: „Bei der Sinnentnahme müssen die vorgegebenen Satzstrukturen mit ihren spezifischen Ordnungsbeziehungen dekodiert werden ... Oft scheitert das Sinnverständnis nicht an Wörtern, deren Bedeutung und Inhalt dem Leser unbekannt sind, sondern an dem Unvermögen, zu komplexe oder zu komplizierte Satzstrukturen zu analysieren ... Der Leseanfänger muß sich ... möglichst schnell vom isolierenden Einzelwortlesen lösen und lernen, Satzstrukturen zu überblicken und Zusammenhänge zu erkennen" (ebd. S. 59 f.). Mittels des strukturerfassenden Lesens können also zusammengehörige Wortgruppen (rasch) erkannt werden.

– Phonologische Dekodierung: „Die Sinnerfassung von Wörtern und das Wiedererkennen der Sprachstrukturen eines Textes sind Voraussetzungen für die sprechende Wiedergabe der Rede ... Das hierbei geforderte nachgestaltende Lesen verlangt die Beherrschung spezifischer Fertigkeiten. Klanggestaltung, Lesegeschwindigkeit, Lautstärke, Tonhöhe, Pausen, Akzentuierung, Rhythmus, Melodie, Stimmführung sind wesentliche Faktoren klanggestaltenden Lesens" (ebd. S. 62 f.).

c) Lesearten

– Informatorisches Lesen: „Lesen als ein Mittel der Welterschließung und Lebenserfahrung. Dieses Lesen dient den Bedürfnissen, diese Welt, in die der Mensch hineinwächst, immer vielseitiger zu durchdringen."

- Evasorisches Lesen: „Hierbei geht es um das Bestreben, die Bedingtheit unseres Lebens zu sprengen. Lesen wird hier verstanden als Flucht aus der unbefriedigenden Wirklichkeit in eine Welt der Illusionen."
- Kognitives Lesen: „Es entsteht aus dem Wunsch nach Daseinserfassung . . ., um die Welt zu ordnen und zu deuten. Lesen, um Probleme zu lösen, Fragen beantworten zu können."
- Literarisches Lesen: „Es will zweierlei erreichen: a) die Sinndeutung der Welt und des menschlichen Daseins erfahren . . . somit die Erschließung des Kerngedankens . . . b) zum Gehalt . . . tritt als wesentliches Element die Gestalt, in der allein der Gehalt sich verwirklicht und mit der er erst eine untrennbare Einheit bildet" (Stechele, S. 108 f.).

Diese Untersuchung von Lesearten geht auf H. E. Giehrl zurück. Ähnliche Versuche, Lesen zu klassifizieren, führten zur Kennzeichnung von „Leseweisen", z. B. mechanisch, nachgestaltend (Siehe Baumgärtner, in Kochan/Neuhaus-Siemon, S. 290), von „Lesehaltungen" oder „Rezeptionsmodi", d. h. deutend, kritisch und kreativ (Siehe Baumann [1], S. 34–41!) und von „Verhaltensweisen des Lesers zum Text", d. h. affirmativ, identifizierend-kritisch, distanziert (Siehe Baumgärtner, a. a. O., S. 292!).

d) Textsorten

Gegenstand des Leseunterrichts in der Grundschule sind Texte, die an einem umfassenden Textbegriff orientiert sind: literarisch-ästhetische Dichtung, Trivialliteratur und Sachliteratur; in letzterem sind Alltags- und Gebrauchstexte miteingeschlossen. Texte können verschiedene Funktionen haben, indem sie informieren, unterhalten, belehren, appellieren, argumentieren, kritisieren oder regulieren (z. B. durch eine Verordnung).

2. Psychologische Hinweise

Der Lesevorgang ist ein komplexer Prozeß, der dem Lehrer bekannt sein muß, um auftretende Leseschwierigkeiten verstehen zu können. „Mit jedem Sprachsignal werden bestimmte Wort- oder Spracherfahrungen angerührt, ein Feld möglicher Bedeutungen wird aus dem Gedächtnis heraufgerufen oder abgerufen. Jeder Signalstoß löst eine Erwartung aus, die vom Bereich des Empfängers, seinen Erfahrungen geprägt ist . . . Es ist ein schwieriger, komplexer Vorgang voller Geistesgegenwart, Kombinatorik, Bewußtseinsanspannung, in dem statische Raumzeichen rückübersetzt werden in dynamische, sprachlich-motorische *Zeitfolgen* (i. O. kursiv, Anm. d. Verf.). Dabei nimmt die Blickbreite als Lesefeld Zeilenabschnitte von Fixpunkt zu Fixpunkt, im Durchschnitt zehn bis zwölf Buchstaben, auf einmal auf. Von der Sinnentnahme aus der bis dahin gegebenen semantischen und syntaktischen Zeichenstruktur muß das Kommende, noch nicht Gelesene vorentworfen und beim ruckweisen Weiterlesen berichtigt werden" (A. Weber, S. 80 f.).

3. Bedeutung

- Gewinnung von Informationen über Dinge und Vorgänge in der Umwelt
- Erschließung von Verhaltens- und Denkweisen anderer Menschen
- Möglichkeit, einen Einblick in die Lebenserfahrung anderer zu erhalten
- Förderung des Selbstverständnisses und der eigenen Lebensbewältigung
- In-Gang-setzen von Denkprozessen
- Beitrag zur persönlichen Bereicherung, zur Unterhaltung und zur Freizeitgestaltung
- Wichtige Technik zur Lösung schulischer Aufgabenstellungen, z. B. Lesen von Arbeitsaufträgen, von Sachtexten oder von Textaufgaben
- Sicherung und Erweiterung des Wortschatzes
- „Den größten Teil unseres Wissens erwerben wir durch Lesen. Nur wer richtig liest, kann sinnvoll lernen" (Singer [1], S. 17).
- „Es dürfte nicht übertrieben sein zu sagen, daß die Entwicklung der Lesekompetenz und die der kognitiven Entwicklung sich gegenseitig fördern" (Schmalohr, S. 118).

4. Zielsetzungen

a) allgemein
Aus der sozialen bzw. individuellen Zielsetzung ergibt sich die Notwendigkeit
- „die Schüler zu befähigen, mit Texten, wie sie in ihrer Umwelt vorkommen, adäquat umzugehen . . .
- die Schüler zu befähigen, über Texte das aus der Wirklichkeit zu erfahren, was direkt nicht erfahren werden kann . . .
- die Schüler zu befähigen, mit Hilfe von Texten das eigene Weltbild, die eigenen Einstellungen, Interessen und Bedürfnisse bewußt weiterzuentwickeln
- zu verstehen, wie eigene Einstellungen, Leseerwartungen und -haltungen ihr Textverständnis mitbestimmen . . ." (E. P. Müller, S. 23 f.).

b) Lehrplanaussagen
- Der Schüler soll befähigt werden, verschiedenartige Texte zu erschließen, Absicht und Wirkung ihrer Gestaltung zu erkennen.
- Sein Leseinteresse soll vertieft und erweitert werden.
- Diese Zielsetzungen verlangen eine beständige Steigerung der Lesefertigkeit.
- Die Förderung der Lesefreude hat Vorrang vor nur verstandesmäßiger Auseinandersetzung mit Textinhalt, -aufbau und -art.

5. Übersicht über Inhalte des Lehrplans

Lesefer-tigkeit	1. Lautrichtig und wortgenau lesen 2. Flüssig lesen

Arbeit mit Texten	1. Aus einfachen Texten selbständig Informationen gewinnen 2. Sich in einfacher Weise mit Texten auseinandersetzen 3. Texte kritisch betrachten 4. Texte klanggestaltend lesen 5. Mit altersgemäßen Texten kreativ umgehen	6. Begegnung mit einigen Textarten – Epische Kleinformen – Dialogstücke – Gedichte – Alltags- und Gebrauchstexte 7. Kinder- und Jugendliteratur kennenlernen	

6. Forderungen

a) Die Auswahl der Texte orientiert sich an der Lernsituation der Kinder

Inhaltlich bezieht sich der Text auf die Interessenlage und den Lebens- und Erfahrungsbereich der Schüler; dabei berücksichtigt er die Abstraktionsfähigkeit der Schüler, d. h. die Darstellung ist konkret und die Handlung durchschaubar. Sprachlich knüpft der Text an den Wortschatz der Schüler an; die grammatischen Konstruktionen sollen ohne besondere Hilfestellungen erschlossen werden können; der Textumfang sollte so bemessen sein, daß die Lesemotivation aufrechterhalten bleibt. Didaktisch gesehen soll der Text in die Lernsequenz passen, so daß bereits gelernte Arbeitsweisen der Textbewältigung eingesetzt werden können. Lehrplanaussage: Bei der Auswahl des Lesestoffs bezieht der Lehrer die Vielfalt der Textarten ein. Er verwendet Texte, die dem Kind den Reichtum der Literatur und die Kraft der Sprache nahebringen, zum Verständnis gegenwärtiger und zukünftiger Lebenssituationen beitragen und seine Urteilskraft entwickeln. Der Bezug zur Heimat, zum Jahreskreis und zum christlichen Gedankengut ist dabei angemessen zu berücksichtigen. (Vorbemerkung)

b) Der Schüler soll bereit werden, sich mit dem Text zu befassen

Dies geschieht zunächst durch den Text selbst, der wie oben beschrieben ausgewählt wurde. Als weitere Maßnahmen, die Schüler für das Lesen zu interessieren, bieten sich an: Einführung in den Erzählbereich durch ein Bild, durch die Vorgabe der Überschrift, durch die Vorgabe eines (provozierenden) Satzes aus dem Text oder durch eine Lehrererzählung. Eine langfristige Motivation wird aufgebaut, wenn der Schüler positive Erfahrungen im Umgang mit Texten, z. B. durch abwechslungsreiche Aktivitäten gemacht hat.

c) Der Schüler soll sich den Text erschließen

Als „Methoden im Umgang mit Texten" erläutern Greil/Kreuz das Sprech-Erlesen, das schrittweise Rezipieren, das Antizipieren des Textes und das Still-Erlesen (vgl. Greil/Kreuz [3], S. 111–144). Im einzelnen kann die inhaltliche und sprachliche Erschließung sehr abwechslungsreich geschehen:

- Sich unmittelbar nach dem Lesen zum Text äußern („Dem Eindruck folgt der Ausdruck."); oft wird hier schon der Kerngedanke angesprochen; solcherlei Aussagen werden dann im weiteren Verlauf wieder aufgegriffen.
- Bearbeiten von Leitfragen oder Reagieren auf Impulse
- Aufsuchen von Textstellen, z. B. Suche die Stelle, bei der Ingrid eine besondere Idee hat
- Einteilen des Textes in Abschnitte
- Zeichnen eines Bildes zu einer ausgewählten Textstelle
- Nennen der Stellen, die besonders anschaulich (wichtig) für den Verlauf oder spannend sind
- Verdeutlichen von Textstellen oder des Textes durch szenische Darstellungen
- Verbale Ausgestaltung von Textteilen; z. B. Versuche noch weitere Wörter zu finden, die . . . (d. h. Auffinden eines Wortfelds). Das Feuer näherte sich immer mehr dem Wohnhaus: Was wohl mancher der Bewohner in diesem Augenblick gedacht hat?
- Aufzeigen der Zusammenhänge in einer grafischen Darstellung (Tafelbild)
- Begründen eigener Deutungen, auch verbunden mit Nachlesen der entsprechenden Textstellen
- Lautes Lesen des Textes durch Lehrer und Schüler

d) Der Text soll zur Sache des Schülers werden
Eine positive Einstellung zur Arbeit mit Texten entwickelt der Schüler, wenn er Gelegenheit zum tätigen Umgang und zur produktiven Auseinandersetzung erhält. Der Schüler soll sich mit dem Text identifizieren, so daß über die Schule hinaus auf das Leben verwiesen wird; er soll behalten, was ihn gefreut und beeindruckt hat, woran er Anteil genommen und was ihm gefallen hat. Dies verlangt Methoden, die eine intensive Beschäftigung erfordern:
- Umgestalten von Textteilen; Beispiel: Aus der Strophe eines Gedichts wird ein Vers gestrichen und durch eigene Sprachäußerungen ersetzt.
- Deuten von Aussagen des Textes durch Gestaltung des Schriftbildes; einzelne zentrale Begriffe werden herausgegriffen und z. B. durch die Bewegtheit des Schriftbildes des Wortes dargestellt; Gestaltungsmittel sind Richtung, Größe, Verteilung, Schriftstärke, Schreibbewegung und Farbe.
- Zuordnen musikalischer Ausdrucksformen zu Textteilen (Siehe dazu auch Baumann [1], S. 38–41!)
- Anfertigen von Collagen oder Masken für die handelnden Personen
- Gestaltendes, ausdrucksvolles Lesen
- Stellung nehmen durch wertende und begründende Aussagen

e) Die verwendeten Methoden sind abhängig von den Zielsetzungen, von den Lernvoraussetzungen und von der Eigenart des Textes
Die oben aufgeführten Maßnahmen müssen nach diesen drei Kriterien ausgewählt werden: Soll schwerpunktmäßig auf Stoff, Form oder Gehalt eingegangen wer-

den? Sind die Schüler in der Lage, die Maßnahme intellektuell und organisatorisch zu bewältigen? Welche Intentionen gehen vom Text aus?

f) „In einer Lesestunde wird gelesen"

K. Singer weist schon darauf hin, daß unter dieser lapidaren Forderung verschiedenes verstanden werden kann (vgl. Singer [1], S. 11–13). Lesen bedeutet aktive Auseinandersetzung mit dem Text, Sinnentnahme, Erlesen, stilles oder lautes Lesen. Als Methode der Texterschließung, als Hilfe für den schwächeren Schüler und als Kontrolle für den Lehrer über die Lesefertigkeit ist das laute Lesen ein Bestandteil einer jeden „Lesestunde".

g) Die Lernergebnisse im weiterführenden Lesen werden bewußt gemacht oder festgehalten

In Übungsstunden wird dem einzelnen Schüler oder einer Schülergruppe der Lernfortschritt in einem begrenzten Übungsbereich mitgeteilt. In Unterrichtszeiteinheiten, deren Schwerpunkt die Texterschließung ist, können häufig die Ergebnisse in Wort und Bild, auf Tafel oder Folie, fixiert werden.

7. Maßnahmen zu einzelnen Zielsetzungen

a) Semantische Dekodierung

Erklärung eines Begriffs aus dem Textzusammenhang; Angeben eines Beispiels, z. B. Bei welchem Wetter wird die Kleidung *klamm?;* Ersetzen des Begriffs durch ähnliche Begriffe (Wortfeld); Zeigen des Begriffs an einer Zeichnung; Veranschaulichen durch Bild, Erzählung oder szenischer (pantomimischer) Darstellung

b) Syntaktische Dekodierung

Abtrennen der Satzglieder durch senkrechte Striche; Einfärben des Kernsatzes; Erkennen zusammengehöriger Teile durch die Umstell- oder Weglaßprobe; Markieren der Satzklammer

c) Vorlesen

- Sprechschulung: durch genaues Nachsprechen, Gedichte aufsagen, „Zungenbrecher", Reime finden, Laute unterscheiden
- Hilfen aus dem Text (Siehe Stock, S. 82 f.!): Klanggestaltung mit Hilfe von Sinnwörtern, Sinnschritten, der Satzstruktur und der Satzzeichen
- Zielsetzungen für die Übung des Vorlesens (nach Singer [1], S. 153–166): Lesen in Sinnschritten; mit den Augen vorauslesen; die Satzzeichen als Hilfe; in die handelnden Personen eindenken; Lesetempo, Stimmhöhe und Lautstärke wechseln; Aussprache und technische Schwierigkeiten üben.

d) Lesefertigkeit

Zunächst wird die Ausgangslage der Schüler durch Messen des lauten und stillen Lesens (Anzahl der Wörter pro Zeiteinheit) und durch Überprüfung des Leseverständnisses (z. B. freie Wiedergabe oder Beantwortung von Fragen) festgestellt.

Der Lesevorgang umfaßt nach Ritz-Fröhlich drei Bereiche, die ineinander verschränkt sind: Wahrnehmung, Klanggestaltung und Sinnerfassung.

- Steigerung der Wahrnehmungsfähigkeit im Bereich der Wortwahrnehmung (prägnante Wortdetails entdecken, nach Signalgruppen ordnen, neue Wörter rasch erlesen), des Lesefeldes (Wortgruppen überblicken, Fixationspunkte rasch wechseln, Blickspannweite vergrößern, z. B. Pyramidentext) und des Lesetempos (Zeit begrenzen, Textlänge vergrößern, Schwierigkeitsgrad erhöhen) (Siehe Ritz-Fröhlich [1], S. 31–44!).
- Übungen zum sinngerechten Vorlesen: Siehe oben!
- Übungen zur Sinnerfassung: Heraussuchen von Schlüsselwörtern; unbekannte Wörter durch den Kontext erschließen; Textabschnitte ungeordnet übergeben und ordnen lassen; das Vorwissen mit einbringen; weiterführende Fragen selbst formulieren; Fortsetzen der Geschichte; Teilinhalte in Beziehung setzen

e) Umgang mit Kinder- und Jugendliteratur
Die Kinder sind an der Auswahl der Ganzschrift beteiligt. E. P. Müller weist entschieden darauf hin, daß die Aktivitäten mit der Ganzschrift „sowohl Emotionalität wie auch Rationalität ansprechen" (E. P. Müller, S. 81) sollen. Mögliche Schwerpunkte einer Unterrichtseinheit zeigen Greil/Kreuz auf: I. Motivation, z. B. Gespräch über Illustrationen; II. Textrezeption, z. B. schrittweises Erlesen; III. Texterschließung, z. B. Eingehen auf den Handlungsablauf; IV. Abrundung/Zusammenschau/Ausklang (Siehe Greil/Kreuz [2], S. 76 f.!).

Literatur

1. Greil/Kreuz: Umgang mit Texten in Grund- und Hauptschule. Auer, Donauwörth 1978, 3. Aufl.
2. Greil/Kreuz: Möglichkeiten des Umgangs mit Kinder- und Jugendliteratur in Grund- und Hauptschule. In: Barsig u. a. [1], S. 57–84
3. Ritz-Fröhlich, G.: Weiterführender Leseunterricht in der Grundschule. Klinkhardt, Bad Heilbrunn/Obb. 1973

1. *Strukturmodell:* Weiterführendes Lesen (Epische Kleinformen, Sachtexte)

Hinführung

    Einführung in
    den Erzählbereich

Anknüpfung an den Erlebnisbereich der Kinder oder an die Heimat- und Sachkunde; Übergabe der Überschrift; Assoziationen zu Begriffen aus dem Text

    Vorbereitung
    der Textarbeit

Formulieren von Fragen an den Text; Mitteilen des Vorwissens; selbständiges Aufsuchen des Textes; vorausgehende Klärung von Wörtern; Informationen über Gegenstände, Personen, Vorgänge, geschichtlichen oder geografischen Hintergrund; ggf. auch Vorzeigen von Gegenständen usw.; Vorausdenken: Was könnte in diesem Text erzählt werden?

Textbegegnung

    Textaufnahme

Erlesen des gesamten Textes oder schrittweises Erlesen oder Vorlesen kombiniert mit Erlesen (dazwischengeschoben: Vermutungen der S über den möglichen Fortgang); Übergabe des Textes durch ein technisches Medium

    Spontane
    Aussprache

Schnelle Leser erhalten (vorbereitete) Arbeitsaufträge, die jedoch nicht zu breit angelegten Diskussionen führen; in dieser Phase hält sich der L zurück.

Erschließung des Textes

    Klärung
    des Inhalts

    Betrachtung
    der Sprache

    Erfassen
    des Gehalts

Festhalten der wesentlichen inhaltlichen Aspekte; Unterstreichen der beteiligten Personen; bei Sachtexten: Finden von Überschriften zu – auch selbst ermittelten – Abschnitten; Aufsuchen von Textstellen aufgrund von Arbeitsaufträgen; Feststellen von Textteilen, die besonders anschaulich sind, evtl. verbunden mit dem Malen eines (illustrierenden) Bildes; Beantworten von Leitfragen in Gruppenarbeit; Herausarbeiten der wesentlichen Aussage, des Hauptgedankens; Veranschaulichung des Kerngedankens in einem Schaubild; Niederschreiben von Kernsätzen; Markieren treffender Wörter und Sätze; lautes Lesen als Mittel der Erschließung; Belegen von Aussagen durch wiederholtes Nachlesen im Text.

Vertiefung

Ebenso: Ausklang, Anwendung, Leseübung, Sicherung; auch besondere Betonung einer Wertung; Herstellen des Bezugs zum eigenen Denken, Verhalten und Erfahrungshintergrund; ggf. Beantworten der eingangs gestellten Fragen; kritisches Überdenken.

2. *Unterrichtsbeispiel:*

„Das rechte Mitleid", von K. Killer, 4. Jahrgangsstufe

Anmerkung: Der Text ist entnommen aus: Mein Lesebuch, 4. Schuljahr, Bayerischer Schulbuch-Verlag, München 1975, 4. Aufl., S. 156

Das rechte Mitleid

Ein Amerikaner saß an der Tafel seines vornehmen Geschäftsfreundes in einer deutschen Stadt. Es waren noch andere Gäste da, darunter ein Student, der bei dem reichen Kaufmann eingeladen war. Der junge Mann war sehr traurig und sagte zu seinem Nachbarn halblaut: „Ich habe heute soviel Elend gesehen, daß mir der Appetit darüber vergangen ist." Der Amerikaner hörte das und bat ihn zu erzählen. Der Jüngling sagte: „In dem Hause, wo ich wohnte, lebt ein Ehepaar mit fünf Kindern. Die Leute haben sich gut und ehrlich durchgeschlagen, bis sich der Mann, ein Dachdecker, durch einen Sturz vom Dache beide Beine brach und erwerbsunfähig wurde. Wohl hat die Frau den Mut nicht sinken lassen und tapfer weitergearbeitet, allein, jetzt liegt sie fieberkrank im Bett, und Kinder und Eltern leiden Mangel."
Die Gesellschaft hörte schweigend dem Erzähler zu. Dann sagte einer nach dem anderen: „Ach wie traurig! Wie sind doch die Leute zu bedauern! Ach, wieviel Unglück gibt's doch auf der Welt!" – Und gleich redeten sie wieder, ruhig wie vorher, von dem Theater und allen möglichen Dingen. Der praktische Amerikaner aber stand auf und schlug mit dem Messer an sein Glas: „Meine Herren, ich bedauere die arme Familie mit hundert Mark." Damit legte er das Geld auf den Teller und bot diesen dem Wirte an mit den Worten: „Mit wieviel bedauern Sie die Leute?" Der legte schweigend eine ebenso große Summe darauf, und jeder Gast bedauerte nun die armen Unglücklichen nicht nur mit Worten, sondern mit der Tat. Nach wenigen Augenblicken überreichte der Amerikaner dem jungen Manne eine große Summe für die arme Dachdeckerfamilie.

K. Killer

Artikulation/ Inhalt	Unterrichtsaktivitäten/ Sozialformen/Medien
I. Hinführung	
1. Überlegungen zur Überschrift	
Mitleid	TA durch L als stummer Impuls, S äußern sich
Das rechte	Ergänzung der Überschrift, S äußern sich

Artikulation/ Inhalt	Unterrichtsaktivitäten/ Sozialformen/Medien	4

4

2. Zielangabe

Eine Geschichte von K. Killer trägt diese Überschrift.

von K.Killer

Wir werden jetzt diese Geschichte lesen und darüber nachdenken.

L

TA durch L

L

II. Textbegegnung

1. Übergabe des 1. Teils

„Ein Amerikaner . . .
. . . die Leute zu bedauern!"

L liest vor

S sprechen über den Text

2. Erlesen des 2. Teils

a) Notiere bitte auf, welche Personen in dieser Geschichte vorkommen!
b) Überlege: Woran können Kinder und Eltern Mangel leiden?

3. Ungelenkte Aussprache zum Text

S lesen den Rest des Textes
Arbeitsaufträge für schnelle Leser über Arbeitsprojektor/Folie

in Klassenarbeit, die Ergebnisse der Arbeitsaufträge werden miteinbezogen

III. Arbeit am Text

1. Teilziel: Der Handlungsablauf

a) Vorbereitung: Intensivieren der Gesamtauffassung

S lesen Text laut vor

b) Skizzieren des Geschehens
Zunächst sah es gar nicht nach dem „rechten" Mitleid aus!
Überlege nun mit deinem Partner, wie es dazu kam!

L

Auftrag und TA durch L
(Siehe TB, Nr. 1!); Partnerarbeit;
Auswertung: Wiedergabe der Geschichte in einigen Sätzen

c) Veranschaulichung des Geschehens
Diese Wortkarten erinnern dich an bestimmte Situationen aus dieser Geschichte!

L zeigt Wortkarten vor, S lesen dazu jeweils die entsprechenden Textstellen

Artikulation/ Inhalt	Unterrichtsaktivitäten/ Sozialformen/Medien
	Entwickeln des Schaubilds im TB (Nr. 1); die Wortkarten werden so angeordnet, daß das „Interesse der Gäste" in einer Verlaufskurve gezeigt wird
2. Teilziel: Die Aussage des Textes	
1. Überlege bitte, wie sich das rechte Mitleid zeigen soll!	Arbeitsaufträge
2. Der Amerikaner hat in dieser Geschichte eine besondere Aufgabe. Worauf soll er uns aufmerksam machen?	
	Gruppenarbeit, Auswertung durch Bericht des Gruppensprechers, dabei TA durch L (Siehe TB, Nr. 2!)
IV. Leseübung	
1. Schwerpunkt: Wörtliche Rede	
	Differenzierung: Gruppe A: Lesen in Partnerarbeit; Gruppe B: Lesen mit Hilfestellung durch den L
2. Gesamtzusammenhang	Lesen eines Abschnittes durch je einen S
V. Ausklang	
Der „praktische" Amerikaner! Hast du auch schon andere Menschen beobachtet, die auch so „praktisch" Mitleid gezeigt haben?	L
	im Klassengespräch (Hinweis z. B. auch auf die Sendung „Dalli-Dalli" des ZDF.)

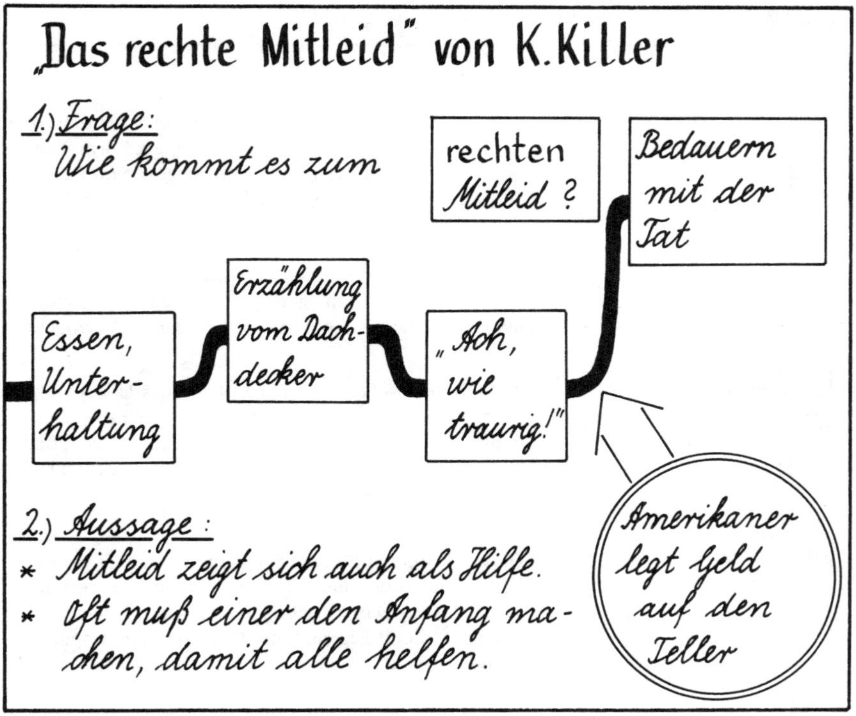

„Das rechte Mitleid" von K.Killer

1.) Frage:
Wie kommt es zum [rechten Mitleid ?] → [Bedauern mit der Tat]

[Essen, Unter- haltung] → [Erzählung vom Dach- decker] → [„Ach, wie traurig!"]

2.) Aussage:
* Mitleid zeigt sich auch als Hilfe.
* Oft muß einer den Anfang ma- chen, damit alle helfen.

(Amerikaner legt Geld auf den Teller)

Abb. 7: Tafelbild zur UZE „Das rechte Mitleid"

Anmerkung: Verknüpfung mit anderen Lesestücken möglich, z. B. „Der Kloß" von Gudrun Pausewang. In: Wunder Welt, Schwann, 4. Schuljahr, S. 53–56 „Mannis Sandalen" von Ursula Wölfel, in Das Menschenhaus – Ein Lesebuch für den Religionsunterricht, Benziger, Zürich 1973, 2. Aufl., S. 122 f.

3. *Strukturmodell:* Weiterführendes Lesen (Gedicht)

Vorbereitung

Einstimmung in den Erlebnisbereich

Vorstellen eines Bildes oder einer verbal skizzierten Situation; Mitteilen eigener Erfahrungen; Formulieren von Vorstellungen zu einem vorgegebenen Begriff; eine zergliedernde Auseinandersetzung mit der Situation ist zu vermeiden.

Informationen zum Text

ggf. können Hinweise zu Begriffen und zu einem unbekannten Sachverhalt gegeben werden; Informieren über die Situation des Schriftstellers; kurze Zielangabe.

Begegnung mit dem Text

Aufnahme des Textes durch Vortrag des L., auch über Tonband möglich; „Gesamtauffassung" (Barsig/Berkmüller, S. 57); spontane, ungelenkte Aussprache; häufig ist zur Intensivierung des Eindrucks ein nochmaliges stilles Lesen günstig.

Erschließung des Gedichts

Inhaltliche Klärung

Diese Phase wird auch des öfteren mit „Deutung", „Textproduktion" und „Vorlesen" kombiniert erscheinen; Unterstreichen wichtiger Aspekte (Gegenstände, Tätigkeiten und Eigenschaften); Geben von Impulsen, die das Aufsuchen von Textstellen provozieren;

Textdeutung

Herausarbeiten der wesentlichen Aussage; selbständigen Zugriff der S ermöglichen; Deuten auch durch verbale Denkanstöße

Sprachliche Betrachtung

Übung des Vorlesens

Erkennen des besonderen Rhythmus; Feststellen bildhafter Ausdrücke; Herstellen des Zusammenhangs Sprache – Inhalt; lautes Vorlesen; Einüben einer als aussagekräftig erkannten Klanggestalt; eine Methode, die diese Teilschritte integriert, schildert G. Haas: Gedichtzeilen werden ungeordnet in Streifen übergeben, S müssen nun Reihenfolge herstellen, daraus ergibt sich zwangsläufig eine inhaltliche, . . . Auseinandersetzung (Siehe Haas!).

Gestaltung

In manchen Fällen kann diese Phase als Schwerpunkt auftreten: Strophen sprachlich aus- oder umgestalten, Schreibgestaltung, szenische und zeichnerische Gestaltung.

Sicherung

(Nochmaliges) Bewußtmachen der Verbindung zu den eigenen Erfahrungen; wiederholtes lautes Lesen; vertiefende Gedanken, z. B. zur Überschrift; Hilfestellung zum Auswendiglernen.

4. *Unterrichtsbeispiel:* „Eis", von Vera Ferra-Mikura, 2. Jahrgangsstufe

Anmerkung: Der Text ist entnommen aus: Lesebuch 2, Ehrenwirth, München, 1973, S. 23

Artikulation/ Inhalt	Unterrichtsaktivitäten/ Sozialformen/Medien

I. Hinführung

Assoziationen zum Begriff „Eis"

Anschreiben des Wortes; S teilen ihre Erfahrungen mit, die ihnen zu diesem Stichwort einfallen; dabei TA durch L; S suchen sich davon drei Beispiele aus, an die sie in erster Linie denken; S wiederholen diese Beispiele aus dem Gedächtnis; Text auf dem Arbeitsblatt verdeckt! (oder Blatt knicken); S tragen „ihre" drei Beispiele in das Arbeitsblatt ein

II. Erarbeitung des Textes

1. Schritt: Erschließung der 1. Strophe

L spricht langsam die 1. Strophe vor und ergänzt dabei die – nur grob vorskizzierte – Tafelzeichnung;

der „Eiskristall",
„blüht",
„fror zu"

Klärung von Begriffen, verbunden mit lautem Lesen (der Text erscheint über Arbeitsprojektor/Folie)

2. Schritt: Erarbeitung der 2. Strophe

a) Vorausdenken
Ich sehe . . .

S beschreiben die Bilder von Arbeitsblatt Nr. 2;
S formulieren dazu in Partnerarbeit Sätze;
Mitteilen dieser Sätze im Klassenverband

b) Übergabe der 2. Strophe

L spricht 2. Strophe vor und ergänzt die vorbereitete Tafelzeichnung (Atem – Kragen hochstellen)

101

Artikulation/ Inhalt	Unterrichtsaktivitäten/ Sozialformen/Medien
Auch ohne Schnee kannst du *stapfen!* (Dicke, gefütterte Stiefel)	Impuls
3. Schritt: Erlesen der 3. Strophe	
	S lesen still die 3. Strophe vom Arbeitsblatt; spontane Aussprache; S ergänzen in den Bildern (TB) der 3. Strophe die fehlenden Teile: Reif auf dem Baum, Fisch (nur das Fragezeichen ist vorbereitet)
„vermummt"	Klärung eines Begriffs durch Vormachen mit Mantel, Mütze und Schal
III. Leseübung	
Lesen über die Zeile, Pause nach jedem Satz	
IV. Sicherung	Mit Hilfe der einzelnen Bilder versuchen die S jeweils eine Strophe auswendig zu sprechen; drei S vor die Tafel: Sprechen des ganzen Textes

Abb. 8:
Tafelbild
zur UZE „Eis"

„Eis"   Vera Ferra-Mikura

Am Fenster blüht der Eiskristall
in seiner kalten Pracht.
Sogar der große Teich fror zu
in der vergangnen Nacht.

Der Atem fliegt aus meinem Mund
wie Rauch aus dem Kamin.
Ich stelle meinen Kragen auf
und stapfe stumm dahin.

Die Bäume sind so dick vermummt,
die ganze Welt ist weiß.
Was werden wohl die Fischlein tun,
die Fischlein unterm Eis?

1.) Woran ich denken muß:

2.) Zu diesen Bildern erzähle ich meine
eigene Geschichte:

Abb. 9: Arbeitsblatt zur UZE „Eis"

4.1.3 Erstschreiben

4.1.3.1 Informationen zum Lernbereich Erstschreiben

1. Unterrichtsgegenstand

a) Begriff:

Unter Erstschreiben versteht man den Prozeß des Erlernens der Schreibschrift (Ausgangsschrift), der auf einem bestimmten Schreiblehrgang beruht.
Weitere Begriffsklärungen siehe 4.1.4 Weiterführendes Schreiben!

b) Schreiblehrgänge (nach Patho, S. 57–59):
– Synthetischer Lehrgang
Ausgangspunkt: Einzelne Formelemente bzw. Buchstaben der Schreibschrift.
Stufengang: Genaues Betrachten und präzises Nachbilden der Formelemente; Verbinden der Formelemente zu größeren Bewegungseinheiten (Buchstaben, Wörter)
– Schreiblehrmethode nach H. Brückl
Ausgangspunkt: Druckschrift, die später in Kursivschrift übergeführt wird
Stufengang: Gewinnung der Formelemente der Schrift, aus denen sich alle Buchstaben aufbauen lassen; Drucken von Wörtern und Sätzen entsprechend dem Fortschreiten des Lesens; Überleitung der Druck- in die Schreibschrift, indem die Schüler „entdecken", wie man die bisher unverbundenen Buchstaben „flüssig" verbinden kann.
– Lehrgang der Bewegungsmethodiker
Stufengang: Vorkurs, der aus rhythmischer Bewegungsschulung und der Gewinnung von Schwungformen besteht; Gewinnung der Einzelbuchstaben mit der Analyse beim Lesen; Schreiben von Wörtern, Sätzen, Texten
– Kombinierte Methode
Ausgangspunkt: Druckschrift; die Kursivschrift wird später neu auf der Basis der Bewegungsmethode entwickelt.
Stufengang: Schreiben der Druckschrift parallel zum Lesefortschritt – gleichzeitig werden die wichtigsten Schreibschwünge analog der Bewegungsmethode gewonnen; Neubeginn mit dem Kursivschreiben, nachdem die zugrundeliegenden Schwünge eingeübt sind – dabei ist wesentlich anzumerken, daß es sich hierbei um eine Neuerarbeitung handelt.

2. Lernpsychologische Hinweise

Der Schreibvorgang „ist eine Handlung, die Einzellaute oder Lautkomplexe der Sprache in graphische Zeichen umsetzt. Die verschiedenen psychischen und physiologischen Tätigkeiten (Abhören der Sprache auf Lautkomplexe und Einzellaute, Zuordnen zu einem graphischen Äquivalent wie Buchstaben oder Buchstabengruppen, Koordinieren von optischen Zeichen mit Bewegungen) beeinflussen und steuern sich wechselseitig" (Neuhaus-Siemon, in Kochan/Neuhaus-Siemon, S. 39).

3. Aussagen des Lehrplans

a) Zielsetzungen

- Die Schüler sollen bis zur Mitte der zweiten Jahrgangsstufe einfache Texte unter Verwendung verbindlicher Richtformen der Druck- und Schreibschrift gut lesbar und zusammenhängend schreiben können.
- Von Anfang an soll das Kind erfahren, daß sich Schreiben nicht im bloßen Nachvollziehen vorgegebener Zeichen erschöpft, sondern der Verständigung dienen und gestalterischen Ansprüchen genügen muß.
- Schriftpflege ist Unterrichtsprinzip.

b) Hinweise zum Unterricht

- Die Druckschrift ist als einfachste Schriftform Ausgangsschrift für den Schulanfänger.
- Zu einem späteren Zeitpunkt einsetzende Bewegungsübungen bereiten das Erlernen der Schreibschrift vor, das etwa ab Februar/März beginnt, und begleiten den gesamten Schreiblehrgang.
- Die Schreibschriftformen dürfen nicht durch Verbinden von Druckbuchstaben gewonnen werden.

4. Übersicht über Inhalte des Lehrplans

105

5. Forderungen

a) Die individuellen Voraussetzungen müssen ermittelt werden

- Seitigkeitsdominanz: „Der Überprüfung der bevorzugten Hand soll an Tätigkeiten geschehen, die vom eigentlichen Schreiben unabhängig sind ... z. B. beidhändiges Zeichnen ... oder spontane Tätigkeiten" (Liedel/Tauschek, S. 596).
- Auge-Hand-Koordination: Die Überprüfung geschieht „durch Beobachtung der Bewegungssteuerung und Strichsicherheit z. B. beim Nachfahren von Spuren" (ebd. S. 597).
- Raum-Lage-Stabilität: In einem Angebot spiegelbildlich ähnlicher Figuren werden die entsprechenden Figuren markiert.
- Graphomotorische Gewandtheit: Erfassen z. B. durch „Vergleich von groß- und kleinformatigen Arbeiten" (ebd. S. 597).

b) Der Schreiblehrgang entwickelt sich selbständig

„Ungefähr zeitgleich mit der Vorstufe des Leselehrgangs werden *Formelemente der Druckschrift* (Striche, Ovale, Bogen) geübt ... und hieraus jeweils unmittelbar geeignete, der Fibel entnommene *Ganzwörter* entwickelt ... Die in der Hauptstufe auszugliedernden *Buchstaben* werden systematisch ... erarbeitet und synthetisierend zu ganzen Wörtern zusammengefügt." Parallel zur Hauptstufe des Druckschriftlehrgangs „kann mit der Erarbeitung der wichtigsten ... *Bewegungselemente* (Ovalschwung links und rechts, Girlanden, Arkaden, Schleifen, Winkelzüge und Achterschwünge) begonnen werden ... Mit zunehmender motorischer Sicherheit der Kinder beginnt ... die *Einführung in die Schreibschrift* (i. O. jeweils kursiv, Anm. d. Verf.)" (Rabenstein/Schorch, S. 20). Mit dieser Trennung der beiden Lehrgänge ist jedoch nicht ausgeschlossen, daß sich an verschiedenen Stellen Verbindungen ergeben (Wortschatz, Buchstabenfolge).

c) Die individuellen Schreibgewohnheiten sind kontinuierlich zu beobachten und ggf. zu korrigieren

Körper- und Schreibhaltung; Schreibbewegung oder Schriftgröße sind äußerlich feststellbare Momente, deren Ausprägung für die Entwicklung der Handschrift eine wesentliche Rolle spielen. Wichtig ist z. B. die Einhaltung des richtigen Bewegungsablaufes bei den entsprechenden Buchstaben.

d) Inhaltsbezogene Schreibanlässe sorgen für sinngerichtete Schreibarbeit

z. B. Bilder beschriften, Reimwörter schreiben, Einkaufszettel zusammenstellen (Siehe Liedel [1], S. 536!)

Literatur

1. Glöckel, H.: Schreiben lernen – Schreiben lehren. Auer, Donauwörth 1976, 3. überarb. Aufl.
2. Patho, K.: Schreiben im 1. Schuljahr. In: Altmann u. a. [3], S. 55–64

1. *Gliederung und Maßnahmen im Lehrgang „Schreibschrift"*

Den nachfolgenden Hinweisen liegen die Erläuterungen zum Schreiblehrgang „Schreiben lernen mit Pelikan" zugrunde. (Pelikan, S. 7–24)

Phase 1: Der Vorkurs	
Hinführung	Ablösung der Gestaltungssituation aus einem Spiel, Lied oder einer aktuellen (jahreszeitlich bedingten) Situation; Zielangabe.
Erarbeitung	
Klärung der Aufgabenstellung	Erkennen des Vorhabens, des genauen Bewegungsablaufes (Funktion dieser Aufgaben: Stärkung der Handmuskulatur; Differenzierung der Bewegungsempfindungen des ganzen Körpers; Erfahrungen mit Schreibwerkzeug)
Durchführung	Kneten, Malen, Zeichnen; Klopfen, Klatschen, Taktschlagen usw.; Reißen, Schneiden, Kleben, Legen; Finger- und Handspiele; Gedichte, Reime, Lieder; Rhythmisches Zeichnen nach Musik; Spuren nach vorgegebenen Figuren; Techniken und Materialien: Malen auf nasses Papier, Wachsfarbstift übermalen, Fingerdruck, Plastilin, Ton, Reißen von Papier usw.
Ausklang	Betrachten der Ergebnisse

Phase 2: Erlernen der Buchstaben
(a) Großschwung-Grundform (b) Buchstaben

Einstieg	(a) Die Kernbewegung wird aus einer spielerischen Situation abgeleitet: Springen über Stühle, Laufen auf dem Schulgelände (z. B. im Achter um zwei Bäume); (b) Vorstellen des Buchstabens
Erarbeitung	
Erfassen der Form	(a) Nachspuren in der Luft, . . .; rhythmisches Sprechen zur Bewegung; (b) rhythmisierendes Sprechen, Beschreiben der Form, Verwenden von Fachbegriffen (Schleife usw.), Beschreiben des Bewegungsablaufes
Festigung der Form	(a) Spuren auf großen Bogen; stehend, Reitsitz, kniend; Wiedergabe aus der Vorstellung; Wechsel des Werkzeugs; (b) Schreiben in der Luft, . . .; Verwenden des Schreibhefts; Fehlformen korrigieren
Sicherung	(a) Betrachtung der Ergebnisse; Wiedererkennen der Grundform in ausgeschriebenen Wörtern; (b) Einfügen in die Lineatur; Schreiben im Wortzusammenhang; Vergleichen mit dem Druckbuchstaben; Hausaufgaben

Phase 3: Aufbau der Schreibsicherheit

2. Unterrichtsbeispiel

Wir schreiben B in Schreibschrift, 1. Jahrgangsstufe

Artikulation/ Inhalt	Unterrichtsaktivitäten/ Sozialformen/Medien
I. Einstieg	
1. Situation	
Bernd in der Badewanne	Tafelzeichnung als Impuls, S äußern sich
Bernd badet	TA durch L S lesen einzeln, im Chor
2. Zielangabe	
Wir lernen heute B in Schreibschrift.	L S kreist B farbig ein
II. Erarbeitung	
1. Erfassen der Buchstabenform	
a) Benennen der Elemente	L schreibt (groß) an die Tafel
Das B hat zwei Teile.	Impuls S benennen die Teilformen
b) Strukturieren der Elemente Zerlegen des Buchstabens	Arbeit mit der Folie: Abdecken der Bögen
Den umgekehrten Stock hast du schon öfter geschrieben.	Impuls
Ich kenne den umgekehrten Stock vom T, F, P, R	S äußern sich
runter – Bogen	S stehen, schwingen in der Luft, dazu sprechen mit beiden Armen, mit dem rechten Arm, mit geschlossenen Augen schreiben auf der Bank: mit der rech- ten Hand, Zeigefinger, dazu sprechen (wie oben) Folie: Abdecken des Abstrichs

108

Artikulation/ Inhalt	Unterrichtsaktivitäten/ Sozialformen/Medien	**4**
(Ähnlichkeit zur 3; Unterschied: oberer Bogen länger) Bogen – Bogen	S äußern sich S stehen, schwingen in der Luft, dazu sprechen; mit beiden Armen . . . (usf. wie oben)	

2. Festigung des Bewegungsablaufs

a) Gesamtablauf

Bernd sitzt in der Badewanne und hört ein Geräusch!	L
Bernd sagt: Blubb, blubb, blubb, tropft der Hahn.	L fährt „B" an Tafel zweimal mit Farbkreide nach S stehen, schwingen in der Luft: mit beiden Armen . . ., mit der Nasenspitze, mit dem Bein
Blubb, blubb, blubb, tropft der Hahn	dazu sprechen Schreiben auf. der Bank, mit beiden Händen . . . einige S spuren an der Tafel mit feuchtem Schwamm
b) Ausscheiden möglicher Fehlformen	Folie: Vorgabe von Fehlformen, S zeigen auf Fehlformen und streichen diese aus
c) Schreiben des Buchstabens B – Großbewegung	S schreiben mit Wachsmalkreiden (mit gelb beginnend) auf Packpapier (Tapete); Größe verringernd
– Kleinbewegung	S schreiben auf dem Arbeitsblatt (die ersten zwei Zeilen)

III. Verarbeitung

1. Schreiben in der Lineatur

2. Schreiben im Wortzusammenhang

3. Vergleich Druckbuchstabe – Schreibbuchstabe Es fehlt der Bogen beim Stock.	S äußern sich

B

B

B

B

B

B

Bernd

Bad

Abb. 10: Arbeitsblatt zur UZE „Wir schreiben B in Schreibschrift"

110

4.1.4 Weiterführendes Schreiben

4.1.4.1 Informationen zum fachlichen Bereich weiterführendes Schreiben

1. Unterrichtsgegenstand

a) Begriffe

„Schrift ist Spur eines Werkzeugs auf einer Unterlage, hervorgerufen und nach überlieferten Zeichen zu Zwecken der Dokumentation und Kommunikation in Bewegung gestaltet von menschlicher Hand" (Bärmann [3], S. 43).
Schreiben ist eine „*Sprachhandlung,* und als solche sinnhafter kommunikativer Akt, zugleich aber ein *manuelles Tun* (i. O. jeweils kursiv, Anm. d. Verf.) des Menschen" (Glöckel [1], S. 55).

b) Fachbezeichnungen für Elemente der Schrift und Bewegungsformen
Auf-, Dach-, An-, Ab-, Deckstrich, Oberzeichen, Anschwung, Anlaufwelle, Auslauf, Anschluß, Unter-, Oberschleife, Girlande, Arkade, gerade Ecke, liegende Acht, stehende Acht, Luftsprung, Anfangspunkt, Kreuzungspunkt, Haltestellen.

c) Prozeß des Schreibens
„Schreiben zu können oder zu lernen, setzt intakte geistige Funktionen voraus. Zur Aufnahme von Informationen schlechthin müssen die Sinnesorgane ausreichend funktionieren . . . Schreiben setzt auch Sprache voraus, Sprache wiederum Sprachverständnis. Man schreibt nieder, was man sich stumm vorspricht und was man ,im Ohr' hat" (H.-G. Weber, S. 292). Ferner kann sich Schreiben nur entwickeln, wenn die Motorik intakt ist.
In bezug auf Meumann führt K. A. Dostal (S. 18) folgende Teile des Schreibens an: optischer Teil – lautlicher Teil – schreibmotorischer Teil – ideeller Teil (Reproduktion der Bedeutungsvorstellung).

Daraus lassen sich verschiedene Teilvorgänge ableiten:
– Optisches Wahrnehmen der Struktur der sichtbaren Spur: Einzelformen, Buchstaben, Buchstabenverbindungen, Wörter, Satzteile
– Abspeichern der optischen Reizmuster im Gedächtnis
– Aufbau von Assoziationen mit Sprechbewegungen
– Abspeichern von Bewegungsvorgängen und Bewegungsempfindungen;
– Zusammenfügen von optischen oder akustischen Reizmustern mit Bedeutungsinhalten
– Umsetzen von Bewegungsvorstellungen in Bewegung durch Aktivierung des Nerven-Muskel-Systems

2. Entwicklungspsychologische Hinweise

Weinert u. a. charakterisieren knapp die Entwicklung des Schreibens:
– Grundschulzeit:
„a) Stufe des Schreibenslernens: . . . (6.–7. Lebensjahr) (Unrhythmischer Be-

wegungsablauf, gekennzeichnet durch Langsamkeit, relativ große Versteifung, erhöhte Druckstärke und Diskontinuität
- mangelnde Beherrschung der Formen, ungenaue Buchstabengestaltung; stark vorlagengebunden)
b) Stufe der Schreibgewöhnung: ... (6;6–9;0 Lebensjahr) (... erhöhte Schnelligkeit, abnehmende, aber noch immer starke Versteifung; ... relativ sichere Beherrschung der Schriftformen ...)
c) Stufe der beginnenden Schreibautomatisierung (8.–11. Lebensjahr) (Ablauf der Schreibhandlung wird schneller, die Schreibimpulse ganzheitlicher, ... gute Formbeherrschung, Beginn individueller Durchformung der Schrift ...)"
- Nach der Grundschulzeit:
„a) Vorpubertäts- und Pubertätsschrift: ... (Die Bewegung wird unregelmäßiger, der Verbundenheitsgrad geringer; Steigerung der Geläufigkeit bei erhöhter Störbarkeit – oft eigenwillige Formgebung ...)
b) Übergang zur Erwachsenenschrift: ... (Bewegung überwiegt die Form, sehr rhythmisch, große Geläufigkeit – Formenverkürzungen und -abschleifungen ...)" (Weinert u. a., S. 28 f.)
Eine Übersicht (Abb. 11) zeigt die Entwicklung in verkürzter Form. (Spalte „Silbenzahl": Durchschnittliche Silbenzahl am Ende des ersten Halbjahres, ermittelt von A. Legrün 1923/24, zitiert aus Dostal, S. 75)

Jahrgangs-stufe	1.	2.	3.	4.	5.	6.	7.	8.	9.
Silben-zahl		9	12	15	17	19	21	23	
Schreib-ent-wick-lung	Schreiben erlernen	Festigung der Formen	Beginnende Individualität						
	Automatisierung der Bewegungen		Eingliedern von Wahlformen						
Schrift-bezeich-nung	Ausgangs-schrift		Gebrauchsschrift			Individualschrift			
Kenn-zei-chen	Orientierung an der Normschrift		gute Form Vereinfachungen Verkürzungen, auch Verfestigungen			Unregelmäßigkeit; Ausprägung von Fehlformen; persönliches Formenrepertoire			

Abb. 11: Übersicht über die Entwicklung des Schreibens

112

3. Bedeutung von Schreiben und Schrift

a) Entlastung des Gedächtnisses
- Schaffung von Wissensspeichern in der Schule (Hefteinträge u. ä.).
- Notieren von Ergebnissen, Beobachtungen oder Vorwissen.

b) Unterstützung anderer fachlicher Bereiche
- Prägnante Schriftgestalten erhöhen das Behalten des Wortbildschemas (Rechtschreiben!)
- Übersichtliche Einträge erleichtern das Einprägen
- Schrift als Teil einer ästhetischen Erziehung
- Schreiben erfordert das klare Ordnen von Gedanken
- Simultanes Erfassen komplexer Aussagen (z. B. in einem Schaubild, das aus Begriffen zusammengesetzt ist)

c) Förderung der persönlichen Entwicklung
- Beitrag zur Leistungserhöhung der Wahrnehmung (optisch, taktil) und von Bewegungsabläufen (motorisch)
- Positive Verstärkung durch die Erfahrung, etwas (mühelos) zu können
- Förderung der Fähigkeit, sich zu konzentrieren und ausdauernd zu arbeiten
- Maßnahme zur inneren Beruhigung (Schreibbewegungstherapie!)

d) Förderung sozialer Kontakte
- Schrift als Mittel der Kommunikation
- Aufbau eines Teilaspekts der sozialen Haltung: Das von mir Angefertigte (Schriftstück) kann der andere (der Leser) gut gebrauchen (mühelos lesen, es gefällt ihm)
- Erfahrung, daß Normen eingehalten werden müssen, um mit anderen in Kontakt bleiben zu können

4. Bedeutung einer Schreiberziehung
- Schreiben ist eine komplexe Leistung, die nicht in einem Schuljahr gelernt werden kann.
- „Die volle Schreibreife wird erst nach der Pubertät erreicht" (Loch, S. 66). Deshalb bedarf die Schreibentwicklung einiger unterstützender Maßnahmen.
- Der im Erstschreibunterricht erworbene Formenschatz und die Bewegungsabläufe verlieren an Prägnanz, wenn sie nicht weiter gefestigt werden.
- Die lateinische Ausgangsschrift ist anfällig für Verformungen.
- In weiterführenden Schulen besteht oft die Gefahr einer Überbeanspruchung des Schreibens oder einer Nichtbeachtung der Schrift; deshalb sollte der Schüler in der Grundschule so weit geführt werden, daß er seine Schrift bewußt gestalten kann.

5. Zielsetzungen

a) allgemein

H. Glöckel stellt folgende Richtziele auf:
- Eine „gut lesbare, gefällige, vor allem aber flüssige und gewandte Schrift."
- Eine „entwicklungs- und ausbaufähige Schrift, die nicht zerfällt, wenn sie dereinst höheren Beanspruchungen ausgesetzt wird . . ."
- Eine „persönliche Schrift, die der Eigenart des Schreibers Ausdruck verleiht . . ."
- „Freude am Schreiben und der eigenen Schrift, Interesse für Schriften und Schreiben" (Glöckel [1], S. 92).

b) Lehrplanaussagen

- Ziel des weiterführenden Schreibens ist eine gut lesbare, zügige und entwicklungsfähige Schrift.
- Nach der Sicherung des Zeichenbestandes werden Textumfang und Schreibgeläufigkeit gesteigert.
- In den Jahrgangsstufen drei und vier wird die persönliche Ausformung der Schrift angebahnt.

6. Voraussetzungen

a) Äußere Voraussetzungen

- der geeignete Arbeitsplatz: Gestühl, Beleuchtung
- Schreib- und Sitzhaltung: Handhaltung, Heftlage, Haltung von Armen und Oberkörper
- Schreibmaterial: Schreibgeräte, Heftarten, Block, Papier, Lineaturen (Kugelschreiber ist ungeeignet!)

b) Innere Voraussetzungen

- Kenntnisse des Lehrers erstens über Kriterien zur Schriftbeurteilung und zweitens über Maßnahmen zur Behebung von Schreibmängeln (Form, Tempo)
- Interesse und Verantwortungsgefühl des Lehrers für Schreiberziehung
- Vorbildwirkung der Lehrerschrift an Tafel, auf Folie und am vervielfältigten Arbeitsblatt
- Individualisierung der Maßnahmen, um die Anforderungen für den einzelnen Schüler erreichbar und interessant zu machen
- Motivation des Schülers zum Schreiben und zur Arbeit an der Schrift. Dazu gehört auch, daß Schreiben nicht als Strafe – in Form von „Strafaufgaben" – erscheint.

7. Maßnahmen zur Verbesserung des Schreibens

a) Schreiberziehung im Zusammenhang des gesamten Unterrichts

Schulung und Änderung von Schrift und Schreiben ist nicht nur als Angelegenheit eines fachlich orientierten Lehrgangs zu betrachten; ebenso üben andere fachliche Bereiche eine stützende Funktion für die Schreiberziehung aus; über diesen Sachverhalt informiert Abb. 12.

Schreiberziehung im engeren Sinne

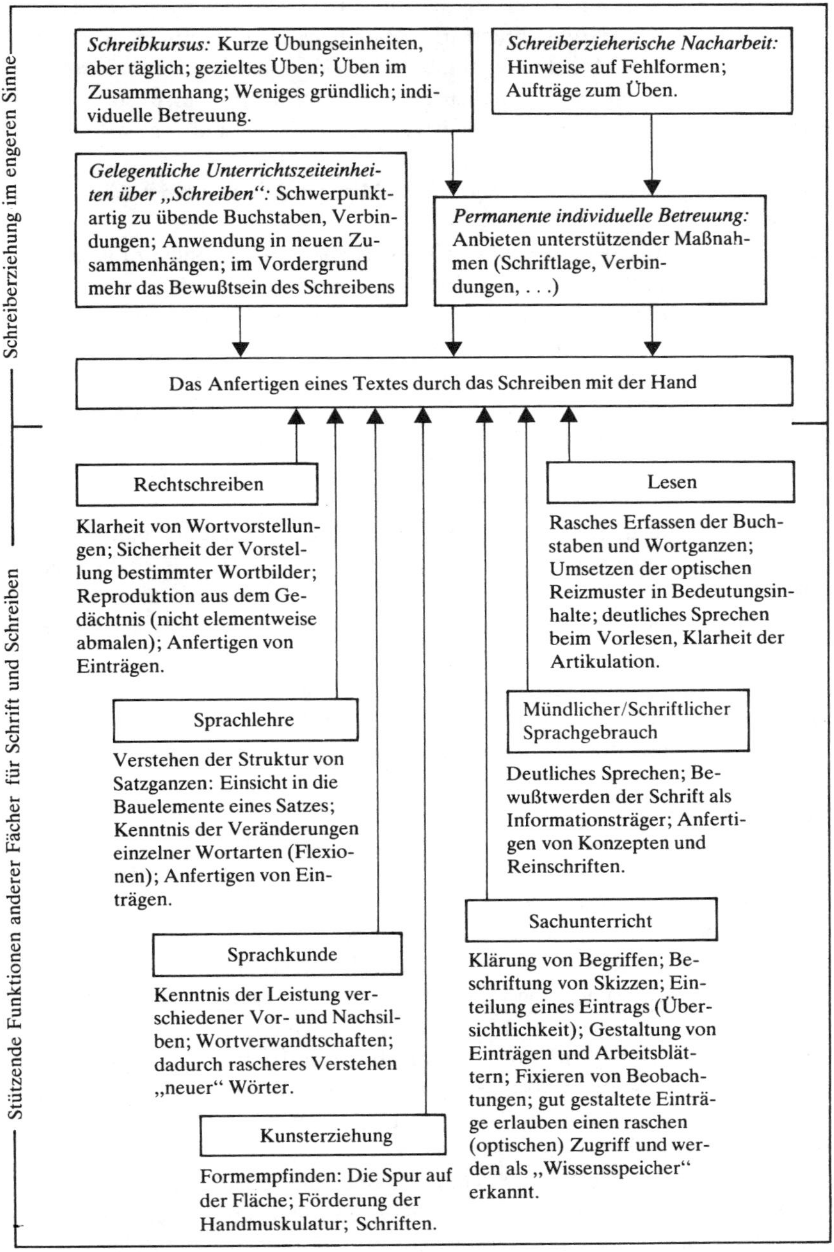

Schreibkursus: Kurze Übungseinheiten, aber täglich; gezieltes Üben; Üben im Zusammenhang; Weniges gründlich; individuelle Betreuung.

Gelegentliche Unterrichtszeiteinheiten über „Schreiben": Schwerpunktartig zu übende Buchstaben, Verbindungen; Anwendung in neuen Zusammenhängen; im Vordergrund mehr das Bewußtsein des Schreibens

Schreiberzieherische Nacharbeit: Hinweise auf Fehlformen; Aufträge zum Üben.

Permanente individuelle Betreuung: Anbieten unterstützender Maßnahmen (Schriftlage, Verbindungen, . . .)

Das Anfertigen eines Textes durch das Schreiben mit der Hand

Stützende Funktionen anderer Fächer für Schrift und Schreiben

Rechtschreiben

Klarheit von Wortvorstellungen; Sicherheit der Vorstellung bestimmter Wortbilder; Reproduktion aus dem Gedächtnis (nicht elementweise abmalen); Anfertigen von Einträgen.

Sprachlehre

Verstehen der Struktur von Satzganzen: Einsicht in die Bauelemente eines Satzes; Kenntnis der Veränderungen einzelner Wortarten (Flexionen); Anfertigen von Einträgen.

Sprachkunde

Kenntnis der Leistung verschiedener Vor- und Nachsilben; Wortverwandtschaften; dadurch rascheres Verstehen „neuer" Wörter.

Kunsterziehung

Formempfinden: Die Spur auf der Fläche; Förderung der Handmuskulatur; Schriften.

Lesen

Rasches Erfassen der Buchstaben und Wortganzen; Umsetzen der optischen Reizmuster in Bedeutungsinhalte; deutliches Sprechen beim Vorlesen, Klarheit der Artikulation.

Mündlicher/Schriftlicher Sprachgebrauch

Deutliches Sprechen; Bewußtwerden der Schrift als Informationsträger; Anfertigen von Konzepten und Reinschriften.

Sachunterricht

Klärung von Begriffen; Beschriftung von Skizzen; Einteilung eines Eintrags (Übersichtlichkeit); Gestaltung von Einträgen und Arbeitsblättern; Fixieren von Beobachtungen; gut gestaltete Einträge erlauben einen raschen (optischen) Zugriff und werden als „Wissensspeicher" erkannt.

Abb. 12: Schreiberziehung im Zusammenhang des gesamten Unterrichts

b) Durchführung eines Schreibkurses

H. Glöckel empfiehlt, in den ersten Schultagen des neuen Schuljahres den Leistungsstand der Klasse hinsichtlich des Schreibens zu überprüfen, und schlägt weiterhin vor, in den Monaten September/Oktober einen intensiven Schreibkurs von etwa 3–4 Wochen Dauer durchzuführen. Dieser Schreibkursus soll nach vier Grundsätzen geschehen, die wie folgt zu kennzeichnen sind (vgl. Glöckel [1], S. 100–117):

– Kurze Übungseinheiten, aber täglich: 10 Minuten Training bei hoher Konzentration

– Gezieltes Üben: Ausgangspunkt des Übens (bzw. dessen Inhalte) ist der Leistungsstand der Klasse; d. h. wir orientieren uns nicht an Schreibvorlagen von Verlagen, sondern gehen auf Fehlformen oder andere Schreibprobleme ein, die speziell in dieser Klasse festgestellt werden (z. B. Bogenitis, Knickschrift, Verbiegungen, Großbuchstaben, Geläufigkeit)

– Üben im Zusammenhang: Buchstaben und Buchstabengruppen kurz analysieren hinsichtlich Form und Bewegungsablauf; Schwerpunkt ist jedoch deren Übung im Zusammenhang, d. h. im Wort. Wörter, Wortgruppen und kurze Sätze bilden die Übungseinheiten.

– Weniges gründlich: Dieselbe Übung wird so oft durchgeführt, daß Form und Schreibablauf beherrscht werden (Automatisierung). Übungsteile (Buchstaben, Verbindung, Wort, Wortgruppe, kurzer Satz, Ziffer, mathematische Zeichen) werden mehrfach wiederholt und immer mit einer „Norm", z. B. aus der ersten Zeile der Übungsreihe, verglichen.

– Individuelle Betreuung: Schließlich werden sich die gezielten Maßnahmen auch auf die jeweilige Schülerschrift beziehen. Deren aktive Förderung und deren Behandlung hinsichtlich Fehlformen wird unten in 7e) und 7f) dargelegt.

c) Durchführung vereinzelter Unterrichtszeiteinheiten
Aufbau und Gestaltung siehe 4.1.4.2 Verlaufsgliederung!

d) Motivationen zum Schreiben
– Motivierende Anlässe: Schreiben kann durch verschiedene Anlässe initiiert werden; einige dieser Anlässe besitzen auch lebenspraktische und kommunikative Aspekte: Anfertigen von Lesezeichen und Namensschildern; von Textblättern (Gedichte, Lieder); von Einträgen aus den Unterrichtsfächern (auch Einträge auf Arbeitsblättern!); von Reklameblättern, Hinweisschildern und Ortsschildern; Schreiben von Postkarten, Briefen, Einladungen und Glückwunschkarten; Ausfüllen von Wettkampfkarten, Formularen und von Vorlagen zu Preisausschreiben.

– Freude am Tun: Folgende Maßnahmen können die Freude am Gestalten durch die Schrift wecken, fördern und festigen: Umgang mit verschiedenen Schreibgeräten und Schreibunterlagen (Holzfarbstifte, Filzstifte, . . . , Zeichen-, Zeitungs-, Tonpapier; Spuren mit dem Füller; Wechsel des Übungsmaterials

(Buchstabe, Buchstabenverbindung, Wort, Satz); Wechsel der Darstellung (eine Zeile mit Tinte, nächste Zeile mit Farbstift usw.; Größe der Buchstaben; Einbeziehung kleiner Zeichnungen bzw. grafischer Elemente)
– Motivation durch positive Erfahrungen mit der Schreibarbeit: Die Arbeit des Schülers soll vom Lehrer entsprechend begleitet und gefördert werden. Dies geschieht durch: Bewußtmachen des Fortschritts; Anerkennung der Leistung, z. B. durch schriftliche Anmerkungen des Lehrers (Es sind auch bereits Teilerfolge zu würdigen!); Aufstellen individueller Ziele und Übungen; Deutlichmachen der schreiberzieherischen Anliegen des Lehrers (Schreibhaltung; Schreibgeräte; klare Vorstellungen über gute Einträge und Schriften, die sich auch konsequent in einer Nicht-Duldung des schlechten Schreibniveaus äußern; auch in Hausaufgaben wird Schrift beachtet).

e) Aktive Unterstützung der Schreibentwicklung
Weiterführendes Schreiben beinhaltet nicht nur die Betreuung der momentanen Schülerschrift, d. h. verstanden als Sorge für die Beibehaltung des erreichten Schreibniveaus. Schreiberziehung meint auch eine aktive Weiterentwicklung von Deutlichkeit, Lesbarkeit und Geläufigkeit der Schrift. Im folgenden sind einige Maßnahmen dazu aufgeführt:
– Festigung der Schriftform: durch Übungen, die sich auf bestimmte Formgruppen beziehen; durch Üben von Buchstabenverbindungen und durch Automatisieren von Bewegungsabläufen (ein vorgeschriebenes Wort mehrfach nachspuren, mehrfaches Schreiben desselben Wortes, wiederholendes Schreiben mit kleinen Modifikationen: Wind – Kind, leicht – seicht).
– Förderung der Geläufigkeit durch Abschreibübungen; Vorgabe des Schreibtempos (am besten „Diktieren" durch Tonband: z. B. 15 Silben pro Minute) und Vereinfachungen von Buchstaben und Verbindungen (d. h. Girlandenschrift, Vereckungen, Verkürzungen, allgemeiner: „Wahlformen").
– Einführung von Zeichen als organisatorische Hilfe:

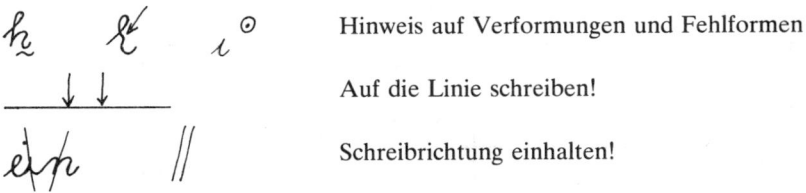

	Hinweis auf Verformungen und Fehlformen
	Auf die Linie schreiben!
	Schreibrichtung einhalten!

f) Fehlformen und ihre Behandlung
Fehlformen treten in vielfältiger Weise auf:
– die ganze Schrift kann von einer Fehlform geprägt sein, z. B. durch starke Bogigkeit
– einzelne Formgruppen weisen Fehlformen auf, z. B. Oberschleifen, Dachstriche
– Buchstabenverbindungen zeigen Mängel, z. B. bloße Anstückelung
– einzelne Buchstaben sind verformt, z. B. s, x und z
– die Schriftlage entspricht nicht dem günstigen Schreibwinkel, z. B. linkslagig.

Der Lehrer muß die häufig auftretenden Fehlformen vom Erscheinungsbild her kennen und mögliche Maßnahmen zur Behebung wissen. H. Glöckel zählt verschiedene Maßnahmen zur Verbesserung auf (Glöckel [1], S. 77–90 und S. 101–118), die hier in eine Übersicht, Abb. 13, umgesetzt wurden.

Fehlformen	Maßnahmen zur Verbesserung
Starke Bogigkeit *auf einen Baum*	Vereckung: abgerundete „Ecken", Arkaden verecken, Aufstriche weglassen. *auf einen Baum ////
Torkelschrift *Urlaubstag*	Schüler zeichnet selbst Richtung ein; evtl. Betonung des Abstrichs; Schräglinienblatt. *Urlaub Urlaub* ////
Kastenschrift *der flinke Affe*	Aufstrich strecken und zügig führen; Schleifenschwung; Winkelzüge. *flink l l m lll*
Schriftlage *weiße Maus*	Schwungübungen; Schräglinienblatt; Blattlage beachten; Drucken. *uu* //// weiß
Knickformen *blau*	Grobmotorische Bewegungsübungen; Anstrich schrägen, Abstrich gerade. *l l blau*
Schleifen aufgebläht, geschlossen oder verformt *gleich gleich gleich*	Schleifenschwung, Schleifen ausfüllen; Versuch: Lineatur, Schreibgerät wechseln. *l l h gleich* ___
Deckstriche schlecht ausgeführt *die an*	Deckstrich entfällt: durch Luftsprung „ersetzen". *die an*
Linksovale offen *oder auf*	Anstriche weglassen; bzw. Luftsprung im Wortinneren. *oder auf oder*
Buchstaben angestückelt *Planschbecken*	Kurze Wörter üben; auch: Abschreiben nicht gelernt (!). *auch groß früh*
Anlaufwelle verspielt, einzelne Buchstaben verformt *Hof Taxi*	Formen vereinfachen *Hof Hof Hof Taxi*
Generell beachten: Sitzhaltung, Schreibhaltung, Arbeitsplatz, Schreibmaterial, Tafel- und Folienanschrift des Lehrers.	

Abb. 13: Fehlformen der Schrift und mögliche Maßnahmen ihrer Verbesserung

g) Beachtung von Schreibstörungen – Linkshändigkeit

- H. Glöckel nennt drei Bereiche der Störung des Schreibens: Störung der Wahrnehmung, der zentralen Verarbeitung und der Ausführungshandlung (Glöckel [1], S. 136 f.).
- Psychologisch bedingte Störungen des Schreibens: Schreibstörungen entstehen auch aus Störungen der Psyche. Hierbei kann es sich um momentane oder permanente Beeinträchtigungen handeln. Die Auswirkungen auf die Schrift zeigen sich beispielsweise in einer „Zitterschrift", in häufigen Verschreibungen mit nachfolgendem Darüberschreiben oder häufigen Anstückelungen und Unterbrechungen (z. B. der Auf- oder Abstriche).
- Linkshändigkeit: „Wesentliches Merkmal der Lingshändigkeit ist . . . die Disposition, Bewegungen mit der linken Hand leichter, schneller und exakter ausführen zu können. Diese bessere Disposition ist vererbbar und umweltstabil. Sie kann aber weitgehend infolge Eigenerziehung und Fremderziehung verdeckt sein. Die Linkshändigkeit ist dem Wesen nach mehr psychisch als physisch bedingt" (Gramm [2], S. 94 f.).
Zur Feststellung der Linkshändigkeit wird „spontanes Greifen oder Aufheben von Gegenständen, Abwehren, Fechten, Brotschneiden, Nägel einschlagen, . . ., beidhändig etwas sortieren lassen . . ." (Glöckel [1], S. 143) vorgeschlagen.
Lämmel u. a. weisen uns auf Schreibhilfen hin:
„a) Licht möglichst von rechts einfallen lassen. b) Das Heft stark nach rechts (etwa Winkel von 45°) abdrehen, damit der Schreiber die Schrift ‚ziehen' kann. c) Der Linkshänder braucht eine breite Feder . . . d) Da Linkshänder oft zur Spiegelschrift neigen, sollten am Anfang zwei Hilfen gegeben werden: Der linke Rand erhält einen dicken roten Strich; an der Oberkante wird von links ein Pfeil gezeichnet. So findet der Schreiber die richtige Richtung" (Lämmel u. a., S. 34).

8. Beurteilung von Schülerschriften

a) Zweck der Kontrolle und Beurteilung

Die Durchsicht der Schülerarbeiten hinsichtlich der Schrift gibt dem Lehrer Informationen über den Ist-Zustand der Schrift, den bisherigen Lernfortschritt des Schülers, die speziellen Schwierigkeiten des Schülers, über die entwicklungsfähigen Elemente der Schrift und über die Wirksamkeit der bisher getroffenen Maßnahmen.

Andererseits erfährt der Schüler durch die Beurteilung seiner Schrift eine Aussage über seinen gegenwärtigen Leistungsstand, eine Bestätigung oder Korrektur seiner bisherigen Bemühungen und einen Hinweis auf Art und Ausmaß seiner zukünftigen Arbeit an der Schrift.

b) Schriftmerkmale

Um den Bestand an Formen erfassen zu können, genügt es nicht, nur Begriffe der Schriftelemente zu kennen. Schrift muß auch mit Merkmalen klassifiziert werden können, um eine Aussage über ihre Eigenschaft machen zu können. Neben

Adjektiven wie zerstückelt, unverbunden, verbogen, uneinheitlich, dünn, kräftig, zielstrebig können Schriftmerkmale auch systematisch erfaßt werden:
– allgemeine Merkmale: Ablauf (rhythmisch), Form, Verteilung, Regelmäßigkeit
– Bewegungsmerkmale: Eile, Größe, Weite, Verbundenheit, Richtung
– Formgebungsmerkmale: Bindungsform (Arkade, Girlande, Winkel, Faden), Vereinfachungen, Flächigkeit (mager, voll), Lage, Strichart (scharf, teigig), Druck
– Raummerkmale: Gliederung, Längenunterschied

c) Kriterien der Schriftbeurteilung
„Unter Schreiberziehern und in den amtlichen Lehrplänen herrscht weitgehend Einigkeit über die erstrebte Schülerschrift" (Glöckel [2], S. 314). H. Glöckel führt daraufhin diese Kriterien an:
– Gesichtspunkt der Verständigungsfunktion: lesbar
– Gesichtspunkt der Ästhetik: ausgewogen, gefällig
– Gesichtspunkt des Schreibvorgangs: bewegungsrichtig, rhythmisch, ungestört, geläufig
– Gesichtspunkt der Entwicklung: dem altersgemäßen Reifegrad entsprechend
– Gesichtspunkt der persönlichen Eigenart
– Gesichtspunkt der Motivation: Freude am Schreiben (vgl. Glöckel [2], S. 314 f.)
Zur Vereinfachung, und damit praktikablen Durchführung, schlage ich drei Kriterien vor:
– Lesbarkeit: ermöglicht sicheres Lesen; ermöglicht fließendes Lesen; das einzelne Schriftzeichen ist eindeutig.
– Geläufigkeit: Schrift ist zügig und flott; sie ist entwicklungsfähig; sie ist in der Bewegung zweckmäßig.
– Gesamteindruck: Die Schrift ist gleichmäßig und regelmäßig; sie zeigt Sorgfalt in der Ausführung (Rand, ohne Kleckse und Fingerabdrücke; Unterstreichen, Ausstreichen); sie ist übersichtlich verteilt.

d) Beurteilung durch Ziffern und Worte
„Ziffernmäßige Benotung (i. O. jeweils kursiv, Anm. d. Verf.) bedeutet wesensgemäß Einordnung in eine Rangreihe und verurteilt daher notwendig einige weniger schreibgewandte Schüler zum dauernden Mißerfolg" (Glöckel [2], S. 318).
Um dies abzumindern, erhalten die Schülerschriften (Einträge) eine kurze verbale Beurteilung (Anmerkung) – natürlich nicht in jedem einzelnen Fall. Die Schüler finden etwa folgende Bemerkungen unter dem „Schriftstück": Franz, ich sehe, daß du dich diesmal sehr bemüht hast. – Hans, du hast recht gut eingeteilt. Versuche noch rechtzeitig zu trennen! – Deine Schrift ist kaum lesbar. Bitte, Robert, vergleiche mit Eintrag Nr. 3! – Deine Schrift sieht schon sehr flüssig aus! „Die Beurteilung der Schrift soll kein ‚Urteil', sondern eine Hilfe sein! Deshalb kann niemals eine endgültige Note . . . das klärende Wort ersetzen" (Lämmel u. a., S. 35).

120

9. Forderungen

a) *Schreiberziehung ist nicht Angelegenheit einzelner „Schönschreibstunden", sondern durchgängiges Unterrichtsprinzip:*
- Stützende Funktion anderer Fächer: Rechtschreiben (Wortbilder); Sprachbetrachtung (Einsicht, Bedeutung); Lesen (Erfassen, Artikulation); Sprachgebrauch (Sprechen, Schrift als Bedeutungsträger); Heimat- und Sachkunde (Begriffe); Kunsterziehung (Formen); Hefteinträge
- Nacharbeit zu bestimmten Einträgen durch gezielte Übungen
- Angemessener Umfang der Hausaufgaben und Entgegenwirken dem „flüchtigen Schreiben"

b) *Schreiberziehung soll auch in gezielt angesetzten Unterrichtseinheiten verwirklicht werden*
- Schreibkursus: Kurze Übungseinheiten – täglich; Übungen gezielt; Üben in Buchstabenverbindungen (Wort); Weniges, aber gründlich; Betreuung auf den einzelnen Schüler abstimmen
- Eigene Unterrichtszeiteinheit: Lockerung – Schreibaufgabe – Vorarbeit: Bewegungsübungen – Kernübung (mit Differenzierung) – Anwendung in neuen Verbindungen

c) *Die Schüler sollen zur intensiven Arbeit an ihrer Schrift motiviert werden*
- positive Einstellung des Lehrers zur Schreiberziehung
- Bestätigung und Bewußtmachen von Fortschritten
- Motivierende Anlässe: Lesezeichen, Lieder, Reklameblätter, Schilder malen, Postkarten, Briefe
- Freude durch Umgang mit Schreibmaterialien: Verschiedene Schreibgeräte und -unterlagen benützen
- Freude durch Umgang mit Schrift: Spiele mit Schrift (Größe, Form, Farbe)

d) *Zielpunkte der Schriftpflege sind Deutlichkeit, Lesbarkeit und Geläufigkeit*
- Deutlichkeit und Lesbarkeit: Schwerpunktmäßig in der 2.–4. Jahrgangsstufe beachten; Übungen: innerhalb bestimmter Formgruppen (Aufstrich, Arkaden), von Buchstabenverbindungen, im Automatisieren von Bewegungsabläufen
- Geläufigkeit: Dieser Aspekt sollte erst in der 4. Jahrgangsstufe an Bedeutung gewinnen; Schreibtempo bewußt machen; Übungen zur Erhöhung der Schreibgeschwindigkeit; Einfachformen als Wahlformen

e) *Die Maßnahmen der Schriftpflege sind auf den einzelnen Schüler abzustimmen*
- Beobachtung der Schülerschrift: Diagnose der zugrundeliegenden Fehlform (Mäanderschrift, Knicke, linkslagig) – entsprechende Therapie: Schleifenschwünge, Aufstrich strecken, Abstrich gerade, Vereckungen, Vereinfachungen, Luftsprung, Schreibgerät, -haltung;
- Ort: nach den Einträgen, tägliche 10-Minuten-Übung, gelegentliche Übungen

121

f) „Die Förderung der Schülerschriften verlangt . . . fortlaufende Beobachtung des Schreibverhaltens" (DEU/Weiterführendes Schreiben, Vorbemerkungen)
- Konsequente Beachtung der äußeren Voraussetzungen: Beleuchtung, Gestühl, Handhaltung, Heftlage, Sitzhaltung, Schreibgeräte, Papiersorte, Heftarten, Block, Mappe mit losen Blättern
- Schreibschwierigkeiten notieren; den „Schreibunarten" permanent bzw. in einer eigenen Unterrichtszeiteinheit entgegentreten.

g) Die Schrift des Schülers kann auch über das Vorbild des Lehrers beeinflußt werden
- Angemessenheit des Umfangs der (schriftlichen) Hausaufgaben
- Keine Schreibaufgaben als „Strafe"
- Anschrift auf Folie, Tafel und Arbeitsblatt: Lesbarkeit, Sauberkeit, Einteilung und Aufgliederung beachten
- Erkennbarkeit der Bemühungen des Lehrers um die Schrift

Literatur

1. Bärmann, F. (Hrsg.): Lernbereich Schrift und Schreiben. Westermann, Braunschweig 1979
2. Glöckel, H.: Schreiben lernen – Schreiben lehren, Auer, Donauwörth 1976, 3. überarb. Aufl.

4.1.4.2 Verlaufsgliederung

1. Strukturmodell: Weiterführendes Schreiben (gelegentliche UZE)

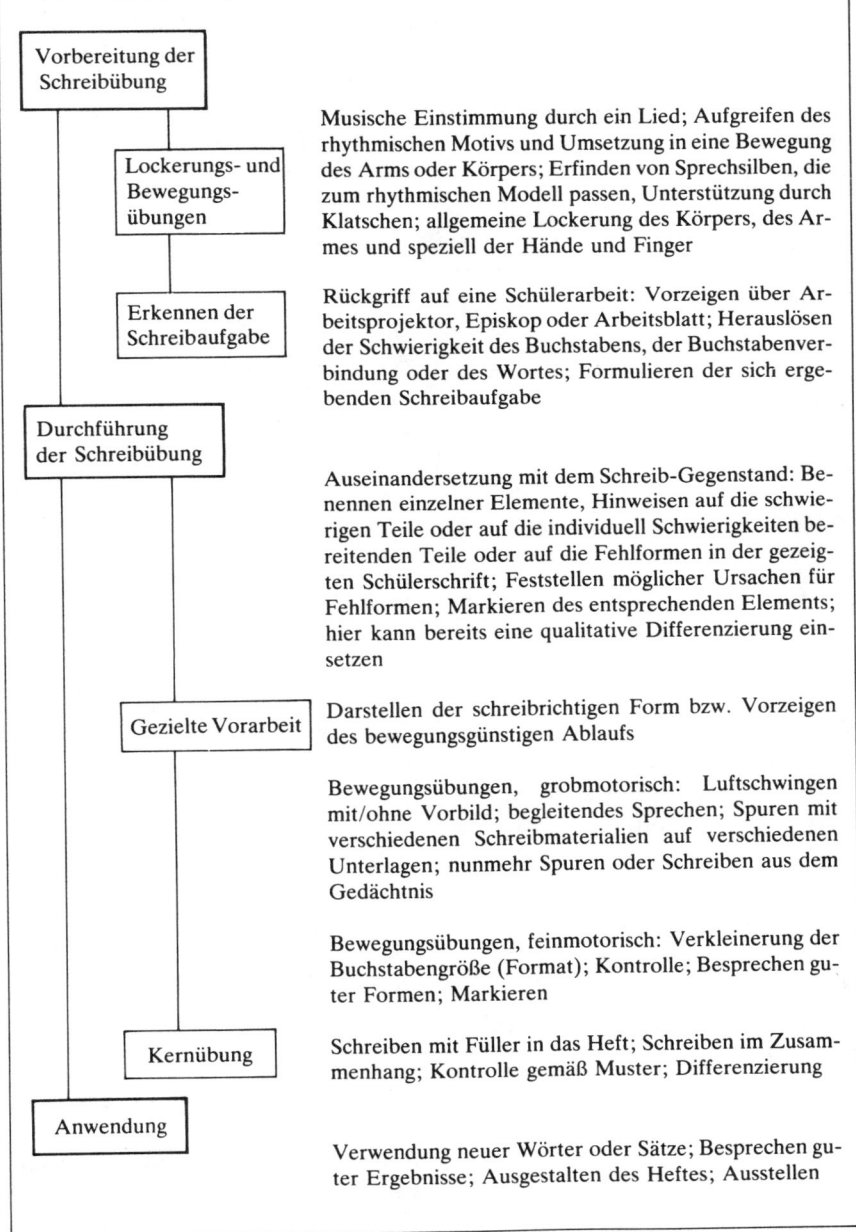

Vorbereitung der Schreibübung

Lockerungs- und Bewegungsübungen

Musische Einstimmung durch ein Lied; Aufgreifen des rhythmischen Motivs und Umsetzung in eine Bewegung des Arms oder Körpers; Erfinden von Sprechsilben, die zum rhythmischen Modell passen, Unterstützung durch Klatschen; allgemeine Lockerung des Körpers, des Armes und speziell der Hände und Finger

Erkennen der Schreibaufgabe

Rückgriff auf eine Schülerarbeit: Vorzeigen über Arbeitsprojektor, Episkop oder Arbeitsblatt; Herauslösen der Schwierigkeit des Buchstabens, der Buchstabenverbindung oder des Wortes; Formulieren der sich ergebenden Schreibaufgabe

Durchführung der Schreibübung

Auseinandersetzung mit dem Schreib-Gegenstand: Benennen einzelner Elemente, Hinweisen auf die schwierigen Teile oder auf die individuell Schwierigkeiten bereitenden Teile oder auf die Fehlformen in der gezeigten Schülerschrift; Feststellen möglicher Ursachen für Fehlformen; Markieren des entsprechenden Elements; hier kann bereits eine qualitative Differenzierung einsetzen

Gezielte Vorarbeit

Darstellen der schreibrichtigen Form bzw. Vorzeigen des bewegungsgünstigen Ablaufs

Bewegungsübungen, grobmotorisch: Luftschwingen mit/ohne Vorbild; begleitendes Sprechen; Spuren mit verschiedenen Schreibmaterialien auf verschiedenen Unterlagen; nunmehr Spuren oder Schreiben aus dem Gedächtnis

Bewegungsübungen, feinmotorisch: Verkleinerung der Buchstabengröße (Format); Kontrolle; Besprechen guter Formen; Markieren

Kernübung

Schreiben mit Füller in das Heft; Schreiben im Zusammenhang; Kontrolle gemäß Muster; Differenzierung

Anwendung

Verwendung neuer Wörter oder Sätze; Besprechen guter Ergebnisse; Ausgestalten des Heftes; Ausstellen

2. *Unterrichtsbeispiel:* Ich übe mein H,

4. Jahrgangsstufe

Vorzubereiten: Arbeitsprojektor; Folie mit drei Bildern (Hut, Hase, Hand), mit Fehlformen und Muster (des Buchstabens H) und mit Aufträgen; Tafelbild; für die Hand des Schülers: Heft „Schreiben", Füller, Bleistift, Lineal, 1 Filzstift, 1 Holzfarbstift, Schreibblock

Artikulation/ Inhalt	Unterrichtsaktivitäten/ Sozialformen/Medien
I. Vorbereitung der Schreibübung	
1. Lockerungs- und Bewegungs-übungen	
	Grob- und feinmotorische Übungen für Arm, Hand und Finger
2. Erkennen der Schreibaufgabe	
a) Hinführung Bilder: Hut, Hase, Hand	auf Folie S äußern sich TA durch L
Hut Hase Hand	
b) Zielangabe	Stummer Impuls: Hinweis auf die drei Wörter; S nennen die Gemeinsamkeit; ggf. Hinweis auf die Lockerungsübungen für die Hand (Schreiben)
Wir üben das H. Jeder hat seine eigene Schrift. Oft erkennt ein Lehrer schon an der Schrift, wem das Heft gehört!	S formulieren das Ziel Impuls
Ich übe mein H	TA durch L Eintrag ins Heft: Überschrift und die 1. Zeile des TB
II. Durchführung der Schreibübung	
1. Analyse der Eigenheiten des Buchstabens H	
	Folie mit Fehlformen des Buchstabens H S markieren und verbalisieren wichtiger Stellen Folie mit Muster des Buchstabens H

124

Artikulation/ Inhalt	Unterrichtsaktivitäten/ Sozialformen/Medien
(Schleife, Abstand der Abstriche, Anstrich)	S stellen fest, welche Stellen beachtet werden sollen

2. Einübung des Bewegungsablaufes

a) Hauptbewegungsabläufe beim (kursiven) H

S schreiben das H in die Luft; ablösen der wichtigsten Bewegungen
Vormachen auf der Folie
S spuren mit Filzstift auf dem Block
für fertige S: Auftrag 1 von Folie

b) Vereinfachung des Buchstabens H

Differenzierung:
Gruppe A: arbeitet selbständig;
Gruppe B: Hilfestellung durch L, Arbeit an der Tafel
Auswertung: Besprechen von Vereinfachungen und Vormachen an der Tafel

c) Bewegungsablauf des Buchstabens H

S schreiben ins Heft
für fertige S: Auftrag 2 von Folie

z. B.

(Individuelle Wahl des H!)

3. Erkenntnisformulierung

In Klassenarbeit: Auswerten der Vorschläge zum Lückensatz
Eintrag ins Heft

So soll mein H sein: gut *lesbar* und *rasch* zu schreiben.

4. Kernübung

a) Einzelwörter

S nennen Wörter, TA
Eintrag ins Heft
für fertige S: Auftrag 3 von Folie

Artikulation/ Inhalt	Unterrichtsaktivitäten/ Sozialformen/Medien
b) Sätze	S formulieren Sätze, TA Eintrag ins Heft

III. Sicherung

1. Arbeitsrückschau

Klassenarbeit: Besprechen guter Ergebnisse

2. Schreiben weiterer Wörter

in Einzelarbeit

3. Ausblick

Weitere Buchstaben, bei denen ähnliche Vereinfachungen möglich sind:

J J K T F

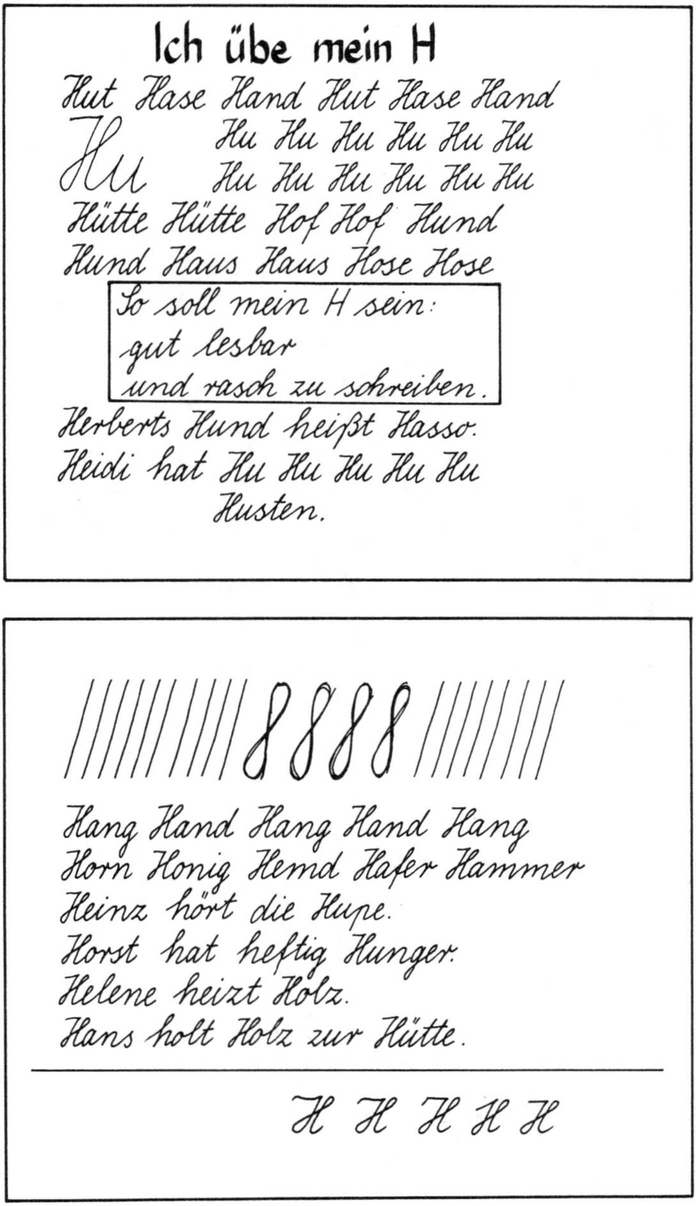

Ich übe mein H

Hut Hase Hand Hut Hase Hand

Hu   Hu Hu Hu Hu Hu Hu

Hu   Hu Hu Hu Hu Hu Hu

Hütte Hütte Hof Hof Hund

Hund Haus Haus Hose Hose

> So soll mein H sein:
> gut lesbar
> und rasch zu schreiben.

Herberts Hund heißt Hasso.

Heidi hat Hu Hu Hu Hu Hu

        Husten.

//////////// 8 8 8 8 ////////////

Hang Hand Hang Hand Hang

Horn Honig Hemd Hafer Hammer

Heinz hört die Hupe.

Horst hat heftig Hunger.

Helene heizt Holz.

Hans holt Holz zur Hütte.

H H H H H

Abb. 14: Tafelbild zur UZE „Ich übe mein H"

H H H H H H

Ich übe Bewegungen

8 8 8 8   //////

Aufgaben:
1.) Notiere bitte auf deinen Block Wörter mit H!
2.) Ergänze diesen Satz!
   So soll mein H sein: _____ lesbar und
   _____ zu schreiben.
3.) Denke dir bitte einen Satz aus,
   in dem zwei Wörter mit H vorkommen.

Abb. 15: Folie zur UZE „Ich übe mein H"

128

4.1.5 Rechtschreiben

4.1.5.1 Informationen zum Lernbereich Rechtschreiben

1. Unterrichtsgegenstand

Beim Rechtschreiben werden Wortbilder, die durch Vereinbarung festgelegt sind, grafisch fixiert. „Rechtschreiben ist primär Umsetzung von phonologischen Strukturen in Graphemstruktur" (Greil/Kreuz [1], S. 93).
Die deutsche Rechtschreibung ist nicht lauttreu. „Obwohl unsere Buchstabenschrift wesentlich stärker phonemisch ist, als die bisherige Rechtschreibdidaktik angenommen hat, . . . ist es gerade der nichtphonemische Bereich, der unseren Schülern Schwierigkeiten bereitet" (ebd. S. 94).

2. Lernpsychologische Hinweise

Beim Erlernen des Rechtschreibens sind verschiedene Intelligenzfunktionen beteiligt: „hauptsächlich . . . das Wahrnehmen (die Beobachtung), die Aufmerksamkeit, die Konzentration, die Auffassung, das Vorstellen, das Denken und das Gedächtnis" (R. G. E. Müller, S. 14). Im komplexen Rechtschreibvorgang lassen sich verschiedene Komponenten herauslösen:
– optische Komponente: Das Auge nimmt ein Schriftbild wahr. Die Speicherung ist zunächst noch ungesichert. Zur festen Endgestalt führt ein Abstraktionsprozeß, nach A. Kern: Anschauungsstufe (Gewinnung eines Wortbildes durch Anschauen und optisches Strukturieren) – Vorstellungsstufe (Gewinnung der Wortbildvorstellung durch Sich-Besinnen und Erinnern) – Schemastufe (Gewinnung des Schemas, d. h. des automatisch richtigen Schreibens durch automatisierende Übungen)
– motorische Komponente: Die Verlaufsspur eines Wortes wird vom Schreibenden als Schreibspur nachvollzogen. Er speichert durch den Bewegungsablauf der Schreibmuskulatur die Schreibbewegung. Beim Schreiben ohne Vorbild wird diese Bewegung reproduziert. In gleicher Weise gilt dies für die Sprechbewegungsvorstellungen.
– akustische Komponente: Das Ohr nimmt die Klanggestalt eines Wortes auf. Sie wird im Gehirn mit bereits gespeicherten Klangbildern verglichen. Ein identisches Klangmuster weckt die bildliche Wortvorstellung, die ggf. direkt – weil schon automatisiert – in eine Schreibbewegung umgesetzt wird.
– logische Komponente: „Der Rechtschreibende orientiert sich am orthographischen Wissen und Denken. Dazu gehören das Sinnverständnis des Niederzuschreibenden, Analogiebildungen, grammatisch-etymologisches Wissen, orthographisches Einzelwissen und das Finden und Anwenden von Regeln . . ." (Watzke, S. 17). (Anm.: D. h. in der genannten Reihenfolge z. B.: Bedeutung des Wortes „. . ."; passen – fassen; Bäume – Baum; Theater mit „Th" und „Namenwörter schreiben wir groß".)

Daraus ergeben sich Folgerungen
- für die Vorarbeit: Schulung der optischen und akustischen Differenzierungsfähigkeit und der Feinmotorik von Sprechapparat und Hand
- für die Lösungshilfen: visuell-motorisch, akusto-motorisch, logisch
- für die Methode: Vielseitiges, aber zielgerichtetes Worttraining

3. Lehrplanaussagen

- Aufgabe der Grundschule ist es, dem Schüler elementare Rechtschreibsicherheit zu vermitteln. Diese umfaßt die Beherrschung des Grundwortschatzes sowie einiger wichtiger Besonderheiten der Rechtschreibung.
- Der Unterricht muß das Klangbild, das Schriftbild und das Bewegungsschema der Wörter bzw. Wortformen sichern sowie ihre gedankliche Durchdringung gewährleisten.

4. Forderungen

a) Berücksichtigung verschiedener Lerntypen

Dabei sind zu unterscheiden: Visueller Vorstellungs- und Wahrnehmungstyp, akustischer, motorischer und logischer Typ; jedoch ist auch bei akustischen und motorischen Typen die visuelle Vorstellung dominierend.

b) Berücksichtigung verschiedener Lösungsmethoden

- visuell: Sicherung der optischen Gestalt durch Anschauen, Lesen, Strukturieren, Ordnen, Einsetzen von Buchstaben, Zusammensetzen
- akusto-motorisch: Sicherung der akustischen Gestalt durch gutes Sprechen, Lautieren, Buchstabieren, Einsetzen von Wörtern mit gleichen Lauten, Diktieren
- schreibmotorisch: Sicherung der schreibmotorischen Gestalt durch Aufschreiben, Abschreiben, Nachspuren
- logisch: Sicherung des richtigen Schreibens durch Einsatz des Denkens, d. h. Regelwissen, sprachkundliches Wissen oder Wissen über Ausnahmen. Entsprechende Übungsformen sind z. B. Gruppieren von Wörtern mit gleicher Rechtschreibschwierigkeit, Ableitungen, Umformungen
- O. Watzke formuliert die verschiedenen Lösungsmethoden auch in Forderungen um:
Schreibe abstammungstreu!
Schreibe lauttreu!
Schreibe nach den Regeln und beachte die Ausnahmen!
Übe die Schreibbewegung ein!
Schreibe, wie du hörst und sprichst!
Präge dir Wortbilder ein! (Watzke, S. 34–43)

c) Die Lösungsmethoden richten sich nach dem orthographischen Gegenstand
Grundsätzlich gilt, daß sämtliche (gerade aufgezählten) Lösungsmethoden zum Einsatz kommen. Jedoch wird in vielen Fällen eine Methode führend sein.

Beispiele:
- Wörter mit z und k
  Logische Komponente: Nach l, n, r, das merke ja,
  steht nie tz und nie ck.
- Wörter mit Pf
  akusto-motorische Lösungsmethode: Pferd, Pfund, Pfau, Pfennig, Pfahl, Pfeife, Pfirsich usw.
- Wörter mit langgesprochenem Selbstlaut
  Visuelle Lösungsmethode: Schule, Tal, Spur, Maschine, Dose, Krug, Plan, sägen, Geflügel, pflegen

d) Arbeit mit dem Grundwortschatz
- Begründung: Aufgrund von Sprachfrequenzuntersuchungen wurde festgestellt, „daß man mit den ersten 1000 Wörtern unserer Sprache mehr als 80% des Wortschatzes aller Normaltexte erfassen kann . . . Ein weiteres Argument für die zentrale Steuerung der Arbeit am Grundwortschatz . . . ist die . . . Tatsache, daß der rechtschriftliche Transfereffekt von einem begrenzten und intensiv geübten Mindestwortschatz weitaus größer ist als von einem umfangreicheren und weniger gesicherten" (Greil, S. 87).
- Umfang (entnommen aus Greil/Kreuz [1], S. 98):

Jahrgangsstufe:	1	2	3	4
Anzahl der Wörter pro Jahrgangsstufe:	75	240	280	340

- Auswahl: Nach den Prinzipien Häufigkeit, Inhaltsnähe, Einprägsamkeit, Rechtschreibbesonderheit, Alterswortschatz (siehe Greil/Kreuz [1], S. 98 f). Der bayerische Grundschullehrplan enthält bereits eine verbindliche Liste an Wörtern, die auf die Jahrgangsstufe bezogen sind.

e) Einsatz verschiedener Übungsformen
- Abschreiben: Vorarbeit (z. B. nachspuren), ganzes Wort ansehen, schreiben
- Aufschreiben: „Es sind kleine Verse und Sätze, später größere Sprachstücke mit 3–6 Zeilen Umfang, die vorher rechtschriftlich besprochen, auswendig gelernt und dann selbständig niedergeschrieben werden" (Watzke, S. 83).
- Nachschreiben: Formen des Nachschreibens sind das tägliche Kurzdiktat, die Nachschrift und das Probediktat

f) Die Nachschrift bedarf einer sorgfältigen Durcharbeitung
- Begriff: Die Nachschrift ist ein vorbereitetes Diktat. Ein Ganztext wird inhaltlich und rechtschriftlich (auch sprachlich) mit der Zielsetzung vorbereitet, ihn beim Diktat möglichst fehlerlos niederschreiben zu können.

– Die Vorarbeit durch den Lehrer

1. Auswahl des Textes

a) als Quellen bieten sich Sprachbücher, das Rechtschreibübungsbuch und auch Sachbücher an.

b) Forderungen an den Text: sprachlich einwandfrei, angemessen im Wortschatz, sachbezogen (d. h. keine unnatürliche Häufung eines bestimmten Rechtschreibfalls), sachlich aufschlußreich, lebensnah.

c) Umfang:

2. Schuljahr: etwa 20–40 Wörter

3. Schuljahr: etwa 40–60 Wörter

4. Schuljahr: etwa 60–80 Wörter (Bischoff, S. 103)

„Prüfungsdiktate können durchaus 30–50% mehr Wörter enthalten, als in dieser Tabelle angegeben sind" (ebd. S. 103).

d) Schwierigkeitsgrad: „Rechtschreibwörter" sind Wörter, von denen der Lehrer annimmt, sie könnten „den" Schülern Schwierigkeiten bereiten; sie sind Gegenstand der Übung. Durch Auszählen wird der Prozentsatz der „Rechtschreibwörter" ermittelt; ihr Anteil wird mit zunehmender Jahrgangsstufe sinken:

2. Jahrgangsstufe ⟶ 4. Jahrgangsstufe

40–50%   25–30%

e) In jedem Fall ist darauf zu achten, daß der Grundwortschatz erweitert wird: Die „neuen" Wörter aus dem Grundwortschatz werden festgestellt; oft werden sich Möglichkeiten ergeben, bestimmte Wörter zusammenzufassen, die unter rechtschriftlichem Gesichtspunkt gemeinsam behandelt werden können (z. B. Wörter mit ie); die zu übenden Wörter aus dem Grundwortschatz des vorliegenden Textes sind in der Regel Teilmenge der „Rechtschreibwörter".

2. Erstellen von Arbeitsanweisungen

3. Die Vervielfältigung von Text und Arbeitsanweisungen

– Zeitliche Aufteilung (nach Greil, S. 95–98):

Montag:	Begegnung mit dem Text
	Text- und Worterschließung
	Sicherung neuer Grundwörter
Dienstag:	Sicherung rechtschriftlich schwieriger Wörter
Mittwoch:	Nachschrift als Lückentext
Donnerstag:	Andiktieren
Freitag:	Nacharbeit

– Das Andiktieren: Ganzer Text/Ganzer Satz/Sinnschritt/Niederschreiben/Sinnschritt . . ./Ganzer Text/Eigenkorrektur

– Die rechtschriftliche Nacharbeit: Fehleranalyse als Grundlage Fehlerberichtigung; Fehlerbearbeitung

g) Fachspezifische Übungsgrundsätze
Unabhängig von allgemeinen Übungsgrundsätzen (Siehe 3.15 Übung!) ist für das Rechtschreiben zu beachten:
- Fehler vermeiden ist besser als Fehler korrigieren
- Einsatz von – im Rechtschreiben überaus vielfältigen – Arbeitsmitteln: Rechtschreibkartei, Wörterheft, Lottokarten, Auftragskarten, Fehlerkarte, Wortstreifen, Silbenkärtchen, Rechtschreibübungsheft (Verlagsprodukte); einige Hinweise gibt auch Jeziorsky, W.: Selbstbildungsmittel in der Grundschule, Westermann, Braunschweig 1965, 2. Aufl., S. 58–156
- Variation der Übungs- und Arbeitsformen: Siehe Verlaufsgliederungen in 4.1.5.2!
- Sofortige Korrektur von Fehlern beim Ab- und Aufschreiben, um das Speichern falscher Wortbilder bzw. Unsicherheiten zu vermeiden; Diktate sollen baldmöglichst berichtigt werden
- Verknüpfung von Schreiben, Sprechen, Hören, Lesen und Denken

h) Rücksichtnahme auf Leistungsunterschiede
- Übungsformen sind Einzelarbeit, Partnerdiktat, Partnerhilfe und die Arbeit mit der Leistungsgruppe
- Qualitative Differenzierung: Aufgrund der Fehleranalyse erhalten die betreffenden Schüler Aufgabenstellungen aus dem visuellen, akusto-motorischen oder logischen Bereich; der Schwierigkeitsgrad der Aufgabenstellung wird variiert, z. B. von „Nachspuren" über „Aussuchen von Wörtern aus vorgegebenen Wortbildern" bis „Finden verwandter Wörter"
- Quantitative Differenzierung: Unterschiedliche Textlänge und unterschiedliche Menge an „Lernwörtern" berücksichtigen die Unterschiede in Konzentrationsdauer und Arbeitstempo

i) Individuelle Behandlung von Rechtschreibfehlern
Die individuelle Nacharbeit geschieht bei
- Fehlerkorrektur: abgestufte Korrektur (Überkleben, ... Fehlerzahl am Ende angeben); allmähliche Einführung von Korrekturzeichen
- Fehlerbeobachtung: Häufig hat es sich als günstig erwiesen, wie es auch P. Bischoff vorschlägt, für den einzelnen Schüler eine Liste anzulegen, auf der die fehlerhaften Wörter aus den Diktaten aufnotiert werden; dabei können auch die unterschiedlichen Fehlerarten (siehe Bischoff, S. 162 f.!) eine Berücksichtigung erfahren.
- Fehlerbehandlung: Berichtigung durch den Schüler und schwerpunktartige Übungen (mit der Klasse oder individuell)

Literatur

1. Bischoff, P.: Grundlagen und Praxis des Rechtschreibunterrichts. Schroedel, Hannover 1969
2. Watzke, O.: Rechtschreibunterricht in der Primarstufe. List, München 1976, 3. Aufl.

1. Strukturmodell: Sicherung von Wortbildern

Begegnung mit dem Wortmaterial	
Sprachliche Situation	Gemeinsame Erarbeitung eines Textes in Zusammenhang mit dem Sachunterricht; Vorgabe eines Ganztextes; Rätsel; Bild-Wort-Zuordnungen; Fortsetzung einer Geschichte
Klärung des Textes – der Wörter	Bilden von Sätzen; Ergänzen der Textinformation; Erklären des Sachverhalts anhand von Beispielen
Isolieren der Wörter	Erkennen, Herausarbeiten oder Feststellen der Lernwörter; mit Zielangabe: Wörter, die wir gut üben werden
Einprägen von Wortbildern	
Kennenlernen der Wortgestalten	Zunächst Wortgestalten als Ganzes üben: Lest zusammen unsere Wörter laut vor! Ordne unsere Wörter nach dem ABC! Ordne unsere Wörter nach der Anzahl der Buchstaben und schreibe sie untereinander auf!
Strukturieren der Wortbilder	Nun soll die Binnengliederung des Wortes im Detail erfaßt werden: Ergänze die unvollständigen Wörter! Setze die Purzelwörter (Buchstabensuppe) richtig zusammen! Baue folgende Wörter ab! Welche Wörter gehören zu diesen Strichbildern?
Einbettung in neue Wortstrukturen	Hier erfolgt ein erster Schritt zum Verfügbar-werden des Wortes, indem es verändert wird oder Buchstabengruppen daraus in anderen Wörtern mitgeübt werden: Bilde zusammengesetzte Namenwörter! In welchen Wörtern kommt auch die Buchstabengruppe . . . (mpf, cht, . . .) vor? Suche mindestens . . . davon!
Kontrolle	Wortdiktat, Lückentext, Löschdiktat
Anwendungen	Im Rahmen einer Unterrichtssequenz oder der weiteren Jahresarbeit werden die einzelnen Wörter wieder verwendet

Artikulation/ Inhalt	Unterrichtsaktivitäten/ Sozialformen/Medien
I. Begegnung mit dem Wortmaterial	Die Wörter aus dem Grundwortschatz mit „stummem h", für die 2. Jahrgangsstufe, lauten: ihm, ihn, ihnen, ihr, ihre, Jahr, nah, nehmen, Reihe, sehr, Uhr, Wohnung, zahlen
1. Sprachliche Situation	Die Anknüpfung erfolgt hier an einen Nachschriftentext (Alternative: Ausgehend vom Heimat- und Sachkundeunterricht der Monate Dezember/Januar: Uhr, Jahr)
Diese Zeichnung wird dich an unsere Geschichte (von gestern) erinnern!	Impuls

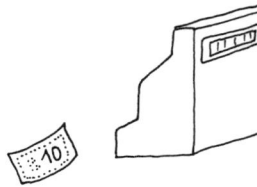

	Tafelzeichnung (vorbereitet) wird aufgeklappt S sprechen zum Bild und wiederholen dabei Inhalte des Nachschriftentextes
Monika zahlt an der Kasse. *zahlen* Wenn wir lesen, spricht meistens jeder Buchstabe zu uns. Hier hat sich aber einer versteckt! z. B. Wir hören z-a-l-e-n	L wiederholt (den Satz aus dem Nachschriftentext) dabei TA durch L alle S lesen laut, ein S liest laut vor Impuls Äußerungen der S
Zielangabe Solche Wörter, bei denen sich das „h" versteckt, werden wir jetzt üben.	
Lernwörter mit -h-	TA durch L S tragen Überschrift in das Arbeitsblatt ein

135

Artikulation/ Inhalt	Unterrichtsaktivitäten/ Sozialformen/Medien
2. Feststellen der Lernwörter a) Klärung des Sinnzusammenhangs	Szenische Darstellung: Ein S liest die Sätze von Arbeitsblatt Nr. 1 vor, andere S spielen die entsprechenden Situationen vor; benötigte Gegenstände: Ball, Puppe und Heft
b) Isolieren der Wörter 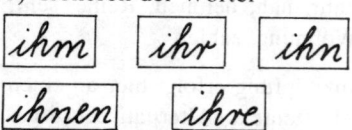	S liest jeweils einen Satz vor, S unterstreichen das Wort im Text Kontrolle mit Wortkarten, die an die Tafel geheftet werden S fahren die Wörter nach
c) Ergänzen der Wörter Das Jahr hat zwölf Monate. Wir zahlen an der Kasse. Familie Berger sucht eine Wohnung. Frau Moser sagt: . . . (z. B. Ostern) ist schon nah. Monika freut sich sehr. Bernd schaut zur Uhr. Wir nehmen uns Zeit.	L spricht jeweils einen Satz vor
Jahr *Wohnung* *nah* *sehr* *Uhr* *zahlen* *nehmen*	S suchen sich am Pult die betreffende Wortkarte aus die S stehen mit den Wortkarten vor der Tafel; S lesen die Wörter laut; der Reihe nach (immer nur eine Wortkarte sichtbar) werden die Wörter in die Luft geschrieben, an die Tafel geheftet und auf das Arbeitsblatt Nr. 2 geschrieben
Zusammenfassung	Wörter verdeckt, S wiederholen – auch im Satz! – die Wörter

Artikulation/ Inhalt	Unterrichtsaktivitäten/ Sozialformen/Medien

II. Einprägen der Wortbilder

1. Kennenlernen der Wortgestalten

Differenzierung:
Gruppe A: Partner nennt ein Wort, der andere buchstabiert es
Gruppe B: Ordnet mit L die Wortkarten an der Tafel nach der Anzahl der Buchstaben

2. Strukturieren der Wortbilder

a) Zusammenhang Schreibweise – Sprechweise
Beim Sprechen der Wörter ist dir vielleicht schon aufgefallen, was das „h" mit dem Wort macht!

Impuls

z. B. Das „h" macht das Wort länger. Es versteckt sich sogar immer hinter bestimmten Buchstaben!

S antworten
Impuls
S äußern sich, lesen Wörter vor

ih   ah   eh   oh   uh

TA durch L
(in der Anordnung wie Arbeitsblatt Nr. 3)

b) Binnengliederung des Wortes

L (oder auch S) zeichnen Strichbilder an die Tafel
Wortkarten werden darüber geheftet

3. Einbettung in neue Wortstrukturen

z. B. sie zahlt, du zahlst;
wegnehmen, einnehmen

III. Kontrolle

L nimmt Wortkarte ab,
zeigt sie vor und legt sie ab –
S schreiben in die Zeilen von Arbeitsblatt Nr. 3 (Nr. 1 und 2 zugedeckt)
Kontrolle: Partnerkorrektur
S heften Wortkarten wieder an die Tafel

4 NAME | KL. | DATUM | DEUTSCH | NR.

1.) In jedem Satz kommt ein Wort vor,
bei dem man das h nicht hört.
Suche dieses Wort und unterstreiche es!

Gib ihm den Ball!
Gib ihr den Ball!
Gib ihnen den Ball!
Das ist ihre Puppe.
Dieses Heft ist für ihn.

2.) Andere Wörter, bei denen man
das h nicht hört:

das
die
die

3.) Ordne diese Wörter hier ein!

ih

ah

eh

oh

uh

Abb. 16: Arbeitsblatt zur UZE „Lernwörter mit -h-“

3. Strukturmodell: Vorbereitung einer Nachschrift (für eine Unterrichtssequenz; Einführungsstunde: I. bis V. 2.)

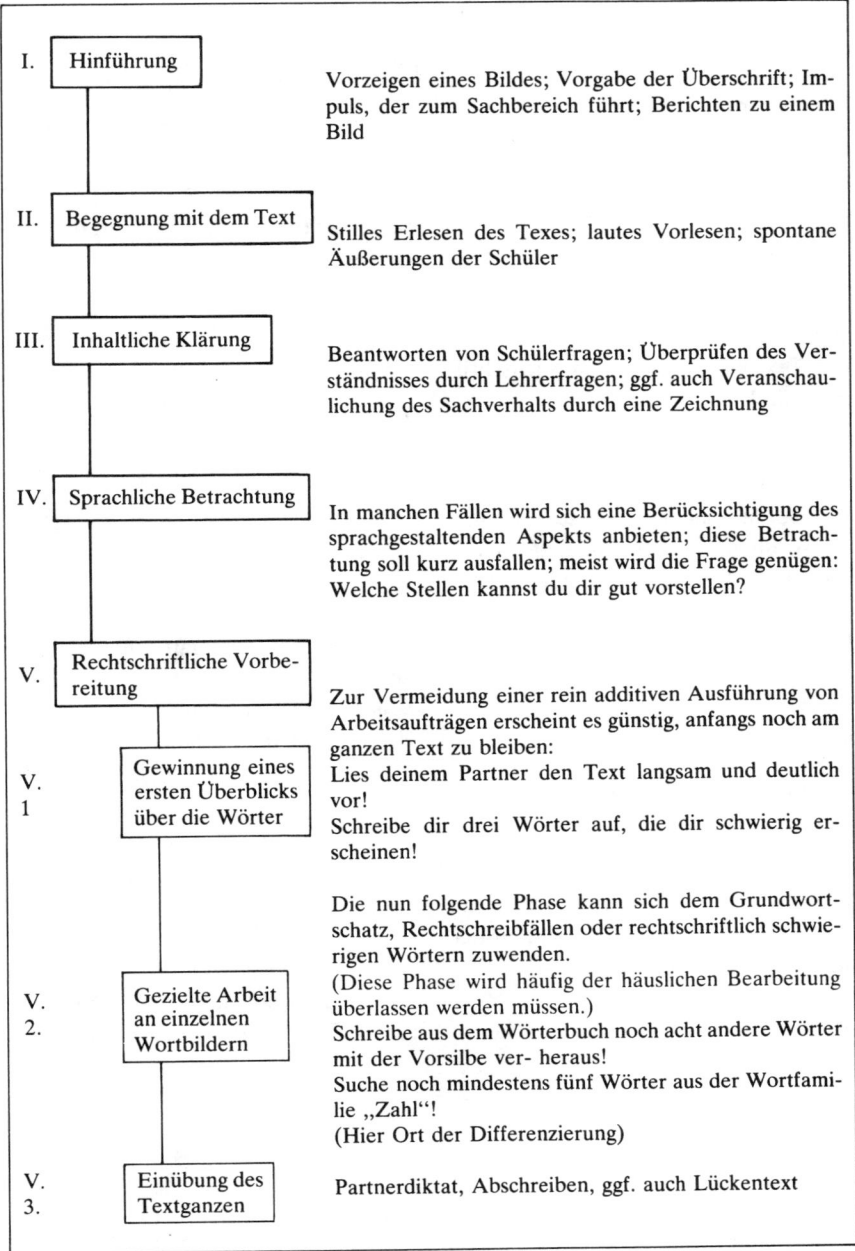

I. Hinführung

Vorzeigen eines Bildes; Vorgabe der Überschrift; Impuls, der zum Sachbereich führt; Berichten zu einem Bild

II. Begegnung mit dem Text

Stilles Erlesen des Texes; lautes Vorlesen; spontane Äußerungen der Schüler

III. Inhaltliche Klärung

Beantworten von Schülerfragen; Überprüfen des Verständnisses durch Lehrerfragen; ggf. auch Veranschaulichung des Sachverhalts durch eine Zeichnung

IV. Sprachliche Betrachtung

In manchen Fällen wird sich eine Berücksichtigung des sprachgestaltenden Aspekts anbieten; diese Betrachtung soll kurz ausfallen; meist wird die Frage genügen: Welche Stellen kannst du dir gut vorstellen?

V. Rechtschriftliche Vorbereitung

Zur Vermeidung einer rein additiven Ausführung von Arbeitsaufträgen erscheint es günstig, anfangs noch am ganzen Text zu bleiben:

V. 1 Gewinnung eines ersten Überblicks über die Wörter

Lies deinem Partner den Text langsam und deutlich vor!
Schreibe dir drei Wörter auf, die dir schwierig erscheinen!

Die nun folgende Phase kann sich dem Grundwortschatz, Rechtschreibfällen oder rechtschriftlich schwierigen Wörtern zuwenden.
(Diese Phase wird häufig der häuslichen Bearbeitung überlassen werden müssen.)

V. 2. Gezielte Arbeit an einzelnen Wortbildern

Schreibe aus dem Wörterbuch noch acht andere Wörter mit der Vorsilbe ver- heraus!
Suche noch mindestens fünf Wörter aus der Wortfamilie „Zahl"!
(Hier Ort der Differenzierung)

V. 3. Einübung des Textganzen

Partnerdiktat, Abschreiben, ggf. auch Lückentext

4. *Unterrichtsbeispiel:* „Harte Arbeit im Wald",

4. Jahrgangsstufe

Artikulation/ Inhalt	Unterrichtsaktivitäten/ Sozialformen/Medien
I. Hinführung	
1. Bekanntmachen mit dem Sachbereich	
Bild: Wald	Stummer Impuls: Wandbild (Kalenderfoto) oder Dia S äußern sich
2. Eingrenzung des Sachbereichs	
Der Text unserer nächsten Nachschrift trägt die Überschrift:	Impuls
„Harte Arbeit im Wald".	S stellen Vermutungen zum Text an
3. Zielangabe	
Wir werden den Text genau lesen und ihn so üben, daß wir ihn später möglichst fehlerfrei aufschreiben können.	L
II. Begegnung mit dem Text	S decken das Textblatt auf und lesen den Text; S äußern sich spontan; ein S liest den Text laut vor.
III. Inhaltliche Klärung	
1. Fragen der Schüler	
Lies nun bitte den Text nochmals still für dich durch und kennzeichne die Stelle mit einem Bleistiftstrich, zu der du eine Frage stellen möchtest!	Auftrag
	S lesen Text nochmals durch; Klassenarbeit: Beantwortung der Fragen
2. Überprüfung des Verständnisses	
– Im Text werden zwei Arbeitsgeräte genannt!	Impuls
	S lesen im Text nach
– Im Text werden Tätigkeiten der Holzfäller genau genannt.	Impuls

Artikulation/ Inhalt	Unterrichtsaktivitäten/ Sozialformen/Medien
	S lesen im Text nach
– Zeichnerische Veranschaulichung	S zeichnen an Tafel das Einkerben, das Ansägen und die Fallrichtung des Baumes
IV. Rechtschriftliche Vorbereitung	
1. Arbeit am Gesamttext	
a) Einprägen von Wortgestalten. Versuche, dir aus dem Text mindestens vier verschiedene Wörter zu merken!	Auftrag
b) Reproduzieren von Wortgestalten Schreibe nun ein Wort, an das du dich noch erinnern kannst, an die Tafel!	Auftrag
	S kommen an die Tafel (immer zwei gleichzeitig), erhalten jeweils eine Kreide und schreiben ihr Wort auf; die Mitschüler überprüfen jeweils die Richtigkeit. Weitere Möglichkeiten mit der so entstandenen Wortsammlung: Sätze bilden (aus je einem Wort); Löschdiktat; Buchstaben auslöschen/ -einsetzen; Wort zeigen – im Text aufsuchen; Kennzeichnen schwieriger Wörter bzw. schwieriger Stellen
2. Arbeit am Grundwortschatz	
a) Feststellen der Lernwörter	Arbeitsblatt, Auftrag 1a; in Einzelarbeit Kontrolle durch den Partner mit Hilfe der Folie

Artikulation/ Inhalt	Unterrichtsaktivitäten/ Sozialformen/Medien	

b)· Differenziertes Worttraining

Gruppe A	Gruppe B	Gruppe C
Arbeitsblatt: Aufträge 2 und 3; in Einzelarbeit	wie Gruppe A	Arbeit mit L:　　　*) Aufsuchen von Wörtern: „Mein Wort steht in der 2. Zeile und fängt mit b an!" Deutliches Sprechen.
L überprüft Wörter der Aufträge 2 und 3.	Kontrolle durch L und Gruppe A.	Arbeitsblatt: Aufträge 1b, 2 und 3; in Einzelarbeit.
Arbeitsblatt: Aufträge 1c und 1d; in Partnerarbeit.	Arbeitsblatt: Aufträge 4 und 5; in Partnerarbeit.	L überprüft Wörter der Aufträge 1b, 2 und 3. Arbeit mit L: Arbeitsblatt, Auftrag 5; mündlich.
	Kontrolle über Folie: Auftrag 4	nun Auftrag 5; schriftlich
	Kontrolle über Folie: Auftrag 5	

c) Besprechen von Schwierigkeiten　　in Klassenarbeit

V. Kontrolle

　　　　　　　　　　Wortdiktat durch L;
　　　　　　　　　　Kontrolle durch Partner (und L) mit
　　　　　　　　　　Textblatt

Anmerkung: Die Aufträge 6 bis 8 (Arbeitsblatt) werden als Hausaufgabe gegeben.

___
*)▨ Zusammenarbeit mit dem L

Harte Arbeit im Wald

Heute beobachtet Dieter einige Holzfäller
bei ihrer Arbeit. Ein Waldarbeiter sägt
eine Kerbe in den starken Stamm. An ihr
kann man schon erkennen, in welche Richtung
der Baum fallen soll. Jetzt packt ein Arbeiter
die Motorsäge und setzt sie an der anderen
Seite des Stammes an. Die kleinen, scharfen Messer fressen sich in das Holz. Bald neigt sich
der Baum, reißt Laub und Äste mit sich und
schlägt auf den Boden auf. Nun entasten zwei
Waldarbeiter den Baum. Mit einem Schäleisen
entrinden sie den Stamm. Zuletzt ziehen sie
den glatten Baumstamm an die Straße.

Diese Aufgaben helfen dir, bestimmte Wörter
gut einzuprägen:
1.) Suche folgende Wörter im Text:
Zuletzt, starken, packt, jetzt, glatten, beobachtet,
Holz, Motorsäge, Boden, Straße, Laub.
a) Unterstreiche diese Lernwörter im Text!
b) Fahre diese Wörter mit Farbstift nach!
c) Diktiere sechs dieser Wörter deinem Partner!
Wenn du fertig bist, so wechselt bitte!
d) Anschließend diktiere ebenso die restlichen
fünf Wörter!

Abb. 17: Arbeitsblatt 1 zur UZE „Harte Arbeit im Wald"

NAME	KL.	DATUM	DEUTSCH	NR.

2.) Schreibe folgende Wörter getrennt auf:

Straße ______ Motorsäge ______
Boden ______ glatten ______
Zuletzt ______ packen ______

3.) Betrachte unsere Lernwörter und schreibe in den Wortrahmen das Wort, das hineinpaßt!

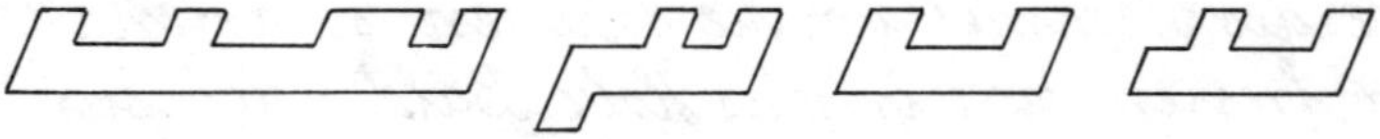

4.) Zerlege die zusammengesetzten Wörter!

Holzfäller : das H______ fällen
Schäleisen : sch______ ______
Motorsäge : ______ ______
Baumstamm : ______ ______

5.) Im Text sind drei Wörter, die auf (etzt) enden. Sprich sie deutlich aus und schreibe sie hier auf! ______

Findest du noch andere?

verletzen ______ wetzen ______
benetzen ______ hetzen ______

6.) Versuche mindestens noch fünf Wörter aus der Wortfamilie „Holz" zu finden! Eines steht schon im Text. Schreibe sie dann auf!

______

______

Abb. 18: Arbeitsblatt 2 zur UZE „Harte Arbeit im Wald"

NAME	KL.	DATUM	DEUTSCH	NR.

4

7.) Setze die fehlenden Wörter ein!

Dieter beobachtet ____________ ______________ bei ihrer Arbeit.

Er sägt eine ________ in den Stamm.

Er setzt die ______________ an den ________.

Die kleinen, __________ ________ fressen sich in das Holz.

8.) Betrachte diese Bilder genau! Suche dann im Text die Sätze, die dazugehören, und schreibe sie daneben auf!

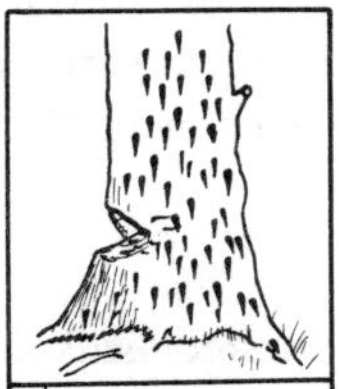

____

____

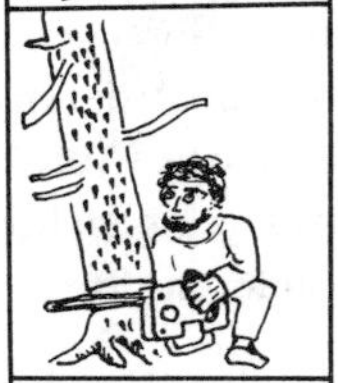

____

____

____

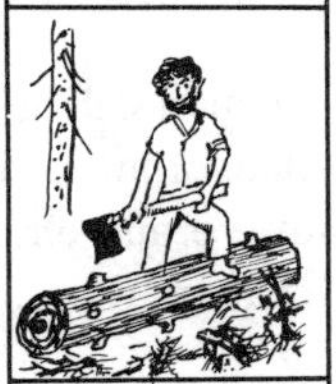

____

____

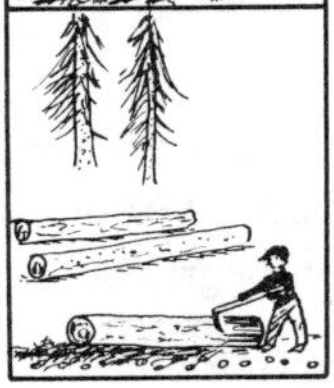

____

____

Abb. 19: Arbeitsblatt 3 zur UZE „Harte Arbeit im Wald“

5. *Strukturmodell:* Erarbeitung eines Rechtschreibfalles

Gewinnung des Rechtschreibmaterials		
	Hinführung und Zielangabe	Lesen eines Textes aus dem Sprachbuch; Bild-Wort-Zuordnung; fehlerhafte Schülertexte; Erkennen der rechtschriftlichen Schwierigkeit; Hervorheben durch Unterstreichen, Herausschreiben, Einrahmen, Einfärben, Nachfahren
	Begegnung mit Wortbildern	Wörter mit dem betreffenden RS-fall werden nun isoliert gesammelt; das Sammeln geschieht mit Hilfe eines Textes, von Bildern, eines Wörterbuches oder des Vorwissens der Schüler (letzteres nur möglich bei einfachen Fällen; am besten in Gruppenarbeit); mit Hilfe von Hinweisen durch den L: Du brauchst sie zum Beißen! (S. notieren: Zähne); zur Sicherung des Wortinhalts können die Wörter im Satzganzen verwendet werden; auf Folie oder Tafel sind nun die Wörter aufgeschrieben.
Analyse des Rechtschreibmaterials		
	Vorbereitung der Analyse	Auffinden von Gruppierungsmöglichkeiten; deutliches, auch stark betontes Sprechen (L, Partner, Chorsprechen); das Systematisieren endet etwa in einer Tabelle; akustische Auffälligkeiten können beim Sprechen durch gleichzeitiges Unterstreichen der besonderen Stelle im Wort deutlich gemacht werden.
	Erkenntnisformulierung	Die Regel oder die Methode, wie man sich helfen kann, wird formuliert: Wortverlängerung, Ableitung, kurzer (langer) Selbstlaut, vorausgehende Mitlaute, nachfolgende Buchstaben, Lage im Wort (Anlaut, . . .)
Anwendung auf den Einzelfall		
	Überprüfung am Ausgangsmaterial	Die Schreibweise der im Ausgangstext (in der Ausgangssituation) gebrauchten Wörter wird nun durch die gefundene Regel begründet.
	Übertragung auf neue Beispiele	Diktat; Lückentext; Wörter aussuchen, die zu „unserer“ Regel passen

6. Unterrichtsbeispiel: Wörter mit tz,

4. Jahrgangsstufe

Artikulation/ Inhalt	Unterrichtsaktivitäten/ Sozialformen/Medien
I. Gewinnung des Rechtschreibmaterials	
1. Hinführung	
a) Textbegegnung Viele Autofahrer gurten sich an. Trotzdem kann etwas passieren. Davon berichtet dir ein kurzer Text.	L
	S lesen Text auf Arbeitsblatt Nr. 1
b) Kurze inhaltliche Klärung Könner fahren mit Gurt – aber auch . . . (mit Vernunft)	durch spontane Aussprache, dabei Ergänzung der Überschrift von Nr. 1
c) Erkennen des Rechtschreibfalls Im Text kommt eine Buchstabengruppe vor, die manchmal Schwierigkeiten beim Schreiben macht.	Impuls
	S äußern sich; Einfärben der *tz* im Text
2. Begegnung mit Wortbildern	
a) durch Hinweise	L zeigt Mütze, Spritze, Netz; S notieren Wörter, ein S schreibt an die verdeckte Tafel
b) Vorwissen der Schüler	S sammeln in Gruppenarbeit mindestens sieben Wörter mit tz Auswertung: Verwendung in Sätzen, dabei Tafelanschrift
c) Ergänzung	Arbeitsblatt, Aufgabe Nr. 2; in Partnerarbeit, schriftlich Auswertung: mündlich
II. Analyse des Rechtschreibmaterials	
1. Vorbereitung der Analyse	Deutliches, lautes Vorlesen der Wörter von der Tafel und von Nr. 2 (Arbeitsblatt)

Artikulation/ Inhalt	Unterrichtsaktivitäten/ Sozialformen/Medien
z. B.: Die Wörter werden kurz ausgesprochen.	Formulieren der Besonderheit
Sie werden an einer bestimmten Stelle „kurz" gesprochen!	Impuls Kennzeichnen des kurzgesprochenen Selbstlauts durch einen Punkt; dies bei allen Wörtern an der Tafel
2. Erkenntnisformulierung	In Gruppenarbeit versuchen die S eine Aussage zu machen, in welchen Fällen tz geschrieben wird
tz schreiben wir nur nach einem kurzen Selbstlaut	Tafelanschrift des Ergebnisses
III. Anwendung auf den Einzelfall	
1. Überprüfung am Ausgangsmaterial	
„Witz" schreibe ich mit tz, weil ich ein kurzes i vor dem tz höre!	Sprechreihe Wörter von Tafel und Arbeitsblatt
2. Differenzierte Anwendung	
Gruppe A: Erläuterung der Beispiele „Medizin", „Heizung", . . .	
Gruppe B: Arbeitsblatt Aufgabe Nr. 3	
Gruppe C: Kennzeichnen des kurzen Selbstlauts vor dem tz (Wörter des Arbeitsblattes)	
3. Übertragung auf neue Beispiele	
z. B.	
– zusammengesetzte Namenwörter	Siehe Tafelbild!
– Einzahl – Mehrzahl	Siehe Arbeitsblatt, Aufgabe Nr. 4!

Wörter mit tz

die Mütze, die Spritze, das Netz,
der Witz, der Schütze, die Spitze,
die Katze, die Hitze, das Schnitzel;
schwitzen, verletzen, glitzern, nützen,
schützen, schwätzen, plötzlich,
trotzdem, jetzt.
Zusammengesetzte Namenwörter:
Papierfetzen, Bleistiftspitze, Regen-
pfütze, Spatzennest, Fischnetz,
Trotzkopf.

> tz schreiben wir nur nach
> einem kurzen Selbstlaut.

Abb. 20: Tafelbild zur UZE „Wörter mit tz"

NAME	KL.	DATUM	DEUTSCH	NR.

1.) Könner fahren mit Gurt –
aber auch ______________________

Ein Personenwagen fuhr bei regennasser Straße mit großer Geschwindigkeit. Er kam von der Fahrbahn ab und krachte gegen einen Baum. Der Fahrer hatte nur eine Platzwunde am Knie. Sonst blieb er ohne Verletzung. Sein Sicherheitsgurt hatte ihn geschützt.

2.) Durch Reimen kannst du mehrere Wörter mit tz finden:

Pfütze	blitzen	platzen
M______	s______	kr______
Sch______	schw______	schm______
St______	spr______	die Sp______

3.) Setze die richtige Buchstabengruppe ein!

(etz) oder (atz) oder (utz) ?

kr____en	j____t	s____en
h____en	zul____t	w____en

das Ges____	die Matr____e
das N____	der Verl____te
der Schm____	der S____
der M____ger	das D____end

4.) Suche dir von Nr. 2 und Nr. 3 sechs Namenwörter aus! Schreibe sie jeweils mit Begleiter untereinander in der Einzahl auf! Schreibe sie dann in der Mehrzahl daneben!

Abb. 21: Arbeitsblatt zur UZE „Wörter mit tz"

4.1.6 Sprachbetrachtung

4.1.6.1 Informationen zum fachlichen Bereich Sprachbetrachtung

1. Unterrichtsgegenstand

a) Sprache

„In der Sprache sehen wir heute ein System von funktionierenden Zeichen im Dienste der Kommunikation, die mündlich oder schriftlich erfolgen kann. Aber in der Sprache benennen und unterscheiden wir auch die Dinge der Welt und schaffen uns so eine Grundlage für Erkenntnis und Verständnis von Zusammenhängen, für Urteil und Wertung. Mit ihrer Hilfe drücken wir Empfundenes und Erlebtes, Gedachtes und Gewünschtes aus und nehmen wir Einfluß auf andere" (Lehmann, S. 516).

b) Begriffsfeld „Sprachbetrachtung"

– Grammatik: Teil der Sprachwissenschaft, der sich mit dem Regelsystem der Sprache auseinandersetzt.
– Sprachlehre: „Versteht man Sprache als ein System von Zeichen, so setzt sich Sprachlehre mit den Inhalten auseinander, die dieses System im Hinblick auf Verständigung funktionieren lassen. Im einzelnen geht es um die Erörterung semantischer, syntaktischer und strukturaler Aspekte . . . Während sich die Wortsemantik mit der Bedeutung von Wörtern auseinandersetzt, beschäftigt sich die Satzsemantik mit der Bedeutung des Satzes . . . Wenn sprachliche Zeichen miteinander in Beziehung treten, dann stellen sich innerhalb der Zeichen selbst oder im Bezug zueinander gewisse Gesetzmäßigkeiten ein" (Stökkel, S. 141 ff.). Die strukturalen Aspekte betreffen Laute, Lautkombinationen und die Einteilung von Äußerungen in Kategorien (z. B. in Wortarten).
– Sprachkunde: „. . . ist ein kaum 80 Jahre alter, eigentlich nur im Sprachgebrauch der (Volks-)Schule existierender Begriff. Er bemüht sich um die inhaltliche Seite der Sprache, um die Bedeutung von Wörtern und Wendungen, deren Herkunft und geschichtlicher Wandel usw." (Rauscher, S. 5).
– Sprachbetrachtung: Erschließung des Aufbau- und Ordnungsgefüges der mündlichen und schriftlichen Sprache, der Bedeutung, Funktion und Leistung der Sprache auf der Grundlage des situativen Sprachhandelns der Schüler.
– Sprachhandeln: „Eine sprachhandlungsorientierte Grammatik erscheint sinnvoll, weil sich in der Betrachtung von Kommunikationspartnern und unterschiedlichen Handlungsbedingungen jeweils entsprechende alternative Handlungskonsequenzen ergeben . . . Wir stellen nicht mehr phonologische, morphologische oder syntaktische Gesichtspunkte bei der Betrachtung von Sprache in den Vordergrund, sondern untersuchen Sprache vorwiegend unter pragmatischsemantischem Aspekt" (Stadler, S. 14).

c) Sprachbetrachtung im Zusammenhang des Deutschunterrichts

„Sprachbetrachtung als ein schrittweises Aufdecken sprachlicher Strukturen und damit Einsichtgewinnen in das sprachliche Ordnungsgefüge bleibt gekoppelt mit

Sprachhandeln, mit der Hinführung zu sprachlicher Selbsttätigkeit des Schülers . . ." (Lehmann, S. 518) „Kommunikation bringt mit unterschiedlicher Dominanz die drei Aspekte des Sprachverhaltens zur Geltung und ihnen entsprechend die drei Hauptbereiche des Deutschunterrichts, die sich gegenseitig bedingen: das reflexible Sprachverhalten in der Sprachbetrachtung, das rezeptive beim Umgang mit Texten und das produktive oder mündlich-schriftliche Gestalten" (ebd. S. 525).

Sprachbetrachtung besitzt in der Grundschule keinen isolierten Lehrgang, sondern ist in Verbindung mit den anderen fachlichen Bereichen des Deutschunterrichts und z. B. der Heimat- und Sachkunde zu erarbeiten.

2. Entwicklungspsychologische Hinweise

Sprachbetrachtung verlangt auch die Gewinnung von Einsichten über die Sprache. Damit baut sie zwangsläufig auf Begriffsbildung und Abstraktionen auf. Bereits K. Singer hat darauf verwiesen, daß Grammatik in Grund- und Hauptschule zu lehren schwierig ist, „weil sich das grammatikalische Denken erst mit etwa dreizehn Jahren entwickelt . . . Die Abstraktion läßt sich nicht erzwingen, sie muß reifen . . . Wer gegliedert sprechen und schreiben kann, vermag den Weg in die Grundbestandteile der Sprache zurückzugehen" (Singer [2], S. 247). Nun ist aber im Grundschulalter weder das abstrakte Denken entwickelt, noch ist ein gesicherter Bestand an umfassenden formalen Mustern zum Aufbau von Sätzen (Texten) vorhanden. Dies wird aus Untersuchungen deutlich, die G. Kegel zusammenfassend darstellt: „Im 3. Lebensjahr zeigen sich die für die Muttersprache wichtigen grammatischen Konstruktionsmerkmale in der Wortstellung und in dem Auftreten von Flexionen, die Satzkonstruktionen werden komplexer und einfache nebenordnende Satzverbindungen sind zu beobachten . . . seine Umgangssprache (die des Kindes, Anm. d. Verf.) unterscheidet sich der äußeren Form nach kaum von der Erwachsenensprache. Trotzdem kann in diesem Stadium der Spracherwerb nur im Hinblick auf die Artikulationsentwicklung und die Beherrschung des *phonologischen* Systems der Muttersprache als relativ abgeschlossen gelten. Untersuchungen zur Beherrschung *morphologischer* Prozesse (Plural, Tempus etc.) zeigten, daß im 6., 7. Lebensjahr keineswegs alle morphologischen Regeln beherrscht werden. Linguistische Analysen und assoziationspsychologische Experimente liefern deutliche Hinweise, daß die Entwicklung der *Syntax* (i. O. jeweils kursiv, Anm. d. Verf.) erst zwischen dem 10. und 12. Lebensjahr zu einem gewissen Abschluß kommt" (Kegel in Kochan/Neuhaus-Siemon, S. 470f.).

3. Bedeutung
– Anbahnung des Verständnisses vom Aufbau der Sprache
– Beitrag zum bewußten Gebrauch von Sprachmitteln
– Aufbau des Bewußtseins, daß Sprache – wie auch dingliche Objekte – Gegenstand der Untersuchung (des Sammelns, Ordnens, Beschreibens, Nachdenkens) werden kann

- Gewinnung von Begriffen, die eine Hilfe sind, über Sprache Aussagen zu machen
- Möglichkeit zur Erweiterung des aktiven Wortschatzes
- Gewinnung von Sicherheit in der Verwendung der Sprache
- Im Hinblick auf die weiterführenden Schulen unverzichtbar erscheinender Wissensbestand (über formale Grammatik)

4. Zielsetzungen

a) allgemein

- „Das Hauptziel eines solchen Unterrichts bleibt es, die Sprachkompetenz des Schülers zu fördern und ihn zu sozialem Sprachhandeln (kommunikative Kompetenz) ebenso zu befähigen wie zu heuristisch-kontemplativem Sprachverhalten, mit dem sich der Mensch seiner selbst und seiner Welt um ihn herum vergewissert und dessen Erkenntnisleistungen Kommunikation erst mit zustandekommen lassen" (Lehmann, S. 516).
- Ziele sind „die Differenzierung und Sensibilisierung des *Sprachgefühls,* also des im Menschen innewohnenden Gespürs für sprachliche Richtigkeit oder Unebenheit und
- der Aufbau eines *Wissens um Sprache* (i. O. jeweils kursiv, Anm. d. Verf.), also um Entstehung und Werden, um Regelmäßigkeiten und Gesetzmäßigkeiten und um begriffliche Fixierungen" (Baumann [2], S. 126).

b) Lehrplanaussagen

- Die Sprachbetrachtung knüpft an den natürlichen Sprachgebrauch des Kindes an.
- Durch das Nachdenken über Sprache soll das Kind allmählich bewußter und sicherer über sie verfügen sowie ihre Vielfalt und ihren Reichtum kennenlernen.

5. Übersicht über Inhalte des Lehrplans (s. S. 154)

6. Forderungen

a) Ausgangspunkt der Sprachbetrachtung ist die Sprachsituation

Aus einer Situation ergibt sich *zwingend,* eine bestimmte Sprachform zu gebrauchen. Ferner stellt der Lehrplan an die Situation die Forderung der *Lebensnähe* und *Kindgemäßheit.* Nach G. Stolla (vgl. Stolla, S. 17–20) kann man die Sprachhandlungssituationen prinzipiell unterscheiden: 1. Konkrete Sprachhandlungssituationen (z. B. Dem Schulleiter eine Mitteilung machen), 2. simulierte oder vorgestellte Sprachhandlungssituationen (z. B. etwas geschieht jetzt – es wird später erzählt: Umsetzen eines Textes von der Gegenwart in die Vergangenheit), 3. die Analyse fremden Sprachgebrauchs (z. B. zusammengesetzte Eigenschaftswörter in der Werbung: aprilfrisch, magenmild, schäfchenweich), 4. die Analyse verfremdeten Sprachgebrauchs (z. B. Wortbildung – Vorsilben: Ein Fünfjähriger

Jgst.	Inhalte		
1	Im grundlegenden Unterricht, insbesondere im Lesen und Rechtschreiben, können Einsichten angebahnt und notwendige Begriffe verwendet werden.		
2	**Wortarten und ihre Aufgaben** – Namenwörter – Tunwörter – Wiewörter	**Wortbildung; Wortschatzerweiterung** – Zusammensetzungen (Namenwörter) – Wortpaare	**Sätze – Aufgabe und Bau** – Form der Äußerung – Sinneinheit – Satzarten: Erzähl-, Frage-, Ausrufesatz
3	**Wortarten und ihre Aufgaben** – Namenwörter – Fürwörter – Zeitwörter – Eigenschaftswörter – Zahlwörter	**Wortbildung; Wortschatzerweiterung** – zusammengesetzte Wörter – Vor- und Nachsilben – Sammelnamen – Wortfamilien	**Sätze – Aufgabe und Bau** – Sinnwörter – Satzarten: wie oben, Aufforderungssatz – Stellung des Zeitworts – Satzglieder – Satzgegenstand, Satzaussage
4	**Zeichen: sprachliche und nichtsprachliche** **Wortarten und ihre Aufgaben** – Namenwörter – Zeitwörter – Eigenschaftswörter	**Wortbildung; Wortschatzerweiterung** – zusammengesetzte Wörter – Vor- und Nachsilben – Wortableitungen – Wortfelder	**Sätze – Aufgabe und Bau** – Verknüpfen und Auflösen – mit ähnlicher Bedeutung – Satzgegenstand, Satzaussage – Wem-/Wenfall – Orts-/Zeitangaben – zweiteilige Satzaussage

154

sagt: „Ich habe mein Auto im Sandkasten verschaufelt.") Die schließlich bei G.
Stolla genannten „gezielten Sprech- und Schreibanlässe" sind in 2. enthalten.

b) In der Sprachbegegnung wird gesprochene und geschriebene Sprache beispielhaft gesammelt (gestaltet, gebraucht)
Es werden Sätze gesprochen und/oder geschrieben, die weitere Beispiele für die erkannte Sprachform sind. Sollen Einzelwörter der Gegenstand der Betrachtung sein, so sind auch sie häufig in Sinnzusammenhängen zu gebrauchen. Der Umfang der Sammlung soll einerseits so groß sein, daß sich allgemeine Aussagen daraus ableiten lassen, und andererseits soll die Fülle der Beispiele den Schülern nicht den Blick auf das Wesentliche verbauen.

c) Die Einsicht über die Sprache wird durch vorbereitende Maßnahmen herbeigeführt
Beispiele:
– Szenische Darstellung zur Veranschaulichung der Leistung der Sprachform, z. B. Vorsilben: herausgehen – hineingehen
– Ordnen, z. B. Zeitwörter in Gegenwart bzw. Vergangenheit
– Markieren (unterstreichen, einfärben, gesondert herausschreiben), z. B. Stellung des Zeitworts in den verschiedenen Satzarten

d) Die Einsicht in die Sprache wird als Merkhilfe formuliert
Die allgemeine Aussage erwächst aus der Reflexion über das Konkrete. Die Spracherkenntnis ist nicht zwangsläufig in Form einer Regel zu fassen, es genügt oft die Beschreibung der Leistung des sprachlichen Mittels oder eine formale Feststellung, z. B. „Eigenschaftswörter helfen vergleichen".

e) Die Einsicht über die Sprache wird in neuen Zusammenhängen erprobt
Die Schüler erhalten die Möglichkeit, in anderen Situationen oder an anderen Beispielen die gewonnene Spracherkenntnis mündlich und schriftlich anzuwenden; dabei festigen sie ihr Sprachgefühl; sie können Sprachäußerungen, die bisher unbewußt gebraucht wurden, benennen, einordnen und begründen; so werden Ortsangaben formuliert, nicht statisch betrachtet.

f) Sprachbetrachtung ist ein Teil des gesamten Deutschunterrichts
Sprachwissen soll im Hinblick auf Sprachkompetenz nutzbar gemacht werden. Insbesondere der mündliche und schriftliche Sprachgebrauch ist Ausgangspunkt und Anwendungsfeld von Spracheinsichten.

g) Sprachbetrachtung richtet sich nicht einseitig nach einer bestimmten Grammatiktheorie

Literatur

1. Baumann, S.: Sprachlehre in der Grundschule. In: Altmann u. a. [3], S. 123–138
2. Stöckel, H.: Sprachlehre in Grund- und Hauptschule. In: Barsig u. a. [1], S. 139–169

1. Strukturmodell

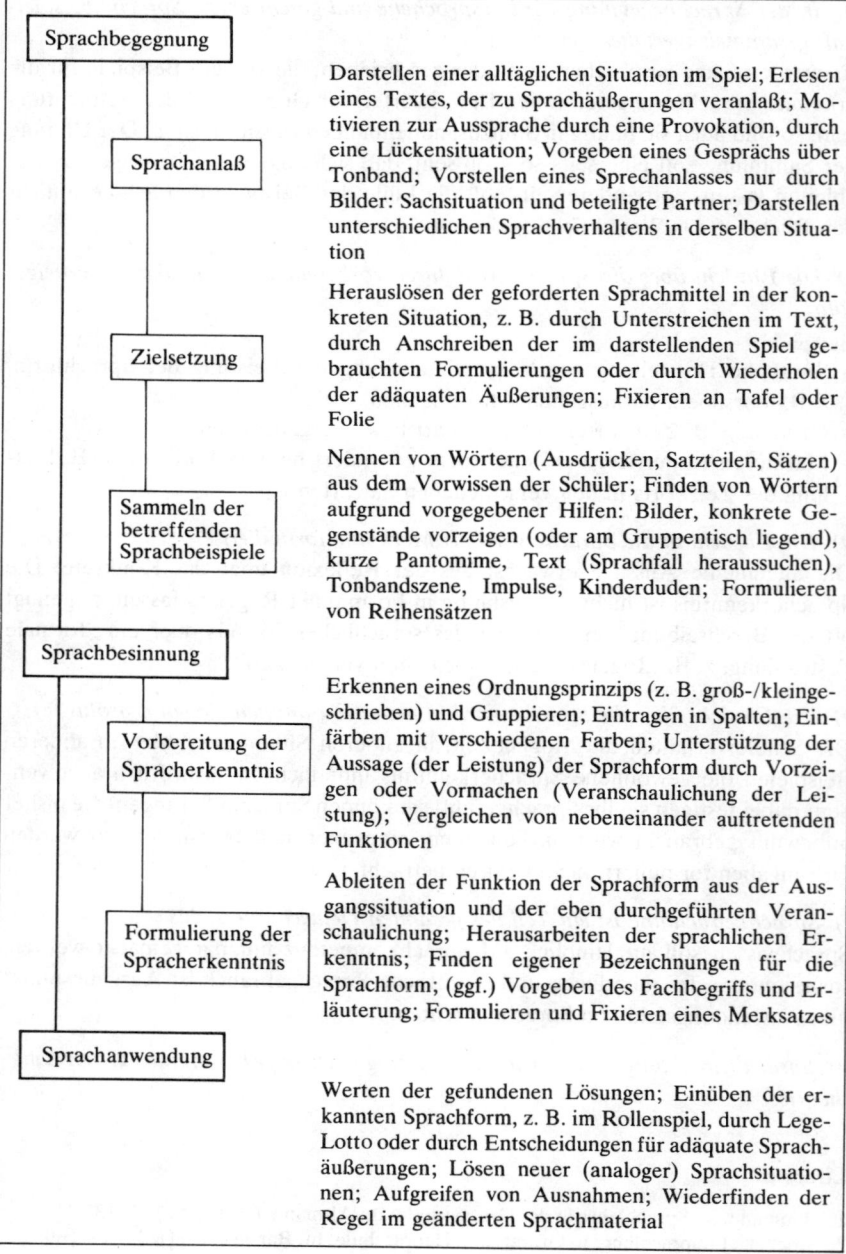

Sprachbegegnung

Sprachanlaß

Darstellen einer alltäglichen Situation im Spiel; Erlesen eines Textes, der zu Sprachäußerungen veranlaßt; Motivieren zur Aussprache durch eine Provokation, durch eine Lückensituation; Vorgeben eines Gesprächs über Tonband; Vorstellen eines Sprechanlasses nur durch Bilder: Sachsituation und beteiligte Partner; Darstellen unterschiedlichen Sprachverhaltens in derselben Situation

Zielsetzung

Herauslösen der geforderten Sprachmittel in der konkreten Situation, z. B. durch Unterstreichen im Text, durch Anschreiben der im darstellenden Spiel gebrauchten Formulierungen oder durch Wiederholen der adäquaten Äußerungen; Fixieren an Tafel oder Folie

Sammeln der betreffenden Sprachbeispiele

Nennen von Wörtern (Ausdrücken, Satzteilen, Sätzen) aus dem Vorwissen der Schüler; Finden von Wörtern aufgrund vorgegebener Hilfen: Bilder, konkrete Gegenstände vorzeigen (oder am Gruppentisch liegend), kurze Pantomime, Text (Sprachfall heraussuchen), Tonbandszene, Impulse, Kinderduden; Formulieren von Reihensätzen

Sprachbesinnung

Vorbereitung der Spracherkenntnis

Erkennen eines Ordnungsprinzips (z. B. groß-/kleingeschrieben) und Gruppieren; Eintragen in Spalten; Einfärben mit verschiedenen Farben; Unterstützung der Aussage (der Leistung) der Sprachform durch Vorzeigen oder Vormachen (Veranschaulichung der Leistung); Vergleichen von nebeneinander auftretenden Funktionen

Formulierung der Spracherkenntnis

Ableiten der Funktion der Sprachform aus der Ausgangssituation und der eben durchgeführten Veranschaulichung; Herausarbeiten der sprachlichen Erkenntnis; Finden eigener Bezeichnungen für die Sprachform; (ggf.) Vorgeben des Fachbegriffs und Erläuterung; Formulieren und Fixieren eines Merksatzes

Sprachanwendung

Werten der gefundenen Lösungen; Einüben der erkannten Sprachform, z. B. im Rollenspiel, durch Lege-Lotto oder durch Entscheidungen für adäquate Sprachäußerungen; Lösen neuer (analoger) Sprachsituationen; Aufgreifen von Ausnahmen; Wiederfinden der Regel im geänderten Sprachmaterial

2. *Unterrichtsbeispiel:* Wir stellen Sätze um,

3. Jahrgangsstufe

Artikulation/ Inhalt	Unterrichtsaktivitäten/ Sozialformen/Medien

I. Sprachbegegnung

1. Hinführung

Münchhausen, an Bohnenranke zum Mond kletternd	Vorbereitete Tafelzeichnung als stummer Impuls S teilen ihre Kenntnis über diese oder andere Münchhausen-Erzählungen mit
Wie Münchhausen seine Axt vom Mond holte	L-erzählung bis zur Situation, die das Bild zeigt

2. Sprachsituation

Münchhausen möchte nun seinen Zuhörern sagen, wie lange er sich plagen mußte.	Impuls
Ich gelangte nach mehrstündiger Kletterei zum Mond.	Vorbereitete Tafelanschrift
(Er möchte sagen, wie sehr er sich plagen mußte! Welcher Teil des Satzes sagt es uns? Die Zuhörer sollen es deutlich merken. Du brauchst dazu keine anderen Wörter!)	Evtl. verstärkender Impuls (Fragen oder Aufträge)
Nach mehrstündiger Kletterei gelangte ich zum Mond.	S formulieren den Satz um TA durch L

3. Zielstellung

Vergleiche diese beiden Sätze! Die Wörter sind die selben, aber sie sind an einer anderen Stelle.	Aufträge Äußerungen der S
Wir werden jetzt Sätze verändern, ohne daß wir Wörter dazutun oder herausnehmen.	L (die Formulierung der S weiterführend)

4. Sammeln von Beispielen

a) Vervollständigen der Ausgangssituation

Diesen Satz könntest du sogar noch auf andere Weise verändern!	Hinweis auf den ersten Satz

157

Artikulation/ Inhalt	Unterrichtsaktivitäten/ Sozialformen/Medien
Zum Mond gelangte ich nach mehrstündiger Kletterei.	TA durch L
b) Vorgabe weiterer Beispielsätze Diese Sätze erzählen dir auch etwas aus unserer Münchhausen-Geschichte.	L
	Folie mit zwei vorbereiteten Sätzen wird projiziert (aus den Sätzen von Abb. 22 ist eine Auswahl zu treffen)
Verändere die Sätze, ohne daß Wörter dazu- oder wegkommen!	S formulieren nach Möglichkeit die Aufgabenstellung selbst Differenzierung (qualitativ):
Gruppe A: „Ich warf . . .“	in Partnerarbeit: Möglichkeiten notieren (eine Gruppe schreibt auf Folie)
Gruppe B: „Ich pflanzte . . .“	zusammen mit dem L an der Tafel, die Möglichkeiten werden als TA notiert (Siehe Abb. 22!)
II. Sprachbesinnung	
1. Teilziel: Sätze können umgestellt werden	
Bei all diesen Sätzen aus unserer Münchhausen-Geschichte haben wir das gleiche getan! (Ziel: Begriff „umstellen“)	Impuls S äußern sich
Sätze können wir umstellen.	TA durch L
Teilzusammenfassung z. B. An der Tafel steht ein Text. Ein Text steht an der Tafel.	S bilden einfache Sätze und stellen diese um
2. Teilziel: Sinnveränderung durch Umstellung des Satzes	
Was geschieht, wenn wir einen Satz umstellen?	Frage
Beim Umstellen verändert sich der Satz, denn einige Wörter sind nicht mehr am selben Platz.	S

158

Artikulation/ Inhalt	Unterrichtsaktivitäten/ Sozialformen/Medien	▲4
Versuche nun durch genaues Hinhören herauszufinden, was sich beim Umstellen noch verändert!	Auftrag	
	Ein oder zwei S lesen Beispiele (z. B. von der Tafel) laut vor; anschließende Gruppenarbeit	
(Ziel: Beim Umstellen ändert der Satz seinen Sinn. Was ich besonders hervorheben möchte, stelle ich an den Anfang.)	Auswertung, mit TA	
	Ggf. Hinweisen auf Münchhausens Absicht (Siehe Sprachsituation!) Einrahmen der betonten Satzglieder	
Gesamtzusammenfassung	S wiederholen mündlich	

III. Sprachanwendung

1. Umstellen

S sagen Sätze – andere S stellen den Satz um

2. Sinnänderung – Verwendung für mündlichen Sprachgebrauch und Aufsatz

z. B. mit Muttersprache 3 (Auer), S. 53 „Ein verflixter Tag"

Aus einer Geschichte des Münchhausen:
Ich warf die silberne Axt mit großem Schwung nach dem Bären.
Sie verfehlte zu meinem großen Schreck das Ziel.
Die Axt flog immer weiter und höher.
Sie landete schließlich am Mond.
Ich pflanzte eilig eine Bohne in das Beet.
Der Trieb wuchs in wenigen Stunden bis zur unteren Spitze des Mondes.
Meine Bohnenleiter war jedoch von der starken Sonnenhitze verdorrt.

Abb. 22: Folie zur UZE „Wir stellen Sätze um"

Wir stellen Sätze um

Ich gelangte nach mehrstündiger
Kletterei zum Mond.
Zum Mond gelangte ich
nach mehrstündiger Kletterei.
Nach mehrstündiger Kletterei
gelangte ich zum Mond.

> Sätze können wir umstellen.
> Beim Umstellen ändert der
> Satz seinen Sinn.
> Was ich besonders hervor-
> heben möchte, stelle ich
> an den Anfang.

Eilig pflanzte ich
eine Bohne
in das Beet.

Eine Bohne
pflanzte ich eilig
in das Beet.

In das Beet
pflanzte ich eilig
eine Bohne.

Abb. 23: Tafelbild zur UZE „Wir stellen Sätze um"

4.1.7 Mündlicher Sprachgebrauch

4.1.7.1 Informationen zum Lernbereich mündlicher Sprachgebrauch

1. Unterrichtsgegenstand

a) Begriff

Unter „mündlicher Sprachgebrauch" verstehen wir das kommunikative Handeln mit Hilfe der gesprochenen Sprache, um Informationen situationsbezogen an einen Partner weiterzugeben.

b) Mündlicher Sprachgebrauch als Kommunikation

„Kommunikative Vorgänge wurden bisher mehr oder weniger als technischer Prozeß einer Nachrichtenübermittlung dargestellt. Sprechen soll . . . jedoch nicht als die Abfolge eines abstrakten Zeichen- und Regelsystems betrachtet werden. Wenn also Bedingungen des Sprechens deutlich werden sollen, muß die Verwendung der Sprache in der aktuellen Situation betrachtet werden. Miteinanderreden vollzieht sich in Handlungssituationen" (Pschibul, S. 22).
„Die kommunikative Wende . . . löste sowohl das enge und normative Konzept von Helmers ab, dessen Systematik nur das ‚grammatisch richtige‘ (Sprachtraining) und das ‚lautreine und gestaltete Sprechen‘ (Sprecherziehung) berücksichtigte . . ., als auch das Konzept mündlicher Sprachgestaltung, die als Vorstufe zu schriftlicher Sprachgestaltung angesehen wurde. Gegenüber der Verbindung mündlicher und schriftlicher Ausdrucksspflege . . ., betonte der kommunikationsbezogene Deutschunterricht *Unterschiede zwischen Sprechen und Schreiben* . . . Die Orientierung an Gestaltungsformen (Erzählung, Bericht, Beschreibung) wurde zugunsten einer Orientierung an *Sprechabsichten in sozialen Situationen* (i. O. jeweils kursiv, Anm. d. Verf.) aufgegeben" (B. Kochan in Kochan/Neuhaus-Siemon, S. 481).

c) Bereiche des mündlichen Sprachgebrauchs

Als eigener fachlicher Lernbereich innerhalb des Deutschunterrichts als Vorbereitung des schriftlichen Sprachgebrauchs, als Unterrichtsprinzip und als mündliche Kommunikation in den vielfältigen Situationen des schulischen Zusammenlebens.

2. Entwicklungspsychologische Hinweise

Mit Bezug auf W. Schlotthaus gibt M. Pschibul folgende Zusammenfassung der Sprachfähigkeit eines 5- bis 7jährigen Kindes:
– „schnelle Zunahme des Wortschatzes durch die Schule als neues Anregungsmilieu (von 2000 auf 2700 Wörter); Gebrauch von Verben, Konjunktionen, Präpositionen und Adjektiven nimmt zu, der Anteil der Substantive an der Gesamtrede geht dafür zurück
– die mittlere Satzlänge umfaßt etwa 7 Wörter . . .
– der Gebrauch von Aussagesätzen überwiegt eindeutig (81% aller Erzählsätze der Schulanfänger), Satzgefüge und Satzverbindung sind noch recht wenig in Gebrauch

- Das Sprachhandeln von Kindern in der Schuleingangsstufe ist stark kontext-
und situationsbezogen, der Wortschatz bewegt sich deshalb vor allem im an-
schaulich-konkreten Bereich" (Pschibul, S. 40).

3. Bedeutung

- In der Sprachentwicklung geht der mündliche Sprachgebrauch dem schriftlichen voraus.
- Erwerb sprachlicher Mittel, um mit einem Partner Kontakt aufnehmen zu
können
- Möglichkeit, mit Hilfe erlernter Sprechmuster Konflikte auszutragen bzw. zu
vermeiden
- Beitrag zur Festigung oder Verbesserung der Position des einzelnen Schülers im
Sozialgefüge der Klasse
- Entscheidender Anteil an der Entwicklung des Denkens: „Bei allen Psychologen steht es außer Zweifel, daß die Sprache in einem ganz entscheidenden Maße
das Denken fördert. Ab einer bestimmten Leistungsstufe ist die Sprache für
kognitive Operationen unentbehrlich, da die Sprache auch die für das Denken
notwendigen Funktionen fördert . . . Die Symbolfunktion der Sprache beinhal-
tet neben Begriffen und Gedanken auch den Denkvorgang an sich" (Kamke,
S. 29).
- Mittel zur Weitergabe von Ideen und Gedanken, auch im Zusammenhang mit
sozialen Arbeitsformen (in der Schule)
- Unterstützung der Gefühlsbildung (vgl. Lehrplan): Verbalisieren der eigenen
Gefühle, dadurch Bewußtwerdung und auch Differenzierung der Gefühle
- Entwicklung der Sozial- und Ich-Kompetenz
- Im Alltagsleben nimmt die Kommunikation durch die gesprochene Sprache den
größten Raum ein.
- Mündliche Kommunikation steuert die Erziehung (argumentierende Erzie-
hung).
- Mündliche Kommunikation leistet einen Beitrag zur Erschließung der Umwelt
(Sachinformationen durch Erzählen, Berichten).
- Aktive geistige Auseinandersetzung mit einem Sachverhalt durch Gespräch,
Frage-Antwort (Behaltwert!)
- Mündliche Kommunikation hilft zur Bewältigung eigener Probleme (Sich-mit-
teilen; Gefühle und Gedanken mitteilen).

4. Zielsetzungen

a) allgemein
- Der Schüler wird lernen müssen, „grundlegende sach- und partnerbezogene
Sprechhandlungsformen zu beherrschen. Hier wären zu nennen: Erzählen, Dar-
stellen, . . . Fragen und Antworten . . ., aber auch Zuhören, Bezugnehmen auf
Äußerungen . . .

- Zum anderen hat der Sprachunterricht die Aufgabe, die Schüler in komplexe kommunikative Handlungsfelder einzuführen, z. B. den Dialog, das Gespräch, das Rollenspiel . . ., in denen sich die Handlungsfähigkeit des einzelnen Sprechers entfalten und bewähren kann" (Ritz-Fröhlich [2], S. 390).
- „Aufbau einer anhaltenden Motivation, die . . . Sprachkenntnisse ständig zu erweitern und zu verfeinern." (Davidson, S. 391)

b) Lehrplanaussagen
- Der Unterricht im mündlichen Sprachgebrauch bereichert und differenziert die Ausdrucksfähigkeit der Kinder.
- Er unterstützt damit Denkerziehung und Gefühlsbildung.
- Er befähigt die Schüler, verschiedenartige Situationen sprachlich angemessen zu bewältigen.
- Er trägt zum Ausgleich der oft sehr unterschiedlichen sprachlichen Voraussetzungen und zur Behebung individueller Schwächen bei.
Obwohl der mündliche Sprachgebrauch zum Teil eigenen Regeln folgt, schafft er auch wichtige Voraussetzungen für den schriftlichen Ausdruck.
- Die Förderung des mündlichen Sprachgebrauchs ist Unterrichtsprinzip.

5. Übersicht über Inhalte des Lehrplans (s. S. 164)

6. Forderungen

a) Wir schaffen günstige äußere Voraussetzungen
- Sitzordnung: Möglichkeit der gegenseitigen Zuwendung geben; für die akustische Verstehbarkeit der Beiträge sorgen
- Gesprächsverhalten: allmähliche Anbahnung eines geordneten und verständnisvollen Miteinander-Sprechens; Zuhören – Ausreden lassen; „symmetrische Kommunikation"
- Klassenatmosphäre: Sie wird wesentlich geprägt von der wertschätzenden und positiven Haltung des Lehrers; sie äußert sich in einem Vertrauensverhältnis, in Ermutigung, Anerkennung und Lob für den Schüler.
- Unterrichtsstil: Sozial-integratives Führungsverhalten; Abbau der verbalen Dominanz des Lehrers; Vermeidung eines Unterrichtsgesprächs, das überwiegend auf Frage-Antwort aufgebaut ist; Förderung der Schülerfrage
- Gestaltung des Klassenzimmers
- Zeiteinteilung: Befreiung von zeitlichem Druck

b) Wir bieten Sprechanlässe an
D. Davidson führt Möglichkeiten der unterrichtlichen Verwirklichung an und ordnet hierbei „kommunikativen Auslösern" unter anderem „mögliche Schüleraktivitäten" zu:
- Bild (Plakat, Foto, Poster, Situationsbild): Wahrnehmen, Aufnehmen, Betrachten, spontane Versprachlichung erster Eindrücke, Deuten, Bewerten

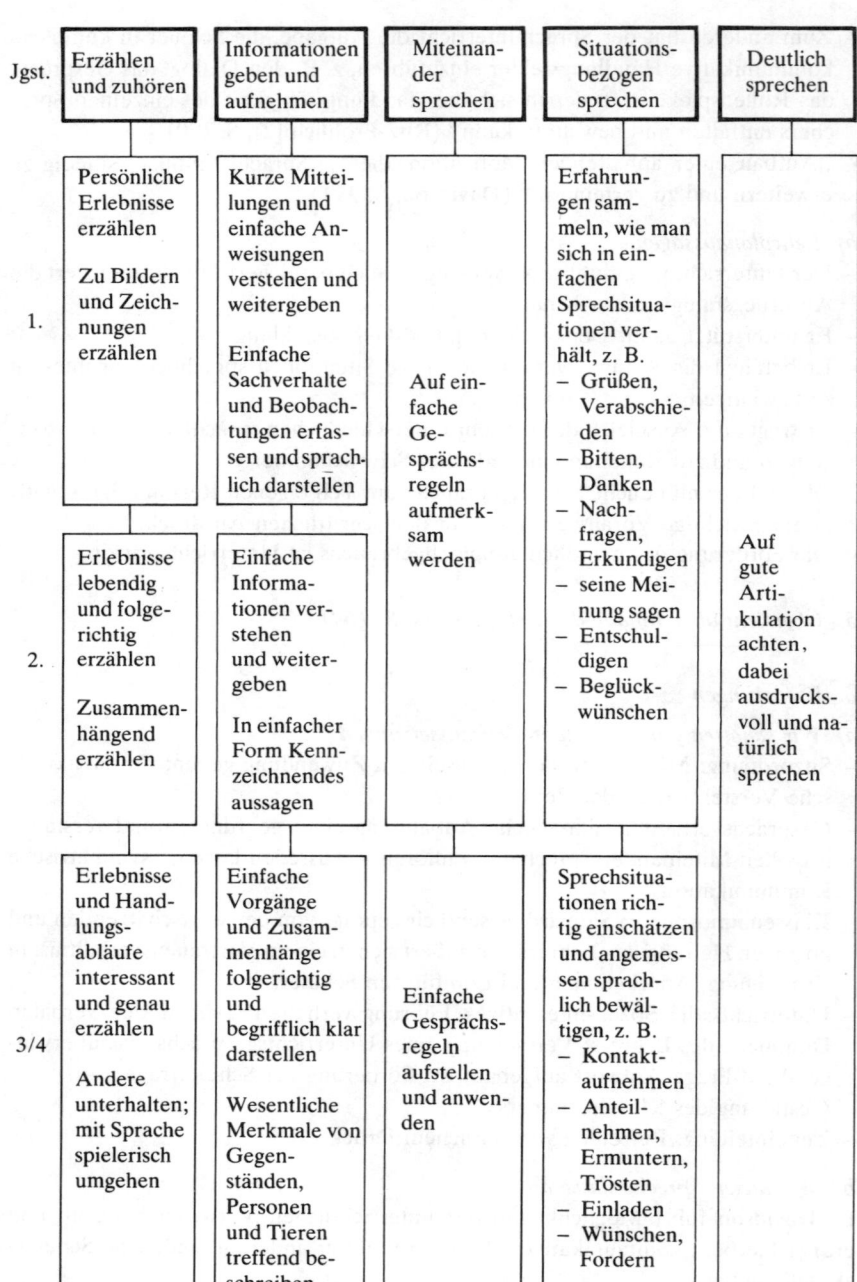

4 Jgst.

Erzählen und zuhören	Informationen geben und aufnehmen	Miteinander sprechen	Situationsbezogen sprechen	Deutlich sprechen
1. Persönliche Erlebnisse erzählen Zu Bildern und Zeichnungen erzählen	Kurze Mitteilungen und einfache Anweisungen verstehen und weitergeben Einfache Sachverhalte und Beobachtungen erfassen und sprachlich darstellen	Auf einfache Gesprächsregeln aufmerksam werden	Erfahrungen sammeln, wie man sich in einfachen Sprechsituationen verhält, z. B. – Grüßen, Verabschieden – Bitten, Danken – Nachfragen, Erkundigen – seine Meinung sagen – Entschuldigen – Beglückwünschen	Auf gute Artikulation achten, dabei ausdrucksvoll und natürlich sprechen
2. Erlebnisse lebendig und folgerichtig erzählen Zusammenhängend erzählen	Einfache Informationen verstehen und weitergeben In einfacher Form Kennzeichnendes aussagen			
3/4 Erlebnisse und Handlungsabläufe interessant und genau erzählen Andere unterhalten; mit Sprache spielerisch umgehen	Einfache Vorgänge und Zusammenhänge folgerichtig und begrifflich klar darstellen Wesentliche Merkmale von Gegenständen, Personen und Tieren treffend beschreiben	Einfache Gesprächsregeln aufstellen und anwenden	Sprechsituationen richtig einschätzen und angemessen sprachlich bewältigen, z. B. – Kontaktaufnehmen – Anteilnehmen, Ermuntern, Trösten – Einladen – Wünschen, Fordern . . .	

- Bildfolge (Bildergeschichte): detailliertes Beschreiben der Einzelbilder (Schauplatz, Handlung, Personen)
- Reizwort- oder Fortsetzungsgeschichte
- Persönliche oder gemeinsame Erlebnisse
- Puppenspiele: Spontanes Sprechen, Verbesserungsvorschläge machen
- Originale Gegenstände: Verbalisieren, was man sieht, hört, fühlt, riecht (gekürzt entnommen aus Davidson, S. 394 ff.)

c) Wir achten auf die Partnerbezogenheit mündlicher Kommunikation
Spiele zum gegenseitigen Kennenlernen (z. B. Namenspiele); sich gegenseitig informieren über sich selbst (z. B. Wohnort, Lieblingstier, Hobby); Erkennen der Notwendigkeit, Gesprächsregeln einzuhalten: sich zu Wort melden, anderen Sprechern zuhören usw.; bewußtes Einüben von Gesprächstechniken: das Wort an andere weitergeben, beim Thema bleiben, Beiträge vergleichen, Rückfragen stellen; Kontrollieren des Gesprächsablaufs.

„Wenn andere Kinder in ungünstiger Weise auf den Erzähler eingehen, etwa, indem sie leicht aggressive Du-Botschaften senden, so sollte der Lehrer diese Beiträge umformulieren und die darin enthaltene Ich-Botschaft verbalisieren. Sagt etwa ein Kind: ‚Du spinnst ja, du kannst doch nie von der Mitte zum Ufer schwimmen . . .‘, dann sollte sich der Lehrer an dieses Kind wenden und die Aussage umformulieren, etwa: ‚Du kannst nicht glauben, daß sie so weit geschwommen ist?‘ “ (Mann, S. 20). Im Laufe der Grundschulzeit ist darauf zu achten, daß der Schüler eine *bewußte* Gesprächshaltung aufbaut.

d) Wir unterstützen Zuhören, Sprechen und Sprechbereitschaft durch gezielte Übungsformen
- Übungen zum „Zuhören“: Erraten von Geräuschen (Tätigkeiten, Tiere, Straßenverkehr); Laute aus einer Wortfolge heraushören; Töne unterscheiden
- Sprechtechnische Übungen: Rhythmisches Sprechen; artikuliertes Sprechen von Sprechreihen; Vor- und Nachsprechen
- Unterstützung der Sprechbereitschaft: Gewinnung von Sicherheit durch Vorgabe von Sprechmustern; Variation und Erweiterung von Sprechreihen; Rätselformen (Wörtersalat, versteckte Wörter in Sätzen oder auch Bildern)

e) Wir führen die Schüler behutsam zur Hoch- oder Standardsprache
Vorbildwirkung anderer Schüler und der Lehrersprache; unauffällige Korrektur; Lesen von Ganztexten; Vorlesen durch den Lehrer

f) Wir versuchen das Sprechen mit dem Handeln zu verbinden
Sprechen als Vorbereitung des Handelns, begleitend oder nachbereitend.

Literatur

1. Pschibul, M.: Mündlicher Sprachgebrauch. Auer, Donauwörth 1980
2. Singer, K.: Aufsatzerziehung und Sprachbildung. Ehrenwirth, München 1974, 5., überarb. Aufl., S. 191–242

4.1.7.2 Verlaufsgliederung

1. Strukturmodell

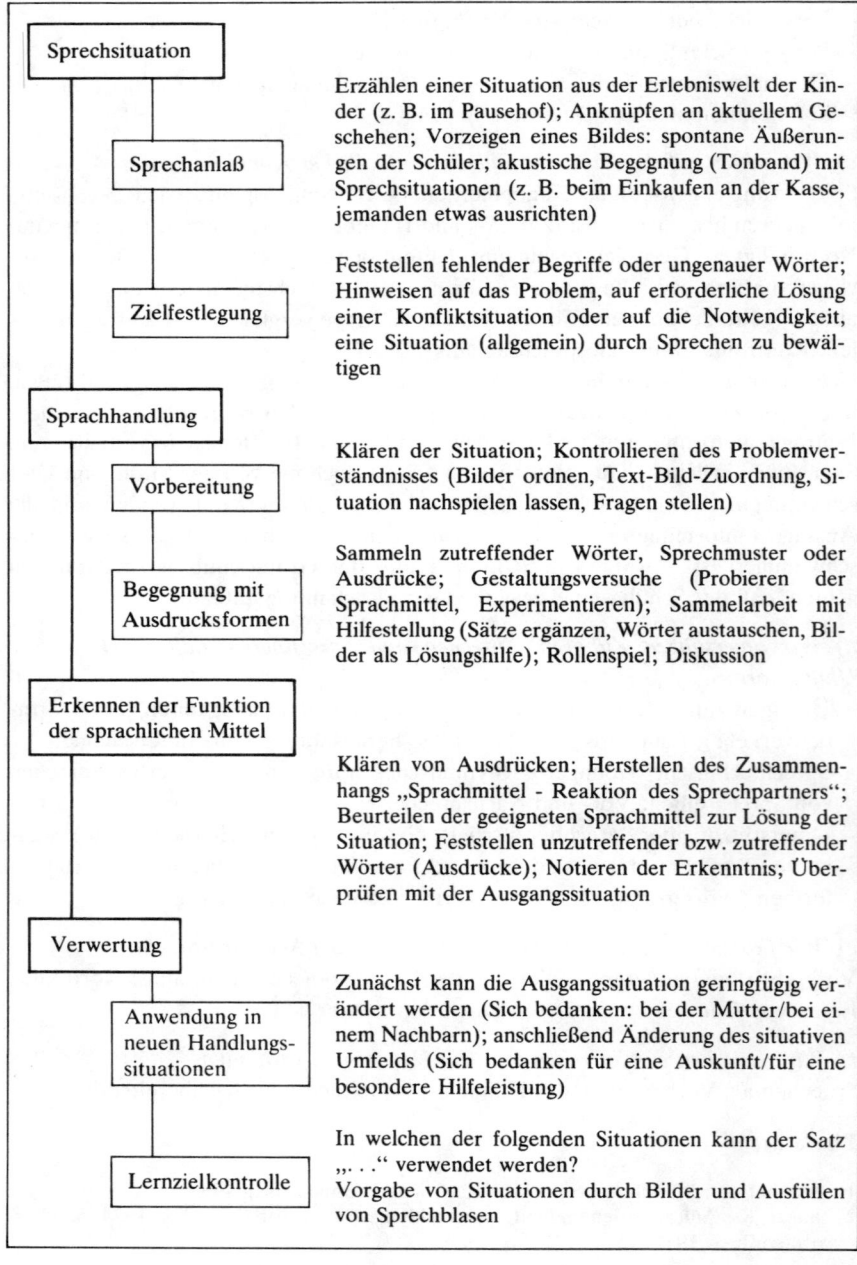

Sprechsituation	
Sprechanlaß	Erzählen einer Situation aus der Erlebniswelt der Kinder (z. B. im Pausehof); Anknüpfen an aktuellem Geschehen; Vorzeigen eines Bildes: spontane Äußerungen der Schüler; akustische Begegnung (Tonband) mit Sprechsituationen (z. B. beim Einkaufen an der Kasse, jemanden etwas ausrichten)
Zielfestlegung	Feststellen fehlender Begriffe oder ungenauer Wörter; Hinweisen auf das Problem, auf erforderliche Lösung einer Konfliktsituation oder auf die Notwendigkeit, eine Situation (allgemein) durch Sprechen zu bewältigen
Sprachhandlung	
Vorbereitung	Klären der Situation; Kontrollieren des Problemverständnisses (Bilder ordnen, Text-Bild-Zuordnung, Situation nachspielen lassen, Fragen stellen)
Begegnung mit Ausdrucksformen	Sammeln zutreffender Wörter, Sprechmuster oder Ausdrücke; Gestaltungsversuche (Probieren der Sprachmittel, Experimentieren); Sammelarbeit mit Hilfestellung (Sätze ergänzen, Wörter austauschen, Bilder als Lösungshilfe); Rollenspiel; Diskussion
Erkennen der Funktion der sprachlichen Mittel	
	Klären von Ausdrücken; Herstellen des Zusammenhangs „Sprachmittel - Reaktion des Sprechpartners"; Beurteilen der geeigneten Sprachmittel zur Lösung der Situation; Feststellen unzutreffender bzw. zutreffender Wörter (Ausdrücke); Notieren der Erkenntnis; Überprüfen mit der Ausgangssituation
Verwertung	
Anwendung in neuen Handlungssituationen	Zunächst kann die Ausgangssituation geringfügig verändert werden (Sich bedanken: bei der Mutter/bei einem Nachbarn); anschließend Änderung des situativen Umfelds (Sich bedanken für eine Auskunft/für eine besondere Hilfeleistung)
Lernzielkontrolle	In welcher der folgenden Situationen kann der Satz „. . ." verwendet werden? Vorgabe von Situationen durch Bilder und Ausfüllen von Sprechblasen

3. Jahrgangsstufe

Anmerkung: Diese UZE kann aufgrund eines aktuellen Vorfalls erfolgen oder im Rahmen des Lernziels 1.2, 3. Jahrgangsstufe, der Heimat- und Sachkunde aufgegriffen werden („Grundformen des Miteinanderlebens in der Schule erfahren"). Die nachfolgend skizzierte UZE ist so konzipiert, daß ein Unterrichtsergebnis schriftlich festgehalten wird. Sollten Zielsetzungen des mündlichen Sprachgebrauchs verstärkt eingebracht werden, so ist diese Phase der schriftlichen Fixierung (hier als Niederschrift) zu streichen. Dieses Thema ermöglicht besonders im Zusammenhang mit „Gesprächsregeln" verschiedene Schwerpunktsetzungen: Sich auf den Vorredner beziehen, auf den Partner eingehen, beim Thema bleiben, zustimmen, ablehnen.

Artikulation/ Inhalt	Unterrichtsaktivitäten/ Sozialformen/Medien
I. Problemstellung	
1. Sprechanlaß	
Szenische Darstellung:	Vorspielen zweier Szenen durch drei S
a) Dieter und Bernd beim Lösen einer Textaufgabe. L fordert Dieter zum Abschauen auf.	
b) Dieter schaut während einer Probe zu Bernd. L weist Dieter zurecht.	
	Aussprache zum Spiel
z. B. Dieter, schau bitte zu Bernd! Dieter, arbeite für dich allein!	Fixieren der wichtigen Äußerungen in den Sprechblasen
2. Zielfestlegung	
	Stummer Impuls: Hinweis auf die (widersprüchlichen) L-äußerungen Formulierung der Frage die S
Warum soll Dieter das eine Mal abschauen und das andere Mal nicht?	TA durch L
II. PROBLEMLÖSUNG	
1. Spontane Meinungsbildung	
	S äußern sich zur Frage

167

Artikulation/ Inhalt	Unterrichtsaktivitäten/ Sozialformen/Medien
2. Aufbau einer begründeten Meinung	
a) Klärung der Sache Was macht ein Schüler alles, wenn er abschaut?	Frage Beantwortung in Klassenarbeit
b) Vorbereitung des Gesprächs	S beantworten in Gruppenarbeit die Problemfrage; jeder S notiert sich die Sätze, die für ihn wichtig sind
c) Meinungsbildung im Gespräch Klärung des Sachverhalts	im Gesprächskreis; Schwerpunkte: Zustimmen, Ablehnen, sich auf den Vorredner beziehen
Erweiterungsfragen zu „Probe": Was soll geschehen, wenn Dieter nochmals abschaut? Was meinst du dazu, wenn es der Lehrer bemerkt, aber nichts sagt?	
	Am Ende des Gesprächs: Notieren des Wichtigsten in Stichpunkten (an der Tafel)
III. Sicherung	
	Erstellen einer Niederschrift in Gruppenarbeit, mit Hilfe der Stichpunkte (TB Nr. 3)
IV. Erkennen der Funktion sprachlicher Mittel	
1. Zusammenhang Situation – Maßnahme	in Klassenarbeit
2. Unterschiede in der Äußerung (Formulierung, Tonfall)	in Partnerarbeit

Abschauen - oft (gut), manchmal [schlecht]

1.) Das haben wir schon öfters beobachtet:

> Dieter,
> schau
> bitte
> zu Bernd!

> Dieter,
> arbeite
> für dich
> allein!

2.) Frage: Warum soll Dieter das eine Mal abschauen und das andere Mal nicht?

3.) Unsere Meinung:

ABSCHAUEN	NICHT ABSCHAUEN
z.B. bei Werken oder Mathematik; man entdeckt mehr Möglichkeiten.	bei Probe: Schüler begriffen? eigene Leistung?

Abb. 24: Tafelbild zur UZE „Abschauen – oft gut, manchmal schlecht"

169

4.1.8 Schriftlicher Sprachgebrauch

4.1.8.1 Informationen zum Lernbereich schriftlicher Sprachgebrauch

1. Unterrichtsgegenstand

a) Begriffe
- Schriftlicher Sprachgebrauch: Verwendung von Schriftsprache zur Mitteilung von Informationen
- Aufsatz: „Nicht jede beliebige schriftsprachliche Äußerung (z. B. Notiz – oder Stichwortzettel), nicht jede Form schriftlicher Sprachverwendung fällt unter Aufsatz. Wir verstehen darunter vielmehr sowohl den Prozeß als auch das Ergebnis eines schriftsprachlichen Gestaltungsaktes, in dem zu einem gewählten oder durch Arbeitsauftrag aufgegebenen Sachverhalt der Schreiber – allein oder in der Gruppe – sich selbst Klarheit verschafft oder eine Aussage für andere trifft, und zwar so umfassend wie nötig, sachangemessen, gedanklich gegliedert, situations-, partner- und zielgruppenorientiert sowie in sprachlich-stilistisch richtiger, eindeutiger und in der Regel bündiger Form" (Beck, S. 29).

b) Drei Perspektiven des heutigen Aufsatzunterrichts (D. Marenbach)
Im Rückblick auf die Diskussion um den Deutschunterricht nennt D. Marenbach drei Ansätze einer Aufsatzkonzeption: den kommunikativen, den kreativen und den kognitiven (heuristischen) Ansatz (Marenbach, S. 643).
- Kommunikativer Ansatz: Als „Gesetzlichkeiten kommunikativen Schreibens" werden von H. Sauter Schreibanlaß, Schreibabsicht, Schreibform und Adressat aufgeführt. Im Hinblick auf den Schreibanlaß unterscheidet er „reale Schreibanlässe, die den Schüler zum Schreiben an tatsächlich vorhandene Adressaten auffordern" und „fiktive Schreibsituationen, in denen die Schüler an vorgestellte Leser schreiben, sozusagen im didaktischen Vorgriff, falls diese Situation einmal eintrifft" (Sauter [3], S. 660).
„Erst die Besinnung auf die Sprachabsicht befähigt den Schüler, Texte intentionsbezogen zu erfassen . . . Informieren (über Vorgänge, Probleme, Personen, Gegenstände), Appellieren (den Leser auffordern, . . .), Erzählen (den Leser unterhalten bzw. ihm subjektiv etwas kundtun) und Werten (Stellungnahme beziehen, . . .) werden als vorherrschende Sprachintentionen angesehen" (ebd. S. 660 f.).
„Kommunikativer Sprachgebrauch kann den *formalen Aspekt des Schreibens* (i. O. kursiv, Anm. d. Verf.) nicht außer acht lassen. Wir verstehen darunter die vielfältigen Schreibformen, die nicht mehr wie im traditionellen Aufsatzunterricht auf drei, vier Darstellungsformen beschränkt sein können" (ebd. S. 662). Aus der Schreibabsicht resultiert eine adäquate Schreibform, die sich etwa als Erzählung, Notiz, Beschreibung, Gebrauchsanleitung, Brief oder Bastelanleitung niederschlägt.
„Die Komponente eines kommunikativen Sprachgebrauchs, die Lehrer wie Schüler am meisten Schwierigkeiten bereiten, ist der *Adressatenbezug* (i. O.

kursiv, Anm. d. Verf.). Primärer Adressatenbezug ist nur sehr selten erreichbar.
Nach wie vor werden Lehrer, Klasse und der Schüler selbst Adressat des
Schreibens sein . . . Der Schüler soll lernen, die Erwartungen und Reaktionen
des Adressaten schon vor Beginn des Schreibens zu reflektieren" (ebd. S. 663).

– Kreativer Aspekt: Als Möglichkeiten der Verwirklichung bieten sich das krea-
tiv-stilistische Schreiben (Texte als Ausgangspunkt für eigenes Sprachgestal-
ten), Phantasieaufsätze und Spiele mit Sprache an (vgl. Marenbach, S. 646 f.).

– Kognitiver Aspekt: Verschiedene Schreibsituationen machen deutlich, daß die
Verwendung von Schriftsprache nicht immer auf einen anderen Partner bezogen ist. „Schreibformen, die sich ohne Partnerbezug als monologisches Schreiben einer Sache zuwenden", finden wir im Schreiben für sich selbst (z. B.
„Merkzettel, Notizen über eigene Gedanken") oder im Schreiben über sich
(z. B. „Suche eines Briefpartners, Vorstellung der Kandidaten für die Klassen-
sprecherwahl") (Marenbach, S. 648 f.).

c) Unterscheidung mündlichen und schriftlichen Sprachgebrauchs
Der kommunikationsbezogene Deutschunterricht spricht vom schriftlichen
Sprachgebrauch, „der sich zwar in vieler Hinsicht vom mündlichen unterscheide,
aber wie dieser der Kommunikation diene. Die Besonderheiten zwischen Spre-
chen und Schreiben sieht er vor allem im Medium der Schriftsprache und den
andersartigen Prozessen des Schriftspracherwerbs sowie in der Spezifik von
Schreib- gegenüber Sprechsituationen" (B. Kochan in Kochan/Neuhaus-Siemon,
S. 482).

d) Voraussetzungen für den Schreibbeginn
– „Die Kinder müssen im freiwilligen Erzählen und Berichten geübt sein . . .
– Die Fertigkeit des Schreibens – vor allem das zügige Schreiben – muß so weit
beherrscht werden, daß die Kinder darauf nur noch geringe Konzentration
verwenden müssen
– Der Grundwortschatz muß rechtschriftlich gesichert sein
– Ein gesichertes Repertoire an methodischen Maßnahmen muß vorhanden sein,
das – ohne stark zu gängeln – die Denk-, Sprach- und Gestaltungsfähigkeiten
der Kinder in angemessener Weise aufbaut" (Altmann, S. 175).

e) Der Aufsatz im Zusammenhang des gesamten Unterrichts (s. S. 172)

f) „Kommunikation" und Darstellungsformen sind kein Widerspruch
Der kommunikationstheoretische Anreiz ließ sich im Bereich der Aufsatzerziehung besonders anschaulich entwickeln, wenn man den Gegensatz zu den Stilgattungen hervorhob. Jedoch lassen sich kommunikatives und gestaltendes Schreiben
durchaus vereinen; dies wird von G. Wagner erläutert und abschließend zusammengefaßt: „Kommunikative Bezüge aktivieren die Schreibdynamik – Stilgattungen sichern ein dringend nötiges Schreibgerüst" (Wagner, S. 520).

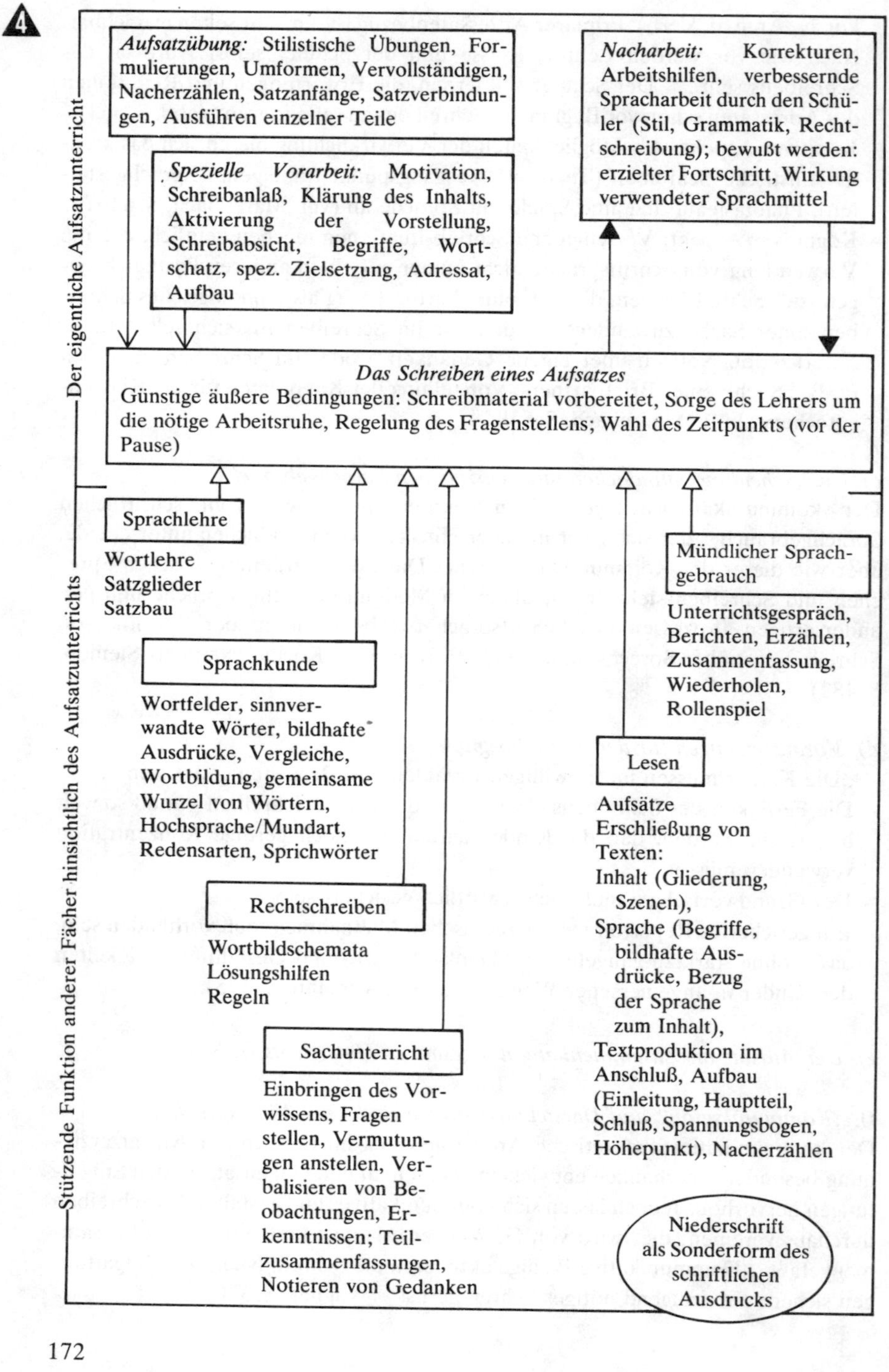
4
Aufsatzübung: Stilistische Übungen, Formulierungen, Umformen, Vervollständigen, Nacherzählen, Satzanfänge, Satzverbindungen, Ausführen einzelner Teile
Spezielle Vorarbeit: Motivation, Schreibanlaß, Klärung des Inhalts, Aktivierung der Vorstellung, Schreibabsicht, Begriffe, Wortschatz, spez. Zielsetzung, Adressat, Aufbau
Nacharbeit: Korrekturen, Arbeitshilfen, verbessernde Spracharbeit durch den Schüler (Stil, Grammatik, Rechtschreibung); bewußt werden: erzielter Fortschritt, Wirkung verwendeter Sprachmittel
Der eigentliche Aufsatzunterricht
Das Schreiben eines Aufsatzes
Günstige äußere Bedingungen: Schreibmaterial vorbereitet, Sorge des Lehrers um die nötige Arbeitsruhe, Regelung des Fragenstellens; Wahl des Zeitpunkts (vor der Pause)
Stützende Funktion anderer Fächer hinsichtlich des Aufsatzunterrichts
Sprachlehre
Wortlehre
Satzglieder
Satzbau
Mündlicher Sprachgebrauch
Unterrichtsgespräch, Berichten, Erzählen, Zusammenfassung, Wiederholen, Rollenspiel
Sprachkunde
Wortfelder, sinnverwandte Wörter, bildhafte Ausdrücke, Vergleiche, Wortbildung, gemeinsame Wurzel von Wörtern, Hochsprache/Mundart, Redensarten, Sprichwörter
Lesen
Aufsätze
Erschließung von Texten:
Inhalt (Gliederung, Szenen),
Sprache (Begriffe, bildhafte Ausdrücke, Bezug der Sprache zum Inhalt),
Textproduktion im Anschluß, Aufbau (Einleitung, Hauptteil, Schluß, Spannungsbogen, Höhepunkt), Nacherzählen
Rechtschreiben
Wortbildschemata
Lösungshilfen
Regeln
Sachunterricht
Einbringen des Vorwissens, Fragen stellen, Vermutungen anstellen, Verbalisieren von Beobachtungen, Erkenntnissen; Teilzusammenfassungen, Notieren von Gedanken
Niederschrift als Sonderform des schriftlichen Ausdrucks

2. Psychologische Hinweise

H. Sauter skizziert einige psychologische Grundlagen des schriftlichen Sprachgebrauchs und bezieht sich dabei auf H. Ramge; dieser „kennzeichnet die Fähigkeit zur Regelbildung und die Fähigkeit zum Erinnern gelernter Sprachformen als die wichtigsten Elemente des kindlichen Spracherwerbs" (Sauter [5], S. 20). Daraus leitet sich u. a. die Folgerung ab, falsche Sprachäußerungen nicht formal zu korrigieren (explizite Korrektur), sondern die Formulierung des Kindes aufzugreifen und an den korrekturbedürftigen Stellen die Änderungen vorzunehmen. „Das ‚wiederaufnehmende Richtigstellen‘, auch ohne erkennbare Korrekturabsicht, hat Vorteile gegenüber der expliziten Korrektur: das Imitationslernen und die häufigen Wiederholungen sichern die Aufnahme in den Gedächtnisspeicher mehr als die ständige Testsituation der expliziten Korrektur . . ." (ebd. S. 20).

3. Bedeutung

- Beitrag zur Erschließung der subjektiven Beziehung zur dinglichen und sozialen Umwelt
- Beitrag zur Förderung der Sach-, Sozial- und Ich-Kompetenz
- Klärung der eigenen Gedanken, Einstellungen, Erlebnisse usw.
- Möglichkeit der Mitteilung eigener Gedanken usw. an einen Partner durch sprachliche Artikulation und Fixierung
- Entwicklung verbaler Strategien zur gezielten Bewältigung kommunikativer Situationen
- Bereicherung der Vorstellungswelt des Kindes

4. Zielsetzungen

a) allgemein

O. Beck formuliert als Ziel des Aufsatzunterrichts, „den Schüler zu befähigen, zu einem selbst gewählten oder aufgegebenen Sachverhalt allein oder mit anderen sachangemessen, intentionsgemäß, zielgruppenorientiert eine eindeutige und sprachlich richtige Aussage zu treffen sowie ihn mit Lösungswegen zu diesem Ziel und Möglichkeiten der Erfolgskontrolle vertraut zu machen" (Beck, S. 59).

b) Lehrplanaussagen

- Kindgemäße Sprachanlässe, die schriftliche Äußerungen verlangen, müssen in schriftsprachlich richtiger Weise bewältigt werden.
- Die Schreibabsicht kann im Erzählen von Erlebtem, Mitteilen von Informationen, Erläutern von Sachverhalten usw. liegen.
- Immer muß das Kind lernen, sich so auszudrücken, daß der Leser dem Text die vom Schreiber beabsichtigte Aussage voll entnehmen kann.

5. Übersicht über Inhalte des Lehrplans

Jgst.	Geschichte erzählen	Sachtexte verfassen	Anliegen und Meinungen äußern
1/2	Erlebnisse in kurzen Sätzen aufschreiben. Einfache Bilder in Schriftsprache umsetzen	Einfache Sachverhalte niederschreiben	Wünsche und Aufforderungen in einfacher Form schriftlich darstellen
3	Erlebnisse lebendig darstellen. Auf wichtige Darstellungsmittel aufmerksam werden	Einfache Sachzusammenhänge treffend und folgerichtig darstellen	
4	Beim Schreiben von Erzählungen zunehmend bewußt sprachliche Mittel einsetzen. Mündlich vorgegebene Geschichten schriftlich nacherzählen	Sachzusammenhänge zunehmend selbständig darstellen	In einfacher Form die eigene Meinung begründen

6. Forderungen

a) In jeder Phase der Aufsatzarbeit soll der Schüler Hilfen erhalten, den Sachverhalt schriftsprachlich zu bewältigen

– Phasen der Aufsatzarbeit: Nach W. Altmann vollzieht sich die schriftsprachliche Gestaltung in einer Folge von vier Schritten: Die Aufsatzvorbereitung, die schriftliche Fixierung der Sprachgestaltung, die Aufsatzkorrektur, die Aufsatznachbereitung. Sauter/Pschibul führen „Strukturelemente einer Lehrsequenz" an: 1. Schülerentwurf: individuelle Arbeit – erste Korrekturphase: individuelles Lesen, Partnerlesen – zweite Korrekturphase: Lehrerkorrektur – dritte Korrekturphase: gemeinsame Arbeit mit der Klasse – 2. Schülerentwurf oder Überarbeitung – vierte Korrekturphase: Durchsicht des Lehrers – Aufbau von positiven Haltungen (gekürzt entnommen aus Sauter/Pschibul, S. 103 f.)

– Möglichkeiten der Vorbereitung: Stilistische Übungen, freies Erzählen und Berichten, szenische Darstellung, gemeinsam erarbeiteter Tafelaufsatz, die Nacherzählung von einem geänderten Standpunkt aus (vgl. Altmann, S. 178 f.), Festhalten von Beobachtungen in Stichpunkten, Unterscheiden von Wichtigem

und Nebensächlichem, Vorgabe eines Bildes oder einer Bildfolge, literarische
Texte als Vorlage für die eigenen Aussagen
- Schaffung günstiger Bedingungen für die Durchführung: Arbeitsmaterial, Zeitpunkt und Lichtverhältnisse beachten; ggf. auch schriftliche Vorarbeiten (Hefteintrag) als Vorlage; ausreichende Arbeitszeit; Arbeitsdisziplin
- Überarbeitung und Korrektur: durch den Schreiber selbst, durch Mitschüler und Lehrer
- Nachbereitung: Besprechung häufiger Fehler mit der Klasse; individuelle Hilfen bei besonderen Schwierigkeiten des einzelnen Schülers; gemeinsame Sprachübungen

b) Die Sprachsituation soll die Schüler zum Schreiben motivieren
Das Thema ist dem Erlebnis- und Erfahrungsbereich der Schüler zu entnehmen; es soll in jedem Fall ihrer Vorstellungswelt entsprechen. H. Sauter führt zu bestimmten Kommunikationsbereichen (z. B. Spielgruppe, Familie, Nachbarschaft, Massenmedien) eine Vielzahl von Schreibanlässen an (siehe Sauter [4], S. 15–18).

c) Die Schüler sollen eine Vorstellung von der Sache haben
Erlebnisse, Beobachtungen, Situationen, Vorgänge, Handlungen, aber auch Ergebnisse aus dem Unterricht selbst müssen beim Schüler als Gedächtnisinhalt begrifflich und geordnet existieren.

d) Die Schüler sollen die Schreibabsicht sprachlich bewältigen können
Die Aufsatzvorarbeit schafft dazu die Grundlagen. Den Schülern wird allmählich auch die Situation des Lesers (Adressaten) und die Wirkung bestimmter Sprachmittel bewußt. Jedoch bedeutet es für den Grundschüler eine Überforderung, formal richtige Texte zu verfassen, die an völlig unbekannte Personenkreise oder Institutionen gerichtet sind. Also ist auch eine Überbetonung bestimmter Aspekte des kommunikativen Prozesses zu vermeiden.

e) Jede Aufsatzarbeit soll unter einem erkennbaren Schwerpunkt durchgeführt werden
Der Lehrplan gibt in den „Empfehlungen zur Unterrichtsgestaltung" mehrere Hinweise auf Zielsetzungen, die im Mittelpunkt der jeweiligen Unterrichtseinheit stehen können.

f) Die Anmerkungen zum Entwurf sollen dem Schüler weiterhelfen
Die Anmerkungen des Lehrers stellen die sachlich und sprachlich guten (richtigen) Passagen des Entwurfs fest. Die Mängel des Textes werden ganz konkret angesprochen. Für das Grundschulkind ist es dabei oft eine Hilfe, bei jeder neuen Aussage jeweils eine neue Zeile zu beginnen; dadurch wird die Aufzählung überschaubarer.

g) Die Kriterien zur Aufsatzbeurteilung sollen präzise formuliert sein
Mögliche Kriterien: Beziehung der Aussagen zum gegebenen Thema, sachliche

4 Richtigkeit, Umfang der Aussagen, logische Abfolge, Aufbau (Einleitung, . . .), treffende Wortwahl, Wechsel im Ausdruck, Verwendung stilistischer Mittel, sprachliche Richtigkeit

7. Die Niederschrift als geeignete Form der Sachdarstellung

a) Begriff

Die Niederschrift ist die schriftsprachliche Fixierung der im Unterricht erarbeiteten Inhalte, häufig eines Ausschnitts aus einem Sachverhalt.

b) Bedeutung

– „Die Schüler erlernen die Fähigkeit, eine sachliche Information so festzuhalten, daß sie diese später wieder hervorholen und damit umgehen können" (Singer [2], S. 143).

– Der Schüler „wird durch das sprachliche Formulieren dazu gezwungen, den Denkweg sorgfältig zu durchlaufen und festzuhalten" (ebd. S. 143).

– „Mit Erfolg ist ein Lern- und Denkprozeß erst dann abgeschlossen, wenn die Sachverhalte auch sprachlich in Besitz genommen worden sind" (ebd. S. 144).

– „Dem Lehrer ermöglichen Sachniederschriften genau zu kontrollieren, ob der Schüler den Unterrichtsstoff verstanden hat" (ebd. S. 145).

c) Vorformen

– Die Niederschrift als Lückentext

Munichen wird befestigt

Um _____ bauten die Münchner eine _____ um den Ort. Sie sollte vor _____ schützen. Ein _____ umschloß den Mauerring. _____ sperrten die Gassen nach außen ab. Über den Toren erhoben sich _____.

– Niederschrift durch Ergänzen von Sätzen

Ich beschreibe einen Stoff

Ich beschreibe . . .
Seine Oberfläche . . .
Die Farbe ist . . .
Wenn ich . . . (ihn breche, darauf schlage, ihn zu Boden fallen lasse), . . .
Er wird oft gebraucht, um . . .

– Niederschrift durch Zuordnen von Wörtern oder Satzteilen

Fichte oder auch Rottanne

Die Rinde der Fichte	spitz und ringsherum um den Ast angeordnet
Sie heißt auch	nach der Anzahl der Astquirle bestimmen
Ihre Zapfen	rauh und sieht rotbraun aus
Die Nadeln	hängen nach unten
Das Alter kann ich auch	Rottanne

– Niederschrift durch Auswahl vorgegebener Satzteile

Der Quader

Der Quader ist	eine Fläche
	ein Körper

| Die Flächen, | die sich gegenüberliegen,
die aneinanderstoßen, | sind gleich groß. | **4** |

| Der Würfel
Die Kugel | hat auch diese Eigenschaften. |

Er hat noch eine besondere Eigenschaft:

| Alle sechs | Kanten
Flächen | sind gleich. |

d) Formen der Niederschrift

– Aufnotieren von Stichpunkten (chronologisch), z. B. im Anschluß an einen Schulfilm

Zeitungspapier entsteht
Holzfäller schlagen Bäume – drei bis vier Monate gelagert – durch den Schleifstein zermalmt – Holzfaserbrei wird durchgemischt – Wasser wird abgeleitet – Brei trocknet – es entsteht eine Papierbahn

– Hinzufügen von Informationen zu vorgegebenen Stichpunkten

Die Frauenkirche von außen
Lage: Im Stadtkern Münchens
Anzahl der Türme: zwei
Höhe der Türme:
Nordturm 98 m 70 cm,
Südturm 98 m 60 cm
Kirchenschiff: 109 m lang
Baumaterial: Nagelfluh und Ziegelsteine
Besonderheit: grüne Haube als Turmdach

– Aufnotieren von Sätzen (hier als Fragesätze), die nicht aufeinander bezogen sein müssen

Wir stellen Fragen (Wasserversorgung)
Welchen Durchmesser hat ein Rohr? Wie kommt das Wasser an die Oberfläche? Wie oft gibt es Rohrbrüche? Wieviel Liter Wasser verbraucht ein Stadtteil in der Woche im Durchschnitt?

– Der selbständig erarbeitete, zusammenhängende Text

Flößer auf der Isar
Zur Ausrüstung eines Flößers gehören eine Axt, eine Lederhose, ein leichtes Hemd und hohe Stiefel. Es ist ein ziemlich schweres Stück, so ein Floß zu lenken. Wenn am Ufer eine schwache Strömung und in der Mitte eine starke Strömung ist, dann kann es das Floß herumdrehen. Wenn die Flößer dann am Ufer anlegen, tut ein kühles Blondes sehr gut.
(Bernhard K., 10 Jahre)

– Stichpunkte oder Fragen als Hilfe zur Erstellung des Textganzen

Was machten die Mönche aus dem Kloster Tegernsee zuerst? Was bauten sie an?
. . .

Die Siedlung „Munihun"
Die Mönche aus dem Kloster Tegernsee rodeten zuerst den Wald. Sie bauten Gemüse, Obst, Hafer und Weizen an. Sie verkündeten den

Oder:
Mönche – Kloster Tegernsee –
rodeten.
bauten . . . an
. . .

Leuten des Swapo und Kyso den
christlichen Glauben. Die Siedlung
wurde Munihun genannt. Das alles
geschah vor 1000 Jahren.

e) Das Anfertigen einer Niederschrift

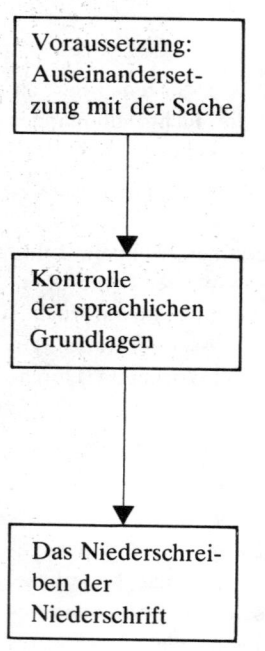

Voraussetzung:
Auseinanderset-
zung mit der Sache

Niederschriften erwachsen organisch aus der Thematik
des Unterrichtsfaches; Sachkenntnis und zutreffende
Begriffe sind Grundlage der schriftsprachlichen Äußerung; häufig wird ein Ausschnitt aus der Sprache als
Gegenstand der Niederschrift ausgewählt.

Kontrolle
der sprachlichen
Grundlagen

Die sprachlichen Fähigkeiten werden überprüft bzw.
gefördert; dies geschieht mündlich oder schriftlich, in
Klassen- oder Gruppenarbeit. Schüler schreiben Begriffe an die Tafel, daraus werden ganze Sätze gebildet;
diese Sätze werden mündlich wiederholt. Ggf. müssen
rechtschriftliche Hinweise gegeben werden.

Das Niederschrei-
ben der
Niederschrift

Jeder Schüler schreibt für sich seine „eigene" Niederschrift, sie kann aber auch Ergebnis einer Partner-,
Gruppen- oder Klassenarbeit sein; günstig ist die Anfertigung mit Bleistift (Radieren!) – als Endform.

f) Korrektur und ggf. Nachbereitung
In der Grundschule werden Mängel und Fehler angemerkt und durch den Lehrer
verbessert oder berichtigt. Eine Benotung erfolgt im allgemeinen nicht; ich emp-
fehle aber, gute Leistungen im Rahmen der Mitarbeit in Deutsch (sprachlich) oder
des betreffenden Unterrichtsfaches (stofflich) geltend zu machen. Oft geben Niederschriften dem Lehrer Hinweise auf eine nötige sachliche oder sprachliche
Weiterarbeit.

Literatur

1. Altmann, W.: Schriftliche Sprachgestaltung in der Grundschule, in Altmann u. a. [3],
   S. 173–187
2. Sauter, H.: Modelle des schriftlichen Sprachgebrauchs in der Grundschule, Auer, Donauwörth 1978

1. Strukturmodell: Schriftlicher Sprachgebrauch („Geschichten erzählen" – Vorbereitung des Erstentwurfs)

Aktivierung der Erfahrungen	
Hinführung zum Erzählbereich	Vorstellen des Themenbereichs: Vorzeigen eines Bildes; Anschreiben eines Reizwortes; Vorzeigen eines konkreten Gegenstandes; Vorspielen einer Hörszene; szenisches Spiel; Beobachten eines Vorgangs als Ausgangspunkt von Assoziationen mit eigenen Erlebnissen; Auswählen von wirklichkeitsnahen Sprechanlässen (Alltagssituationen); Erkennen des Erzählbereichs
Mitteilen persönlicher Erlebnisse oder Vorstellungen	Mündliche Gestaltungsphase; Mündliches Erzählen; freies Erzählen; ggf. Steuerung durch Impulse oder durch unerläßliche inhaltliche oder sprachliche Korrekturen (Lehrer bzw. Lehrziel bleibt noch im Hintergrund); möglich ist der Einsatz verschiedener Sozialformen; ggf. auch schon Aufnotieren wichtiger Aussagen, jedoch ungeordnet und nicht beeinflußt von Merkmalen der Stilgattungen
Vorbereitung	
Inhaltlich	Festhalten von Elementen des Vorgangs (des Erlebnisses); Herstellen der logischen Reihenfolge des Handlungsablaufes; Übergabe zusätzlicher Informationen; Ordnen von Folientexten (Satzstreifen); Intensivierung des Bezugs zum Inhalt durch Malen von Bildern; Umsetzen von Bildern in Sprache; ggf. Einengen des Erlebnisbereichs; Feststellen der Personen, Sachen und Teilvorgänge; Veranschaulichen (Klären) von Wörtern
Sprachlich	Erweitern des Wortschatzes; Erweitern von Satzbaumustern; Einüben von Satzstrukturen; Herausstellen treffender Sprachmittel (Wörter); Gestalten im Blick auf den Leser (hinführende Einleitung, ansteigender Spannungsverlauf, Höhepunkt, abrundender Schlußteil); gezieltes Gestalten von Teilbereichen (Einleitung, Satzverbindungen, Satzeinleitungen, Umstellen von Sätzen, treffende Eigenschaftswörter, ausgewählte Phase des Hauptteils); Hilfen zum Ausdruck: Formulierung mit Hilfe von Stichwörtern, Vorgabe von Teilinhalten, – von treffenden Wörtern, – des Ablaufs, – der Einleitung; Erkennen des Beispielhaften in vorgegebenen Modellen; Gruppenaufsatz
Erstentwurf	

179

2. *Unterrichtsbeispiel:* Alles nur wegen . . .,

4. Jahrgangsstufe

Anmerkung: In der 4. Jahrgangsstufe ist es auch möglich, die Schüler in weitgehender Selbständigkeit Texte anfertigen zu lassen. Es wird ferner gelegentlich notwendig sein, auf eine intensive sprachliche Vorbereitung zu verzichten, um einen Überblick über den Leistungsstand zu erhalten. Dementsprechend lautet das Grobziel für diese UZE: Anwenden der bisher erlernten sprachlichen Mittel (d. h. Aufgliederung in Einleitung – Hauptteil – Schluß; Beachtung der Reihenfolge; Verwendung von Ausrufen, Fragen und wörtliche Rede; Vermeidung von Wiederholungen) beim Schreiben einer Erzählung zum Rahmenthema „Alles nur wegen . . .".

Artikulation/ Inhalt	Unterrichtsaktivitäten/ Sozialformen/Medien
I. Aktivierung der Erfahrungen	
Beispiel: Bananenschale am Fußweg – Kind rutscht aus und schreit auf – vom Aufschrei angelockt, stürzt ein Anwohner zum Balkon – dabei wird eine Blumenschale herabgestoßen – das unten parkende Kraftfahrzeug wird beschädigt.	Vorlesen einer Zeitungsmeldung, die von einer „Kettenreaktion" berichtet

Alternative: Eine Tonbandszene schildert einen kleinen Unglücksfall; die Szene endet (offen) mit dem Ausruf: „Alles nur wegen . . ." |
Alles nur wegen...	Gespräch und TA
II. Phase der gezielten Vorbereitung	
1. Inhaltliche Klärung	S erzählen kurz von eigenen Erlebnissen; siehe TB Nr. 1
2. Mündliche Gestaltungsphase	Gruppe A: S erzählen dem Partner ihre eigene Geschichte Gruppe B: Erzählen im Gesprächskreis mithilfe des L Mitteilen einiger Erzählungen für alle S
3. Hinweise zur sprachlichen Gestaltung	Aufgreifen einiger S-Äußerungen und Erarbeitung der Gestaltungshinweise, siehe TB Nr. 2

III. Wertung

Auch ich selbst kann die Ursache
für ... (ein Mißgeschick) sein!

in Gruppenarbeit

IV. Aufschreiben des Erstentwurfs

Textbeispiel:

Alles nur wegen des unkonzentrierten Blindenhundes

Heiner mußte zur Schule. Er hatte einen langen Weg und noch viel Zeit. Er bummelte am Spielwarenladen entlang und sah die vielen schönen Sachen. Ui! Die Eisenbahn oder der ferngesteuerte Kran! Aber nun mußte er weiter.

Plötzlich sah er eine Frau und zwei spielende oder kämpfende Hunde. Aber das sah wohl mehr nach Kämpfen aus! Die Frau war blind, und sie wollte über die Straße. Sie trug nämlich eine gelbe Binde mit drei Punkten und eine dunkle Brille. Andauernd rief sie: ,,Wo bist'n du schon wieda? Mocki! Do gehst her!" Aber Mocki, der Blindenhund, kämpfte weiter.

Heiner sprach die Frau an: ,,Wenn Sie über die Straße wollen: Ich führe Sie." ,,Am besten geh'n ma glei!" sagte sie etwas laut. Heiner nahm sie an der Hand und führte sie hinüber. Doch das sah Mocki. Mit einem Satz sprang er von seinem Gegner weg, und in großen Sprüngen jagte er über die Straße. Ein Glück, daß sie frei war. Nun sah es so aus, als wollte er Heiner angreifen, der sowieso etwas Angst vor dem großen Hundegebiß hatte. Als ihn der Hund auch noch leicht in den Rücken stieß und bellte, ging er schnell davon. Die Frau sagte noch zu ihm, als sie das Bellen hörte: ,,Brauchst koa Angst ham, der duad da nix." Doch das hörte Heiner schon fast nicht mehr. Schnell sauste er die Straße entlang, die sie vorher überquert hatten und Mocki kam kläffend hinterdrein. Endlich wendete der Blindenhund und sprang seinem Fraule hinterher, das natürlich schon wieder ,,Mocki! Mocki!" rief. Aber das schlimme war, daß Heiner sich an einen Zaun lehnen und sich ausruhen mußte. So kam er nämlich zu spät zur Schule. Als er zum Klassenzimmer kam, dachte er grimmig: Alles nur wegen dem unfolgsamen Mocki!

Die Lehrerin wollte gerade schimpfen, da erzählte Heiner alles. Sie lächelte und meinte: ,,Und gerade heute wollte ich die Schüler einen Aufsatz über dieses Thema schreiben lassen. Na, dann schreibst du wohl einen richtigen Erlebnisaufsatz." Als er dann auch noch eine Eins bekam, sagte die Lehrerin: ,,Es ist doch gut, wenn man etwas erlebt."

(Frank M., 10 Jahre).

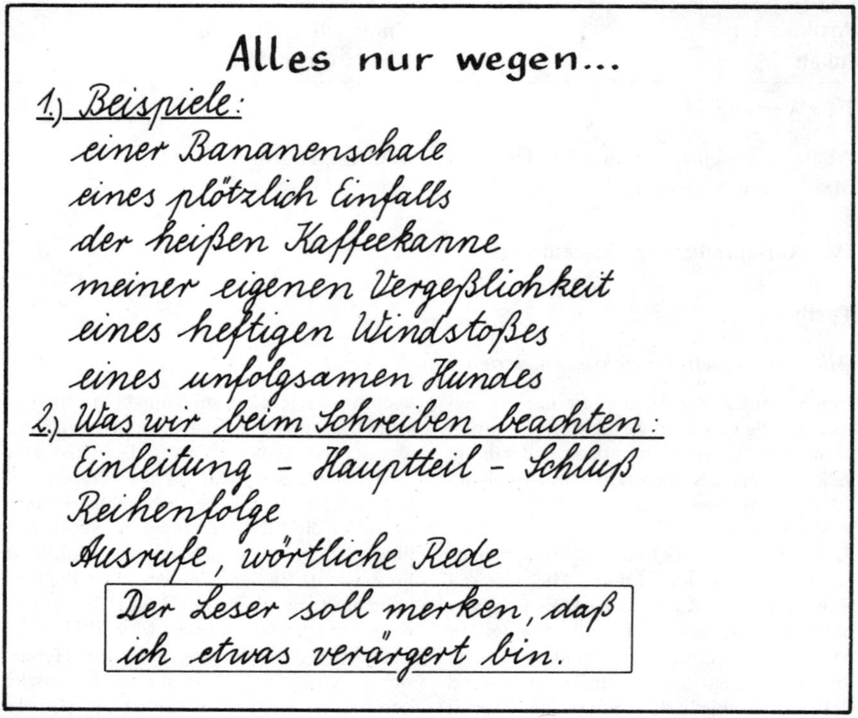

4

Alles nur wegen...

1.) _Beispiele_:

einer Bananenschale
eines plötzlich Einfalls
der heißen Kaffeekanne
meiner eigenen Vergeßlichkeit
eines heftigen Windstoßes
eines unfolgsamen Hundes

2.) Was wir beim Schreiben beachten:

Einleitung - Hauptteil - Schluß
Reihenfolge
Ausrufe, wörtliche Rede

> Der Leser soll merken, daß
> ich etwas verärgert bin.

Abb. 25: Tafelbild zur UZE „Alles nur wegen . . .“

4.2 Mathematik

4.2.1 Informationen zum Fach Mathematik

1. Unterrichtsgegenstand

Aus dem großen Gegenstandsbereich der Mathematik, die z. B. Ziffernsysteme, Algebra, Arithmetik, Funktionen und Geometrie beinhaltet, werden für die Grundschule drei elementare Bereiche ausgewählt: Zahlen, räumliche Vorstellungen und mathematische Denkweisen.

- Zahlbegriff: Endliche Mengen werden geordnet, indem jedes einzelne Element numeriert wird; durch Zählen werden Anzahlen verglichen und festgestellt. In der Didaktik der Mathematik führte der ordinale bzw. kardinale Aspekt der natürlichen Zahlen zu unterschiedlichen didaktischen Positionen (z. B. bei J. Kühnel: Das wievielte Element in der Zähltafel?; in der „Neuen Mathematik": Wieviele Elemente hat diese Menge?). Gegenwärtig versucht man, beide Ansätze im Sinne einer gegenseitigen Stützung zu nutzen.
- Zahloperationen: Mit Zahlen können Operationen durchgeführt werden; in der Grundschule sind dies Addition und Multiplikation mit den entsprechenden Umkehrungen Subtraktion und Division. Eine Zahl kann auch selbst als Operator betrachtet werden, etwa in einer Vervielfachungsabbildung. Die verschiedene Funktion der Zahl wird begrifflich faßbar, wenn man beispielsweise Abziehen und Ergänzen oder Verteilen und Aufteilen unterscheidet.
- Normalverfahren: Das Ergebnis einer bestimmten Rechenoperation kann durch exakt beschriebene Anweisungen schrittweise gefunden werden. Ein solches System von Regeln wird als schriftliches Normalverfahren bezeichnet. Der systematische Rechengang ist so schematisiert, daß er sogar ohne Einsicht in die mathematische Struktur durchgeführt werden kann. Aus vielen möglichen Verfahren – auch unter Hinzunahme des halbschriftlichen Rechnens – wird das Verfahren ausgewählt, das hinsichtlich der Relation „Zeitaufwand – Leichtigkeit – Sicherheit" ein optimales Ergebnis bringt.
- Größen: Gegenstände können gezählt oder gemessen werden. Das Messen bezieht sich auf verschiedene Phänomene (Inhalt, Fläche usw.) und geschieht mittels festgelegter Maßeinheiten. Das Rechnen mit Größen ist der Anwendungsbereich des Mathematikunterrichts. Die in der Grundschule verwendeten Größen sind Stückzahlen, Geldbeträge, Längen, Flächeninhalte, Rauminhalte, Gewichte und Zeitspannen.
- Sachaufgaben: In vielen Sachsituationen sind Probleme enthalten, die eine zahlenmäßige Lösung erfordern. Aufgabenstellungen dieser Art gehören dem Sachrechnen an, das eng mit dem Rechnen mit Größen verbunden ist. H. Maier unterscheidet drei Arten von „Aufgabentypen der Zahl-Sache-Beziehung": die eingekleidete Aufgabe, das Sachproblem und die Textaufgabe (Maier, S. 164–166).

– Geometrie: Die Auseinandersetzung mit räumlichen Phänomenen bezieht sich in der Grundschule auf Lagebeziehungen, Flächenformen, Raumformen und Abbildungen. Gegenstände haben zueinander eine bestimmte Lage; an Gegenständen werden Flächen verschiedener Formen festgestellt; die Gegenstände selbst lassen sich mit modellhaften Körpern (z. B. Kugel) vergleichen. Die Gegenstände können auch bezüglich einer bestimmten Flächen- oder Körperform geordnet werden. Eine Verbindung von Geometrie und Zahl ergibt sich etwa beim Bestimmen der Anzahl von Ecken einer Fläche oder beim Aufbauen von Körpern mit Einheitswürfeln.

2. Entwicklungspsychologische Hinweise

Aus den Untersuchungen J. Piagets lassen sich – in stark verkürzter Form – folgende Phasen der Entwicklung des Denkens ableiten:

Stadium des Denkens		Ungefähres Alter	Kennzeichen
voroperatives Denken	sensomo- torisch	0–2	Angleichung manueller und visueller Schemata; Festigung der Raumvorstellung; Handlungen egozentrisch
	vorbegriff- lich	2–4	Bezeichnung von Objekten mit Worten (Lauten); Bezeichnung von vergangenen Ereignissen mit Worten; Begriffsbildung zufällig; Oberbegriffe können noch nicht gebildet werden
	symbo- lisch- anschau- lich	4–7	Begriffe sind an die reale Anschauung und die konkrete Handlung gebunden; Denkhandlungen sind nicht reversibel und noch nicht verknüpfbar; Invarianz von Mengen wird verneint
konkret		7–12	Denkhandlungen nun reversibel und kompositionsfähig; Koordination von konkreten Handlungen in der Vorstellung; Lösung kann allmählich auf verschiedenen Wegen erreicht werden
formal		ab 12	Denken hypothetisch, deduktiv und abstrakt; nicht mehr an die konkrete Vorstellung gebunden.

„Zu Beginn der Grundschulzeit befinden sich zahlreiche Kinder noch im sogenannten präoperativen Stadium . . . In diesem Stadium ist das Kind noch nicht zur
Aufnahme eines vollständigen Zahlbegriffs fähig, auch wenn es bereits mechanisch zählen kann. Bei den meisten Kindern fällt aber die gesamte Grundschulzeit
mit dem sogenannten konkretoperativen Stadium zusammen." Da die Erkenntnis
an die reale Sachsituation gebunden ist, resultiert daraus, „die unbedingte Notwendigkeit zur Verwendung von Arbeitsmaterial für die Hand des Schülers"
(Lauter [2], S. 35).

3. Lernpsychologische Hinweise

Während J. Piaget die Denkentwicklung als Abfolge von zeitlich abhängigen
Phasen darstellt, weist J. S. Bruner auf drei Repräsentationsformen der Erfahrungen hin, die für die kognitive Entwicklung maßgeblich sind: enaktive, ikonische
und symbolische Darstellungsform. „Zuerst kennt das Kind seine Umwelt hauptsächlich durch die gewohnheitsmäßigen Handlungen, die es braucht, um sich mit
ihr auseinanderzusetzen. Mit der Zeit kommt dazu eine Methode der Darstellung
in Bildern, die relativ unabhängig vom Handeln ist. Allmählich kommt dann eine
neue und wirksame Methode hinzu, die sowohl Handlung wie Bild in die Sprache
übersetzt, woraus sich ein drittes Darstellungssystem ergibt." (Bruner, zitiert in
Ellrott/Schindler, S. 73).
Diese drei Repräsentationsformen sind nicht zwangsläufig hierarchisch voneinander abhängig; sie stehen in Wechselwirkung. Jedoch liegen „in gewissen Entwick-
lungsstufen eindeutige Präferenzen für die eine oder andere Repräsentationsebe-
ne" (Lauter [2], S. 35) vor. J. S. Bruner sieht diese drei Darstellungsformen „im
Kindesalter in einer hierarchischen Ordnung, deren Bedeutung für den Aufbau
kognitiver Strukturen darin liegt, produktive geistige Aktivitäten herauszufor-
dern. So besteht die handlungsmäßige Darstellung in der geistigen Steuerung der
eigenen Handlung. Im Laufe seiner weiteren Entwicklung erwirbt das Kind dann
einen immer größeren Umfang der drei Repräsentationsformen in verschiedener
Richtung, darüber hinaus treten zwischen ihnen Interaktionen auf . . ." (Ellrott/
Schindler, S. 73).
Einen schrittweisen Aufbau des mathematischen Abstraktionsprozesses fordert
H. Aebli in dem Prinzip der Verinnerlichung: „Mathematische Operationen sollten schrittweise von einer konkreten Stufe über eine figurale Stufe zu einer
symbolischen Stufe verinnerlicht werden" (Zech, S. 398). Ziel des mathematischen Lernprozesses ist das geistige Operieren mit formal-abstrakten Elementen
und Strukturen. Diese mathematischen Begriffe und Operationen werden aus
Handlungen mit Gegenständen herbeigeführt.

4. Zielsetzungen des Faches

a) Allgemeine Ziele
– Bilden von mathematischen Begriffen
– Bilden von räumlichen Vorstellungen

185

– Fähigkeit, mathematische Sachverhalte rechnerisch zu lösen
– Förderung des logischen Denkens, z. B. schlußfolgerndes Denken
– Förderung der Begriffsbildung: Generalisieren, Konkretisieren, Klassifizieren
– Fähigkeit, in Sachzusammenhängen Abhängigkeiten festzustellen, die in Rechenoperationen umgesetzt werden können

Der Mathematikunterricht soll einen Beitrag leisten
– „zur *Entfaltung der Kreativität,*
– zur *Förderung der Argumentationsfähigkeit,*
– zur *Förderung der Fähigkeiten, die der Erschließung der Umwelt dienen,* und
– zur *Kultivierung des Ausdrucksverhaltens"* (i. O. jeweils kursiv, Anm. d. Verf.).
(Winter, in Kochan/Neuhaus-Simon, S. 312)

b) Lehrplanaussagen
– Die Kinder lernen Sachverhalte ihrer Umwelt mit Hilfe von Zahlen zu erfassen.
– Die Kinder lernen einfache räumliche Vorstellungen aufzubauen.
– Die Kinder erwerben grundlegende mathematische Denkweisen.
– Der Unterricht soll zu sicherem und geläufigem Rechnen mit Zahlen und Größen in den vier Grundrechenarten führen.
– Schlußfolgerndes Denken wird vor allem beim Lösen von Sachaufgaben angebahnt und geschult.
– Der Mathematikunterricht fördert die Erziehung zu Genauigkeit, Sachlichkeit und Selbstkontrolle.
– Der Mathematikunterricht knüpft an die Erfahrungen der Schüler an.
– Der Unterricht verbleibt in der Grundschule wesentlich im Bereich des Anschaulichen.
– Besondere Aufmerksamkeit erfordern die vier Grundrechenarten.
– Die Schüler müssen die Rechenvorgänge verstehen und durch regelmäßiges Üben und Wiederholen Sicherheit gewinnen.
– Individuelle Förderung berücksichtigt Begabungs- bzw. Leistungsunterschiede, darf aber keineswegs zur Bildung starrer Lerngruppen führen.

5. *Forderungen an die Unterrichtspraxis*

a) Berücksichtigung des operativen Prinzips
Mathematikunterricht strebt bewegliches Denken an. Um dies zu erreichen, müssen auch die Denkhandlungen, die wiederum auf tatsächlichen Handlungen basieren, bestimmte Merkmale erfüllen.
– Reversibilität (Umkehrbarkeit, Inversion): Die konkret oder innerlich vollzogene Handlung kann durch eine inverse Handlung wieder rückgängig gemacht werden; dementsprechend soll die Umkehroperation frühzeitig mit einbezogen werden.
– Assoziativität (variable Gruppierbarkeit): Eine Gesamtoperation kann auf verschiedene Weise aus Teiloperationen aufgebaut werden; das Ergebnis ist unab-

hängig vom Lösungsweg; es sind also verschiedene Variationen in Zusammensetzung und Abfolge von Teiloperationen zu berücksichtigen.
– Kompositionsfähigkeit (Verknüpfungsfähigkeit): Mehrere Operationen lassen sich durch eine neue ersetzen.

b) Begriffe und Operationen entwickeln sich auf verschiedenen Darstellungsebenen
Die Darstellung mathematischer Operationen erfolgt gemäß J. S. Bruner auf den drei Repräsentationsebenen Enaktivierung (Handlung) – Ikonisierung (bildhafte Darstellung) – Symbolisierung (sprachliche und zeichenhafte Darstellung). Das Fortschreiten im Lernprozeß stellen Ellrott/Schindler, mit Bezug auf Johnson/Rising, in einer Übersicht dar (Ellrott/Schindler, S. 86 f.); hier gekürzt dargestellt:

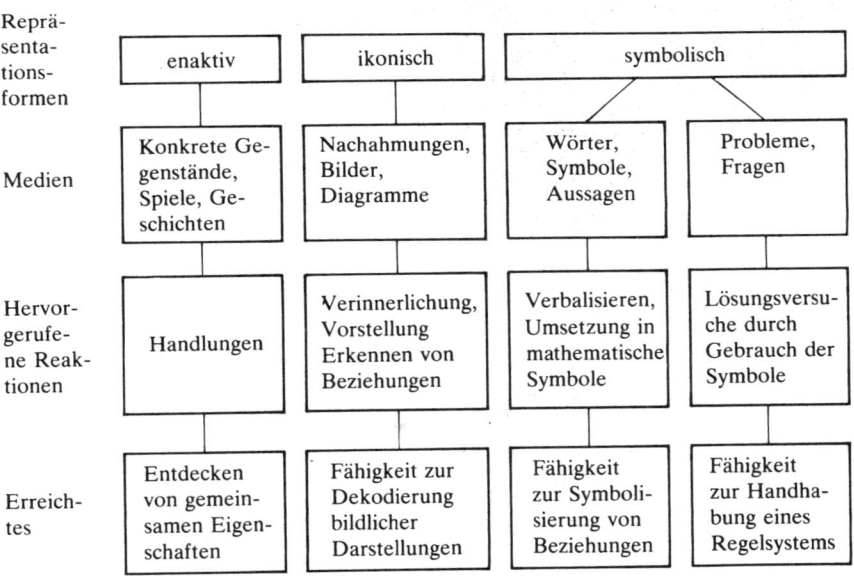

Repräsentationsformen	enaktiv	ikonisch	symbolisch	
Medien	Konkrete Gegenstände, Spiele, Geschichten	Nachahmungen, Bilder, Diagramme	Wörter, Symbole, Aussagen	Probleme, Fragen
Hervorgerufene Reaktionen	Handlungen	Verinnerlichung, Vorstellung Erkennen von Beziehungen	Verbalisieren, Umsetzung in mathematische Symbole	Lösungsversuche durch Gebrauch der Symbole
Erreichtes	Entdecken von gemeinsamen Eigenschaften	Fähigkeit zur Dekodierung bildlicher Darstellungen	Fähigkeit zur Symbolisierung von Beziehungen	Fähigkeit zur Handhabung eines Regelsystems

Da die einzelnen Repräsentationsebenen in starker Wechselbeziehung stehen, ist es sinnvoll, bei Schwierigkeiten wieder auf das vorangegangene Niveau zurückzugehen (Rückschaltprinzip).

c) Denkhandlungen ergeben sich aus tatsächlich ausgeführten Handlungen
„Mathematische Begriffe und Denkprozesse entwickeln sich am besten mit Hilfe von Handlungen. Im handelnden Umgang mit konkretem Material sammelt das Kind die dafür nötigen Erfahrungen" (Fiegl u. a., S. 529). Das Arbeitsmaterial entstammt der Umwelt der Kinder oder ist eigens für den Mathematikunterricht – „didaktisch geladen" – hergestellt: Spielfiguren, Spielautos, Bälle, Bonbons; farbige Plättchen, Symbolkarten, Zahlstäbe, Merkmalklötze, Steckwürfel.
Damit lassen sich reale Tätigkeiten ausführen: Hinzulegen, Wegnehmen, Verteilen, Verschieben, Zusammenbauen, Ordnen, Aneinanderlegen, Zuordnen, Fal-

4 ten, Schneiden, Drauflegen. Auch auf dem Niveau der ikonischen Darstellungsebene führen die Kinder, etwa durch Einzeichnen, farbiges Markieren oder Ziehen von Zuordnungspfeilen, Handlungen aus.

d) Förderung der Autonomie des Denkens (H. Maier)

In enger Verbindung mit dem Prinzip des entdeckenden Lernens sollen die Schüler die Möglichkeit zur eigenen geistigen Bewältigung des aus der Sache sich ergebenden Problems erhalten. „Der Lehrer sortiert den Lehrstoff nicht vor und zerlegt ihn nicht in kleine Lernelemente, sondern gibt nur unbedingt notwendig erscheinende Lernhilfen (Anstöße), ermuntert zum eigenen Tun, zum eigenen Fragen und Vermuten, zum eigenen Vergleichen, Übertragen, Entwerfen usw." (Winter, in Kochan/Neuhaus-Siemon, S. 311).

e) Sachsituationen, Tätigkeiten und Arbeitsmittel sind zu variieren

Mit Bezug auf Z. P. Dienes erläutert S. Regelein die Variation der Sachsituationen, der Tätigkeiten und der Arbeitsmittel. Dieses Prinzip der Variation (Z. P. Dienes) zielt darauf ab, die für einen mathematischen Begriff unwesentlichen Merkmale zu variieren; auf diese Weise treten die wesentlichen Kennzeichen immer wieder auf und verfestigen sich zum Begriff. Am Beispiel der Addition und Subtraktion verdeutlicht S. Regelein dieses Prinzip:
– Variation der Sachsituationen:
  „Bei der Darstellung von Sachsituationen legen Schlüsselwörter fest, ob es sich um ein ‚Dazutun‘ oder um ein Wegnehmen von Mengen handelt." Beispiele:
  „. . . dazulegen, -tun, -kommen, -stellen, . . .-setzen, -bringen, aufladen, . . . erhalten/wegnehmen, -laufen, -bringen, . . . verkaufen, fehlen, ausgeben, herschenken, aussteigen" (Regelein [1], S. 406).
– Variation der auszuführenden Tätigkeiten:
  „Unterschiedliche Ausgangssituationen können unterschiedliche Handlungen mit Mengen erfordern, wie Hinzufügen, Wegnehmen, Ergänzen, Zerlegen oder Vermindern . . . Die verschiedenen additiven Operationen werden als Gleichungen mit unterschiedlich plazierten Leerstellen notiert:

$$3 + 4 = \square \qquad \square + 3 = 7 \qquad 4 + \square = 7$$
$$7 - 3 = \square \qquad \square - 3 = 4 \qquad 7 - \square = 4$$

  . . . Das Vertauschen von Gegebenem und Gesuchtem dient nicht nur der Rechenfertigkeit, sondern fördert auch die Einsicht in den Operationsbegriff" (ebd. S. 406 f.).
– Variation der Arbeits- und Veranschaulichungsmittel:
  „Wird . . . einseitig mit einem bestimmten Material gearbeitet, so kann das Kind den Abstraktionsprozeß nicht vollziehen, sondern verbindet vielmehr eine Zahlenaufgabe mit dem bekannten Material und setzt somit die Repräsentanten und Zahlen gleich. So müssen konkrete Mengenoperationen mit verschiedenen Materialien und abstrakte Operationen mit Zahlen längere Zeit parallel laufen. Die zunehmende Abstraktion legt dabei folgende Reihenfolge nahe:

- Durchführen von Tätigkeiten mit realen Objekten
- Nachlegen mit Dingmengen
- Nachlegen mit strukturiertem Material
- Nachlegen mit homogenem Material als merkmalarme Vertreter für beliebige Dinge
- Nachlegen mit Cuisenaire-Stäben oder Rechenstreifen" (ebd. S. 408)

f) Der Erkenntnisprozeß ist schrittweise aufzubauen

Das Aufbauprinzip (Z. P. Dienes) „geht davon aus, daß Kinder nicht analytisch einen Begriff erwerben, sondern vielmehr konstruktiv. Sie leiten den Begriff nicht von Erklärungen und Definitionen ab, sondern erwerben ihn durch eine Fülle von Einzelheiten" (Lauter [2]; S. 38). Das dynamische Prinzip (Z. P. Dienes) „besagt, daß der Erkenntnisprozeß in drei Phasen verlaufen soll: a) Vorbereitende Spielphase, in der alle Bestandteile des zu lernenden Gegenstandes angesprochen werden, ohne systematisch in Zusammenhang gebracht zu werden; b) eine strukturierte Phase des Bewußtwerdens. Hier wird der Zusammenhang bewußt und führt zur Erkenntnis; c) die Formulierung des Begriffs und eine anschließende Übungsphase" (ebd. S. 37).

Literatur

1. Barsig u. a. (Hrsg.): Mathematik in der Grundschule. Auer, Donauwörth 1978
2. Ellrott/Schindler: Reform des Mathematikunterrichts. Klinkhardt, Bad Heilbrunn/Obb. 1975
3. Maier, H.: Methodik des Mathematikunterrichts 1–9. Auer, Donauwörth 1974

4.2.2 Zahlbegriff

4.2.2.1 Didaktische Anmerkungen

1. Begriff

„Eine Klasse gleichmächtiger Mengen heißt Kardinalzahl . . . Als natürliche Zahlen bezeichnen wir die endlichen Kardinalzahlen ohne die Kardinalzahl, deren Klasse als Element die leere Menge besitzt. Die natürlichen Zahlen werden also durch einen Vergleich von Mengen hinsichtlich der Gleichmächtigkeit gewonnen . . . Die ordinale Verwendung der natürlichen Zahlen erfolgt für die Kennzeichnung der Stelle, an der das Element steht" (Ellrott/Schindler, S. 51 ff.). Natürliche Zahlen treten als Operatoren auf, indem sie eine Abbildungsvorschrift festlegen. Das Ergebnis dieser „Rechenvorschrift" ist wiederum eine Zahl.

2. Übersicht über Inhalte des Lehrplans

1. Jgst.	Die Zahlen bis 9: Verstehen der Zahl Darstellung und Zerlegung Die Zahlen bis 20: Darstellung, Ordnung, Zerlegung Die Zehnerzahlen bis 100: Darstellung
2. Jgst.	Die Zahlen bis 100: Zahlbeziehungen erkennen, darstellen Stellenschreibweise
3. Jgst.	Die Zahlen bis 1000: Darstellung, Ordnung
4. Jgst.	Die Zahlen bis zur Million: Darstellung, Ordnung

3. Forderungen

a) Einbeziehung der verschiedenen Aspekte der Zahl
Die Zahl als Anzahl, als Maßzahl, als Ergebnis einer Operation, als Ordnungszahl

b) Verwendung verschiedener Lernmaterialien
Gegenstände, strukturiertes Material, verschiedene Darstellungen

c) Der Zahlbegriff baut sich auf tatsächlichen Handlungen auf

d) Die ausgewählten Tätigkeiten sind abhängig vom Aspekt der Zahl und dem Ort im Lernprozeß (Abstraktionsgrad)
z. B. Kardinaler Aspekt
Gegenstandsmengen in einer Eins-zu-Eins-Zuordnung vergleichen; gleichmäßige Mengen werden mit dem gleichen Zahlstreifen gekennzeichnet

Literatur

Ellrott/Schindler: Reform des Mathematikunterrichts. Klinkhardt, Bad Heilbrunn/Obb. 1975, S. 50–58 und S. 207–218

4.2.2.2 Verlaufsgliederung

1. Strukturmodell

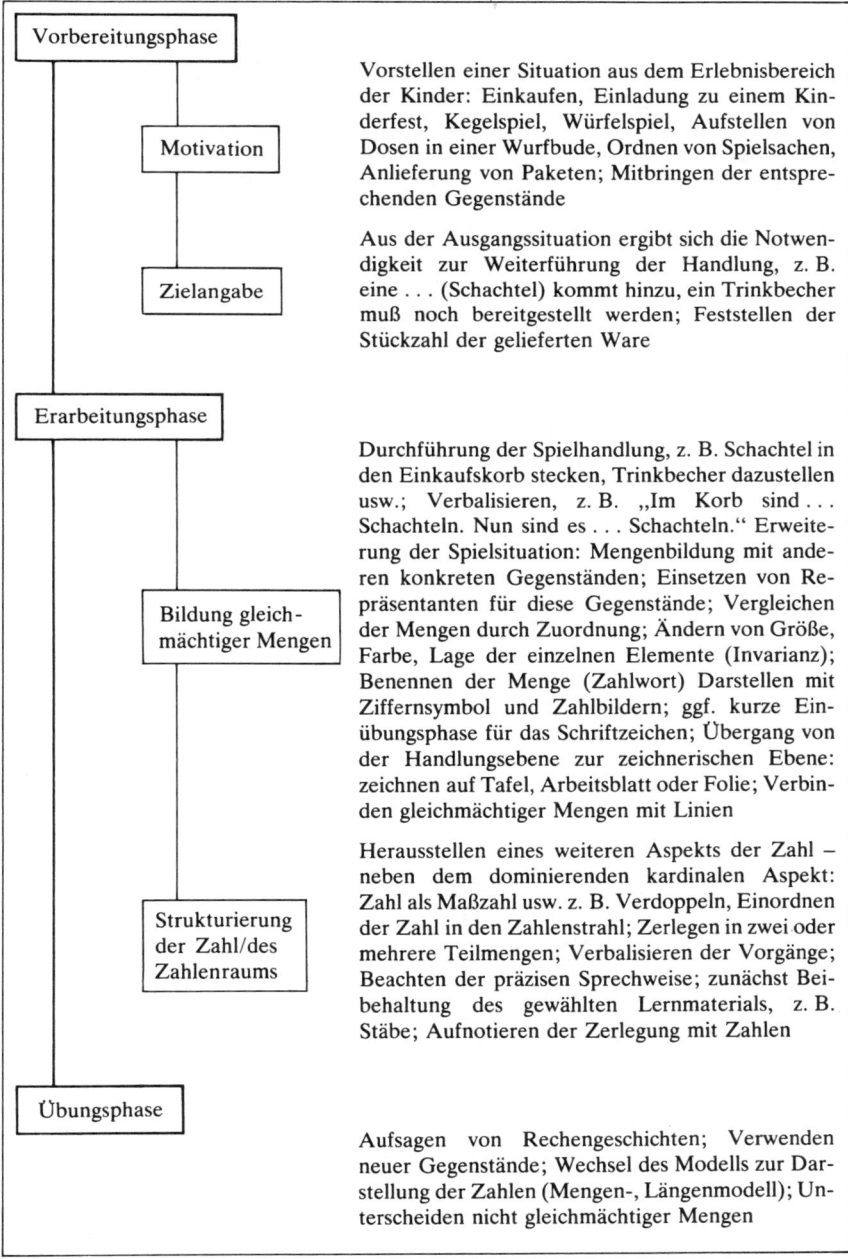

Vorbereitungsphase

Motivation

Vorstellen einer Situation aus dem Erlebnisbereich der Kinder: Einkaufen, Einladung zu einem Kinderfest, Kegelspiel, Würfelspiel, Aufstellen von Dosen in einer Wurfbude, Ordnen von Spielsachen, Anlieferung von Paketen; Mitbringen der entsprechenden Gegenstände

Zielangabe

Aus der Ausgangssituation ergibt sich die Notwendigkeit zur Weiterführung der Handlung, z. B. eine . . . (Schachtel) kommt hinzu, ein Trinkbecher muß noch bereitgestellt werden; Feststellen der Stückzahl der gelieferten Ware

Erarbeitungsphase

Bildung gleichmächtiger Mengen

Durchführung der Spielhandlung, z. B. Schachtel in den Einkaufskorb stecken, Trinkbecher dazustellen usw.; Verbalisieren, z. B. „Im Korb sind . . . Schachteln. Nun sind es . . . Schachteln." Erweiterung der Spielsituation: Mengenbildung mit anderen konkreten Gegenständen; Einsetzen von Repräsentanten für diese Gegenstände; Vergleichen der Mengen durch Zuordnung; Ändern von Größe, Farbe, Lage der einzelnen Elemente (Invarianz); Benennen der Menge (Zahlwort) Darstellen mit Ziffernsymbol und Zahlbildern; ggf. kurze Einübungsphase für das Schriftzeichen; Übergang von der Handlungsebene zur zeichnerischen Ebene: zeichnen auf Tafel, Arbeitsblatt oder Folie; Verbinden gleichmächtiger Mengen mit Linien

Strukturierung der Zahl/des Zahlenraums

Herausstellen eines weiteren Aspekts der Zahl – neben dem dominierenden kardinalen Aspekt: Zahl als Maßzahl usw. z. B. Verdoppeln, Einordnen der Zahl in den Zahlenstrahl; Zerlegen in zwei oder mehrere Teilmengen; Verbalisieren der Vorgänge; Beachten der präzisen Sprechweise; zunächst Beibehaltung des gewählten Lernmaterials, z. B. Stäbe; Aufnotieren der Zerlegung mit Zahlen

Übungsphase

Aufsagen von Rechengeschichten; Verwenden neuer Gegenstände; Wechsel des Modells zur Darstellung der Zahlen (Mengen-, Längenmodell); Unterscheiden nicht gleichmächtiger Mengen

2. *Unterrichtsbeispiel:* Einführung in die Zahl 6,

1. Jahrgangsstufe

Artikulation/ Inhalt	Unterrichtsaktivitäten/ Sozialformen/Medien
I. Vorbereitungsphase	
1. Motivation In der Klasse 1b sitzen 5 Kinder an einem Gruppentisch; sie haben ihren Schulranzen an der Seite aufgehängt; die Fibel ist auch schon vorbereitet. Da klopft es an der Tür und ein neuer Schüler wird hereingeschickt. Es ist Michael.	Erzählung des L, verbunden mit gleichzeitigem Demonstrieren des Sachverhaltes
	Der L zeigt auf den noch freien Platz am Gruppentisch
2. Zielangabe Für Michael müssen ein Stuhl und eine Fibel besorgt werden.	S äußern sich
Die Anzahl der Gruppe wird jetzt größer.	L
II. Erarbeitungsphase	
1. Bildung gleichmächtiger Mengen a) Weiterführung der Spielsituation Am Gruppentisch wird ein Stuhl dazugestellt, – wird eine Fibel dazugelegt, kommt ein Schulranzen dazu. Es sind jetzt sechs Kinder, sechs Stühle, sechs Fibeln, sechs Schulranzen.	S verbalisieren
b) Nachvollzug in der bildhaften Darstellungsebene Diese Geschichte siehst du auch auf der Tafel!	Impuls Die S ergänzen die Mengenbilder mit vorbereiteten Bildkärtchen (Stuhl, Fibel bzw. Schulranzen)
Vielleicht kannst du uns auch rasch zeigen, daß von den Stühlen, von den Fibeln und von den Ranzen immer die gleiche Anzahl da ist.	Auftrag

192

Artikulation/ Inhalt	Unterrichtsaktivitäten/ Sozialformen/Medien

	S verbinden die einzelnen Elemente mit jeweils einer Linie
c) Feststellen von Mengen mit 6 Elementen	
	Partnerarbeit: Die S zeigen sich gegenseitig 6 Repräsentanten derselben Sache (Filzstifte, Einer-Stäbe); Einzelarbeit: Umfahren von jeweils 6 Elementen auf einem Arbeitsblatt
d) Fixieren des Schriftzeichens	
	Beschriftung der Mengenbilder mit der Ziffer 6

2. Zerlegen in Teilmengen

Arbeit mit Cuisenaire-Stäben	a) Klassenarbeit
Zeige uns den Stab, der zu 6 paßt!	Auftrag
Du kannst den 6er-Stab auch durch andere Stäbe ersetzen!	Impuls S legen an der Hafttafel
6 ist gleich 4 plus 2.	Sprechreihen
6 ist gleich . . .	
Umlegen des „Turms“:	
4 plus 2 ist gleich 6.	Sprechreihen
3 plus 3 ist gleich . . .	
Ersetzen des 6er-Stabes durch 2 Stäbe	b) Einzelarbeit S legen die Stäbe selbst; Kontrolle mit Hafttafel

III. Übung (in Differenzierung)

Gruppe A	Gruppe B
Aufbau des 6er-Turms durch drei Stäbe; Notieren der Ergebnisse im Heft	An der Hafttafel: Sprechen zum Streifenbild und Notieren:

```
  _____        6
 |_____|_____|      3 + 3
 |_____|_____|      2 + 4
 |_____|_____|      5 + 1
 |_____|_____|      4 + 2
 |___|_____|      1 + 5
```

Kontrolle durch den L: Aufgelegte Stäbe und Hefteinträge anschauen	Zeichnen und Abschreiben (ins Heft)

4.2.3.1 Didaktische Anmerkungen

1. Begriff

Die psychologische Sichtweise der Operation wurde von J. Piaget beschrieben; demnach versteht man unter Operation das aktive Moment beim Denkvorgang, während ein Begriff eher statisch zu sehen ist; eine Operation ist ein Vorgang, der sich tatsächlich als konkrete Handlung, aber auch als verinnerlichte Handlung (Denkhandlung) vollziehen kann.

Mathematisch gesehen gibt es für die numerischen Operationen „verschiedene Deutungen. Sie lassen sich als Verknüpfungen in den natürlichen Zahlen . . . oder vom Operatorstandpunkt aus . . . verstehen . . . Die drei wichtigsten Rechenoperationen sind das Addieren, das Multiplizieren und das Potenzieren" (Maier, S. 50). Die Operatorbetrachtung macht den dynamischen Aspekt der Zahl deutlich. „Die Operatorauffassung ist dadurch gekennzeichnet, daß den drei Zahlen einer Rechenoperation zwei verschiedene Funktionen zugedacht werden. Der Gleichung 3 + 4 = 7 z. B. unterlegt sie die Deutung, daß ein Anfangszustand 3 durch die Bewegung der Veränderung +4 in den Endzustand 7 übergeführt wird. Man hat also Zustände von Bewegern (Operatoren) zu unterscheiden" (Maier, S. 53).

2. Übersicht über Inhalte des Lehrplans

1. Jgst.	Addieren und Subtrahieren Verschiedene Darstellungsweisen, Lösen von Aufgaben; bis 9/ bis 20/ Zehnerzahlen bis 100
2. Jgst.	Addieren und Subtrahieren zweistellige Zahlen Multiplizieren und Dividieren: Verschiedene Darstellungsweisen, Einmaleinssätze 10, 5, 2, 4, 8
3. Jgst.	Multiplikations- und Divisionsaufgaben zusätzlich die Einmaleinssätze 3, 6, 9, 7 (Erweiterung des Zahlenraums bis 1000) Multiplizieren von zweistelligen Zahlen, Dividieren durch einstellige Zahlen und durch Zehnerzahlen
4. Jgst.	(Erweiterung des Zahlenraums bis zur Million) Anmerkung: Die schriftlichen Rechenverfahren der 3. und 4. Jgst. sind hier nicht aufgenommen

3. Forderungen

a) Tätiger Umgang

Ausgangspunkt der Einführung in die Zahloperationen ist der tätige Umgang mit
Gegenstandsmengen und strukturiertem Material; d. h. Erfahrungen machen mit
„Addition", „Subtraktion" usw.

b) Wechsel des Lernmaterials

Die Schüler sollen erkennen, daß die Zahloperation unabhängig von der konkret
gewählten Mengenoperation ist.

c) Wechsel des Modells bei der Einführung der Zahloperation

Die Verwendung des Mengen-, Längen- und Operatormodells verhindert die
Verfestigung schematischer Vorstellungen.

d) Bewußtmachen der Funktion der eingeführten Rechenzeichen

Z. B. Das Minus-Zeichen tritt an die Stelle des Wortes „minus"; es sagt uns rasch,
was wir mit den Zahlen rechnen müssen.

e) Die Loslösung von der konkreten Handlung geschieht schrittweise und konsequent

Nachdem die Zahloperationen zunächst von tatsächlichem Tun und von graphischen Darstellungen begleitet wurden, sollen die Kinder schließlich die numerischen Operationen ohne Lernhilfen ausführen. Die Handlungen werden also in
Zifferngleichungen übergeführt.

f) Versprachlichung

Auf allen Stufen des Abstraktionsprozesses der Zahlenoperation ist die Versprachlichung von Tätigkeiten und Erkenntnissen mit einzubeziehen: Ebenso wie
das Legen konkreter Dingmengen vom Sprechen begleitet werden soll, ist auch
auf die exakte Verbalisierung von Gleichungen bzw. Ungleichungen zu achten.

g) Operative Methode

Einführung, Durcharbeitung und Sicherung der Zahloperationen berücksichtigen
die operative Methode; die operative Methode geht auf die kognitionspsychologi-
sche Aussage zurück, daß eine geistige Operation durch Assoziativität, Reversibilität und Kompositionsfähigkeit gekennzeichnet ist.

h) Operative Durcharbeitung und Übung

Eine Festigung des Rechnens mit einer bestimmten Zahlmenge bzw. Schwierigkeit
geschieht mittels operativer Durcharbeitung und Übung, z. B. Querverbindungen
vom 6er- zum 3er Einmaleins; mechanisierende Übungen

Literatur

Brunner, M.: Operationen im Mathematikunterricht der Grundschule. In: Barsig u. a. [2],
S. 46–71

1. *Strukturmodell*

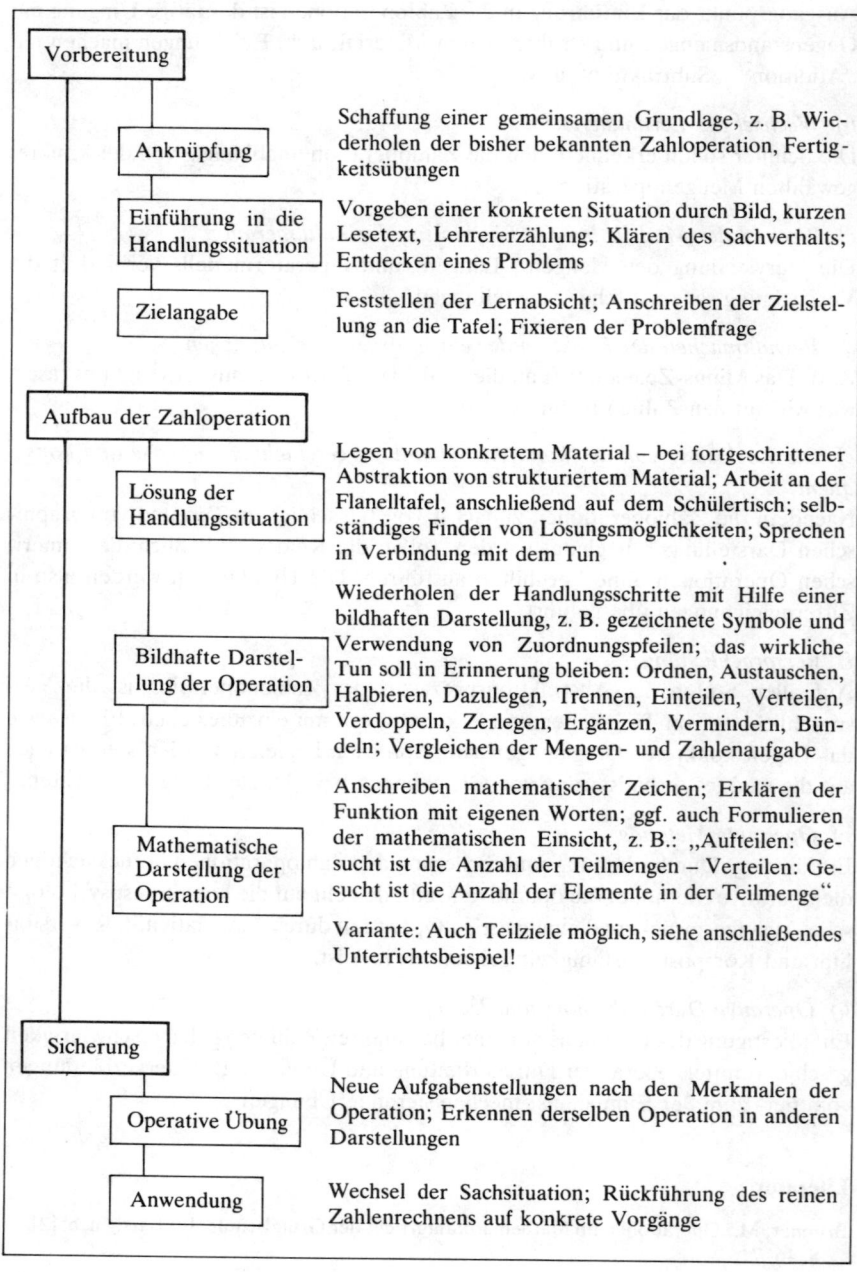

Vorbereitung	
Anknüpfung	Schaffung einer gemeinsamen Grundlage, z. B. Wiederholen der bisher bekannten Zahloperation, Fertigkeitsübungen
Einführung in die Handlungssituation	Vorgeben einer konkreten Situation durch Bild, kurzen Lesetext, Lehrererzählung; Klären des Sachverhalts; Entdecken eines Problems
Zielangabe	Feststellen der Lernabsicht; Anschreiben der Zielstellung an die Tafel; Fixieren der Problemfrage

Aufbau der Zahloperation	
Lösung der Handlungssituation	Legen von konkretem Material – bei fortgeschrittener Abstraktion von strukturiertem Material; Arbeit an der Flanelltafel, anschließend auf dem Schülertisch; selbständiges Finden von Lösungsmöglichkeiten; Sprechen in Verbindung mit dem Tun
Bildhafte Darstellung der Operation	Wiederholen der Handlungsschritte mit Hilfe einer bildhaften Darstellung, z. B. gezeichnete Symbole und Verwendung von Zuordnungspfeilen; das wirkliche Tun soll in Erinnerung bleiben: Ordnen, Austauschen, Halbieren, Dazulegen, Trennen, Einteilen, Verteilen, Verdoppeln, Zerlegen, Ergänzen, Vermindern, Bündeln; Vergleichen der Mengen- und Zahlenaufgabe
Mathematische Darstellung der Operation	Anschreiben mathematischer Zeichen; Erklären der Funktion mit eigenen Worten; ggf. auch Formulieren der mathematischen Einsicht, z. B.: „Aufteilen: Gesucht ist die Anzahl der Teilmengen – Verteilen: Gesucht ist die Anzahl der Elemente in der Teilmenge"
	Variante: Auch Teilziele möglich, siehe anschließendes Unterrichtsbeispiel!

Sicherung	
Operative Übung	Neue Aufgabenstellungen nach den Merkmalen der Operation; Erkennen derselben Operation in anderen Darstellungen
Anwendung	Wechsel der Sachsituation; Rückführung des reinen Zahlenrechnens auf konkrete Vorgänge

2. Unterrichtsbeispiel: Einführung in das Einmaleins mit 4,

2. Jahrgangsstufe

Artikulation/ Inhalt	Unterrichtsaktivitäten/ Sozialformen/Medien
I. Technische Rechenübung	
1. Bilden von Mengen	
	Folie: Zusammenfassen von je 2 Elementen mit der Mengenschleife
2. Einmaleinsreihe mit 2 z. B. 2 · 4, 2 · 7, . . .	Halbschriftlich: Aufgabenstellungen auf der Folie

II. Einführung in die Handlungssituation

Petra hat ein neues Go-Kart.	L Bild an der Tafel ist vorbereitet; S äußern sich
Petra kann jetzt viel sicherer um die Kurven fahren.	Impuls
Das Go-Kart hat 4 Räder.	S äußern sich
Zielangabe	Hervorheben der „4" an der Tafel
Die 4 Räder werden uns jetzt bei einer neuen Einmaleinsreihe helfen.	L

III. Aufbau der Einmaleinsreihe

1. Teilziel: Bilden gleichmächtiger Mengen

a) Aufgliedern in Mengen Viele Räder sind auf dem Spielplatz zu sehen. Sie alle gehören zu Go-Karts.	L Kreisförmige Plättchen an der Hafttafel werden als Vierer-Mengen gruppiert ·
b) Änderung der Anordnung Umlegen der Mengen in eine lineare Anordnung	S legen die Plättchen in Reihen (zu je 4)
c) Erweiterung der Mengenbildung	S gruppieren sich selbst zu Vierergruppen;
z. B. Tisch, Stuhl, Bett; Auto; Spiegel, Wandtafel; Hund, Katze	S suchen bzw. nennen Gegenstände, die den Vierer enthalten

Artikulation/ Inhalt	Unterrichtsaktivitäten/ Sozialformen/Medien

2. Teilziel: Entwicklung der Viererreihe

a) Darstellung der Vierer-Zahlen

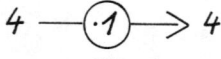

Legen von je 4 Plättchen:
– an der Filztafel,
– auf der Bank

Das sind 4 Räder für 1 Go-Kart.
Das sind 4 plus 4 Räder für 2 Go-Karts.

S sprechen dazu
dabei Entstehung einer Vierer-Treppe

$1 - 2 - 3 - \boxed{4} - 5 - 6 - 7 - \boxed{8} - 9 \ldots$

Betontes Zählen, Hände klatschen

b) Fixieren der Vierer-Zahlen

Wiederholen des aufbauenden Zählens und anschreiben der Vierer-Zahlen an der Tafel

c) Symbolisierung der Operation

– Notation als Addition

4

$4 + 4$

$\ldots$

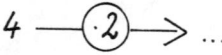

– Notation als Malaufgabe

IV. Sicherung
Qualitative Differenzierung

Gruppe A	Gruppe B
Markieren von Vierer-Zahlen in einer vorgegebenen Menge gemischter Zehnerzahlen	Ordnen von Zahlenkärtchen (mit Vierer-Zahlen)
Vervollständigen von Operatordarstellungen	Aufschreiben der zugehörigen Malaufgabe

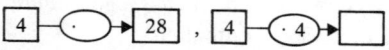

Das Einmaleins mit 4

Petra hat ein neues Go-Kart. Auf den vier Rädern fährt es sicher.

$4 — (\cdot 1) \to 4$

$4 — (\cdot 2) \to 8 = 4 + 4$

$4 — (\cdot 3) \to 12 = 4 + 4 + 4$

$4 — (\cdot 4) \to 16 = 4 + 4 + 4 + 4$

$4 — (\cdot 5) \to 20 = 4 + 4 + 4 + 4 + 4$

$4 — (\cdot 6) \to 24 = 4 + 4 + 4 + 4 + 4 + 4$

$4 — (\cdot 7) \to 28 = 4 + 4 + 4 + 4 + 4 + 4 + 4$

$4 — (\cdot 8) \to 32 = 4 + 4 + 4 + 4 + 4 + 4 + 4 + 4$

$4 — (\cdot 9) \to 36 = 4 + 4 + 4 + 4 + 4 + 4 + 4 + 4 + 4$

$4 — (\cdot 10) \to 40 = 4 + 4 + 4 + 4 + 4 + 4 + 4 + 4 + 4 + 4$

Abb. 26: Tafelbild zur UZE „Einführung in das Einmaleins mit 4"

4.2.4 Normalverfahren

4.2.4.1 Didaktische Anmerkungen

1. Begriff

Normalverfahren: Ein System von Regeln, das durch exakt beschriebene Anweisungen schrittweise und durch Aufnotieren von Teilergebnissen rasch zum Ergebnis einer – für die Grundschule – additiven oder multiplikativen Zahloperation führt.

Es sind verschiedene Verfahren für bestimmte Zahloperationen entwickelt worden. Sie sind etwa als norddeutsches Subtraktionsverfahren, als Borgmethode oder als Restschreibweise bekannt.

2. Normalverfahren der Division mit Rest

Insbesondere das Normalverfahren der Division mit Rest ist stets Gegenstand der Diskussion. Hier finden sich verschiedene Formen:

$$597 : 8 = 74 \text{ (Rest 5)}_8 \qquad 597 : 8 = 74 \text{ R } 5 \qquad (597 - 5) : 8 = 74$$
$$597 : 8 = 74 + \tfrac{5}{8} \qquad 597 = 8 \cdot 74 + 5 \qquad 597 : 8 = 74 + (5 : 8)$$

R. Schmidt schlägt vor, das Ergebnis der schriftlichen Division in Bruchzahlen zu schreiben, z. B. $597 : 8 = 74\tfrac{5}{8}$. Diese Auseinandersetzung wurde beispielsweise von L. Goor, mit der Konstruktion einer neuen (aber wenig praktikablen) Teilungsmethode, und später von H.-D. Gerster und H. Eidt weitergeführt.

Das bayerische Grundschullehrplan hat nun auf die frühere Restschreibweise zurückgegriffen und kommt damit sicherlich dem Verständnisniveau der Kinder entgegen. Die Fehlerhaftigkeit dieser Schreibweise ist immer wieder hervorgehoben worden; dabei wird auf die Mehrdeutigkeit der Ergebnisse hingewiesen, z. B. bei $13 : 4 = 3 \text{ R } 1$ und $100 : 33 = 3 \text{ R } 1$.

Nachdem die Diskussion aber auf der Ebene der Mathematiker stattfindet und eine spätere Präzisierung der Ergebnisschreibweise durch diese Darstellung nicht verbaut wird, sollte im Blick auf die Leistungsfähigkeit des Schülers diese Entscheidung im bayerischen Grundschullehrplan respektiert werden. Im übrigen wird kein Schüler auf die Idee kommen, nun die Divisionsaufgaben gleichzusetzen: $13 : 4 = 100 : 33$ (falsch). Weil jedoch nur der Mathematiker diese Gleichsetzung (zur oben erläuterten Beweisführung) vornimmt, wäre es hier eine definitorische Aufgabe, das „R" so zu beschreiben, daß die Gleichsetzung wieder möglich ist. Sinngemäß: „R" bedeutet den Rest bezüglich des jeweiligen Divisors.

3. Forderungen

a) Die Einführung richtet sich nach den gegebenen Lernvoraussetzungen:
Normalverfahren als „Endstation im Rechenlernprozeß": zählendes, automatisiertes, denkendes, halbschriftliches, schriftliches Rechnen (vgl. Kolbinger, S. 75 f.).

b) Dem Verfahren gehen das tatsächliche Tun und die bildhafte Darstellung voraus
(Konkretisierung)

c) Den Schülern sollen die einzelnen Schritte des Verfahrens einsichtig sein

d) Geläufigkeit und Sicherheit des Verfahrens sollen eingeübt werden

e) Die schwierigen Stellen der Verfahren sind zu isolieren und individuell zu behandeln

Z. B. Zehnerübergang und die Nullen (bei der Division)

4. Übersicht über Inhalte des Lehrplans

– Voraussetzungen:

	Addition/Subtraktion	Multiplikation/Division
1. Jgst.	Fähigkeit: Nach Vorschrift austauschen Addieren und Subtrahieren Bündelspiele, Zehnertausch, auf 10 und 20	Fähigkeit: Sortieren und Zusammenfassen Verdoppeln und Halbieren; Zehner und Einzelne; Ergänzen
2. Jgst.	Zahlbeziehungen: Zerlegen Tausch- und Umkehraufgaben Aufgaben mit Platzhalter	Zahlmengen: Zweier-, Dreierzahlen, . . . Halbieren und Verdoppeln
2. Jgst.	Verstehen der Stellenwertschreibweise: Bündeln und entbündeln, Übertragen der Ergebnisse in einer Stellenwerttafel, Zerlegen von Zahlen in Zehner und Einer	
	Ergänzen Über- und Unterschreiten des benachbarten Zehners	Bilden von Zahlenfolgen; Verstehen von Multiplikation und Division; Einmaleinssätze mit 10, 5; 2, 4, 8
3. Jgst.	Stellenwerttafel Zusammensetzung von Ziffern und Zahlen	Zusätzlich: Einmaleinssätze mit 3, 6, 9, 7 Multiplizieren von zweistelligen Zahlen Dividieren durch einstellige Zahlen und durch Zehnerzahlen

– Schriftliches Verfahren:

	Addition/Subtraktion	Multiplikation/Division
	Addition: dreistellige Zahlen Subtraktion: dreistellige Zahlen	
4. Jgst.	Rechnen mit großen Zahlen (bis zur Million)	Multiplizieren: mit ein-, zwei- und dreistelligen Zahlen Dividieren: durch ein- und zweistellige Zahlen

Literatur

Feil, S.: Zur Behandlung der schriftlichen Rechenverfahren im Unterricht der Grundschule. In: Lauter [1], S. 103–148

4.2.4.2 Verlaufsgliederung

1. Strukturmodell

Vorbereitung	
Rechenfertig-keitsübung	Vorbereiten der Operation durch entsprechende Übungen, in denen die Zahloperationen enthalten sind
Aufgabenstellung	Übergabe eines Problems, einer Textaufgabe; Klärung des Sachverhalts; Feststellen des Rechenproblems
Lösung mit dem bekannten Verfahren	Ausrechnen der Aufgabenstellung mit den bisher zur Verfügung stehenden rechnerischen Mitteln; mündliche Beantwortung der Fragestellung
Zielangabe	Hinweisen auf das gewählte Verfahren und Ankündigung einer Methode, die vorteilhafter ist
Erarbeitung des Normalverfahrens	Tätiges Ausführen der Operation:
Veranschaulichung des Verfahrens	Zusammenlegen von Beträgen, Wegnehmen von konkreten Dingen; ggf. Wiederholen des Vorgangs mit Symbolen; Auswahl der zutreffenden Tätigkeit: Zusammenfügen, Ersetzen, Zerlegen, Auffüllen, Bündeln, Entbündeln, Aufschreiben von Zahloperationen, Vergleichen; grafisches Darstellen; Rechnen mit der Stellenwerttafel; Verbalisieren des Tuns; Abbilden des Vorgangs auf Folie, Hafttafel oder Wandtafel; Übertragen ins Heft oder auf das Arbeitsblatt (Einzelarbeit!); Vergleichen mit der anfänglich gefundenen Lösung
Festlegung der Endform	Fixieren der Sprech- und Schreibweise; erstes Einüben durch Sprechen im Chor bzw. Aufschreiben im Heft; simultanes Sprechen und Schreiben; in der ersten Einführungsstunde können noch Hilfen gebraucht werden (z. B. . . .13 Einer, 3 Einer an, 1 Zehner gemerkt), die später abgebaut werden (z. B. 8, 13; 3 an, 1 gemerkt).
Sicherung	
Arbeitsrückschau	Sprechen über die Neuartigkeit des Vorgehens; Hervorheben der Unterschiede; Formulieren der Vorteile
Übung	Rechnen von Beispielen mit neuem Zahlenmaterial, dazu exaktes Sprechen; Vormachen durch S; selbständiges Lösen einiger Aufgaben

2. *Unterrichtsbeispiel:* Wir wechseln um (Einführung in das schriftliche Addieren mit Zehnerübergang),

3. Jahrgangsstufe

Artikulation/ Inhalt	Unterrichtsaktivitäten/ Sozialformen/Medien

I. Rechenfertigkeitsübung

1. Schriftliches Addieren ohne Zehnerüberschreitung

S rechnen die Aufgaben des Arbeitsblattes, Nr. 1, schriftlich in Einzelarbeit; L betreut die schwächeren S Kontrolle durch Folie (identisch mit Arbeitsblatt)

2. Addieren: mündlich

4	6	7	7	8
5	4	3	5	3
2	9	5	8	6
8	8	4	6	8
7	9	7	9	5

An der Tafel ist ein Ziffernfeld vorbereitet; eine rechteckige Maske (z. B. aus Pappe) läßt immer 2 Ziffern erscheinen (die S bilden daraus die Summe); die S nennen nur die Summe (Beschleunigung des Tempos)

II. Erarbeitung des Normalverfahrens

1. Rechensituation

a) Aufgabenstellung
Frau Berger hat sich einen Mantel gekauft.
Wieviel Geld sie dafür hergibt, kannst du selbst auf den „Kassentisch" legen!
(228 DM)

L
Tafelzeichnung: Mantel mit Preisschild
Auftrag

1 S legt den Betrag mit Spielgeld auf den Arbeitsprojektor

Dazu kauft sie sich ein Kleid!

(134 DM)

L
Tafelzeichnung: Kleid mit Preisschild
1 S legt den Betrag mit Spielgeld auf den Arbeitsprojektor

b) Lösung mit bekanntem Verfahren
Die Frau an der Kasse wird nun eine Rechenaufgabe lösen!

Impuls
S äußern sich
TA

Addieren Summe

Artikulation/ Inhalt	Unterrichtsaktivitäten/ Sozialformen/Medien

Sie hat verschiedene Möglichkeiten, die Summe herauszufinden!

Impuls
S äußern sich und nennen die Lösung

c) Zielangabe
Wir werden nun einen Rechenweg herausfinden, der dir hilft, später rasch zu addieren.

2. Addieren in der Bündelstufe

a) Handelnder Vollzug
Lege nun das Geld so, daß wir die Summe gut sehen!

L mit Hinweis auf Arbeitsprojektor

Beim Legen haben wir schon geordnet.

Impuls

(Evtl.: Diese Spalten haben einen Namen!)

H   Z   E

TA,
S tragen dies in das Arbeitsblatt ein

b) Zeichnerische Darstellung
Damit wir alle selbst einmal diese Rechengeschichte lösen, werden wir diese Aufgabe zeichnen.

L

Hier ist schon einiges vorbereitet!

Impuls mit Hinweis auf das teilweise vorbereitete TB (Stellenwerttafel mit Geldbeträgen): Die Felder mit den Teilbeträgen (228 DM, 134 DM) sind bereits ausgefüllt

Zeichne die Beträge so ein, daß wir jetzt die *Summe* sehen!

Auftrag

(Evtl.: Worauf müssen wir achten, wenn wir alles in das Summenfeld schieben?
Ergebnis: Einer bleiben in der Einerspalte; . . .)

S ergänzen die Zeichnung (an der Tafel und im Heft)

c) Symbolische Darstellung
Die Aufgabe kann ohne Zeichnung noch rascher gelöst werden!

Impuls

H	Z	E	
2	2	8	DM
+ 1	3	4	DM
3	5	12	DM

S rechnen an der Tafel vor

3. Die Stellenüberschreitung als besonderes Verfahren

Nun haben wir das Ergebnis endlich als Zahl dastehen!
(Evtl.: Diese Zahl ist aber umständlich zu lesen!)
Überlege dir nun mit deiner Gruppe, was wir tun können, damit das Ergebnis richtig dasteht!

Impuls

S äußern sich
Auftrag

Gruppenarbeit

Auswertung:
Lösungsvorschläge der S

a) Symbolisch

Auslöschen der Ziffer 1 in der Einerspalte und der Ziffer 5 in der Zehnerspalte, Ergänzung zur richtigen Lösung; Pfeil eintragen

H	Z	E	
2	2	8	DM
+ 1	3_1	4	DM
3	6	2	DM

b) Zeichnerisch

10 Einer zusammenfassen, siehe TB

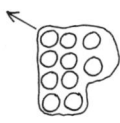

c) Handelnd

Am Arbeitsprojektor: Austauschen der 10 Einer gegen 1 Zehner

d) Erkenntnis
Wir müssen umwechseln

S formulieren Erkenntnis,
TA, Eintrag auf das Arbeitsblatt

Artikulation/ Inhalt	Unterrichtsaktivitäten/ Sozialformen/Medien
4. Festlegung der Endform	
a) Sprechweise am Beispiel der bishe- rigen Aufgabe	Sprechen im Chor, nachsprechen einzeln
b) Schreib- und Sprechweise an neuen Aufgaben	Aufgaben an Tafel; in Klassenarbeit, S lösen Aufgabe, gemeinsames Sprechen
III. Sicherung	
1. Beurteilung des neuen Verfahrens	
	S sprechen über das Besondere des Verfahrens und über die Vorteile
2. Übung	– Partnerarbeit: drei Aufgaben des Arbeitsblattes; – Einzelarbeit: weitere Aufgaben des Arbeitsblattes

Addieren: *Wir wechseln um*

1.) *Aufgabe*:

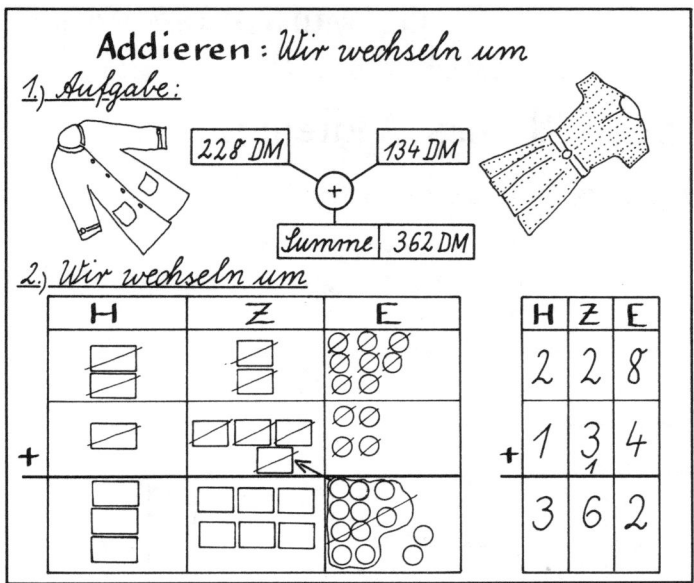

228 DM + 134 DM

Summe | 362 DM

2.) *Wir wechseln um*

H	Z	E
2	2	8
+ 1	3	4
3	6	2

3.) *Wir rechnen neue Aufgaben*

337 DM	603 DM	26 DM	142 DM
+245 DM	+ 47 DM	34 DM	+398 DM
582 DM	650 DM	+ 26 DM	540 DM
		86 DM	

4	6	7	7	8
5	4	3	5	3
2	9	5	8	6
8	8	4	6	8
7	9	7	9	5

Abb. 27: Tafelbild zur UZE „Wir wechseln um"

Schriftliches Addieren

1.) Diese Aufgaben kannst du schon!

```
   23        45        47       314       238
 + 43      + 32      + 52      + 62      +141
 ─────     ─────     ─────     ─────     ─────
 ═════     ═════     ═════     ═════     ═════
```

2.)

3.) Wir üben

```
   155 DM        367 DM        34 DM        103 DM
 + 326 DM      + 313 DM        17 DM         89 DM
 ─────────     ─────────     + 43 DM       +402 DM
       DM                    ───────       ───────
 ═════════     ═════════     ═══════       ═══════


   485 l         274 l         638 l         557 l
 + 220 l       + 358 l       + 199 l       + 257 l
 ───────       ───────       ───────       ───────
 ═══════       ═══════       ═══════       ═══════
```

Abb. 28: Arbeitsblatt zu UZE „Wir wechseln um"

4.2.5 Größen

4.2.5.1 Didaktische Anmerkungen

1. Begriff

Größe: Bezeichnung für das an einem Gegenstand oder Vorgang meßbare oder zählbare Phänomen. In der Grundschule werden Geldbeträge, Längen, Flächen- und Rauminhalte, Gewichte, Zeitpunkte und Zeitspannen verwendet. Häufig wird auch die Anzahl einer bestimmten Gegenstandsmenge angegeben, z. B. 5 Bälle; dies kann man als „Stückgröße" (H. Griesel) bezeichnen.

2. Übersicht über Inhalte des Lehrplans

1. Jgst.	Bilden von Mengen mit gleich vielen Gegenständen; Rechnen mit Geld, Münzwechsel
2. Jgst.	Spielhandlungen, wie Auffüllen von Packungen, Regalen usw., Übungen am Lineal oder Maßband; Gegenstände gleichmäßig verteilen; Fähigkeit, mit den Längeneinheiten m und cm zu messen und zu rechnen
3. Jgst.	Fähigkeit, Größen in gebräuchlichen Einheiten zu schätzen, zu messen und zu vergleichen; Längen: km, m, dm, cm, mm; Hohlmaß: hl, l; Gewichte: t, kg, g; Kennen der Kommaschreibweise bei DM und Pf
4. Jgst.	Fähigkeit, mit einfachen Tabellen, Zeitplänen und Schaubildern umzugehen

3. Forderungen

a) Der Begriff einer Größe entwickelt sich aus den eigenen Erfahrungen des Kindes
Durch praktisches Abzählen und Messen erfahren die Schüler „Länge", „Raum", „Gewicht" oder „Zeit".

b) Größen werden an verschiedenen Gegenständen bzw. in verschiedenen Sachsituationen festgestellt

c) Die Einführung in das Messen von Größen soll mit verschiedenartigen Meßgeräten erfolgen

d) Das Umwandeln von Größen bedarf weiterhin eigens angesetzter Übungsphasen

Literatur

Lauter, J.: Die Behandlung von Größen im Unterricht der Grundschule. In: Lauter [1], S. 85–102

4.2.5.2 Verlaufsgliederung

1. Strukturmodell (Einführung)

Hinführung

Problemstellung — Vorstellen einer Situation, in der eine Strecke, ein Gewicht usw. festgestellt werden müssen

Problemfixierung — Formulieren einer Fragestellung; diese wird an Folie/Tafel festgehalten

Aufbau des Begriffs

Erarbeitung qualitativer Aussagen — Vergleichen von Gegenständen bezüglich der gewählten Größe; qualitativer Vergleich durch Verwendung von Einschätzübungen, z. B. „leichter – schwerer":
a) unmittelbarer Vergleich, z. B. Nebeneinanderlegen zweier Stäbe oder Abwiegen auf der Balkenwaage;
b) Mittelbarer Vergleich (d. h. Vorgeben von Situationen, in denen die Gegenstände keinen direkten Vergleich erlauben), z. B. Längen von Fensterbrett, Schaukasten, Tafelkante vergleichen

Erarbeitung quantitativer Aussagen — Quantitativer Vergleich durch Verwendung von Maßeinheiten:
a) Willkürliche Einheiten: „Einpassen" selbst gewählter Einheiten, z. B. Fußlänge, Handbreite, auch ein beliebiger Gegenstand (Cuisenaire-Stäbchen als Gewichtseinheit); Übergang zu stabilen, einfachen bzw. leicht transportierbaren Objekten (als Einheiten);
b) Genormte Maßeinheiten: Erkennen, daß eine allgemeingültige Maßeinheit notwendig ist; Übergabe des Begriffs und der Einheit
Herstellen von Zusammenhängen mit evtl. bereits bekannten Einheiten; ggf. Konkretisieren durch Ausfüllen, Umschütten, Auslegen usw. (z. B. Die Einheit mm ist 10 mal kleiner als cm, deshalb ist das Ergebnis in mm 10 mal größer als in cm.)

Sicherung

Anwendung — Ausmessen verschiedener Objekte mit der erarbeiteten Maßeinheit; Verwenden der neuen Begriffe; auch Bilden eigener Fragestellungen (z. B. Ich wiege meine Schultasche.)

Operative Übung — Hinweisen auf die Invarianz von Längen (z. B. Schnur) oder Gewichten (z. B. Plastilin verformen); Ersetzen von Meßgegenständen durch gleichwertige (50-g-Gewicht durch 5 mal 10-g-Gewichte)

2. *Unterrichtsbeispiel:* Das Komma trennt Mark und Pfennig
(Einführung in die Kommaschreibweise bei DM und Pf),

3. Jahrgangsstufe

▲ 4

Artikulation/ Inhalt	Unterrichtsaktivitäten/ Sozialformen/Medien

I. Rechenfertigkeitsübung

1. Zerlegen von Zahlen im Zahlenraum bis 1000

z. B. 582 = 5H 8Z 2E   S zerlegen Zahlen

2. Umtauschen von Pfennigen in D-Mark

z. B. 253 Pf = 2 DM 53 Pf   Einzelarbeit schriftlich

II. Erarbeitung

1. Sachsituation

Am Obststand   Vorbereitete Tafelzeichnung
z. B. 1 D-Mark 32 Pfennige   L notiert Preise an Tafel

2. Konkretes Operieren

    S legen die entsprechenden Beträge
    mit Spielgeld
1   3   2   Ergänzen der TA

3. Symbolische Darstellung

    Fixieren der Kommaschreibweise an
    der Tafel (TB Nr. 1)
1,32 DM

4. Erkenntnisbildung

Aufgabe des Kommas   S besprechen sich in Gruppenarbeit
    Ergänzung des TB (Siehe Nr. 2!)

III. Sicherung

1. Anwendung

    a) Lesen und Schreiben von Fahr- und
    Eintrittspreisen
    b) Einzelarbeit, schriftlich ins Heft:
    Siehe TB Nr. 3!

2. Operative Übung

Umwandeln von der Kommaschreib-   Folie, in Klassenarbeit
weise in die ausführliche Darstellung

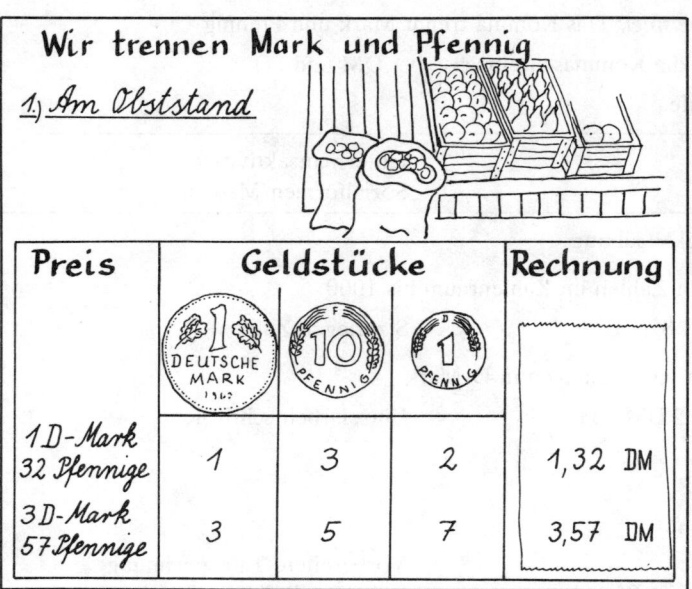

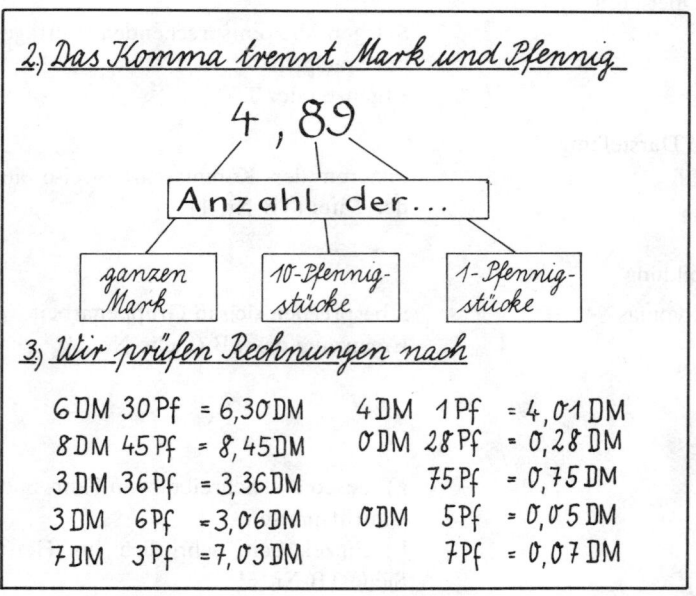

Abb. 29: Tafelbild zur UZE „Wir trennen Mark und Pfennig"

4.2.6.1 Didaktische Anmerkungen

1. Begriff

H. Maier unterscheidet drei Arten von „Aufgabentypen der Zahl-Sache-Beziehung": a) die eingekleidete Aufgabe, bei der Zahloperationen im Vordergrund stehen und der verwendete Sachzusammenhang „belanglos und auswechselbar" (Maier, S. 166) ist; b) das Sachproblem, das im Kern „eine Frage nach sachlicher Information" (ebd. S. 164) enthält und nicht die Zahloperation in den Mittelpunkt stellt; c) die Textaufgabe, die eine „Mittelstellung zwischen eingekleideten Aufgaben und Sachproblemen" einnimmt und „eine schulische Kunstform" darstellt, „mit deren Hilfe die Schüler das Lösen von Sachproblemen erlernen sollen" (ebd. S. 165).

2. Übersicht über Inhalte des Lehrplans

1. Jgst.	Nachspielen und Nachlegen von Sachsituationen, grafisch einfach darstellen; Erfinden von einfachen Rechengeschichten zu Handlungen, Bildern und vorgegebenen Gleichungen; Rechnen mit Stückzahlen in Handlungssituationen
2. Jgst.	Erfinden kleiner Rechengeschichten und Darstellen in Zahlen; Rechengeschichten in Bildern und Skizzen; Auffinden von Sachsituationen zu Rechnungen; Fähigkeit, einfache Sachaufgaben zu lösen: z. B. Beschreiben von Sachzusammenhängen anhand von Skizzen und Bildkarten, Zuordnen von Zahlen, Suchen und Begründen eigener Rechenwege, Finden von Möglichkeiten der Überprüfung des Ergebnisses, Formulieren von Fragen und Notieren von Aufgaben, Erschließen und Bearbeiten kurzer Textaufgaben in entsprechender Schrittfolge
3. Jgst.	Anwenden von Rechenvorteilen beim Lösen von Sachaufgaben; Anwenden des schriftlichen Verfahrens in Sachaufgaben. Fähigkeit, Sachaufgaben zu lösen. Kennen verschiedener Lösungshilfen: z. B. Durchdringen der Sachsituation unter Anwendung verschiedener klärender Darstellungsweisen, Zuordnen von Zahlen und Operationen, Formulieren der Rechenantwort
4. Jgst.	Sachbezogenes Rechnen mit bekannten Größen Fähigkeit, mit einfachen Tabellen, Zeitplänen und Schaubildern umzugehen: z. B. Erstellen von Tabellen nach selbst ermittelten Daten Fähigkeit, Sachaufgaben selbständig zu lösen: z. B. Selbständige Lösungsversuche, Vorstellen und Begründen verschiedener Lösungswege

3. Bedeutung

- Mittel zur Konkretisierung mathematischer Sachverhalte
- Mittel zur Förderung der Bewältigung von Zahl-Sache-Beziehungen: Erfassen von Sachverhalten, Ablösen der zur Lösung notwendigen Zahlen, Verknüpfen der Zahlen zu Rechenoperationen
- Mittel zur Förderung des beweglichen Denkens: Entscheidung für einen ökonomischen Rechenweg, Herstellen von Sachzusammenhängen, Auffinden von Zusammenhängen zwischen den Zahlangaben
- Beitrag zum problemlösenden Denken
- Beitrag zur Schulung der Rechenfähigkeit und -fertigkeit
- Hilfe zur Motivierung für die Auseinandersetzung mit mathematischen Begriffsbildungen und Verfahren

4. Forderungen

a) Der Text soll lebensecht und sprachlich durchschaubar sein und die Rechenproblematik erkennen lassen
Auf die Bedeutung der Aufgabenstellung wurde in letzter Zeit des öfteren verwiesen; zur Überprüfung des Aufgabentextes können Aufgabenvariablen nützlich sein, die Maier/Schubert (ebd. S. 19–57) detailliert darstellen: „Komplexität (hier: Anzahl, Art und Zusammenhang der zur Lösung notwendigen Rechenoperationen); rechnerische Schwierigkeit; Art der im Aufgabentext beschriebenen Sachsituation; Datenfolge im Aufgabentext; Angaben über das Bearbeitungsziel (Vorhandensein bzw. Fehlen einer expliziten Frage im Aufgabentext); sprachliche Darstellung und grafische Darbietung des Aufgabentextes" (Maier/Schubert, S. 20).

b) Der Text soll dem Leistungsvermögen der Schüler hinsichtlich Sachverhalt, Wortwahl, Satzbau, mathematischem Verständnis und rechnerischen Fertigkeiten entsprechen.

c) Die unterschiedliche Leistungsfähigkeit der Schüler in der Lerngruppe soll durch Differenzierung berücksichtigt werden.

d) In den einzelnen Phasen beim Lösen einer Sachaufgabe sollen adäquate Lernhilfen den Schüler unterstützen:
Erschließung des Sachverhalts, z. B. durch eine Situationsskizze – Klärung des mathematischen Sachverhalts, z. B. durch ein Streifenmodell – Durchführung der Rechnung, z. B. Hinweis auf Zehnerüberschreitung

Literatur

1. Berkmüller/Klopfer: Sachrechnen in der Grundschule. In: Barsig u. a. [2], 106–145
2. Maier/Schubert: Sachrechnen. Ehrenwirth, München 1978

1. *Strukturmodell*

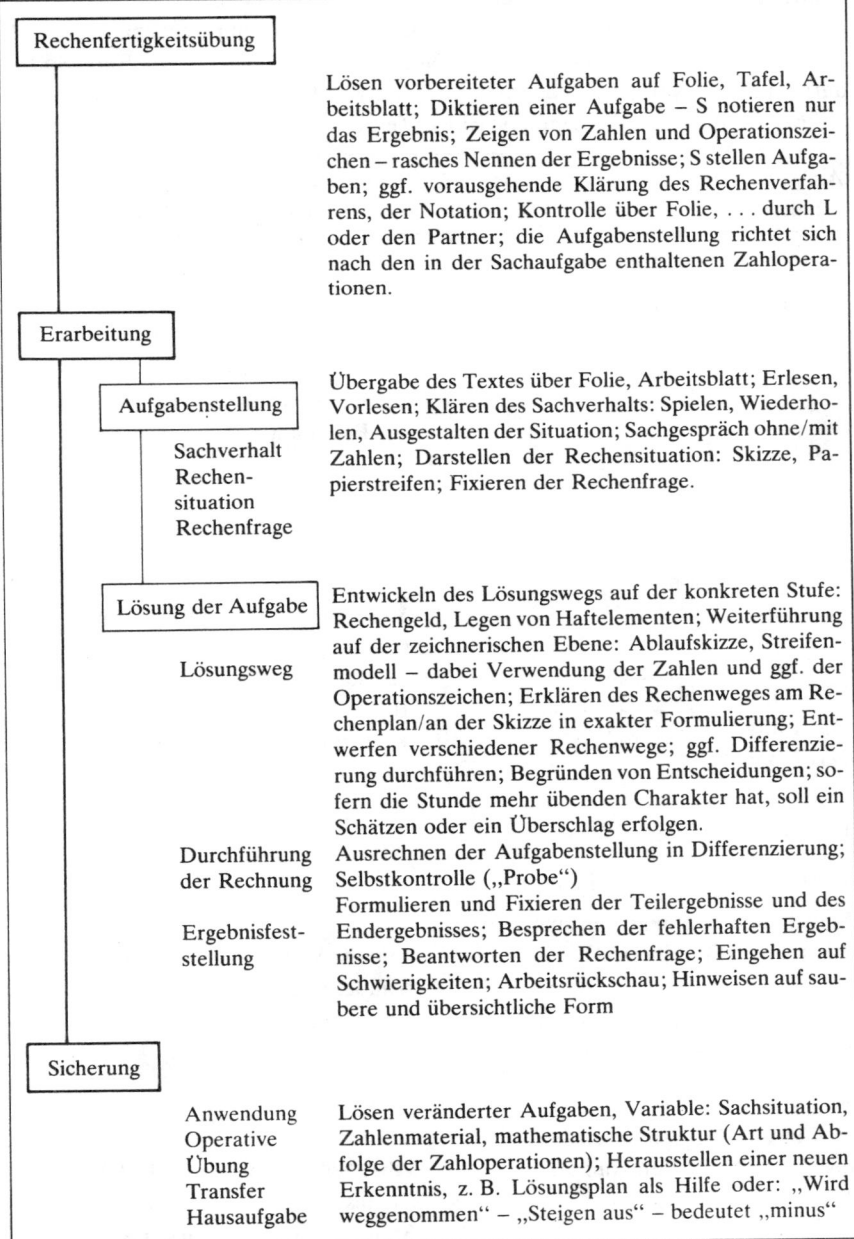

Rechenfertigkeitsübung

Lösen vorbereiteter Aufgaben auf Folie, Tafel, Arbeitsblatt; Diktieren einer Aufgabe – S notieren nur das Ergebnis; Zeigen von Zahlen und Operationszeichen – rasches Nennen der Ergebnisse; S stellen Aufgaben; ggf. vorausgehende Klärung des Rechenverfahrens, der Notation; Kontrolle über Folie, . . . durch L oder den Partner; die Aufgabenstellung richtet sich nach den in der Sachaufgabe enthaltenen Zahloperationen.

Erarbeitung

Aufgabenstellung

Sachverhalt
Rechen-
situation
Rechenfrage

Übergabe des Textes über Folie, Arbeitsblatt; Erlesen, Vorlesen; Klären des Sachverhalts: Spielen, Wiederholen, Ausgestalten der Situation; Sachgespräch ohne/mit Zahlen; Darstellen der Rechensituation: Skizze, Papierstreifen; Fixieren der Rechenfrage.

Lösung der Aufgabe

Lösungsweg

Entwickeln des Lösungswegs auf der konkreten Stufe: Rechengeld, Legen von Haftelementen; Weiterführung auf der zeichnerischen Ebene: Ablaufskizze, Streifenmodell – dabei Verwendung der Zahlen und ggf. der Operationszeichen; Erklären des Rechenweges am Rechenplan/an der Skizze in exakter Formulierung; Entwerfen verschiedener Rechenwege; ggf. Differenzierung durchführen; Begründen von Entscheidungen; sofern die Stunde mehr übenden Charakter hat, soll ein Schätzen oder ein Überschlag erfolgen.

Durchführung
der Rechnung

Ausrechnen der Aufgabenstellung in Differenzierung; Selbstkontrolle („Probe")

Ergebnisfest-
stellung

Formulieren und Fixieren der Teilergebnisse und des Endergebnisses; Besprechen der fehlerhaften Ergebnisse; Beantworten der Rechenfrage; Eingehen auf Schwierigkeiten; Arbeitsrückschau; Hinweisen auf saubere und übersichtliche Form

Sicherung

Anwendung
Operative
Übung
Transfer
Hausaufgabe

Lösen veränderter Aufgaben, Variable: Sachsituation, Zahlenmaterial, mathematische Struktur (Art und Abfolge der Zahloperationen); Herausstellen einer neuen Erkenntnis, z. B. Lösungsplan als Hilfe oder: „Wird weggenommen" – „Steigen aus" – bedeutet „minus"

2. *Unterrichtsbeispiel:* Wir lösen eine Textaufgabe,

3. Jahrgangsstufe

Schwerpunkt: Umsetzen einzelner Sachsituationen in Rechenoperationen
Vorbereitet: Filztafel mit Zahlenkärtchen, Tafelanschrift mit Rechenaufgaben,
Tafelbild, Folie und Arbeitsprojektor, Bildkarten (3 mal Gutschein, Burg, Spiel-
auto, Spielfiguren), Zahlenkärtchen (25 DM, · 2, 35 DM, 59 DM, 12 DM,
7 DM); für die Hand des Schülers: Block, Textblatt, Farbstifte: blau, grün, gelb

Artikulation/ Inhalt	Unterrichtsaktivitäten/ Sozialformen/Medien

I. Rechenfertigkeitsübung

1. Additive Aufgabenstellungen

+		=
24	16	
52		80
38	38	
	54	81
47		74

Zahlenkärtchen auf Filztafel, Klassenarbeit, S suchen sich die Aufgabe aus,
die sie lösen können und sprechen dann
die Rechnung vor

2. Multiplikation

Vorbereitete TA, in Einzelarbeit
schriftlich;
ggf. leichtere Aufgaben nur für Gruppe
B
Kontrolle: durch Partner, S ergänzen
TA

Die Hälfte	15		
Das Einfache		22	18
Das Doppelte			72

II. Problemstellung

1. Hinführung zur Sachsituation

Manchmal erhält man von einem Ge-
schäft einen Gutschein.

L
Impuls: Vorzeigen eines Gutscheins
S äußern sich

Dieter hatte bei einem Malwettbewerb
mitgemacht und dabei gewonnen.

L

2. Textbegegnung

a) Entscheidungssituation
bis: „. . . alles kaufen könnte!"

Über Folie erscheint ein Teil des
Textes
Spontane Äußerungen der S

Artikulation/ Inhalt	Unterrichtsaktivitäten/ Sozialformen/Medien
b) Fortsetzung der Rechengeschichte	Rest der Textaufgabe: S erlesen Text auf dem Textblatt Äußerungen zum Text
3. Zielangabe Wir werden jetzt zusammen versuchen, diese Aufgabe zu lösen Wir lösen eine Textaufgabe	L TA durch L S drehen das Textblatt um (bzw. verdecken)
III. Problemanalyse	
1. Klärung des Sachverhalts	
a) Darstellung des Inhalts Nachdem du nun die Geschichte von Dieter gelesen hast, kannst du sie mit Hilfe von Bildern nochmals selbst erzählen.	L L zeigt Bilder S sprechen dazu
b) Erkennen der Beziehungen Bestimmte Bilder gehören zusammen!	Impuls S heften Bilder an die Tafel (bei Nr. 2 des TB)
3 Gutscheine Bilder von Ritterburg, Spielauto und Spielfiguren	ggf. gruppiert L die Bilder

Diese Bilder sind jetzt so geordnet, daß sie dir verschiedene Teile der Aufgabe zeigen!	Impuls mit Hinweis auf die Bilder an der Tafel
Erarbeitung der Begriffe: „Gesamtbetrag", „Ausgabe bisher" („schon verbraucht") „Rest"	in Klassenarbeit

Artikulation/ Inhalt	Unterrichtsaktivitäten/ Sozialformen/Medien
2. Formulierung der Rechenfragen	
Überlege dir nun mit deinem Partner Fragen zur Aufgabe! (Was möchtest du wissen?)	Auftrag
	Partnerarbeit Auswertung, dabei TA durch L (TB Nr. 1)
IV. Problemlösung	
1. Teilziel: Feststellung der nötigen Größen	
Um diese Fragen zu beantworten, brauchen wir bestimmte Zahlen!	Impuls
Diese Angaben brauche ich	TA durch L
	S unterstreichen auf ihrem Textblatt die entsprechenden Zahlen; ggf. S. färben die Zahlen ein: Gesamtbetrag: grün, Ausgabe bisher: gelb, Restliche Zahlen: blau
z. B. Ritterburg – 59 DM	S ersetzen die Bildkarten an der Tafel durch die entsprechenden Zahlenkärt- chen
2. Teilziel: Lösung der Aufgabe	
Differenzierung	

| Gruppe A
Rechnet in Einzelarbeit | Gruppe B
An der Tafel:
Erarbeitet mit Hilfe des L den Lö-
sungsweg

Notieren der Aufgaben für die Neben-
rechnung (NR):
$25\ DM \cdot 2 =$, . . . |

218

Artikulation/ Inhalt	Unterrichtsaktivitäten/ Sozialformen/Medien	▲ 4
An der Tafel: Überprüfung und Ergänzung der Nebenrechnung	Rechnet in Einzelarbeit	
S der Gruppe A helfen den S der Gruppe B; restliche S der Gruppe A: Auffinden alternativer Lösungswege		
3. Teilziel: Beantwortung der Rechenfragen	in Klassenarbeit, TA durch L	
V. Arbeitsrückschau		
Feststellen der Wörter aus dem Aufgabentext, die uns auf bestimmte Operationen hinweisen	in Gruppenarbeit Auswertung: in Klassenarbeit	
VI. Anwendung		
Analogiebeispiel	Qualitative Differenzierung: (Siehe Textblatt!) in Einzelarbeit	

4

NAME	KL.	DATUM	MATHEMATIK	NR.

Textaufgaben

Das Spielwarengeschäft SPIELFIX
hatte einen Malwettbewerb veranstaltet.
Dieter hatte mitgemacht
und sogar gewonnen:
1 Gutschein zu 35 DM und
2 Gutscheine zu 25 DM.
Was man da alles kaufen könnte!

Dieter nimmt sich eine Ritterburg zu 59 DM
und ein Spielzeugauto zu 12 DM.
Nun steht er vor dem Regal mit Spielfiguren.
Eine Schachtel davon kostet 7 DM.

GRUPPE

Am Anfang der Woche werden beim Malerbetrieb STREICHER Kübel mit Farbe bereitgestellt.

Es sind drei Kübel zu je 25 kg und ein Kübel zu 15 kg.

Die Malergruppe I verbraucht bis Freitag 29 kg Farbe, die Malergruppe II verbraucht 47 kg Farbe.

Nun soll der Rest der Farbe in kleine Kübel gegossen werden. Es stehen Kübel zu 3 kg und 5 kg bereit.

GRUPPE

Am Anfang der Woche werden beim Malerbetrieb STREICHER Kübel mit Farbe bereitgestellt.

Es sind 3 Kübel zu je 25 kg und ein Kübel zu 15 kg.

Die Malergruppe I verbraucht bis Freitag 38 kg Farbe, die Malergruppe II verbraucht bis Freitag 40 kg Farbe.

Nun soll der Rest der Farbe in kleine Kübel gegossen werden.
In einen kleinen Kübel passen 3 kg Farbe.

Wieviele kleine Kübel können gefüllt werden?

Abb. 30: Textblatt zur UZE „Wir lösen eine Textaufgabe"

Wir lösen eine Textaufgabe

Text siehe Aufgabenblatt Nr.___!

1.) Das möchte ich wissen

Gesamtbetrag?

Wieviel schon verbraucht?

Rest?

Wie viele Schachteln?

2.) Diese Angaben brauche ich

25 DM	(·2)	35 DM

59 DM	12 DM

7 DM

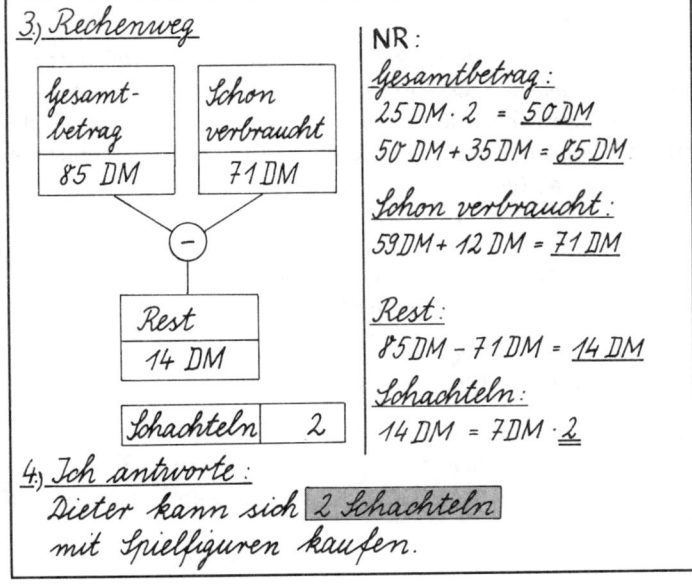

3.) Rechenweg

Gesamt-betrag	Schon verbraucht
85 DM	71 DM

(−)

Rest
14 DM

Schachteln	2

4.) Ich antworte:

Dieter kann sich 2 Schachteln mit Spielfiguren kaufen.

NR:

Gesamtbetrag:

25 DM · 2 = 50 DM

50 DM + 35 DM = 85 DM

Schon verbraucht:

59 DM + 12 DM = 71 DM

Rest:

85 DM − 71 DM = 14 DM

Schachteln:

14 DM = 7 DM · 2

Abb. 31: Tafelbild zur UZE „Wir lösen eine Textaufgabe"

4.2.7.1 Didaktische Anmerkungen

1. Begriffe

a) Wiederholen

Beim Wiederholen „wird etwas einmal Gelerntes, das nicht mehr voll zur Verfügung steht, wieder ins Bewußtsein gerückt. Der Lerninhalt wird erinnert, um nicht in Vergessenheit zu geraten" (Zitterbart, S. 182).

b) Üben

Maßnahme zur Steigerung und Speicherung von Leistungsformen (Wissen, Verhalten, „Erfahrungen", Bewegungen) mit dem Ziel der Verbesserung bzw. des Verfügbarmachens dieser Leistungsformen.

c) Operatorische Übungen

„. . . *sind die Übungen, deren Aufgabe es ist, unmittelbar nach der Einführung eine neue Operation oder einen neuen Begriff mit dem Umfeld,* mit verwandten Begriffen oder Operationen, . . . *zu verbinden* (i. O. kursiv, Anm. d. Verf.)" (Vortmann/Schmid, S. 13).

d) Fertigkeitsübungen

„. . . wollen eine Operation automatisieren oder geläufig machen" (ebd. S. 13).

e) Operative Übung

„Eine Form der Fertigkeitsübung ist die *operative Übung . . . Ihre Aufgabe ist es, das Denken flexibel zu gestalten* (i. O. kursiv, Anm. d. Verf.)" (ebd. S. 13). Sie „will also mit dem jeweiligen Inhalt auch den Gebrauch von Einsicht üben; das Denken soll trotz aller notwendigen Geläufigkeit und Automatisierung nicht an eine Bahn gebunden werden" (ebd. S. 12).

2. Formen

a) Übung als Teil der Stufung einer Einführungsstunde

Vorphase – Erarbeitungsphase („Der neue Stoff") – Übungsphase

b) Übung als Teil einer Unterrichtssequenz

1. UZE: Einführung, 2.–4. UZE: Einüben des neu Gelernten.

c) Übung als tägliche Fertigkeitsübung

Sie wird meist zu Beginn einer Mathematikstunde angesetzt („10-Minuten-Rechnen", „Kopfrechnen", „Rechenfertigkeitsübung", „Warming up", „Vorbereitende Rechenübung")

3. Bedeutung

a) der operativen Übung

– Erkennen von mathematischen Zusammenhängen
– Förderung des flexiblen Denkens

- Mittel zur Schulung rationeller Rechenverfahren, z. B. Verkürzung einer Kette von Einzeloperationen
- Sicherung der Zahloperation bzw. des mathematischen Begriffs durch mehrperspektivische Betrachtungsweise
- Abbau der Gefahr des reproduktiven, rein mechanischen Leistungsverhaltens (im Wissen und in Fertigkeiten)

b) der mechanisierenden Fertigkeitsübung
- Steigerung des individuellen Leistungsvermögens
- Möglichkeit für den Schüler, seinen eigenen Leistungsstand zu erkennen
- Entlastung des Gedächtnisses bei eingeübten Operationen
- Erhöhung der Konzentrationsfähigkeit
- Schulung des Zahlengedächtnisses
- Förderung der Rechenfertigkeit

4. Lehrplanaussagen
- Der Unterricht soll zu sicherem und geläufigem Rechnen mit Zahlen und Größen in den vier Grundrechenarten führen.
- Die Schüler müssen die Rechenvorgänge verstehen und durch regelmäßiges Üben und Wiederholen Sicherheit gewinnen.

5. Forderungen („Übungsgesetze" siehe 3.15 Übung!)
- Anpassung an den Lernstand des einzelnen Schülers
- Eingliedern in den Zusammenhang des gelernten und noch zu lernenden Unterrichtsstoffes (Zielorientierung)
- Überlegte Verteilung der Übungsphasen (täglich, 5./6. Unterrichtsstunde nicht mehr geeignet, Häufungen vermeiden)
- Der Schüler soll seinen Übungserfolg mitgeteilt bekommen
- Die Lösungen müssen kontrolliert werden
- Bei auftretenden Schwierigkeiten muß auf die Stufe der denkenden Durchdringung oder auf die Stufe der Veranschaulichung zurückgegangen werden
- Konsequente Bildung von Schwerpunkten: Übung hinsichtlich Richtigkeit, Sicherheit, Schnelligkeit oder Umfang
- Übungsaufgaben sollen motivieren (Anordnung, Schwierigkeitsgrad d. h. „Erreichbarkeit" für den Schüler, Arbeitsmittel)
- Übungen sollen variantenreich gestaltet sein (Sozialformen, Tätigkeiten, Medien), aber auch so ablaufen, daß sich das Geübte einprägen kann (keine Hektik!)

Literatur

1. Leutenbauer, H.: Das praktische Übungsbuch für den Mathematikunterricht in der Grundschule. Auer, Donauwörth 1980
2. Zitterbart, E.: Die Übung im Mathematikunterricht der Grundschule. In: Barsig u. a. [2], S. 181–198

1. Strukturmodell

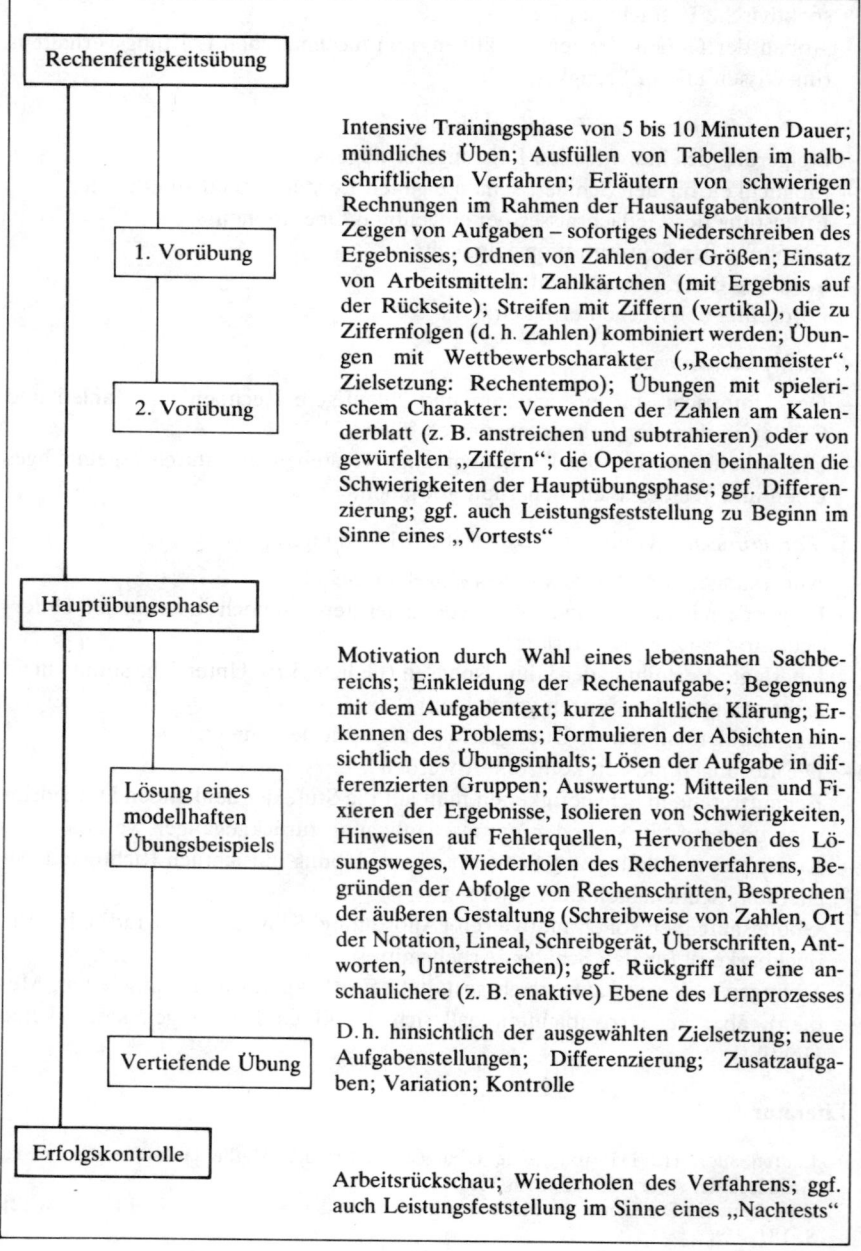

Rechenfertigkeitsübung

1. Vorübung

2. Vorübung

Intensive Trainingsphase von 5 bis 10 Minuten Dauer; mündliches Üben; Ausfüllen von Tabellen im halbschriftlichen Verfahren; Erläutern von schwierigen Rechnungen im Rahmen der Hausaufgabenkontrolle; Zeigen von Aufgaben – sofortiges Niederschreiben des Ergebnisses; Ordnen von Zahlen oder Größen; Einsatz von Arbeitsmitteln: Zahlkärtchen (mit Ergebnis auf der Rückseite); Streifen mit Ziffern (vertikal), die zu Ziffernfolgen (d. h. Zahlen) kombiniert werden; Übungen mit Wettbewerbscharakter („Rechenmeister", Zielsetzung: Rechentempo); Übungen mit spielerischem Charakter: Verwenden der Zahlen am Kalenderblatt (z. B. anstreichen und subtrahieren) oder von gewürfelten „Ziffern"; die Operationen beinhalten die Schwierigkeiten der Hauptübungsphase; ggf. Differenzierung; ggf. auch Leistungsfeststellung zu Beginn im Sinne eines „Vortests"

Hauptübungsphase

Lösung eines modellhaften Übungsbeispiels

Motivation durch Wahl eines lebensnahen Sachbereichs; Einkleidung der Rechenaufgabe; Begegnung mit dem Aufgabentext; kurze inhaltliche Klärung; Erkennen des Problems; Formulieren der Absichten hinsichtlich des Übungsinhalts; Lösen der Aufgabe in differenzierten Gruppen; Auswertung: Mitteilen und Fixieren der Ergebnisse, Isolieren von Schwierigkeiten, Hinweisen auf Fehlerquellen, Hervorheben des Lösungsweges, Wiederholen des Rechenverfahrens, Begründen der Abfolge von Rechenschritten, Besprechen der äußeren Gestaltung (Schreibweise von Zahlen, Ort der Notation, Lineal, Schreibgerät, Überschriften, Antworten, Unterstreichen); ggf. Rückgriff auf eine anschaulichere (z. B. enaktive) Ebene des Lernprozesses

Vertiefende Übung

D. h. hinsichtlich der ausgewählten Zielsetzung; neue Aufgabenstellungen; Differenzierung; Zusatzaufgaben; Variation; Kontrolle

Erfolgskontrolle

Arbeitsrückschau; Wiederholen des Verfahrens; ggf. auch Leistungsfeststellung im Sinne eines „Nachtests"

2. Unterrichtsbeispiel: Zusammenzählen gemischter Zahlen mit Zehnerübergang,

2. Jahrgangsstufe

Artikulation/ Inhalt	Unterrichtsaktivitäten/ Sozialformen/Medien

I. Rechenfertigkeitsübung

1. Übungen zur Addition

gemischte Zahlen und Einer, Zehnerübergang
z. B. 56 + 7 =
49 + 5 =

mündlich;
S erhalten Zahlenkärtchen, der Partner
erfindet zur aufgedeckten Zahl (gemischter Zehner) eine Aufgabe (plus
Einerzahl)

2. Übungen zur Addition

gemischte Zahlen und reine Zehner-
zahlen
z. B. 45 + 30 + 20 =
26 + 40 +   = 96

halbschriftlich
Aufgaben auf Folie
S notieren nur das Ergebnis

II. Hauptübungsphase

1. Lösung eines Übungsbeispiels

a) Problemstellung
– Motivation

L hängt Plakat eines Spielwarenge-
schäfts (mit Preisen) auf
S lesen abwechselnd die Angaben aus
der Preisliste vor

Hefte das Geld, das du für das (ausgewählte) Spielzeug brauchst, an die Flanelltafel!
z. B.
1 Fußball kostet 28 DM,
1 Stoffbär kostet 15 DM
– Aufgabenstellung

Auftrag

S heften das Spielgeld an und sprechen
dazu

Aufklappen der TA

S erzählen den Sachverhalt
S formulieren die Rechenfrage

Wieviel DM braucht Martin?

b) Problemlösung
Rechne!

TA durch L

TA durch L
S lesen die Preise von der Preisliste ab

Artikulation/ Inhalt	Unterrichtsaktivitäten/ Sozialformen/Medien
	S stellen die Aufgabe mit Zahlenkärtchen an der Tafel dar
	S rechnen vor der Klasse einige Lösungsmöglichkeiten vor
Marianne hat beim Rechnen die Zahlen vertauscht!	Impuls
Beim Zusammenzählen können wir die Zahlen vertauschen	S äußern sich
	S formulieren Antwort
Antworte! *Martin braucht 62 DM.*	TA durch L

2. Übungen zur Addition gemischter Zahlen mit Zehnerübergang

Differenzierung

Gruppe A	Gruppe B
Arbeitsblatt: Aufgabe 1 und 2	Gemeinsam mit dem L wird eine der Aufgabe 1 analoge Aufgabe gelöst Einzelarbeit: Arbeitsblatt: Aufgabe 1 Kontrolle über Folie

III. Arbeitsrückschau

IV. Hausaufgabe	Arbeitsblatt: Aufgabe 3

Abb. 32: Tafelbild zur UZE „Wir zählen zusammen – Übung"

Wir üben

Martin hat Wünsche.
Er möchte einen Lastwagen,
ein Puzzle
und einen Holzbaukasten.
Wieviel DM braucht Martin?

Rechne!

$\boxed{8\,DM} + \boxed{17\,DM} + \boxed{37\,DM} = 62\,DM$

Antworte!
Martin braucht 62 DM.

NAME	KL.	DATUM	MATHEMATIK	NR.	**4**

Wir zählen zusammen - Übung

Aufgabe 1 Martin kauft einen Fußball,
ein Polizeiauto
und ein Tierbuch.
Die Preisliste hilft dir.

Rechne! _____

Antworte! ═══

Überlege! Martin hat in seiner Sparbüchse 96 DM.
Wieviel Geld bleibt ihm übrig?
Martin hat noch ____ übrig.

Aufgabe 2

32 DM + 15 DM + 25 DM = ____

29 DM + 12 DM + 38 DM = ____

17 DM + 55 DM + 19 DM = ____

20 DM + 43 DM + ___DM = 90 DM

18 DM + 46 DM + ____ = 77 DM

29 DM + ___DM + 46 DM = 84 DM

Aufgabe 3

30 DM + 23 DM + 10 DM = ____

40 DM + 35 DM + 8 DM = ____

25 DM + 50 DM + 19 DM = ____

34 DM + 38 DM + ___DM = 94 DM

17 DM + 24 DM + ____ = 63 DM

Abb. 33: Arbeitsblatt zur UZE „Wir zählen zusammen – Übung"

4.2.8 Geometrische Grunderfahrungen

4.2.8.1 Didaktische und psychologische Anmerkungen

1. Begriff

Geometrie ist ein Teilgebiet der Mathematik, das sich mit Ausdehnung, Form und Lage von ebenen und räumlichen Figuren befaßt. Geometrie wird „für den Bereich der Grundschule . . . wesentlich verstanden als die Auseinandersetzung mit dem Raum" (Besuden, in Kochan/Neuhaus-Siemon, S. 136).

2. Entwicklungspsychologische Grundlagen

„Für Piaget besteht die geometrische Begriffsbildung nicht in dem ‚Ablesen‘ von Wahrnehmungsqualitäten, sondern in der Koordination von verinnerlichten Handlungen, deren Niveauhöhe vom Reifungsprozeß abhängt. Dabei werden in der geistigen Vorstellung zunächst topologische Eigenschaften und erst später euklidische erkannt" (Ellrott/Schindler, S. 65). Mit Bezug auf den englischen Psychologen K. Lovell kommen jedoch Ellrott/Schindler zu dem Schluß, daß topologische und metrische Fähigkeiten nicht „vorgeformte Ergebnisse von Reifungsprozessen" sind. Vielmehr handele es sich „um einen Wechselwirkungsprozeß, der entscheidend von den Anregungen abhängt, die das Kind erfährt. Daher bemühen wir uns von Anbeginn an um die Entwicklung beider Aspekte, des metrischen wie des topologischen, weil sie nämlich vergleichbar fundamentale Ansätze für die Verarbeitung und Gliederung . . . von Erfahrungen bieten" (ebd., S. 65 f.).

3. Bedeutung

– Bewußtwerden räumlicher Erfahrungen
– Gliederung des Raumes hinsichtlich Entfernung, Lage, Strecken, Ausdehnungen, Formen
– Schulung des räumlichen Vorstellungsvermögens
– Aufbau geometrischer Grundbegriffe
– Beitrag zum schlußfolgernden und beweglichen Denken
– Chance zur Aktivierung der Schüler in vielfältiger Form
– Erhellung fachübergreifender Zusammenhänge; Verbindung mit Arithmetik, Kunsterziehung usw.

4. Zielsetzungen

– „spezifische Denkweisen entwickeln wie Kombinationsfähigkeit, Problemlösungsverhalten und Strategiebildung . . .
– im Umgang mit konkreten Materialien Größenbegriffe und Maßsysteme entwickeln . . .
– modellieren, Gegenstände form- und maßgerecht aufeinander beziehen . . .
– optische Wahrnehmungen relativieren . . .;
– formalisierte und gegenständliche Darstellungen aufeinander beziehen" (Ellrott/Schindler, S. 277 f.).

1. Jgst.	Erfassen räumlicher Beziehungen, z. B. verschiedene Richtungen, Gruppierungen; Gegenstände in verschiedenen Lagen; offene und geschlossene Figuren Kennen der Flächenformen viereckig, dreieckig, rund
2. Jgst.	Fähigkeit, räumliche Beziehungen zu erfassen, zu beschreiben und darzustellen, z. B. Richtungsangaben, Standortbestimmungen, vorne – hinten, rechts – links, Anfertigen einfacher Wegskizzen, Suchen bestimmter Wege Kennen der Flächenformen quadratisch, rechteckig, dreieckig, rund
3. Jgst.	Erste Erfahrungen zur Symmetrie, z. B. Ergänzen zu spiegelbildlichen Figuren Fähigkeit, einfache Körperformen und ihre Begrenzungsflächen zu beschreiben (Grundformen: Quader, Würfel, Kugel); z. B. Unterscheiden von Boden-, Deck-, Seitenflächen
4. Jgst.	Erste Erfahrungen zur Symmetrie; z. B. Zeichnen spiegelbildlicher Figuren auf Karopapier Erfahrungen zu Würfel und Quader; z. B. Zerschneiden entlang der Kanten, Deuten vorgegebener Netze

6. Forderungen

a) Räumliche Vorstellungen und Begriffe entwickeln sich aus dem tatsächlichen Umgang mit den Dingen

b) Der Aufbau geometrischer Begriffe folgt der Stufung des mathematischen Abstraktionsprozesses

c) Die Schüler erhalten Gelegenheit zum selbständigen Aufbau geometrischer Handlungs- und Denkstrukturen
Problemfindung, Entwickeln von Lösungsstrategien, Formulieren der Einsicht („konstruktiver", „forschender" Geometrieunterricht)

d) Die operative Durcharbeitung ist die Grundlage für die Beweglichkeit der geometrischen Begriffe
Verschieben einer Figur in die Ausgangslage (Reversibilität), Zusammensetzen eines Quaders aus verschiedenen Quadern in unterschiedlicher Anordnung (Assoziativität); Variation der Körper in Größe, Farbe, Lage und Anordnung

Literatur

1. Altmann, W.: Geometrie in der Grundschule. In: Altmann u. a. [1], S. 247–262
2. Uhr, H.: Geometrie in der Grundschule. In: Barsig u. a. [2], S. 146–180

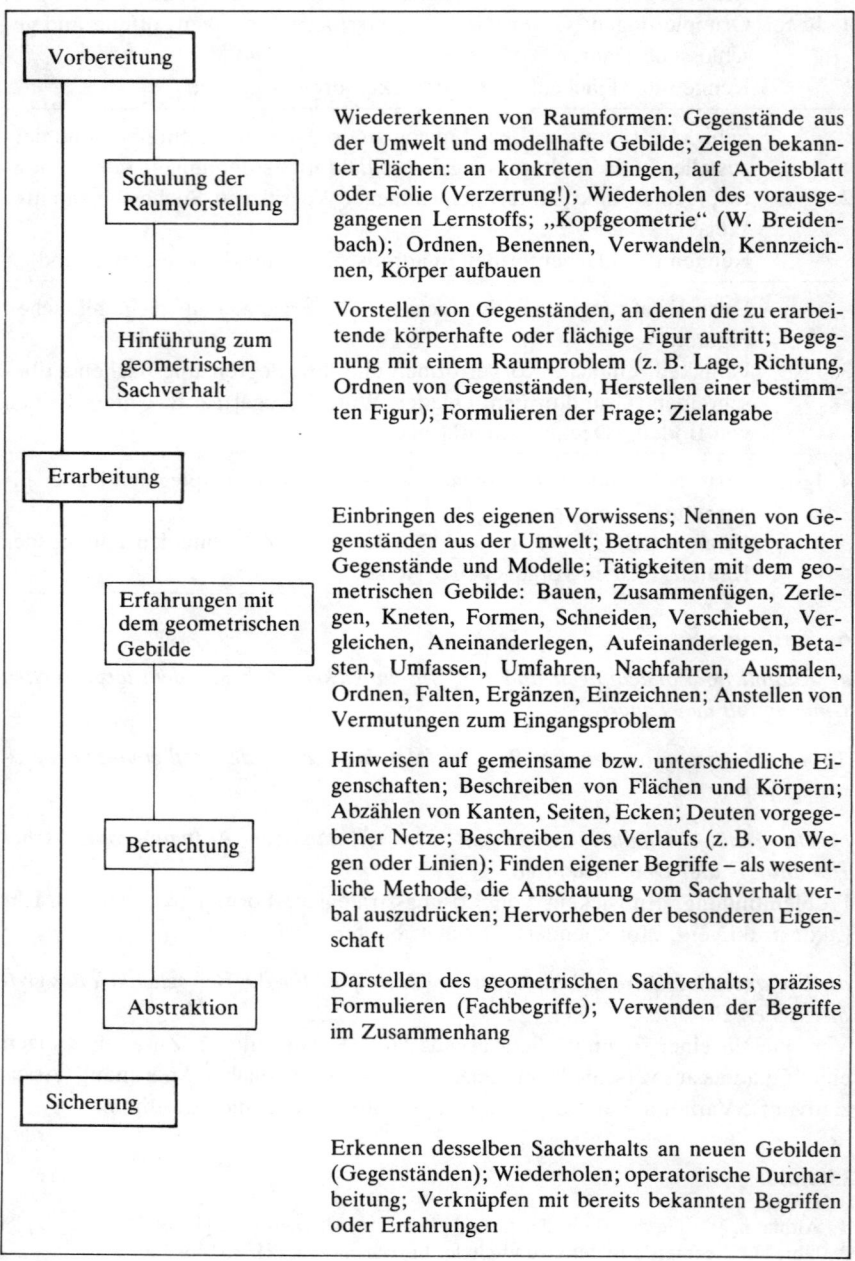

2. *Unterrichtsbeispiel:* Wir untersuchen den Quader,

4. Jahrgangsstufe

Unterrichtssequenz:
  I. Wir bauen Würfel und Quader
 II. Wir untersuchen den Würfel
III. Wir untersuchen den Quader

Artikulation/ Inhalt	Unterrichtsaktivitäten/ Sozialformen/Medien

I. Vorbereitung

1. Schulung der Raumvorstellung

a) Unterscheiden von Körpern

Auf einer Bank sind mehrere Gegenstände aufgestellt, die die Form einfacher geometrischer Gebilde haben
– die S gruppieren diese Gegenstände

z. B. Dieser Gegenstand hat die Form einer Kugel.
– die S benennen die Gegenstände

b) Aufbauen von Quadern (als Anknüpfung an die erste UZE dieser Sequenz)

S setzen Würfel und Quader zu (verschieden geformten) Quadern zusammen

2. Sachsituation

Manfred soll für das Werken den (leeren) Karton eines Waschmittelpakets mit Papier bekleben.
Alle Flächen sollen vollständig beklebt sein!
L

S äußern sich und bringen verschiedene Lösungsvorschläge ein

Damit Manfred den Karton sauber bekleben kann, muß er erst wissen, wie der Karton aussieht, wenn er aufgeklappt wird. Deshalb:
L

Wir untersuchen den Quader	TA durch L

231

Artikulation/ Inhalt	Unterrichtsaktivitäten/ Sozialformen/Medien

II. Erarbeitung

1. Teilziel: Das Netz des Quaders

a) Abwicklung des Quaders durch handelndes Tun

S zerschneiden je eine mitgebrachte Schachtel

b) Umkehrung des Vorgangs

S erhalten je ein Quadernetz, das auf ein Blatt kopiert ist
S schneiden es aus
mit Kugelschreiber an den „Kanten" entlangfahren und zum Quader falten

c) Auffinden adäquater Begriffe für „Netz" des Quaders

S suchen eigene Begriffe, für die (flächige) Figur, aus der man einen Quader herstellen kann

Das Netz des Quaders

TA durch L und Begründen des Begriffs durch die S

Teilzusammenfassung
z. B.

S äußern sich zu einem Quadernetz, das verändert angeordnet ist (Variante in der Abwicklung)

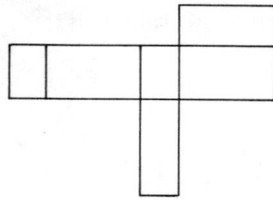

2. Teilziel: Die Teile des Quaders

Manche Stellen des Kartons werden beim Bekleben Schwierigkeiten machen!

Impuls

S zeigen Quader vor und beschreiben die besonderen Teile des Quaders
TA

Flächen
Kanten
Ecken

S stellen in Partnerarbeit die Anzahl fest
Auswertung: Ergänzung der TA

Teilzusammenfassung

Wiederholung und Eintrag ins Arbeitsblatt (identisch mit dem TB)

Artikulation/ Inhalt	Unterrichtsaktivitäten/ Sozialformen/Medien
3. Teilziel: Lage und Größe der Flächen	
Auf den gegenüberliegenden Flächen soll das gleiche Muster aufgemalt werden.	L führt die Sachsituation weiter Klassenarbeit: Kennzeichnung der Flächen (auf einem realen Objekt, im TB Nr. 1) Gruppenarbeit: Feststellen von Lage und Größe der Flächen; Auswertung: Vorzeigen und Ergänzen des TB (Nr. 3)
Teilzusammenfassung	S zeigen an der Variante des Quadernetzes (siehe Teilzusammenfassung des 1. Teilziels) die entsprechenden Flächen
III. Sicherung	
1. Merkhilfe	Ergänzen des Arbeitsblattes
2. Vertiefung	
Der Würfel – ein besonderer Quader	Klassenarbeit

4

Wir untersuchen den Quader

1.) Das Netz des Quaders

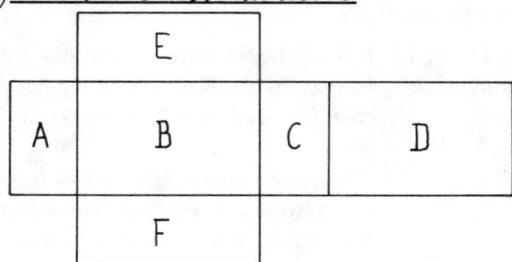

2.) Die Teile des Quaders

Ein Quader hat 6 Flächen,
12 Kanten
und 8 Ecken.

3.) Lage und Größe der Flächen
(Flächen siehe Punkt 1!)

a) Diese Flächen liegen sich gegenüber:

A und C	B und D	E und F

b) Diese Flächen sind gleich groß:

A = C	B = D	E = F

Warum ist es richtig,
wenn man sagt:

„Der Würfel ist auch ein Quader, aber ein besonderer."

Abb. 34: Tafelbild zur UZE „Wir untersuchen den Quader"

4.3 Heimat- und Sachkunde

4.3.1 Informationen zum Fach Heimat- und Sachkunde

1. Unterrichtsgegenstand

Die Unterweisung der Nachkommen in der Handhabung von Gegenständen der Umwelt ist in der Geschichte der Menschen sehr alt. Es ging immer schon darum, die Kinder zu befähigen, Dinge zu nutzen, zu gebrauchen oder auch herzustellen. Infolge der Entwicklung der Wissenschaften bildeten sich fachliche Betrachtungsweisen heraus. Sie wurden auch bestimmend für die Lerninhalte in den Schulen. Unterricht über die vorzufindenden Dinge und Phänomene, die Realien, wird mit Sachunterricht bezeichnet.

Eine eigene Entwicklung hat der Sachunterricht der Grundschule hinter sich. Während sich in der „Oberstufe" Fächer etablieren konnten, die mit den entsprechenden Bezugswissenschaften korrespondieren, war der Sachunterricht – stets als Ganzes gesehen – in der „Unterstufe" von Anfang bei keiner wissenschaftlichen Disziplin eindeutig anzusiedeln. Dies gilt für „Heimatkunde", „Sachunterricht", „Sachkunde", „Heimat- und Sachkunde" und „Heimat- und Sachunterricht". Nun können aber die Inhalte des Sachunterrichts der Grundschule einzeln „Fächern" zugeordnet werden, so daß sich ein Spektrum ergibt aus Sozialkunde, Wirtschaftslehre, Geschichte, Erdkunde, Wetterkunde, Biologie, Sexualerziehung, Haushaltslehre, Physik, Chemie und Technik. Gegenstände einer Heimat- und Sachkunde sind also Ausschnitte der natürlichen, sozialen und technischen Umwelt des Grundschülers.

Ein einheitliches Konzept des Grundschulsachunterrichts existiert nicht. Die Vielfalt an fach-, struktur-, prozeßorientierten, generativen oder mehrperspektivischen Konzepten kann im Wesentlichen im Begriffsfeld „Kind – Wissenschaft" untergebracht werden. Der gegenwärtige Diskussionsstand ist vom Bemühen gekennzeichnet, die unterschiedlichen Ansätze zu vereinen; dabei geht es sowohl um die Integration der fachlichen Bereiche als auch um eine Verknüpfung von Methoden (die beispielsweise durch ein problem- und projektorientiertes Konzept vorgegeben sind). Jedoch unterscheiden sich selbst solche Synthese-Konzepte schon in der Stoffauswahl: Ergeben sich die Unterrichtsinhalte aufgrund des Faches oder aus dem Blickwinkel des Kindes heraus? „Mein Ansatz geht primär von der komplexen Wirklichkeit des Grundschülers von Handlungs- und Problemfeldern ... aus und fragt nach Strukturmomenten und Verfahrensweisen. Diese werden nur soweit herangezogen, als dies zur Klärung der Situation und zur Erweiterung der Handlungskompetenz, zur sinnerfüllten Lebensgestaltung in Gegenwart und Zukunft erforderlich ist. Damit wird nicht die Strukturanalyse, sondern die Situationsanalyse konstitutiv für die inhaltliche Ausrichtung der Lehr- und Lernprozesse" (Katzenberger [2], S. 68).

2. Entwicklungspsychologische Hinweise

Die Umwelt sieht und beurteilt der Schulanfänger vom subjektiven Standpunkt aus. Das Kind löst sich aus seiner egozentrischen Betrachtungsweise und gewinnt eine realistische und sachliche Grundeinstellung. „Dies zeigt sich in verschiedenen Bereichen. Die Wahrnehmung wird zunehmend sachorientierter und analytisch-beobachtend . . ., es werden ferner naturgetreue Abbildungen gegenüber expressiven Darstellungen bevorzugt . . . das kindgemäße Sachbuch (über Technik, Geschichte usw.) findet zunehmendes Interesse . . . Beim zeichnerischen Gestalten bemüht sich das Grundschulkind um eine wirklichkeitsgetreue Darstellung. Bei Rollen- und Konstruktionsspielen versucht es ebenfalls eine möglichst realistische Gestaltung . . . Auch die mitmenschlichen Beziehungen sind durch eine nüchterne Sachlichkeit geprägt, die sich in zunehmend objektiverer Einschätzung und kritischer Distanz äußert" (Nickel/Schmidt-Denter, in Kochan/Neuhaus-Siemon, S. 90).

Entsprechend diesem Entwicklungsvorgang werden Erscheinungen noch isoliert wahrgenommen und einfache Beziehungen zwischen den Einzelinformationen hergestellt. In vielen Fällen kann schon beim Neunjährigen ein Vorausdenken im Sinne einer Wenn-Dann-Beziehung registriert werden. Die Kinder begründen nun Erscheinungen, eigene Handlungsweisen und Einstellungen. Auffallend ist eine rasche und meist sichere Bewußtwerdung der Dimension Zeit; die Vergangenheit wird als Faktum erfahren und zum Gegenstand des Interesses.

Für den Sachunterricht in der Grundschule haben Feststellungen über die Entwicklung der *Auffassungs- und Beobachtungsfähigkeit* des Kindes einen besonderen Wert:

„1. Ein vorherrschendes Interesse an der Erfassung und Durchdringung seiner Umwelt (kognitive Einstellung);

2. eine zunehmend kritische Einstellung, die dazu führt, daß die einzelnen Objekte sorgfältig beobachtet werden;

3. eine wachsende Ausdauer bei der Auseinandersetzung mit einzelnen Objekten und damit einhergehend eine stärker fixierende Aufmerksamkeitszuwendung;

4. eine größere Planmäßigkeit, Systematik und Sorgfalt beim Auffassungsvorgang;

5. eine geringere selegierende Wahrnehmung aufgrund von Voreinstellungen, Gefühlen, Wünschen und Bedürfnissen als im frühen Kindesalter und eine noch geringere Abstraktion im Sinne kategorialer Wahrnehmung als bei Jugendlichen und Erwachsenen" (Bäuml-Roßnagl, S. 56, mit Hinweis auf H. Nickel).

3. Lernpsychologische Hinweise

Die Untersuchungen J. Piagets zeigen die Entwicklung des Denkens auf; davon werden Konsequenzen für den Lernprozeß und seiner Unterstützung abgeleitet.

Lernen im Bereich des Sachunterrichts ist gekennzeichnet durch die Eigenaktivität des Kindes, durch den Aufbau der Erkenntnisse aus handelndem Umgang und durch die gegenseitige Stützung von Sprache und kognitiven Strukturen. Das Stadium des Denkens beim Grundschulkind wird von den konkreten Operationen bestimmt. Die folgende Übersicht zur Entwicklung der Denkfähigkeit des Grundschulkindes ist aus M.-A. Bäuml-Roßnagl (S. 57, mit Hinweis auf Kolbeck u. a. [Hrsg.]) entnommen und in eine Grafik umgesetzt.

Stadium des Denkens

„Die Gedanken sind Abbilder von wirklich ausgeführten Aktionen oder von Objekten, mit denen das Kind in Berührung kam. Sie sind auf das Kind zentriert."	prä-operational (5 Jahre)
„Das Denken kann sich auf Aktionen und Prozesse beziehen, so daß mit Gegenständen in der Vorstellung operiert werden kann, jedoch nur, solange diese Gegenstände ‚konkreter' Beschaffenheit sind, d. h. für das Kind real greifbar sind."	konkret-operational
„Das Denken kann sich mit dem Möglichen oder Hypothetischen, mit abstrakten Vorstellungen sowie mit dem konkreten Hier und Jetzt gleichermaßen befassen."	formal-operational (13 Jahre)

Dieser Befund aus der Entwicklungspsychologie ist allgemein als Grundlage für die Lernplanung in der Grundschule herangezogen worden. Daraus ergibt sich nämlich, daß Lernen durch die konkrete Handlung gestützt wird. Die Neigung des Kindes zum eigenen Tun und der Aufbau von Wissensbeständen und Erkenntnissen hängen also eng zusammen. „Die Auseinandersetzung des Grundschulkindes mit seiner Umwelt erfolgt durch *aktives Handeln* (i. O. kursiv, Anm. d. Verf.), Ausprobieren und Manipulieren. Der Unterricht muß auf diesem Selbsttun-Wollen aufbauen und die Eigentätigkeit sowie selbständige und intuitive altersgemäße Lösungsversuche des Kindes berücksichtigen" (Nickel/Schmidt-Denter, a. a. O., S. 90).
In Verbindung mit den Prozeßzielen des Unterrichts hat sich auch das „Beherrschen von Problemlösungsstrategien" etabliert. Die Problemorientierung des Unterrichts hat sowohl auf die Denkschulung als auch auf die methodische Gestaltung der Lernprozesse positive Auswirkungen. „Problemorientierte Unterrichtsgestaltung regt die Schüler an, gemäß den individualpsychologischen Voraussetzungen selbständig Handlungen zu planen und zu verwirklichen, so daß die Handlungsergebnisse als selbst verursacht erlebt werden können. Vorrangig selbständi-

ges und verantwortliches Denken und Handeln initiieren und charakterisieren die Lernerfahrungen innerhalb der unterrichtlichen Problemlösungsmethoden" (Bäuml-Roßnagl, S. 64). Der Versuch, nach Möglichkeit jede Unterrichtsthematik in eine Frage zu zwängen, führt jedoch in einigen Fällen zu Unstimmigkeiten im sachlogischen Aufbau, zu einer Verfälschung der adäquaten Methode und zu Fragestellungen, auf die ein Kind nie gekommen wäre. Eine Problemorientierung sollte also wo immer möglich durchgeführt, aber nicht gekünstelt herbeigeführt werden. Schließlich hat die Sprache eine wichtige Funktion im Prozeß des Verstehens und der Bewältigung der Umwelt. Was zunächst unbewußt oder diffus an Denkinhalten vorhanden war, wird durch Begriffe faßbar und durch die Verknüpfung von Aussageelementen in logische Strukturen übergeführt. „Aus der Entwicklung von Denken und Sprache zeigt sich . . ., daß beide Leistungen zunächst unabhängig voneinander entstehen. Sobald aber Ereignisse (Objekte, Prozesse, Situationen) symbolisch repräsentiert werden können, führt die Integration von Sprache und Denken zu einer gewaltigen Leistungssteigerung der Intelligenz" (Oerter [2], S. 131). Im Sachunterricht sind demnach genaue Bezeichnungen für Objekte und Vorgänge und präzise Formulierungen der Erkenntnisse nötig.

4. Allgemeine Zielsetzungen des Faches

a) Heimat- und Sachkunde erschließt die Umwelt

Die Unterrichtssequenzen geben Informationen über Erscheinungen in Natur, Gesellschaft, Kultur oder Technik. Sie orientieren sich dabei an den Sachaussagen der wissenschaftlichen Disziplinen. Hinsichtlich der Auswahl der Stoffe werden primär Erfahrungen der Kinder aufgegriffen; diese Inhalte sind zu klären, durch Zusatzinformationen zu erweitern und schließlich zu sichern. Über das bloße „Umwelt kennen" hinaus geht das „Umwelt verstehen".

b) Heimat- und Sachkunde beeinflußt das Verhalten

Wissensvermittlung bleibt bedeutungslos, wenn sich die Informationen nicht in Einstellungen und Handeln umsetzen. Deshalb strebt Heimat- und Sachkunde ein Verhalten an, das zunächst im Rahmen eines fachlichen Bereiches gefordert werden kann, etwa „Sachgerechter Umgang mit Pflanzen und Tieren". Insgesamt soll ein verantwortliches Handeln gegenüber Sachen, Natur und Menschen angebahnt werden. Durch entsprechende Auswahl der Inhalte und Gestaltung des Unterrichts kann im Schüler ein bleibendes Interesse am Gegenstand geweckt, ein kritisches, problembewußtes und kooperatives, soziales Verhalten herbeigeführt werden.

c) Heimat- und Sachkunde fördert die individuelle Entwicklung

Der Sachunterricht soll die persönliche Entwicklung des Kindes positiv beeinflussen. Die Verbesserung verschiedener Leistungsformen wird wesentlich durch die Ausbildung der psychischen Funktionen gefördert. Das Instrumentarium, die Welt zu erschließen, erhält jedoch für den einzelnen nur dann einen Sinn, wenn er es selbständig einsetzt, also eigene Urteile fällt und sich ohne Fremdsteuerung etwas aneignen kann. Die Auswahl von Lerngegenständen nimmt auf die indivi-duelle Entwicklung des Kindes Rücksicht, indem lebensbedeutsame Objekte aus-gesucht werden, die wiederum konkret anzuwenden sind. Manche Inhalte können sogar dazu verhelfen, daß es dem Schüler gelingt, sich selbst besser zu verstehen.

d) Heimat- und Sachkunde wählt angemessene Inhalte und Verfahren
Die Verwirklichung von Aufgabenstellungen und Zielsetzungen wird nur möglich, wenn Inhalte und Verfahren den Schülern angemessen sind. Die Angemessenheit des Lernangebots richtet sich nach den Lernvoraussetzungen. Sie bestehen aus Aufnahmefähigkeit, Erfahrungen, Interesse, Lerntempo, sachstrukturellem Ent-wicklungsstand und Gedächtnisleistung des Schülers. Aus diesen Voraussetzungen leiten sich einige Forderungen ab: die exemplarische Auswahl der Ziele, die Einbeziehung von Erfahrungswissen, die Orientierung am Erfahrungsraum, die Reduktion auf elementare Inhalte, die Veranschaulichung des Gegenstandes, der handelnde Umgang mit der Sache, die Differenzierung im Unterricht, die Ver-wendung einer kindgemäßen Sprache, die Strukturierung von Stoff und Methode und die Motivation zur Beschäftigung.

e) Heimat- und Sachkunde orientiert sich an der Wissenschaft
Die Wissenschaft untersucht mit gezielten Methoden umgrenzte Gegenstandsbe-reiche. Sie geht von bestimmten Fragestellungen aus, sammelt Informationen und analysiert die Fakten. Daraus ergeben sich Regeln, Erkenntnisse, Zusammenhän-ge, Modelle, Strukturen und Systeme. Der Sachunterricht übernimmt von der Wissenschaft gesicherte Ergebnisse. Die in der Schule verwendeten Begriffe und Vorstellungen dürfen eine spätere vertiefte Behandlung der Sache nicht verbauen. Die z. B. in einer originalen Begegnung erfahrenen Einzelinformationen werden in einen Gesamtzusammenhang gebracht. Isoliertes Einzelwissen widerspricht der Wissenschaftlichkeit. Im Unterricht werden bereits Arbeitstechniken eingesetzt, die ebenso in der entsprechenden Fachwissenschaft Verwendung finden.

5. Lehrplanaussagen
– Das Fach Heimat- und Sachkunde unterstützt und fördert das Hineinwachsen des Kindes in seine Lebenswelt, so daß sich in ihm eine Wertschätzung der Heimat als persönlichem Lebensraum bilden und festigen kann.
– Der Unterricht öffnet auch den Blick für eine kritische Auseinandersetzung mit Unzulänglichkeiten in der Umwelt und zeigt Verbesserungsmöglichkeiten auf.
– Heimat- und Sachkunde beschränkt sich auf grundlegende und für das Kind bedeutsame Lernziele und -inhalte.
– Das Kind wird zu einem zunehmend differenzierten Erleben, Wahrnehmen und Denken sowie zu selbständigem und verantwortungsvollem Handeln geführt.
– Der Unterricht knüpft an Erfahrungen und Erlebnisse der Schüler an . . .
– Die unmittelbare Begegnung und Auseinandersetzung mit der Wirklichkeit ist Grundlage aller Erfahrungsbildung.

– Für die Sicherung der Unterrichtsergebnisse ist auch im Fach Heimat- und Sachkunde genügend Zeit einzuplanen.

– In allen Jahrgangsstufen ergeben sich Beziehungen zwischen Heimat- und Sachkunde und anderen Lernbereichen ...

6. Forderungen an die Unterrichtsgestaltung

Der Unterricht in Heimat- und Sachkunde richtet sich, wie andere Fächer auch, nach allgemeinen Gestaltungsprinzipien wie Zielorientierung, Motivierung, Strukturierung, Selbsttätigkeit oder Lebensnähe. An dieser Stelle sollen diejenigen Prinzipien akzentuiert werden, die sich hinsichtlich des Unterrichtsfaches besonders anbieten.

a) Neue Leistungsformen sollen schrittweise aufgebaut werden

Diese Forderung betrifft einerseits den sachlogischen Aufbau und andererseits die Erreichbarkeit von Leistungsansprüchen. Ein Zuwachs im Wissen, Können, Erkennen oder Werten wird nur auf der Grundlage bestehender Leistungsformen erzielt.

Die neuen Informationen müssen Wissensbestände oder motorische Fertigkeiten vorfinden, mit denen sie sich verknüpfen können. Qualität und Quantität der neuen Leistungsform sollen vom Schüler erreichbar sein, so daß kein Sprung in der organischen Entwicklung des Lerngegenstandes entsteht. Dies gilt für die Grob- und Feinplanung. Begriffe werden sowohl jahrgangsübergreifend (Abb. 35) als auch innerhalb von Unterrichtssequenz und Zeiteinheit (Abb. 36) aufbauend entwickelt.

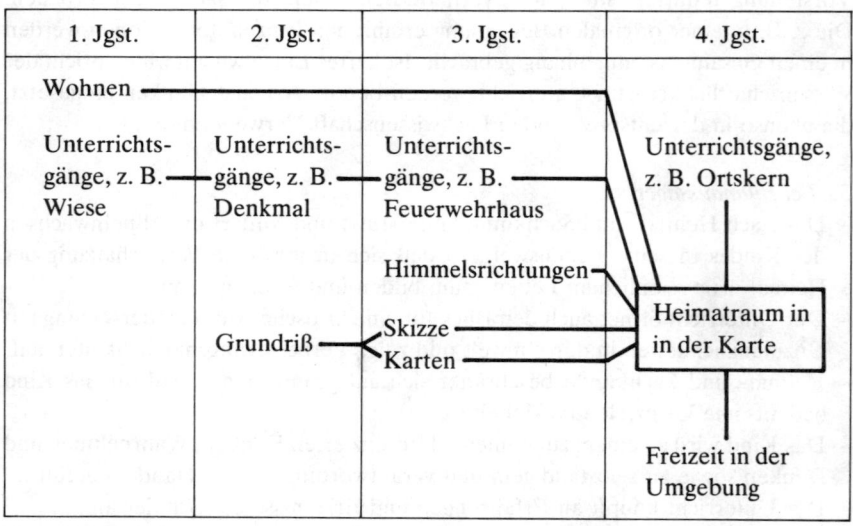

Abb. 35

240

Unterrichtseinheit: Der Heimatraum in der Karte
1. Wir stellen selbst eine einfache Karte her
2. Unser Heimatort in der Karte
3. Wir stellen Entfernungen fest
4. Berge in der Karte
5. Wir gebrauchen die Karte

Abb. 36

4

Voraussetzungen zur Einführungsstunde:

Begriffe: „Grundriß", „Linie", „Anhöhe – Berg"; entsprechender Zahlenraum

Organische Entwicklung im Aufbau der Unterrichtszeiteinheit:

Problem erkennen
Lösungsvorschläge einbringen;
Beobachtungen am Modell verbalisieren
Zusammenhänge herstellen können
(Höhenlinie – gleiche Höhe)
Transfer herstellen: Modell – Wirklichkeit

b) Begriffe sollen veranschaulicht werden

Im Heimat- und Sachkundeunterricht sind zunächst die Objekte selbst – Gegenstände, Vorgänge, Handlungen, Phänomene – die Grundlage zur Gewinnung des Begriffs. So wird man „die Eigenschaften der Luft" vom konkreten Material her, wie Ball, Luftmatratze, Fallschirm oder Windrad, ableiten. Der Umgang mit dem Objekt erschließt Funktionen, läßt Teile erkennbar werden, macht Eigenschaften deutlich und führt zu Erkenntnissen. Jedoch ist es vielfach auch sinnvoll, ein Medium als Repräsentanten der Wirklichkeit vorzuziehen, wenn dadurch der Gegenstand klarer (einfacher, vergrößert, deutlicher) dargestellt wird. Dies geschieht z. B. durch Bild, Dia, Film, Zeichnung oder das Rollenspiel. In anderen Fällen sind abstrakte Begriffe zu klären; sie werden aus der konkreten Anschauung heraus entwickelt. Das oben stehende Beispiel „Höhendarstellung" zeigt, daß hier der Weg über das Modell notwendig ist: Berge (Anhöhen) in der Wirklichkeit – Modell, z. B. im Sandkasten – Begriff „Höhenlinie" – Wiedererkennen in der Karte.

c) Die Unterrichtsinhalte sollen einen Bezug zum Leben haben

Erfahrungen und Erlebnisse des Kindes sind der Ausgangspunkt für die Themen der Heimat- und Sachkunde. Eng verbunden ist damit die Beziehung zum Heimatraum. Eine Analyse der Situation des Kindes im Hinblick auf die Sache ist eine wichtige Aufgabe für den Lehrer. (Siehe dazu die Hinweise in den einzelnen Themenbereichen der Heimat- und Sachkunde!). Häufig kann dabei auch ein problemorientierter Ansatz gefunden werden. Aus einer konkreten Erfahrungssituation (vgl. Abb. 37) entsteht die Notwendigkeit der unterrichtlichen Auseinandersetzung; das Gelernte wiederum soll zur Bewältigung weiterer Lebenssituationen beitragen.

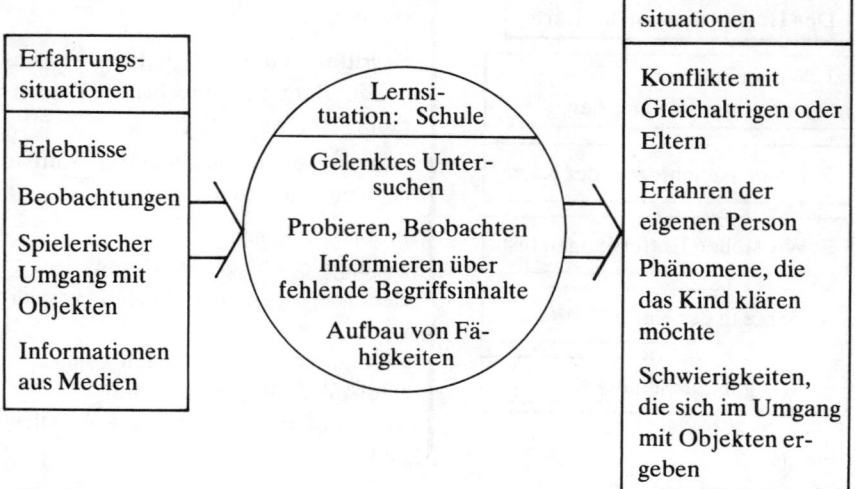

Erfahrungs-situationen	Lernsi-tuation: Schule	Lebens-situationen
Erlebnisse Beobachtungen Spielerischer Umgang mit Objekten Informationen aus Medien	Gelenktes Unter-suchen Probieren, Beobachten Informieren über fehlende Begriffsinhalte Aufbau von Fä-higkeiten	Konflikte mit Gleichaltrigen oder Eltern Erfahren der eigenen Person Phänomene, die das Kind klären möchte Schwierigkeiten, die sich im Umgang mit Objekten er-geben

Abb. 37

d) Das Vorwissen der Schüler soll in den Unterricht mit einbezogen werden
Im kognitiven Bereich sind insbesondere in Heimat- und Sachkunde sehr unter-schiedliche Voraussetzungen von seiten der Schüler vorhanden. Manche Kinder haben bereits ein detailliertes Wissen über spezielle Sachverhalte und schon ausgeprägte Sachinteressen. Hier bietet es sich an, das Vorwissen in den Unter-richt einzubringen. So äußern die Kinder in der Eingangsphase ihre Erlebnisse, z. B. mit Tieren, teilen den Mitschülern in der Erarbeitungsphase ihre Beobach-tungen an Gegenständen mit, z. B. Wirkungen des Feuers, oder bestätigen in der Schlußphase anhand von eigenen Erfahrungen das Gelernte, z. B. Keimen ver-schiedener Samen.

e) Die Teilinhalte sollen mit sachadäquaten Arbeitsweisen erschlossen werden
Auch bei einer integrativen Konzeption des Sachunterrichts der Grundschule werden Teilaspekte unter fachlichem Gesichtspunkt zu bearbeiten sein. Die jewei-ligen Bezugswissenschaften bieten eine Reihe von fachgemäßen Arbeitsweisen und -techniken an. Mit ihrer Hilfe werden nicht nur die punktuellen Informatio-nen für die einzelne Unterrichtsstunde gewonnen, sondern auch allgemeine Pro-blemlösungsstrategien angebahnt. Beispiele für fachgemäße Arbeitsweisen: Ord-nen von Ereignissen aus dem Leben der Kinder unter dem Gesichtspunkt der Zeit (geschichtlicher Gegenstandsbereich), Entnahme von Informationen aus einer Karte (erdkundlich), Einüben von Verhaltensweisen im darstellenden Spiel (so-zialkundlich), Betrachten von Pflanzenteilen mit der Lupe (biologisch) oder Fest-stellen der Eigenschaften von Gegenständen (physikalisch – chemisch – tech-nisch).

Nicht nur die fachliche Ausrichtung der Arbeitsweise ist für die Informationsgewinnung und -verarbeitung von Bedeutung, sondern auch die Entsprechung zum konkreten Teilinhalt. So eignet sich beispielsweise für das Teilziel „Die Blattknospen brauchen zum Wachsen Wärme", aus der Unterrichtssequenz „Fortdauer des Lebens im Winter", der Vergleich bei unterschiedlichen Temperaturbedingungen und die Langzeitbeobachtung; kaum geeignet sind dafür Beobachtungen an einem einzigen Zweig, der in die Vase gesteckt wird.

f) Unterrichtsinhalte sollen miteinander verbunden werden
Grundschulkinder fassen Phänomene nicht „gefächert" auf, sondern nehmen sie als Ganzes wahr. Konsequenterweise müssen deshalb die zusammengehörigen Teilaspekte, für die das Kind aufnahmefähig ist, im Unterricht erscheinen. Sie dürfen nicht gemäß fachlichen Gesichtspunkten sortiert werden, so daß reine Fachlehrgänge entstehen. Die Integration des Unterrichts spielt sich auf verschiedenen Ebenen ab: Zunächst werden innerhalb des fachlichen Gegenstandsbereiches die Inhalte und Verfahren miteinander verbunden oder aufeinander bezogen, die sich gegenseitig in der Begriffsbildung unterstützen; ferner werden die Zusammenhänge zwischen den fachlichen Bereichen der Heimat- und Sachkunde hergestellt; schließlich finden sich mehrere Ansatzpunkte zur Verknüpfung der Sachunterrichtsthematik mit anderen Unterrichtsfächern. Im folgenden ist dies am Beispiel „Kläranlage" (Abb. 38) gezeigt:

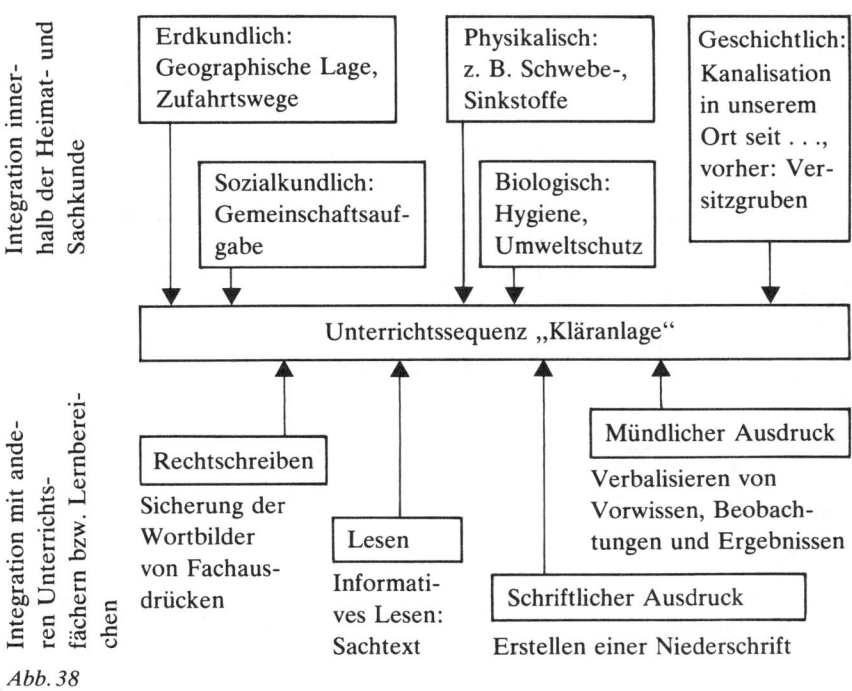

Abb. 38

243

Anfangsphase
Einleitung Begegnung mit dem Problem Hinführung zum landschaftlichen (physikalischen, . . .) Sachverhalt Stufe der Vorbereitung Anknüpfung Situationskonfrontation

Mittelphase
Erarbeitung Begegnung mit dem historischen (geographischen) Sachverhalt Erarbeitung der landschaftlichen (wirtschaftskundlichen) Gegebenheit Lösung des Problems Problemdurchdringung Situationsbeurteilung Problemuntersuchung Klärung Ergebnisfindung

Schlußphase
Anwendung Ausweitung des Problems Sachvertiefung Besinnung Kategoriale Erschließung Transfer Erfolgssicherung

Literatur

1. Bäuml-Roßnagl, M.-A.: Sachunterricht in der Grundschule: Naturwissenschaftlich-technischer Lernbereich. Ehrenwirth, München 1979
2. Gümbel/Messer/Thiel: Sachunterricht – Entwicklung, Ansätze und Perspektiven. Otto Maier, Ravensburg 1977
3. Rabenstein, R.: Zur Konzeption des Unterrichtsfaches Heimat- und Sachkunde – eine Standortbestimmung. In: Barsig u. a. [3], S. 9–23

4.3.2 Unterricht im soziokulturellen Lernbereich

4.3.2.1 Informationen zum Lernbereich

1. Übersicht über Inhalte des Lehrplans

Jgst.	Kind und Schule (1/2) Kind und Familie (1/2) Kind und Gemeinschaft (3/4)	Das Kind und sein Tagesablauf (1/2) Kind und Zeit (1–4) Kind und Spiel (1/2)
1.	Schule: Sich zurechtfinden Lebensraum Gemeinschaft Familie – Schutz – Angewiesensein – Hilfe Wohnen	Tages- und Wochenablauf – Tageszeiten – Wochentage Uhr – ganze Stunden – Uhrzeiger – Arten Spielen – Arten – Verhalten Spielgegenstände (Funktionsweise, Material)
2.	Gemeinschaft Miteinanderleben – Bedeutung – eigener Beitrag Familie: Feste und Feiern Nachbarn – Begriff – Schwierigkeiten – Rücksichtnahme	Zeitbegriffe – Zeitpunkt – jetzt, früher ... Uhrzeiten – Zifferblatt – Stunden, ... Jahresablauf – Monate – Jahreszeiten – besondere Ereignisse
3.	Gemeinschaft Miteinanderleben – Bedeutung – eigener Beitrag Schule: Gemeinschafts- aufgaben Familie: früher und heute Ausländische Familien	„Zeit" – Wandel – Überdauern – jung und alt Sinnvolles Fern- sehen (Gewinn – Gefah- ren, Auswahl, Art der Darstellungen)
4.	Gemeinschaft Miteinanderleben – Bedeutung – eigener Beitrag Schule/Gemeinde: Gemeinschaftsaufgaben	Freizeitgestaltung (Begriff, Möglich- keiten, konkrete Angebote, Auswahl)

Jgst.	Kind und Heimatgeschichte (1–4)	Räumliche Orientierung (1/2) Orientierung im heimatlichen Raum (3/4)	Kind und wirtschaftliche Umwelt (1/2) Warenherstellung/Dienstleistungen (3/4)
1.	Feste und Bräuche – Kirchenjahr – Örtlich	Räumliche Beziehungen: Schule Wohnen	
2.	Heimatort: Kulturgeschichte (z. B. Kirche, Turm, . . .)	Grundriß (z. B. Klassenzimmer, Pausehof, Spielplatz)	Einkaufen – vor dem Einkauf – beim Einkaufen Überlegtes Umgehen mit Geld
3.	Heimatort: Wichtige Ereignisse (Bauten, Funde, . . . Personen)	Lageskizze (Anfertigung, Orientierung) Himmelsrichtungen Karte – Schule und Umgebung – Kartenzeichen	Handwerker, z. B. Bäcker oder Schreiner (Arbeit, Herstellungsverfahren) Öffentliche Einrichtung: Feuerwehr oder Polizei Wasserversorgung der Gemeinde – Herkunft – Weg – Aufgabe der Gemeinde
4.	Entwicklungsreihen (z. B. Fahrzeuge, Geräte) Heimatort und Umgebung: Wichtige Ereignisse (Bauten, Personen, Denkmalschutz)	Gegebenheiten der Heimat; Zusammenhänge, z. B. Bodenart-Nutzung Pläne/Karten: erweiterter heimatlicher Raum (Anfertigung, Maßstab, Höhendarstellung)	Bauernhof/ Industriebetrieb (Arbeitsabläufe, Herstellung, Schwierigkeiten) Ein Dienstleistungsbetrieb, z. B. Post, Bahn, Müllabfuhr oder Kläranlage – Zusammenarbeit – Sachaufwand – Planung, Organisation – Nutzen

2. Die Situation des Kindes

a) im Themenbereich „Schule – Familie – Gemeinschaft – Freizeit"

- Kinder wachsen in der Kleinfamilie auf: Liebesentzug einer Bezugsperson wirkt sich gravierend aus; Störungen im Verhältnis der Eltern beeinflussen das Kind unmittelbar.
- Kinder sind in ihren Lebensäußerungen durch eine Vielzahl von Regelungen eingegrenzt: Unfallverhütung, Hausordnung, Verhalten auf der Straße.
- Kinder besitzen häufig einen Begriff von (sozialer) Gerechtigkeit, der von „numerischer Gleichheit" gekennzeichnet ist (genaues Abzählen); ein geringfügiger Verstoß führt zu Überreaktionen.
- Kinder zeigen häufig stark ichbezogene Reaktionen: große Empfindlichkeiten bei geringfügiger Verletzung des Selbstwertgefühls oder von Besitzrechten.
- Kinder sind bei der Entwicklung des geforderten Verhaltensrepertoires häufig überlastet: Vielzahl der Regelungen, oft recht detailliert; kognitive Vermittlung, weniger durch Imitationslernen; teilweise indifferente Haltung der Erwachsenenwelt; Überforderung auch durch verabsolutierte Konfliktlösungsstrategien: Abstimmungen oder Kompromißregelungen sind dem Grundschulkind in vielen Situationen nur eine formale Hilfe.
- Kinder bauen ihre eigene Spielwelt auf: Vielfach eigenes Zimmer; kaufen mit ihrem Taschengeld das augenblicklich begehrte Spielzeug; versinken völlig in die Spielsituation, in der Partner oft unerwünscht erscheinen.
- Kinder haben vielfältige Möglichkeiten zur Gestaltung ihrer freien Zeit: eigenes Spielzeug in oft großem Umfang, Fernsehen, Spielplatz, Fahrrad, Go-Kart, Wochenende mit den Eltern, Veranstaltungen der Gemeinde, Einrichtungen der Gemeinde (z. B. Bibliothek oder Ferienpaß).
- Das Freizeitverhalten ist häufig vom bloßen Konsumieren gekennzeichnet: Fernsehen, Schifahren oder Skateboard als „Trend", technisiertes Spielzeug; der Einblick in Zusammenhänge fehlt, z. B. Darstellungsweisen von Tieren in Zeichentrickfilmen.

b) im Themenbereich „Zeit – Geschichte"

- Orte der unmittelbaren Begegnung: Museum, Wanderausstellung, Oldtimerrennen, Bauwerke, Spielzeug, Geld, Briefmarken, Jahreszahlen in Büchern (Erscheinungsjahr)
- Orte der mittelbaren Begegnung: Film, Familienfotos, Märchen, Sachbücher, Fernsehserien, z. B. „Wickie", „Es war einmal ein Mensch"
- Das Kind begegnet geschichtlichen Informationsquellen (Dokumenten) weniger in den situativen bzw. originalen Zusammenhängen, sondern mehr in eigens eingerichteten Orten (als „Ausstellungsstücke")
- Wissen und Fertigkeiten gehen verloren, z. B. Buch einbinden, per Hand mähen, Feuer machen, Pfeil und Bogen machen, Pfeifchen schnitzen
- Falsche Sichtweise geschichtlicher Epochen und Fakten: „Die spinnen, die

Römer!" (Asterix und Obelix), technische Erfindungen in der Wickingerzeit (Wickie)

– Kinder begegnen heute häufig den gegensätzlichen Meinungen „Altes ist schlecht" ebenso wie „Früher ist es besser gewessen", z. B. altes Fahrrad nicht mehr leistungsfähig genug bzw. alter Biergarten als Symbol für eine beschauliche Epoche

– Brauchtum geht verloren, z. B. Grüßen, Familienbesuch am Sonntag, oder wird verstärkt gepflegt, z. B. Maibaum aufstellen, Adventsingen

c) im Themenbereich „Orientierung"

– Kinder haben Kenntnis verschiedener geographischer Phänomene: Wohnort, Schulort; bevorzugter Wochenendausflugsort, Ferienorte (Informationen beziehen sich hier auf Freizeitangebote, besondere Sehenswürdigkeiten, Hotel oder Campingplatz als „Wohnort", Nahrungsangebot), Drehorte von Kinderfilmen (z. B. „Heidi": Schweizer Bergwelt, Straße in Frankfurt), Grillplätze in der Umgebung, Langlaufloipen; einige Wettererscheinungen; Straße als Verkehrswege; Nutzung landschaftlicher Objekte zur Freizeitgestaltung

– Kinder haben keine geschlossene Raumvorstellung, sondern besitzen punktuelles geographisches Wissen; so kann ein Ausflugsort psychisch näher sein als der nahe gelegene, aber unattraktive Spielplatz. „Die heimatliche Umwelt erfaßt das Grundschulkind nicht global, sondern vorrangig an einzelnen geographischen Phänomenen, an Gebäuden . . ., Geschäften, Verkehr, Spielplatz, Wald und Feld . . ." (Sauter [2], S. 116 mit Hinweis auf E. Wagner)

– Kinder besitzen in vielen Fällen, durch das Freizeitverhalten der Eltern, eine große Reisemobilität

– Grundschulkinder sind in der Lage, Bildkarten zu lesen: Karte des Tierparks oder der Wanderstrecke

– Kinder entwickeln im Laufe der Grundschulzeit die Fähigkeit, räumliche Gegebenheiten darzustellen: Von der Skizze mit konkreten Details (noch mit „Umklappungen" oder „Drehungen") zur abstrakten Lageskizze

– Kinder prägen sich Einzelheiten des Heimatortes stark ein: Daraus ergibt sich ein Begründungsaspekt für Unterrichtsgänge

d) im Themenbereich „Wirtschaft – Dienstleistungen"

– Kinder besitzen meist frühzeitig Erfahrungen mit dem Einkaufen: Selbstbedienungsmarkt, Kaufhaus, Bäcker, Schuhgeschäft; gelegentliches selbständiges Einkaufen

– Kindern fehlt der Überblick, um ein allgemein preisbewußtes Kaufverhalten erzielen zu können; das „überlegte Umgehen mit Geld" kann nur in den kindgemäßen Bereichen, z. B. Süßigkeiten oder Spielzeug, erfolgen

– Produkte sind für Kinder zunächst als Objekt vorhanden, nach Herkunft oder Herstellung wird nicht gefragt; deshalb sind auch die Ausgangsstoffe und Herstellungsmethoden unbekannt

- Kinder haben äußerst diffuse Vorstellungen von öffentlicher Verwaltung und den Gemeinschaftseinrichtungen
- Kinder kennen Dienstleistungen nur von ihrem Endergebnis her oder wissen nur über Teilvorgänge Bescheid: Brief wird in den Postkasten gesteckt – Ansichtskarte ist im eigenen Briefkasten; Polizei an der Unfallstelle; Löschzug mit Blaulicht und Martinshorn unterwegs; Entleerung der Mülltonne; als Dienstleistung kaum bewußt ist Wasserversorgung und äußerst selten die Abwasser-Entsorgung.

3. *Grundsätze des fachlich orientierten Unterrichtens*

a) *Sozialkundlicher Lernbereich*

- *Wirklichkeitsnahe Situationen als Ausgangspunkt*
Sozial bedeutsame Tatsachen werden aus den realen Gegebenheiten entwickelt. Diese können durch entsprechende Medien oder Darstellungsformen repräsentiert oder bei einem Unterrichtsgang unmittelbar erkundet werden.

Beispiele:

In der Familie sind wir aufeinander angewiesen	Berichten: Was wir alles tun mußten, als Mutter krank war
Ein Familienfest wird gefeiert	Tonbandszene: Glückwünsche für den Jubilar
Die Aufgaben der Polizei	Unterrichtsgang zum Polizeirevier

- *Wertung sozialkundlicher Sachverhalte*
Das Einüben sozialer Verhaltensweisen kann nicht mechanisch erfolgen, sondern muß im Hinblick auf die notwendige politische Bildung eine kognitive Aufarbeitung mit einschließen. Entscheidungen, Lösungen, Reaktionen, Rollen und Verhaltensmuster sind zu bewerten, inwieweit sie die Bedürfnisse und Ansprüche der Beteiligten berücksichtigen. Die einseitige intellektuelle Steuerung des Verhaltens ist jedoch, ebenso wie die unkritische Übernahme von Einstellungen und Haltungen, zu vermeiden, da sie für das Grundschulkind eine Überlastung bedeutet.

- *Unterrichtsinhalte und -maßnahmen als Lebenshilfe*
Bereits bei der Stoffauswahl entscheidet sich der Lebensbezug von Unterrichtseinheiten aus dem sozialkundlichen Lernbereich. „Der Umweltbereich des Schülers ... ist bei der Gestaltung von Lerneinheiten zu berücksichtigen. Der Schüler soll erkennen, daß das Stundenthema etwas mit seinem eigenen Leben zu tun hat" (Kögel, S. 74). Darüber hinaus trägt Heimat- und Sachkunde zur Bewältigung von Lebenssituationen bei, wenn den Schülern der Bezug zum Alltag bewußt gemacht, die erarbeitete Erkenntnis in neuen Zusammenhängen angewendet wird und Phasen der Einübung, z. B. in Gruppenarbeit, bereitgestellt werden.

b) Geschichtlicher Lernbereich

– Vergegenwärtigung der Vergangenheit

Vergangene Zeit und Geschichte sind als Gegenstand nicht verfügbar. Deshalb müssen sie durch verschiedene Vermittlungsformen in den Anschauungsbereich und Verstehenshorizont der Kinder gerückt werden: Die Kinder erinnern sich selbst; sie teilen Erfahrungen mit alten Gebrauchsgegenständen mit; sie untersuchen die alte und neue Form desselben Gegenstandes; sie vergleichen Abbildungen desselben Ortes aus verschiedenen Jahren; sie bringen selbst Bilder mit historischem Inhalt in die richtige zeitliche Abfolge; durch Erzählungen, Berichte oder Schilderungen werden Situationen konkretisiert, indem Personen sprechen, denken und handeln und Gegenstände „funktionieren"; die Anforderungen an die Lehrererzählung, wie „Lokalisierung" oder „Dramatisierung", haben weiterhin ihre Bedeutung.

– Der Mensch steht im Mittelpunkt

Geschichte ist die Verkettung von Phänomenen der vergangenen Zeit, die aus menschlichem Handeln resultieren. Der menschliche Wille, die gegenwärtige Situation zu verändern, richtet sich auf Natur, Gegenstände, Besitz und Menschen. Die Ergebnisse des Handelns liegen im geistigen, psychischen oder gegenständlichen Bereich; sie äußern sich z. B. als Idee, Verhaltensänderung oder Produkte (Nahrung, Bauwerk). Für die Heimat- und Sachkunde bedeutet dies die Zentrierung des Unterrichts auf die denkende und handelnde Person. Beispiele:

Herzog Heinrich der Löwe wendet Gewalt an

Die Menschen in . . . brauchen Schutz

Der Schmied Stethaimer rettet den Rathausturm

Max von Pettenkofer hält einen Vortrag über die (hygienische) Wasserversorgung

– Heimatbezogene Inhalte werden in allgemeine geschichtliche Einsichten übergeführt

Viele Einzelfakten der Heimatgeschichte verweisen auf größere geschichtliche Zusammenhänge, z. B. „In unserem Ort und auch in . . . können wir Altes und Neues nebeneinander sehen", „Geräte sollen die Arbeit leichter machen – deshalb wurden und werden sie oft verbessert".

c) Erdkundlicher Lernbereich

– Anschaulicher Erwerb von Begriffen

Das kindliche Raumverständnis und geographische Lerninhalte werden aus der konkreten Erfahrung heraus entwickelt. Die Begegnung mit dem originalen Gegenstand „kann ein einfaches Be-greifen, Handeln oder Experimentieren sein, kann aber in Erdkunde vor allem das Erkunden der Landschaft bzw. geographischer Phänomene durch Unterrichtsgang, Wanderung, Lehrfahrt und Exkursionen mit praktischen Übungen sein" (Sauter [2], S. 167).

– Die Karte als wesentliches Darstellungsmittel geographischer Sachverhalte
Karten leisten zwei didaktische Funktionen: 1. Fixieren von Raumerfahrungen
in überschaubarer Darstellung und 2. als Medium zur Gewinnung geographischer Informationen. Vorwiegend in den ersten beiden Jahrgangsstufen stellen
die Schüler ihre Beobachtung in Bildkarten dar. Es entstehen Übersichten der
Raumverhältnisse, die zunehmend detaillierter ausgestaltet werden. In den
Jahrgangsstufen 3/4 können Karten bereits als Ausgangspunkt für geographisch
relevante Fragestellungen genommen werden.

– Wechselbeziehung von Mensch und Landschaft
Lebensweise und Aktivitäten werden von den landschaftlichen Gegebenheiten
geprägt; dies äußert sich in der Art der Behausung, der Verkehrsmittel, der
Ernährung oder des Gelderwerbs (z. B. Lage am See: Hoher Anteil an Dienstleistungen im Fremdenverkehrsort). Andererseits entwickelt der Mensch auch
raumprägende Aktivitäten. „Menschen prägen ihren Lebensraum auf Grund
von Wertvorstellungen: Sie asphaltieren Felder zu, weil sie schnell und weit im
Auto fahren wollen, . . . In diese Gesetzlichkeit soll der Grundschullehrer erste
Einblicke vermitteln: Unsere Heimat sieht so oder so aus, weil Menschen . . . sie
so ‚gemacht' haben" (Engelhardt, S. 446).

d) Einzelheiten des heimatlichen Nahraumes als Lerninhalte
Die Orientierung an den Grunddaseinsfunktionen des Menschen als Leitideen für
die Auswahl und Gestaltung des Unterrichts im erdkundlichen Lernbereich beinhaltet die Gefahr der Vernachlässigung von Grundwissen über die landschaftlichen Gegebenheiten des Nahraumes. Deshalb sollen dem Schüler auch geographische Details des Heimatortes bekannt sein: Lage und Bezeichnung wichtiger
Bauwerke; Bezeichnung und Funktion bestimmter Verkehrswege; Bezeichnung,
Lage und Eigenart von Erholungsplätzen; Lage und Entfernung von Nachbar-
orten.

4. Fachgemäße Arbeitsweisen und -techniken

	Sozial-kunde	Ge-schichte	Erd-kunde	Wirt-schaftslehre
Beobachten	×	×	×	×
Betrachten	×	×	×	×
Erfahrungen mitteilen	×	×	×	×
Situationen schildern	×	×	×	×
Beschreiben	×	×	×	×
Erkunden der Wirklichkeit	×	×	×	×

	Sozial-kunde	Ge-schichte	Erd-kunde	Wirt-schaftslehre
Vorlesen – Zuhören	×	×		
Problemfrage stellen	×	×	×	×
Vermutungen aufstellen	×	×	×	×
Bilder auswerten	×	×	×	×
Texte auswerten	×	×	×	×
Zeichnungen auswerten	×	×	×	×
Lehrererzählung	×	×		
Nachschlagen	×	×	×	×
Objekte untersuchen		×	×	×
Arbeit mit dem Sandkasten		×	×	
Vorgang zerlegen	×	×		×
Vergleichen	×	×	×	×
Unterscheiden	×	×	×	×
Ordnen	×	×	×	×
Auswählen	×			×
Zusammenhänge herstellen	×	×	×	×
Beziehungen erkennen	×	×	×	×
Daten interpretieren	×	×	×	×
Umsetzen in Symbole	×	×	×	×
Begriffe aufbauen	×	×	×	×
Zusammenfassen	×	×	×	×
Alternativen entwickeln	×	×	×	
Ergebnisse fixieren	×	×	×	×
Beurteilen	×	×	×	×
Begründen	×	×	×	×
Kritisch überdenken	×	×	×	×

	Sozial-kunde	Ge-schichte	Erd-kunde	Wirt-schaftslehre
Beispiele suchen	×	×	×	×
Sachverhalt skizzieren	×	×	×	×
Rollenspiel	×	×		
Arbeit mit Karten		×	×	
Arbeit mit dem Modell		×	×	
Verbalisieren	×	×	×	×
Begriffe verwenden	×	×	×	×
Verallgemeinern	×	×	×	×
Schaubild erläutern	×	×	×	×
Fotografieren		×	×	×
Ausstellen		×	×	×
Neue Situationen lösen	×		×	

Literatur

1. Haarmann, D. (Hrsg.): Handeln und Erkennen im Sozialbereich. Arbeitskreis Grundschule e. V. Frankfurt a. M. 1978
2. Kunert, G.: Der Fachbereich Wirtschaftslehre in Heimat- und Sachkunde. In Sauter [1], S. 99–111
3. Kosteletzky, H.: Der fachliche Bereich Geschichte. In: Barsig u. a. [3], S. 86–106
4. Langhammer, G.: Sozial- und Wirtschaftslehre in Heimat- und Sachkunde. In: Altmann u. a. [2], S. 43–56
5. Sauter, H.: Der fachliche Bereich Erdkunde. In: Barsig u. a. [3], S. 107–154

4.3.2.2 *Verlaufsgliederung im Themenbereich „Schule – Familie – Gemeinschaft – Freizeit"*

1. Strukturmodell

Hinführung	
Motivation	Vorlesen eines aktuellen Berichts, der einen Vorgang im sozialen Bereich aufzeigt (Miteinander – Gegeneinander, Konflikt, Institution); Vorstellen einer Situation durch Bild, Schulfunk oder szenischer Darstellung; Darlegen eines persönlichen Erlebnisses; sich erinnern an eine gemeinsam registrierte Begebenheit
Präzisieren der Situation	Feststellen der Kernsituation
Zielangabe	Bekanntgeben des Vorhabens
Erarbeitung	
Vorläufige Stellungnahme	Formulieren der eigenen Einstellung zur skizzierten Situation
Informationsgewinnung	Aufgreifen von vorhandenem Wissen (Erfahrungen, Beobachtungen); Nennen denkbarer Lösungen; Suchen von Möglichkeiten zur Gestaltung des Vorgangs/der Situation; Übergabe weiterführender Informationen (Bilder, Texte, beispielhafte Vorgänge, Erklärungen, fiktive Gespräche); Darstellen verschiedener Möglichkeiten; Vergleichen von Verhaltensweisen; Bewußtmachen sozialer Verhaltensweisen
Urteilsbildung mit Begründung	Präzisieren der Lösungen durch argumentierende Erklärungen; Durchführen eines Entscheidungsspiels; Erörterung des Für und Wider; Erläutern oder Herausstellen von Gefahren; Vergleichen der verschiedenen Lösungsversuche hinsichtlich Durchführbarkeit und Konsequenzen für den Handelnden und die Betroffenen
	Herausarbeiten der Grundeinsicht; Darlegen einer selbständigen, abschließenden Antwort im Gesprächskreis; Fixieren der Ergebnisse
Anwendung	
Konkretisierung	Klären ähnlicher Fälle/Situationen; Einüben sozialer Verhaltensweisen
Vertiefung	Anregen zur Überprüfung des eigenen Verhaltens; Hinweisen auf „heute – damals", „hier – dort", „der eine – der andere"

2. *Unterrichtsbeispiel:* Wie kann ich meiner Mutter zu Hause helfen?,
1. Jahrgangsstufe

Artikulation/ Inhalt	Unterrichtsaktivitäten/ Sozialformen/Medien
I. Problemstellung	
1. Anknüpfung	
	Bildkarten an der Tafel (aus der vorausgegangenen Stunde: z. B. Abtrocknen, Saugen, Backen)
Diese Bilder erinnern dich an die Arbeit der Mutter.	L
	S sprechen zu den Bildern
2. Auffinden der Problemfrage	
So gut ich kann und allezeit, will ich dir Freude machen	Arbeitsprojektor/Folie (Vers aus bereits gelerntem Muttertagsgedicht) S lesen still/laut
Ich könnte der Mutter auch helfen.	S
3. Zielangabe	
Wir werden nun gemeinsam herausfinden, wie du Mutter helfen kannst.	L
Wie helfe ich meiner Mutter?	TA durch L Chorlesen
II. Problemlösung	
1. Einbringen des Vorwissens	
Du kannst sicher schon eine Antwort auf unsere Frage finden.	L S machen Vorschläge
2. Eingrenzung auf einen Schwerpunkt: Schuhe putzen	
Du hast jetzt einiges erzählt, wie du helfen könntest. Du solltest aber auch genau wissen, wie man da helfen kann. Deshalb habe ich mir eine besondere Sache ausgesucht.	(Überleitung:) L
Schuhputzkasten mit schmutzigen Schuhen	L zeigt vor

Artikulation/ Inhalt	Unterrichtsaktivitäten/ Sozialformen/Medien
4	
	S sprechen dazu
1.) Ich putze Schuhe	TA durch L
Wenn du richtig helfen willst, dann brauchst du die richtigen Sachen.	L L zeigt Werkzeug vor, S kommen zur Tafel,
Das ist ... (eine Schuhbürste). (Lappen, Schuhcreme, Schmutzbürste).	Sprechreihe
Wenn du richtig helfen willst, dann mußt du auch der Reihe nach das Richtige tun.	L
Mit der Schmutzbürste bürste ich den Schmutz ab.	Sprechreihe
Klärung: Schmutz-/Glanzbürste	Entsprechend der Nennung der Gegenstände werden die Bilder 2 bis 4 an die Tafel geheftet
Ein Bild fehlt noch! Bevor ich Schuhe putze, bereite ich alles vor.	Impuls und Vorzeigen von Bild 1 S sprechen
Du kannst uns jetzt genau sagen, wie du richtig Schuhe putzt.	L
	S wiederholen, L schreibt (zum Bild) das entsprechende Wort an die Tafel
Teilzusammenfassung Du kannst uns sogar zeigen, wie du richtig Schuhe putzt.	L Ein S macht es vor, andere S sprechen dazu Einzelarbeit: Arbeitsblatt Nr. 1, S numerieren Kontrolle durch Vorlesen
3. Erweiterung: Andere Möglichkeiten der Hilfeleistung	
Richtiges Schuheputzen fällt dir nun sicher etwas leichter.	(Überleitung:) L
Am Anfang hattet ihr noch einiges aufgezählt, wie ihr zu Hause helfen könntet.	
2.) Ich kann noch mehr helfen	TA durch L

256

Artikulation/ Inhalt	Unterrichtsaktivitäten/ Sozialformen/Medien
Die Bilder bei Nummer 2 auf dem Arbeitsblatt erinnern dich nochmals daran.	L
	S äußern sich L heftet entsprechende Wortkarte an die Tafel (Tafelbild im Aufbau wie Arbeitsblatt)
Teilzusammenfassung Überlege gemeinsam mit deinem Nachbarn, was du gerne davon tun möchtest!	Auftrag Partnergespräch Auswertung: S äußern sich in Klassenarbeit
Schreibe das Wort auf, das sagt, was du gerne tun möchtest!	Auftrag Einzelarbeit, schriftlich

III. Ausklang

1. Hinweis auf die Möglichkeit zum eigenen Tun

S erhalten auf einem vervielfältigten Blatt „Gutscheine"; diese kann die Mutter beim Kind einlösen

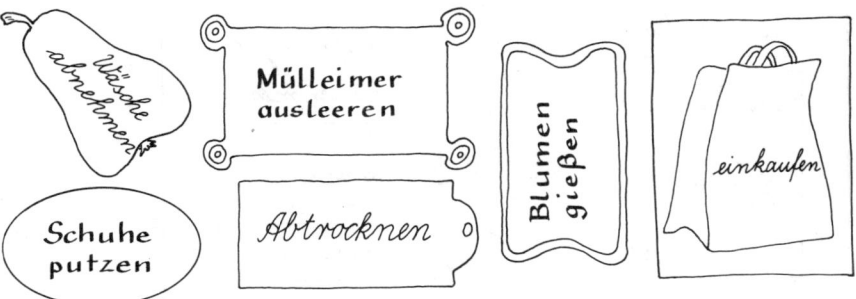

2. Abrundung

Denn Muttertage, das ist wahr, die sind an allen Tagen.

Arbeitsprojektor/Folie

S wiederholen den letzten Satz des (bereits gelernten) Gedichts; Herstellen des Zusammenhangs mit dem gerade Gelernten im Klassengespräch

257

Wie helfe ich meiner Mutter?

1) Ich putze Schuhe

① vorbereiten ② abbürsten

③ eincremen ④ polieren

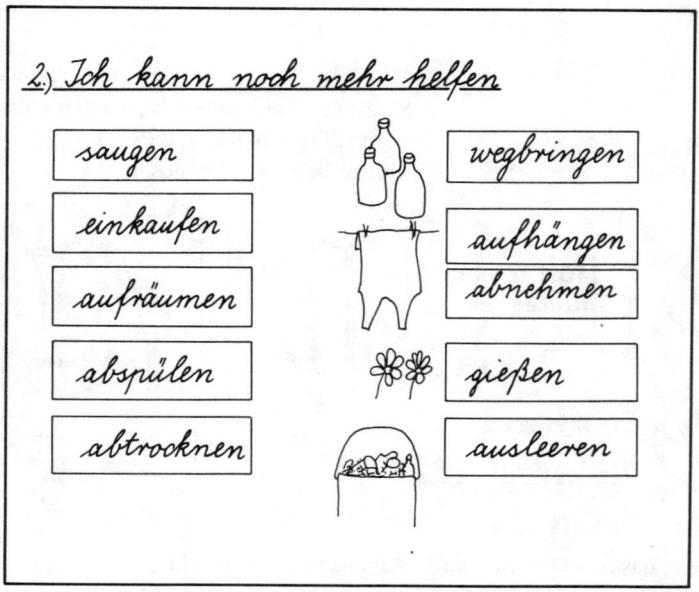

2) Ich kann noch mehr helfen

saugen — wegbringen

einkaufen — aufhängen

aufräumen — abnehmen

abspülen — gießen

abtrocknen — ausleeren

Abb. 39: Tafelbild zur UZE „Wie helfe ich meiner Mutter?"

258

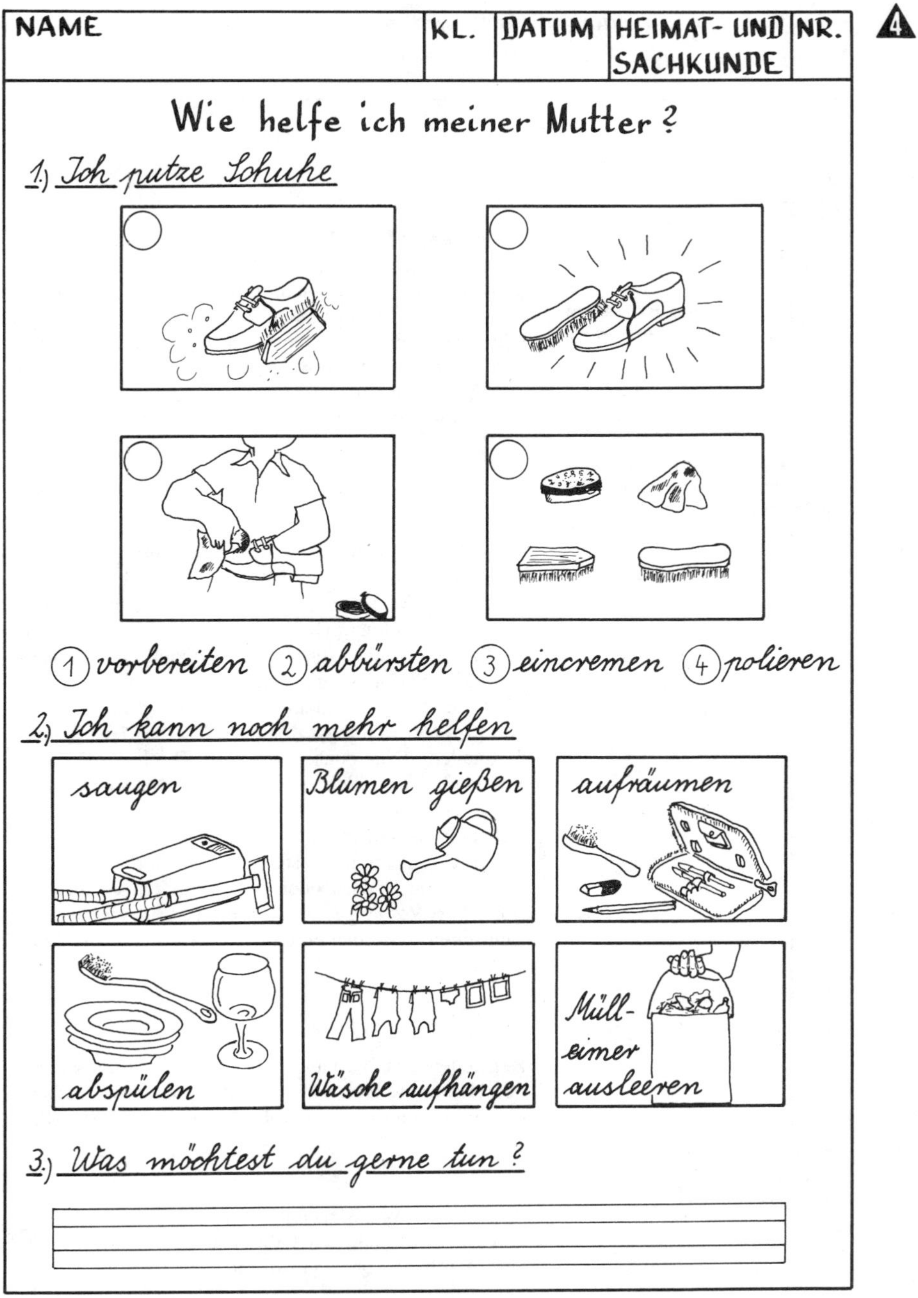

NAME	KL.	DATUM	HEIMAT- UND SACHKUNDE	NR.

4

Wie helfe ich meiner Mutter?

1.) Ich putze Schuhe

① vorbereiten ② abbürsten ③ eincremen ④ polieren

2.) Ich kann noch mehr helfen

| saugen | Blumen gießen | aufräumen |
| abspülen | Wäsche aufhängen | Mülleimer ausleeren |

3.) Was möchtest du gerne tun?

Abb. 40: Arbeitsblatt zur UZE „Wie helfe ich meiner Mutter?"

1. Strukturmodell

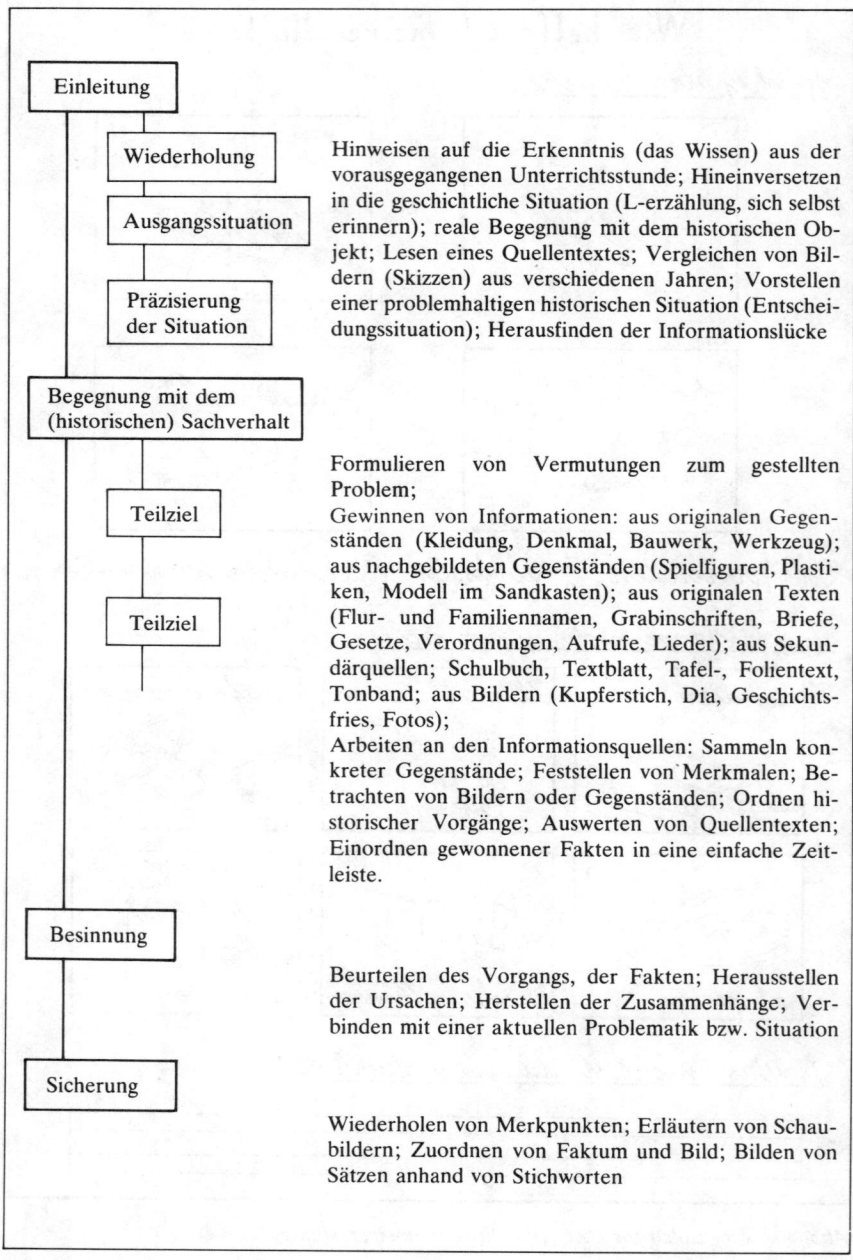

Einleitung	
Wiederholung Ausgangssituation Präzisierung der Situation	Hinweisen auf die Erkenntnis (das Wissen) aus der vorausgegangenen Unterrichtsstunde; Hineinversetzen in die geschichtliche Situation (L-erzählung, sich selbst erinnern); reale Begegnung mit dem historischen Objekt; Lesen eines Quellentextes; Vergleichen von Bildern (Skizzen) aus verschiedenen Jahren; Vorstellen einer problemhaltigen historischen Situation (Entscheidungssituation); Herausfinden der Informationslücke
Begegnung mit dem (historischen) Sachverhalt	
Teilziel Teilziel	Formulieren von Vermutungen zum gestellten Problem; Gewinnen von Informationen: aus originalen Gegenständen (Kleidung, Denkmal, Bauwerk, Werkzeug); aus nachgebildeten Gegenständen (Spielfiguren, Plastiken, Modell im Sandkasten); aus originalen Texten (Flur- und Familiennamen, Grabinschriften, Briefe, Gesetze, Verordnungen, Aufrufe, Lieder); aus Sekundärquellen; Schulbuch, Textblatt, Tafel-, Folientext, Tonband; aus Bildern (Kupferstich, Dia, Geschichtsfries, Fotos); Arbeiten an den Informationsquellen: Sammeln konkreter Gegenstände; Feststellen von Merkmalen; Betrachten von Bildern oder Gegenständen; Ordnen historischer Vorgänge; Auswerten von Quellentexten; Einordnen gewonnener Fakten in eine einfache Zeitleiste.
Besinnung	Beurteilen des Vorgangs, der Fakten; Herausstellen der Ursachen; Herstellen der Zusammenhänge; Verbinden mit einer aktuellen Problematik bzw. Situation
Sicherung	Wiederholen von Merkpunkten; Erläutern von Schaubildern; Zuordnen von Faktum und Bild; Bilden von Sätzen anhand von Stichworten

2. Variante zum Strukturmodell

I. Problemstellung

1. Anknüpfung
2. Problemsituation
3. Zielangabe

II. Lösung des historischen Problems

1. Vermutungen der Schüler
2. Informationen zur historischen Lösung
3. Beurteilung der Lösung (auch Vergleich mit den eigenen Lösungsvorschlägen)

III. Vertiefung

Hinweis auf aktuelle Bedeutung

3. Unterrichtsbeispiel

Unterrichtseinheit: München braucht Schutz,

3. Jahrgangsstufe

I. München im ersten Mauerring

1. Eine Stadtmauer aus Stein wird errichtet
2. Das Aussehen der Stadt

II. München im zweiten Mauerring

1. Die Erweiterung der Stadt
2. Die Befestigung

Thema: Eine Stadtmauer aus Stein wird errichtet

Artikulation/ Inhalt	Unterrichtsaktivitäten/ Sozialformen/Medien
I. Hinführung	
1. Wiederholung (Bezug zur Unterrichtseinheit: Der Beginn Münchens)	Stummer Impuls: Großflächige Zeichnung der Klostersiedlung
In der früheren Siedlung der Mönche ging es jetzt lebhafter zu!	Impuls
2. Eingrenzung der Thematik	
In der Siedlung war nun manches, das Diebe gerne geraubt hätten!	Impuls
Sicher haben die Menschen in dem Ort	Impuls

Artikulation/ Inhalt	Unterrichtsaktivitäten/ Sozialformen/Medien

überlegt, wie sie sich gegen Diebe und Feinde schützen könnten!	
Zielangabe: Ihr werdet heute erfahren, wie die Münchner eine feste Mauer aus Stein gebaut haben.	L.
1.) *Eine Stadtmauer aus Stein wird errichtet*	TA durch L.

II. Begegnung mit dem Sachverhalt

1. Teilziel: Der Verlauf der Mauer

Bebautes Gebiet, Straßen – Verlauf der Mauer	Arbeitsblatt: Karte „erlesen", Auftrag siehe Arbeitsblatt; S. zeichnen in Einzelarbeit zunächst mit Bleistift
(Denke daran, daß auch die Straßen in die Stadt hineinführen müssen!)	Differenzierung: Schwächere S. erhalten einen Hinweis
Auswertung	S ergänzen die Tafelzeichnung, Bestätigung oder Korrektur durch S bzw. L
Teilzielsicherung	S tragen Mauerverlauf mit Farbstift ein; Fixierung der Teilüberschrift

2. Teilziel: Die Aufgaben der Befestigung

Überleitung: Du hast selbst den Verlauf der Mauer herausgefunden. Nun werden wir uns einige Einzelheiten noch genauer anschauen.	L
Jeder Teil der Mauer mußte eine bestimmte Aufgabe erfüllen.	L Fixierung der Teilüberschrift Vorzeigen von 3 Dias: Auftrag
Betrachte zunächst jedes Bild und notiere dir auf, wie der gezeigte Teil heißen könnte!	S notieren auf
Überprüfe zusammen mit deinem Partner die notierten Namen!	Auftrag Partnerarbeit
Betrachte nun bitte die Bilder ein zweites Mal und überlege jeweils mit dem Partner, welche Aufgabe dieser Teil haben könnte!	Auftrag

Artikulation/ Inhalt	Unterrichtsaktivitäten/ Sozialformen/Medien
Auswertung Teilzusammenfassung	mit TA Erklären des Begriffs „Befestigung" und Eintrag ins Arbeitsblatt

3. Teilziel: Die Tortürme im ersten Mauerring

Überleitung: Wir wissen jetzt, welche Aufgabe die Befestigung hatte. Damit sich die Einwohner und Frem- den auch auskannten, haben die Tore Namen erhalten.	L
	S suchen die entsprechende Karte im Heimatatlas; Informationsentnahme: Gasse – Torturm; in Gruppenarbeit
Auswertung Teilzielsicherung	TA durch S S tragen Bezeichnungen in das Arbeits- blatt ein
Gesamtzusammenfassung	Wiederholung des Gelernten mit Hilfe einer vorbereiteten Spurenkarte im Sandkasten, Einsetzen von Wortschil- dern

III. Sachvertiefung

Die Mauer hatte auch Nachteile	Unterrichtsgespräch

IV. Erweiterung

Bezeichnungen der Gassen, die zu den Toren führten	Hausaufgabe: Heimatatlas verwenden und Arbeitsblatt ergänzen

I. München im ersten Mauerring

1.) Eine Stadtmauer aus Stein wird
   errichtet (um 1170)
   a) Der Verlauf

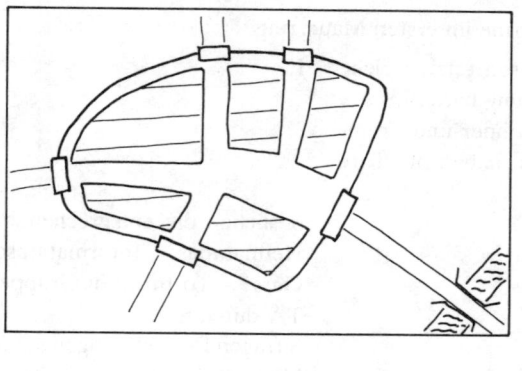

b) Die Aufgaben der Befestigung

Die wichtigsten Teile	Aufgaben
Mauern	Feinde zurückhalten
Türme	Ausschau halten
Tore	Ein - und Auslaß

c) Die Tortürme

führte zum ⟹

Weingasse	Schäffelturm
Dienergasse	Krumbleinsturm
Markt	Talbrucktor
Rosengasse	Blauententurm
Kufringergasse	Kufringerturm

Abb. 41: Tafelbild zur UZE „München im ersten Mauerring"

NAME	KL.	DATUM	HEIMAT- UND SACHKUNDE	NR.

I. München im ersten Mauerring

1.) ⬚

a) ⬚

Diese Karte von München zeigt das bebaute Gebiet und die wichtigsten Straßen.

Auftrag: Zeichne ein, an welchen Stellen es notwendig ist, eine Mauer zu bauen!

b) ⬚

c) ⬚

Abb. 42: Arbeitsblatt zur UZE „München im ersten Mauerring"

265

1. Strukturmodell

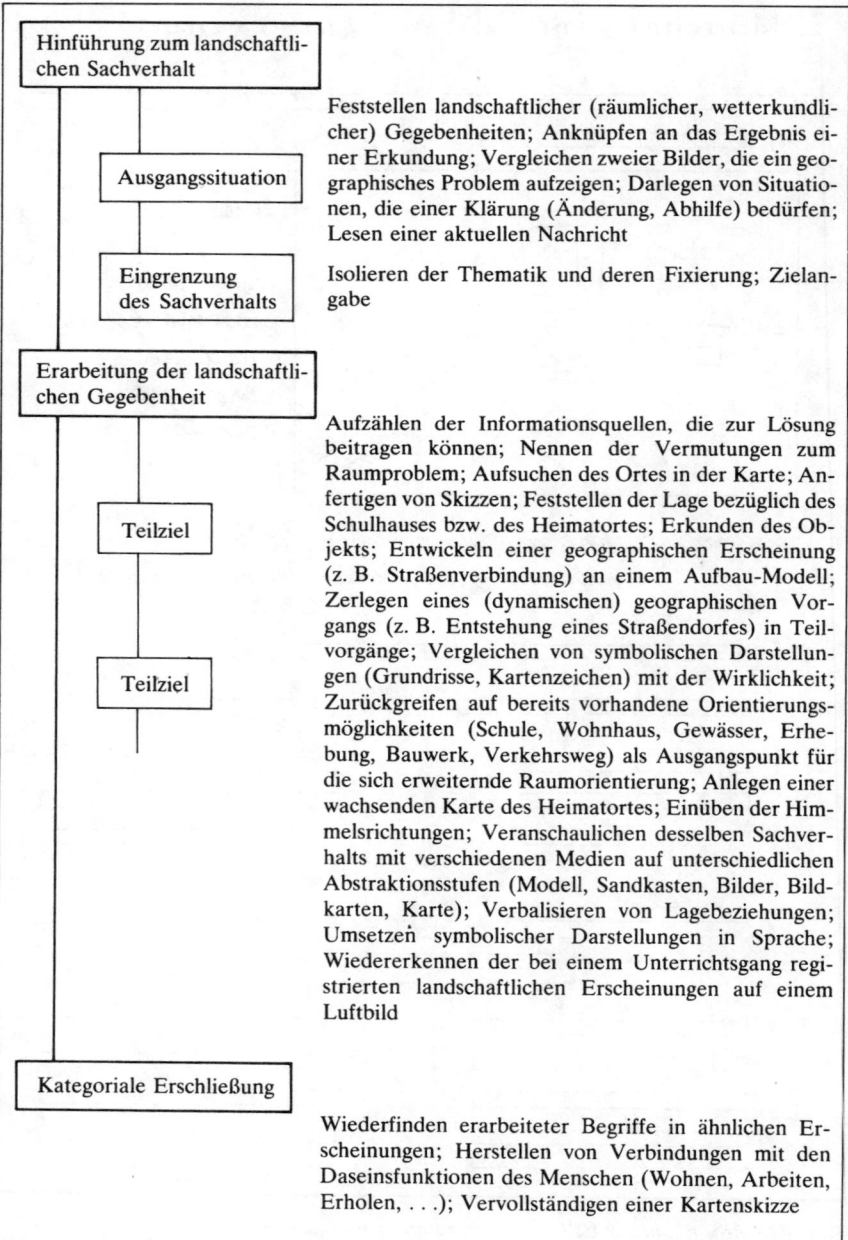

Hinführung zum landschaftlichen Sachverhalt

Ausgangssituation

Feststellen landschaftlicher (räumlicher, wetterkundlicher) Gegebenheiten; Anknüpfen an das Ergebnis einer Erkundung; Vergleichen zweier Bilder, die ein geographisches Problem aufzeigen; Darlegen von Situationen, die einer Klärung (Änderung, Abhilfe) bedürfen; Lesen einer aktuellen Nachricht

Eingrenzung des Sachverhalts

Isolieren der Thematik und deren Fixierung; Zielangabe

Erarbeitung der landschaftlichen Gegebenheit

Teilziel

Aufzählen der Informationsquellen, die zur Lösung beitragen können; Nennen der Vermutungen zum Raumproblem; Aufsuchen des Ortes in der Karte; Anfertigen von Skizzen; Feststellen der Lage bezüglich des Schulhauses bzw. des Heimatortes; Erkunden des Objekts; Entwickeln einer geographischen Erscheinung (z. B. Straßenverbindung) an einem Aufbau-Modell; Zerlegen eines (dynamischen) geographischen Vorgangs (z. B. Entstehung eines Straßendorfes) in Teilvorgänge; Vergleichen von symbolischen Darstellungen (Grundrisse, Kartenzeichen) mit der Wirklichkeit; Zurückgreifen auf bereits vorhandene Orientierungsmöglichkeiten (Schule, Wohnhaus, Gewässer, Erhebung, Bauwerk, Verkehrsweg) als Ausgangspunkt für die sich erweiternde Raumorientierung; Anlegen einer wachsenden Karte des Heimatortes; Einüben der Himmelsrichtungen; Veranschaulichen desselben Sachverhalts mit verschiedenen Medien auf unterschiedlichen Abstraktionsstufen (Modell, Sandkasten, Bilder, Bildkarten, Karte); Verbalisieren von Lagebeziehungen; Umsetzen symbolischer Darstellungen in Sprache; Wiedererkennen der bei einem Unterrichtsgang registrierten landschaftlichen Erscheinungen auf einem Luftbild

Teilziel

Kategoriale Erschließung

Wiederfinden erarbeiteter Begriffe in ähnlichen Erscheinungen; Herstellen von Verbindungen mit den Daseinsfunktionen des Menschen (Wohnen, Arbeiten, Erholen, . . .); Vervollständigen einer Kartenskizze

266

2. Unterrichtsbeispiel

Unterrichtseinheit: Wir benutzen die Karte,

4. Jahrgangsstufe

Thema: Wie werden Berge in der Karte dargestellt?

Artikulation/ Inhalt	Unterrichtsaktivitäten/ Sozialformen/Medien
I. Problemgewinnung	
1. Ausgangssituation	
Unser Unterrichtsgang zum „Hausberg" von . . . (z. B. Berg im Ostpark)	S. berichten
2. Eingrenzung des Sachverhalts	
Wir haben das Gebiet des Ostparks bereits im Sandkasten nachgebaut. Dieser Plan zeigt dir auch einen Teil des Ostparks.	L. Impuls, unvollständige (Berg fehlt), großflächige Planskizze
Keine Darstellung im Modell, sondern in der Fläche; der Berg fehlt.	S. äußern sich
3. Problemformulierung	
Wie könnten wir den Berg im Ostpark in der Karte darstellen?	S. formulieren Frage TA der Frage
II. Problemerarbeitung	
1. Vermutungen	
Mögliche Darstellungsweisen	S. äußern Vermutungen, deren Fixierung an Tafel und im Heft
2. Informationsgewinnung	
a) In unserem Heimatlas sind Berge durch Linien dargestellt.	L. S. schauen im Heimatlas nach, wie hier das Problem gelöst ist
b) Veranschaulichung des Darstellungsverfahrens durch Höhenlinien	* Arbeit am Sandkasten: In das bereits hergestellte Bergmodell wird eine Bleischnur, in gleicher Höhe bleibend, eingedrückt; die „gleiche Höhe" wird z. B. durch eine

267

auf einem Holzblock liegende Stricknadel markiert; die Umrißlinie des Bergfußes wird ebenfalls durch eine Bleischnur sichtbar gemacht. Anschließende Betrachtung aus der Vogelperspektive und Skizzierung der Linie

3. Problemerkenntnis

* Übertragung auf die Tafel

a) Bezeichnung „Höhenlinie"

S. suchen selbst nach einer sachentsprechenden Bezeichnung

b) Bezugshöhe

Bei unserem Modell hatten wir eine gute Hilfe, um die gleiche Höhe genau einhalten zu können! (Bodenfläche des Sandkastens)

Impuls

Auch in der Natur müssen die Landvermesser eine Stelle festlegen, so daß sie von dort aus die Höhen bestimmen können!
(Meeresspiegel, Höhe über Normalnull)

Impuls

c) Herstellung des Zusammenhangs Höhenlinie – Meeresspiegel
Welche Eigenschaft haben alle Stellen einer Höhenlinie?

Frage

d) Beantwortung des Ausgangsproblems

Übergabe einer vom L erstellten genauen Karte

Zusammenfassung

Erläutern der Höhendarstellung an einem (Styropor-)Modell

III. Problemausweitung

1. Informationswert von Höhenlinien

Worüber uns die Höhenlinien Auskunft geben

Hilfestellung durch vorbereitete Teile des Tafelbildes (6 Kästchen)

2. Beispiele aus dem Heimatatlas

268

Wie Berge in der Karte dargestellt sind

1.) Wie könnten wir den Berg im Ostpark in der Karte darstellen?
Seitenansicht, Höhen eintragen, Panoramakarte.

2.) In unserem Heimatatlas sind die Berge durch Linien dargestellt.

a) Wie diese Linien entstehen

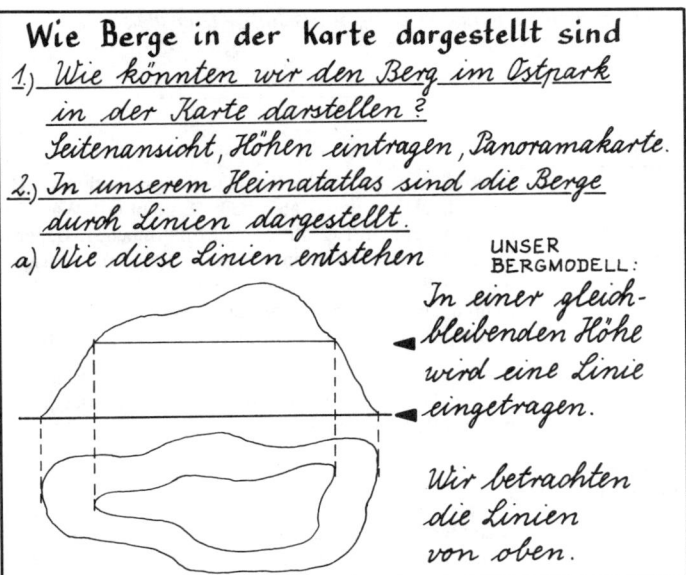

UNSER BERGMODELL:

In einer gleichbleibenden Höhe wird eine Linie eingetragen.

Wir betrachten die Linien von oben.

b) Diese Linien heißen Höhenlinien
Alle Stellen (Punkte) einer Höhenlinie haben dieselbe Höhe über dem Meeresspiegel.

c) Worüber uns die Höhenlinien Auskunft geben:

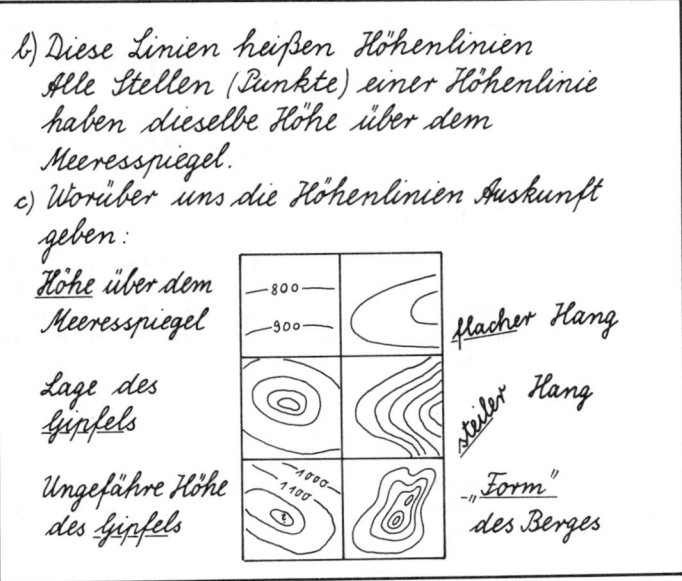

Höhe über dem Meeresspiegel

Lage des Gipfels

Ungefähre Höhe des Gipfels

flacher Hang

steiler Hang

"Form" des Berges

Abb. 43: Tafelbild zur UZE „Wie Berge in der Karte dargestellt sind"

269

1. Strukturmodell

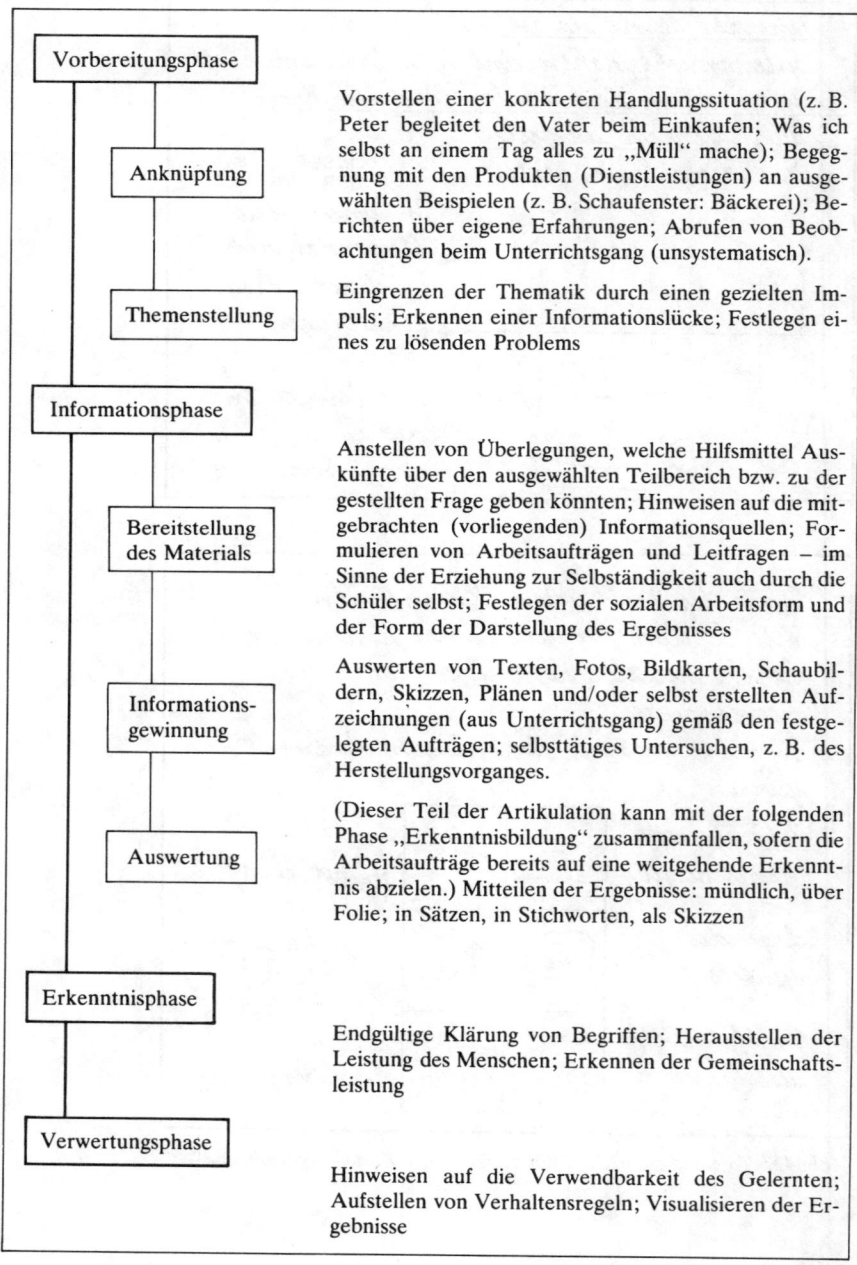

Vorbereitungsphase

Anknüpfung

Vorstellen einer konkreten Handlungssituation (z. B. Peter begleitet den Vater beim Einkaufen; Was ich selbst an einem Tag alles zu „Müll" mache); Begegnung mit den Produkten (Dienstleistungen) an ausgewählten Beispielen (z. B. Schaufenster: Bäckerei); Berichten über eigene Erfahrungen; Abrufen von Beobachtungen beim Unterrichtsgang (unsystematisch).

Themenstellung

Eingrenzen der Thematik durch einen gezielten Impuls; Erkennen einer Informationslücke; Festlegen eines zu lösenden Problems

Informationsphase

Bereitstellung des Materials

Anstellen von Überlegungen, welche Hilfsmittel Auskünfte über den ausgewählten Teilbereich bzw. zu der gestellten Frage geben könnten; Hinweisen auf die mitgebrachten (vorliegenden) Informationsquellen; Formulieren von Arbeitsaufträgen und Leitfragen – im Sinne der Erziehung zur Selbständigkeit auch durch die Schüler selbst; Festlegen der sozialen Arbeitsform und der Form der Darstellung des Ergebnisses

Informationsgewinnung

Auswerten von Texten, Fotos, Bildkarten, Schaubildern, Skizzen, Plänen und/oder selbst erstellten Aufzeichnungen (aus Unterrichtsgang) gemäß den festgelegten Aufträgen; selbsttätiges Untersuchen, z. B. des Herstellungsvorganges.

Auswertung

(Dieser Teil der Artikulation kann mit der folgenden Phase „Erkenntnisbildung" zusammenfallen, sofern die Arbeitsaufträge bereits auf eine weitgehende Erkenntnis abzielen.) Mitteilen der Ergebnisse: mündlich, über Folie; in Sätzen, in Stichworten, als Skizzen

Erkenntnisphase

Endgültige Klärung von Begriffen; Herausstellen der Leistung des Menschen; Erkennen der Gemeinschaftsleistung

Verwertungsphase

Hinweisen auf die Verwendbarkeit des Gelernten; Aufstellen von Verhaltensregeln; Visualisieren der Ergebnisse

2. *Unterrichtsbeispiel*

Unterrichtseinheit: Bei der Feuerwehr,

3. Jahrgangsstufe

  I. Unterrichtsgang zur Feuerwache
 II. Ein Brand wird gelöscht
III. Die Feuerwehr löscht nicht nur Brände

Thema: Ein Brand wird gelöscht

Artikulation/ Inhalt	Unterrichtsaktivitäten/ Sozialformen/Medien
I. Hinführung	
1. Anknüpfung	
Unsere Beobachtungen beim Unterrichtsgang zur Feuerwache	S berichten (ungelenkt)
2. Themenstellung	
Der Name Feuerwehr zeigt uns schon eine wichtige Aufgabe der Feuerwehr! Zielangabe:	Impuls
Wir schauen uns jetzt nur diese besondere Aufgabe der Feuerwehr an: Brände werden gelöscht.	L
Brände werden gelöscht	TA durch L
II. Erarbeitung	
1. Teilzeil: Von der Feuerwache zur Brandstätte	
Überlege zusammen mit deiner Gruppe, was der Reihe nach geschieht, bis die Feuerwehr an der Brandstätte ankommt!	Auftrag
	Die S verwerten ihre Informationen vom Unterrichtsgang.
Auswertung	in Klassenarbeit
a) Die Meldung des Feuers	
b) Der Alarm in der Feuerwache	
c) Das Ausrücken des Löschzugs	
d) Der Weg zur Brandstätte	
e) Die Ankunft am Brandort	
Teilzielsicherung	Eintrag ins Heft

Artikulation/ Inhalt	Unterrichtsaktivitäten/ Sozialformen/Medien
2. Teilziel: Die Ausrüstung der Feuerwehr für das Brandlöschen	
Zum Brandlöschen hat die Feuerwehr verschiedene Ausrüstungsgegenstände.	L
Notiere mit deinem Partner, welche Ausrüstungsgegenstände ihr feststellen könnt!	Auftrag
	S verwenden z. B. ein Bild im Schulbuch; zusätzliche Information z. B. durch eine Bildkopie, die die Ausrüstung eines Feuerwehrmannes zeigt
Auswertung	in Klassenarbeit
Teilzielsicherung	Erstellung einer Gruppen-Niederschrift
III. Sachvertiefung	
In größeren Städten gibt es eine Berufsfeuerwehr.	Impuls, Unterrichtsgespräch

Thema: Die Feuerwehr löscht nicht nur Brände

Artikulation/ Inhalt	Unterrichtsaktivitäten/ Sozialformen/Medien
I. Vorbereitungsphase	
1. Ausgangssituation	
Aktueller Zeitungsbericht	Vorlesen durch L
2. Zielangabe	
Verschiedene Aufgaben der Feuerwehr	
II. Informationsphase	
1. Bereitstellen des Materials	S legen die beim Besuch in der Feuerwache erhaltenen Informationsblätter bereit; Auswahl der geeigneten Teile; Arbeitsaufgaben
2. Gewinnung von Informationen	Gruppenarbeit, Festhalten der Ergebnisse auf Folie
3. Auswertung	Gruppensprecher berichtet, mit Hilfe der Folie

Artikulation/ Inhalt	Unterrichtsaktivitäten/ Sozialformen/Medien
III. Erkenntnisphase	
Die Feuerwehr löscht nicht nur Brände. Sie hilft bei verschiedenen Unglücks- und Notfällen.	Unterrichtsgespräch
IV. Verwertungsphase	
1. Situationen, bei denen wir die Feuerwehr rufen müssen	z. B. Situationen, auf einem Textblatt vorgegeben, auswählen
2. Wie wir die Feuerwehr herbeiholen können	Klassenarbeit
3. Mißbrauch des Notrufs schadet uns allen	Wertungsgespräch

(Anmerkung: Eine eigene Seite des Heftes könnte das Bildmaterial (auch selbst angefertigte Fotos!) vom Unterrichtsgang zur Feuerwache enthalten)

Bei der Feuerwehr

1.) Brände werden gelöscht

a) Von der Feuerwache zur Brandstätte
   Meldung bei der Feuerwache – ausrücken –
   der Weg zur Brandstätte

b) Ausrüstung

   * Wie der Feuerwehrmann
      ausgerüstet ist:

      ① Beil
      ② Sauerstoffgerät
      ③ Helm
      ④ Rauchmaske
      ⑤ Funksprechgerät
      ⑥ Leine

 * Wagenpark und weitere Hilfsmittel : Buch S. ___ !

2.) Auch hier hilft die Feuerwehr!

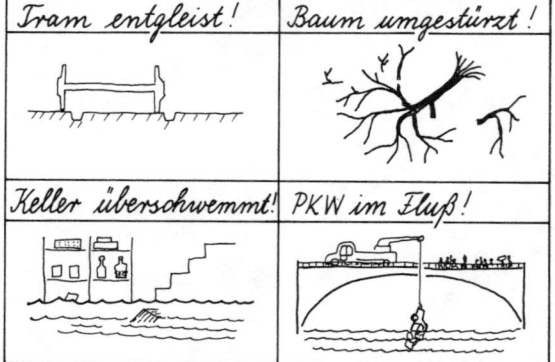

| Tram entgleist! | Baum umgestürzt! |
| Keller überschwemmt! | PKW im Fluß! |

Ferner: Verunglückte retten, entlaufene
Tiere einfangen, Notlandung vorbereiten,
gefährliche Chemikalien beseitigen.

Abb. 44: Tafelbilder zur Thematik „Bei der Feuerwehr"

4.3.3 Unterricht im naturwissenschaftlichen Lernbereich

4.3.3.1 Informationen zum Lernbereich

1. Übersicht über Inhalte des Lehrplans

Jgst.	Kind und Gesundheit (1–4)	Kind und Natur (1–4)			
1.	Körperpflege (tägliche Körperpflege, Aufgabe von Seife usw.)	Wetter (Erfahrungen, Kleidung, Verhalten) Wiese – Sinneseindrücke – Pflanzen und Tiere: Arten	Bäume, Sträucher: Früchte Obst – Arten, auch Südfrüchte – Einkauf, Verwendung	Vögel im Winter – Arten – Fütterung Kleintier: Haltung – Nahrung, Lebensgewohnheiten – Pflege, Versorgung – Schwierigkeiten	Umgang mit Feuer – Verhalten bei Feuer – Verhalten bei Brand
2.	Ernährungsregeln – vielseitige Ernährung – Quantität – Süßigkeiten Gefahren im häuslichen Bereich (Flüssigkeiten, Kochen, Geräte, …)	Fortdauer des Lebens im Winter: Zweige, Knospen Vermehrung von Pflanzen – Art der Vermehrung – Standort – Pflege	Gemüse – Arten – Beschaffenheit, Zubereitung	Haustier: Haltung – Nahrung, Lebensgewohnheiten – Pflege, Unterbringung – Schwierigkeiten Freilebendes Tier – Beobachtungen – Lebensweise – Überwinterung – eigenes Verhalten	Luft – braucht Platz – elastisch – bremst – bewegt (sich) – lebensnotwendig Wasser – flüssig/fest Mischungen – trägt – lebensnotwendig Thermometer
3.	Gesundheit: Bedeutung – Lebensführung – Verhalten bei Krankheit Augen: Aufgaben und Schutz	Gewässer: vielfältiges Leben – Tiere und Pflanzen: Arten – Gewässerschutz	Von der Blüte zur Frucht – Blütenteile, Bestäubung – Entwicklung Getreide – Arten – Entwicklung – Verwendung Umgang Hunger in der Welt	Vogel: Lebensweise – Aussehen, Verhalten – Feinde, Gefährdung	Verbrennung – Brennstoffe – Luftzufuhr – Gefahren Stromkreis – Aufbau – Wirkungen
4.	Ohren: Aufgaben und Schutz	Wald – Pflanzen, Tiere – Bedeutung – Verhalten	Geschützte Pflanzen	Anpassung von Tieren	Wasserkreislauf – Weg – Niederschläge: Entstehung, Arten Stromversorgung – Erzeugung – Weg – Gefahren – Sparsamkeit

275

2. Die Situation des Kindes

a) im Themenbereich „Natur: Biologie"

- Orte der Begegnung
  a) unmittelbare Begegnung: Garten, Feld, Park, Wald, Gewässer; Schulweg, Nachmittag, Wochenendausflug, Tierparkbesuch (Nationalpark, Wildfütterung, Freigehege), Haustier, Kleintier
  b) mittelbare Begegnung: Sachbuch, Kinderzeitschrift, Tiergeschichten, Film („Die Wüste lebt"), Dokumentarfilme im Fernsehen („Sterns Stunde"), Fernsehserien (mit Tieren als Handlungsträgern, Trickfilmdarstellungen)
- Kinder erleben häufig ein ausgeprägtes Hygienestreben der Erwachsenen: Gebrauch von Schwammtüchern, Insektensprays, Verwendung scharfer Reinigungsmittel
- Kinder haben selbst bessere Möglichkeiten zur hygienischen Lebensweise: Abpackung von Genußmitteln in kleinen Mengen (Schokowaffeln), fließend Warmwasser, häufigerer Kleiderwechsel möglich, Körperpflege ist stärker ins Bewußtsein geraten (aber an den richtigen Stellen?)
- Kinder sind durch die geänderte Ernährungsweise und Lebensweise gefährdet: Konsum von chemisch hergestellten oder behandelten Nahrungsmitteln, hoher Konsum an Genußmitteln, Einnahme von Tabletten; Bewegungsarmut; die Gefährdung besteht hinsichtlich Konzentrationsfähigkeit, Kreislaufschwäche, Verhaltensstörungen, Überernährung, Karies, verminderter Widerstandsfähigkeit und körperlicher Leistungsfähigkeit.
- Kinder haben oft gute Informationen über ihren eigenen Körper: Bezeichnung von Körperteilen, Vorgänge im Körper, verletzungsträchtige Situationen
- Kinder erfahren Tiere zunehmend im Zusammenhang mit Unterhaltung und Freizeit: Kleintierhaltung (Sittich, Hamster), Ponyreiten, Delphinschau, die „lustigen Tiere" im Zirkus, Tiere als Ausstellungsstücke
- Kinder besitzen oft typische Einstellungen gegenüber bestimmten Lebewesen: Ekel vor Fröschen und Spinnen, die „gefährliche Schlange", der „niedliche Zwerghase", „Ich möchte, daß die Katze immer so klein bleibt", die „wertlose Distel", die „böse Brennessel"
- Die Kinder besitzen oft eine falsche Vorstellung über Lebens- und Verhaltensweisen von Tieren: natürliches Artverhalten ist nicht mehr beobachtbar oder in Comics oder in Fernsehserien mit lebenden Tieren verkürzt/verfälscht dargestellt.
- Die Kinder begegnen den Lebewesen weniger in den natürlichen Lebensräumen: Zurückgang von Biotopen und des Artenreichtums, Verwendung technischer Produktionsmethoden in der Landwirtschaft

b) im Themenbereich „Natur: Physik – Chemie – Technik"

- Kinder gebrauchen technische Geräte und Einrichtungen und Produkte der Technik: im Haushalt (Toaster, Kassettenrecorder, Klebstoff), Spielzeug (technische Baukästen, Computerspiele), Beförderungsmittel (Fahrrad, Rolltreppe)

276

– Kinder registrieren technische Geräte und Einrichtungen, ohne Einblick in Funktionsweise und Naturgesetze; es fehlt die Durchschaubarkeit; z. B. Auto, Bohrmaschine, Flugzeug, automatische Türe, Digitaluhren, Zapfsäule
– Kinder haben Interesse an bestimmten Gegenständen oder Vorgängen der Technik oder in der Natur; z. B. Auto, Rundfunkempfänger, Funksprechgeräte bzw. Feuer, Blitz und Donner, Hagel, Vulkanausbruch, Gewalt von Wind und Wasser
– Kinder lernen Probleme, Abhängigkeiten und Gefahren im Zusammenhang mit Physik und Chemie kennen; z. B. Energieverschwendung, Verschmutzung von Luft, Wasser und Boden, Kernenergie, Lärm, schädliche Stoffe
– Kinder experimentieren gerne und sammeln Erfahrungen mit Naturphänomenen und -gesetzen, ohne sich ihrer bewußt zu sein; z. B. Auftrieb, Stromkreis, Wärmeisolierung, Schallisolierung, Fliehkraft, Lichtbrechung, Reibung, Verhalten von Stoffen

3. Grundsätze des fachlich orientierten Unterrichtens

a) Biologischer Lernbereich

– Unmittelbare Naturbegegnung
„Wir können nicht mehr so tun, als ob überall Eichen, Buchen und Fichten dicht hinter dem Schulhaus wachsen, . . . als ob man allenorts auf einem Unterrichtsgang mühelos eine Wiese, einen Wald, ein Moor kennenlernen könnte" (Greil/ Kreuz [4], S. 144). Dennoch sollen die vorhandenen Möglichkeiten zur unmittelbaren Begegnung mit der lebendigen Natur stets genutzt werden, da dies zur Sachauseinandersetzung besonders motiviert, einen emotionalen Bezug zum Naturobjekt herstellt und eine wesentliche Methode der Informationsgewinnung ist. Konsequenzen: Unterrichtsgang zur blühenden Wiese, zum Park oder zum brachliegenden Feld; Einrichten eines Aquariums; Anlegen von Saatkisten; Beobachtungen im Schulgarten; Mitbringen von Einzelteilen (z. B. Blätter, Federn, Früchte)

– Artenkenntnis und biologische Einsichten
Im Bemühen um einen wissenschaftsorientierten Heimat- und Sachkundeunterricht dürfen nicht formale Fachkonzepte dominieren, so daß die Objekte nur als Vehikel zur Erkenntnis dienen. Auf den biologischen Lernbereich bezogen: Die Erkenntnis „Pflanzen der gleichen Art wachsen oft sehr unterschiedlich" kann nicht losgelöst von den eigenen Merkmalen der betreffenden Pflanzenart behandelt werden. „Denn Naturliebe, Heimatliebe setzen die Benennung der Naturdinge, das ‚Beim-Namen-nennen' voraus" (ebd. S. 148). Andererseits kann Unterricht über Natur nicht beim Konstatieren der Phänomene stehenbleiben. Konsequenzen: „5-Minuten-Biologie" zu Beginn einer Unterrichtsstunde (ebd. S. 148); Kennübungen an konkreten Objekten und an Abbildungen; Ausstellungen; Integration in den größeren Zusammenhang im Rahmen eines eigenen Teilziels oder am Ende einer Unterrichtssequenz.

- *Das forschend-entdeckende Vorgehen*
„Hierbei geht es darum, die Schüler durch ein entsprechendes Vorgehen zu einer selbständigen geistigen Leistung zu führen. Sie sollen durch entsprechende Lernanreize angehalten werden, ein noch unbekanntes Sachwissen möglichst selbständig zu erarbeiten . . ." (Berkmüller, S. 164).
Konsequenzen: Problemorientierte Themenstellung, Vermutungen; Beobachten, Vergleichen, Untersuchen, Manipulieren; entsprechendes Handlungsmaterial; Raum für Irrwege; ggf. Abgrenzung der Erkundungsaspekte durch den Lehrer, um in diesem eingeengten Teilbereich Selbständigkeit zu erzielen; selbständige Ergebnisformulierung.

- *Die Verantwortlichkeit des Menschen für die belebte Natur*
Die Natur trägt in sich einen Eigenwert. Die Frage nach den Grenzen der Veränderbarkeit der Natur stellt sich in unserer Zeit mit größter Eindringlichkeit. Wenn viele schon nicht mehr durch eine religiöse Haltung zu dieser Fragestellung geführt werden, so sind es in jedem Fall die bereits beobachtbaren Gefährdungen der Umwelt und damit der Lebensqualität. Deshalb ist im Unterricht unser Verhalten einer Wertung zu unterziehen. Dies geschieht durch eigens ausgewiesene Lernziele oder durch mehr offen gestaltete Phasen der Vertiefung und Beurteilung.

b) Physikalisch-chemisch-technischer Lernbereich

- *Handeln und Denken*
„Das gegenstands- und problembezogene *Handeln,* das als tätige Auseinandersetzung in die physische Umwelt eingreift, stellt Beziehungen her zwischen Gegenstand und Lernenden und verändert auch das Subjekt, indem es Erfahrungen schafft. Das *Denken* (i. O. jeweils kursiv, Anm. d. Verf.) leitet die Tätigkeit und integriert zufließende Erfahrung. Beide Momente gehören im Lernprozeß wechselwirkend zusammen" (Köhnlein, S. 714).
Konsequenzen: Bereitstellen von Versuchsmaterialien; Möglichkeiten zum Beobachten, Betrachten, Untersuchen, Versuchen, Hantieren und Probieren; Verfügbarkeit und Durchschaubarkeit der Materialien; Entwerfen von Problemlösungsstrategien; Erklären von Funktionen und Zusammenhängen; Schlußfolgerungen ziehen; Erkennen von Anwendungsbereichen.

- *Naturwissenschaftliche Arbeitstechniken*
Über die Orientierung am Handeln und die Einbeziehung des Denkens hinaus geht das Bestreben, Schülern die Planmäßigkeit des Vorgehens bewußt zu machen. Dadurch wird eine naturwissenschaftliche Arbeitshaltung angebahnt. Für die Grundschule ist es aber wichtig festzustellen, daß es sich hier nur um die Vermittlung von Elementen des wissenschaftlichen Erkenntnisweges handeln kann. Keinesfalls soll eine Unterrichtsstunde von der vollständigen Systematik geprägt sein, die bei der Problemstellung beginnt und über Kontrollversuche bei einer Modellbildung endet. Mit dieser Forderung wird der Tatsache Rechnung

getragen, daß die Kinder nur eine begrenzte Aufmerksamkeitsspanne besitzen;
deshalb kann sehr wohl eine Problemfrage am Anfang stehen, jedoch sind lang-
wierige Phasen etwa des Protokollierens und der Variablenkontrolle zu vermeiden.

Konsequenzen: Arbeitsweisen siehe unten; Bewußtmachen der eigenen Tätigkeiten; auch das ausschließliche Beschreiben von Phänomenen kann gelegentlich das
alleinige Ziel einer Unterrichtsstunde bilden; Hinweisen auf die Notwendigkeit,
bestimmte Schritte zur Erkenntnisgewinnung einzuhalten.

– *Zusammenhänge herstellen*
Zunächst sollen dem Kind die Bezugspunkte der Erkenntnis zu den Erscheinungen in der Umwelt aufgedeckt werden; es soll bemerken, daß nunmehr die bereits
erfahrenen Tatsachen (zwar einfach oder auch nur vordergründig) erklärt werden
können. Ferner können Funktionszusammenhänge erschlossen werden; Beispiel:
Feuer ohne Luftzufuhr erlischt. Schließlich verweist die unterrichtliche Arbeit
auch auf größere physikalische Zusammenhänge; z. B. Kräfte können umgewan-
delt werden.

4. Fachgemäße Arbeitsweisen und -techniken

	Biologie	Physik/ Chemie Technik
Beobachten	X	X
Betrachten	X	X
Erfahrungen mitteilen	X	X
Erkunden der Wirklichkeit	X	X
Sammeln	X	X
Problemfrage stellen	X	X
Vermutungen aufstellen	X	X
Planen	X	X
Objekte zerlegen/untersuchen	X	X
Objekte funktionieren lassen		X
Tiere halten/pflegen	X	
Pflanzen ziehen/pflegen	X	
Messen	X	X

	Biologie	Physik/ Chemie Technik
Materialien verwenden	×	×
Geräte handhaben	×	×
Daten notieren	×	×
Markieren	×	
Fotografieren	×	
Bilder auswerten	×	×
Texte auswerten	×	×
Zeichnungen auswerten	×	×
Nachschlagen	×	×
Vergleichen	×	×
Unterscheiden	×	×
Ordnen	×	×
Auswählen	×	×
Zusammenhänge herstellen	×	×
Daten interpretieren	×	×
Benennen	×	×
Bestimmen	×	
Begriffe aufbauen	×	×
Umsetzen in Symbole	×	×
Verbalisieren	×	×
Ergebnisse fixieren	×	×
Zusammenfassen	×	×
Kritisch überdenken	×	×
Beurteilen	×	×
Begründen	×	×

	Biologie	Physik/ Chemie Technik
Skizzieren	✕	✕
Arbeit mit dem Modell	✕	✕
Verallgemeinern	✕	✕
Begriffe anwenden	✕	✕
Schaubild erstellen	✕	✕
Übersichten/Tabellen anfertigen	✕	✕
Ausstellen	✕	

Literatur

1. Bäuml/Roßnagl, M.-A.: Sachunterricht in der Grundschule: Naturwissenschaftlicher Lernbereich. Ehrenwirth, München 1979
2. Berkmüller, H.: Der fachliche Bereich Biologie. In: Barsig u. a. [3], S. 155–182
3. Maras, R.: Der fachliche Bereich Physik/Chemie. In: Barsig u. a. [3], S. 183–205
4. Schwartz, E. (Hrsg.): Materialien zum Lernbereich Biologie im Sachunterricht der Grundschule. Arbeitskreis Grundschule e. V., Frankfurt a. M. 1971

1. Strukturmodell

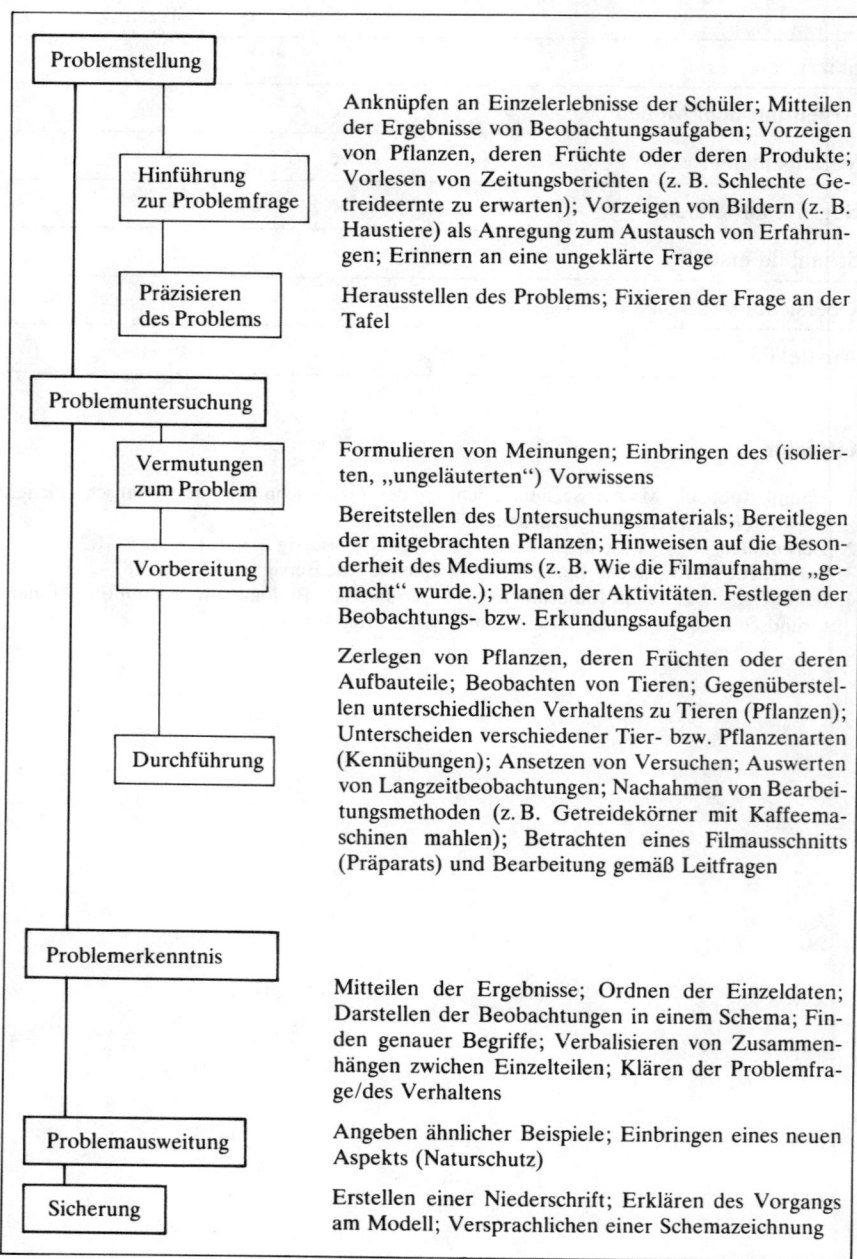

Problemstellung	
Hinführung zur Problemfrage	Anknüpfen an Einzelerlebnisse der Schüler; Mitteilen der Ergebnisse von Beobachtungsaufgaben; Vorzeigen von Pflanzen, deren Früchte oder deren Produkte; Vorlesen von Zeitungsberichten (z. B. Schlechte Getreideernte zu erwarten); Vorzeigen von Bildern (z. B. Haustiere) als Anregung zum Austausch von Erfahrungen; Erinnern an eine ungeklärte Frage
Präzisieren des Problems	Herausstellen des Problems; Fixieren der Frage an der Tafel
Problemuntersuchung	
Vermutungen zum Problem	Formulieren von Meinungen; Einbringen des (isolierten, „ungeläuterten") Vorwissens
Vorbereitung	Bereitstellen des Untersuchungsmaterials; Bereitlegen der mitgebrachten Pflanzen; Hinweisen auf die Besonderheit des Mediums (z. B. Wie die Filmaufnahme „gemacht" wurde.); Planen der Aktivitäten. Festlegen der Beobachtungs- bzw. Erkundungsaufgaben
Durchführung	Zerlegen von Pflanzen, deren Früchten oder deren Aufbauteile; Beobachten von Tieren; Gegenüberstellen unterschiedlichen Verhaltens zu Tieren (Pflanzen); Unterscheiden verschiedener Tier- bzw. Pflanzenarten (Kennübungen); Ansetzen von Versuchen; Auswerten von Langzeitbeobachtungen; Nachahmen von Bearbeitungsmethoden (z. B. Getreidekörner mit Kaffeemaschinen mahlen); Betrachten eines Filmausschnitts (Präparats) und Bearbeitung gemäß Leitfragen
Problemerkenntnis	
	Mitteilen der Ergebnisse; Ordnen der Einzeldaten; Darstellen der Beobachtungen in einem Schema; Finden genauer Begriffe; Verbalisieren von Zusammenhängen zwischen Einzelteilen; Klären der Problemfrage/des Verhaltens
Problemausweitung	Angeben ähnlicher Beispiele; Einbringen eines neuen Aspekts (Naturschutz)
Sicherung	Erstellen einer Niederschrift; Erklären des Vorgangs am Modell; Versprachlichen einer Schemazeichnung

2. *Unterrichtsskizze:* Franz muß sich gründlich waschen,

1. Jahrgangsstufe

Artikulation/ Inhalt	Unterrichtsaktivitäten/ Sozialformen/ Medien
I. Einstieg	
1. Ausgangssituation	
Einige Kinder spielen auf dem Spielplatz. Da kommt die Mutter von Franz dazu.	L
(Mutter macht Bemerkungen über das schmutzige Aussehen von Franz – „Wir müssen aber noch zu Oma fahren!")	Vorspielen einer Tonbandaufnahme S sprechen über die Situation
2. Zielangabe	
Franz muß sich gründlich waschen	TA durch L
II. Erarbeitung	
1. Teilziel: Gegenstände zum Waschen des Körpers	
a) Einbringen des Vorwissens	Bild von Franz (in schmutzigem „Zustand") S sprechen mit dem Partner darüber, welche Gegenstände Franz braucht, um sich gründlich zu waschen
Franz braucht . . .	Auswertung: Mitteilen der Ergebnisse, in Klassenarbeit; L zeichnet dazu jeweils den genannten Gegenstand und schreibt den Begriff dazu; ggf. gibt der L durch die entsprechende Zeichnung einen Hinweis auf einen noch nicht genannten Gegenstand
b) Betrachten von Gegenständen	
Seife, Handbürste, Waschlappen, Handtuch	Vorzeigen
Die Seife ist glatt.	Sprechreihe
. . .	
Teilzusammenfassung	Arbeitsblatt: Anlage wie TB; in Nr. 1 sind Zeichnungen und Wörter vertauscht; die S verbinden die zusammengehörigen Teile mit Linien

Artikulation/ Inhalt	Unterrichtsaktivitäten/ Sozialformen/Medien
2. Teilziel: Die Wirkungsweise der benötigten Gegenstände	
	Vormachen: Hände waschen mit/ohne Seife, mit Handbürste; Arm waschen mit dem Waschlappen; Verwendung des Handtuchs
Beobachte mit deiner Gruppe genau:	Auftrag
Gr 1: Warum sind Wasser und Seife gut geeignet, damit Franz beim Waschen sauber wird?	Nochmaliges Vormachen: Waschen mit Seife, Handbürste und Waschlappen; Verwendung des Handtuchs
Gr 2: Warum ist die Handbürste gut geeignet, damit Franz beim Waschen sauber wird?	
Gr 3: Welche Aufgabe hat der Waschlappen beim Waschen?	
Gr 4: Warum geht das Trocknen mit dem Handtuch so rasch?	Besprechung in der Gruppe Auswertung: Einbringen der Ergebnisse, dabei heften die S die entsprechenden Wortkarten (= Verben) an die Tafel (Siehe TB, Nr. 2!)
Teilzusammenfassung Wasser und Seife lösen den Schmutz. . . .	Wortkarten werden abgenommen, S bilden je einen Satz, die Wortkarten werden nun ungeordnet an eine freie Tafel geheftet Einzelarbeit: S schreiben in das Arbeitsblatt (wie TB, Nr. 2) die dort fehlenden Verben richtig ein
Gesamtzusammenfassung	Gegenstand vorzeigen, Satz sprechen, Wortkarte wieder an den richtigen Platz an der Tafel (TB, Nr. 2) heften
III. Vertiefung	
Was Oma zu Franz sagen wird? (Oder: Nicht nur sichtbarer Schmutz wird beim Waschen entfernt!)	im Klassengespräch

284

Franz muß sich gründlich waschen

1. Was braucht Franz ?

(1) Wasser
Seife

(2) Handbürste

(3) Waschlappen

(4) Handtuch

2. Wozu wird das alles gebraucht ?

(1) [lösen] den Schmutz [ab]

(2) [reibt] den Schmutz [ab]

(3) [verteilt] Seife
[nimmt] Seife [weg]

(4) [nimmt] Wasser [weg]

Abb. 45: Tafelbild zur UZE „Franz muß sich gründlich waschen"

4.3.3.3 Verlaufsgliederung im Themenbereich „Natur: Physik – Chemie –
Technik"

1. Strukturmodell

Begegnung mit dem Problem	
Ausgangssituation	Das Problem (das Thema) entwickelt sich aus einem Versuch, aus einer Erlebnissituation im Klassenzimmer, aus der Beschreibung einer realen Situation, aus dem Aufdecken eines Widerspruchs, aus dem Ergebnis einer Langzeitbeobachtung, aus dem Umgang mit einem Gegenstand; Mobilisieren des Erfahrungswissens
Problemformulierung	Auffinden des physikalischen (technischen, ggf. chemischen) Kernproblems, verbunden mit der präzisen Stellung der Frage und deren Fixierung (Tafel, Folie)
Lösung des Problems	
Hypothesenbildung	Aufstellen von Vermutungen zum Problem und deren Fixierung Umgehen mit dem Gegenstand; Versuch: – Vorbereitung (Material, Vorgehen, Leitfragen), – Durchführung (Beobachten, Festhalten der Beobachtungen)
Informations- gewinnung	Durch Beobachten, Betrachten, Hören, Schmecken und Riechen, Betasten, Hantieren oder Zerlegen werden Merkmale, Teile, Vorgänge, Eigenschaften, Funktionsweise, Gesetze, Wirkungen oder Eigenschaften festgestellt; die Vorgabe von Beobachtungskriterien bildet die Grundlage für exakte Aussagen.
Informations- verarbeitung	Auswerten des Versuchs; Gegenstände, Eigenschaften, Wirkungen und Bestandteile werden beschrieben und verglichen; Auffinden zutreffender Begriffe; Verwenden der Fachbegriffe; Schlußfolgerungen ziehen; Aufbauen von Hilfsvorstellungen mit Modellen; Verbalisieren der Ergebnisse; Suchen von Erklärungen; Finden von Begründungen, Überbegriffen und Gesetzen für die geordneten Fakten; Verknüpfen des Neuen mit dem Bekannten
Ausweitung des Problems	Übertragen der Erkenntnisse auf ähnliche Bereiche und Phänomene; Überprüfen des Neuen auf seine Anwendbarkeit in bekannten Sachsituationen; Bewußtwerden des richtigen Umgangs mit dem Gegenstand

2. Unterrichtsskizze: Wasser trägt,

2. Jahrgangsstufe

Artikulation/ Inhalt	Unterrichtsaktivitäten/ Sozialformen/Medien
I. Hinführung	
Kinder beim Aufenthalt im Wasser z. B. Ich drücke den Wasserball fest an meine Brust und lasse mich treiben.	Bild an der Tafel (Siehe TB!) S sprechen zum Bild
ein Wasserball	TA durch L (TB, Nr. 1)
Wir könnten noch andere Dinge neh- men, die uns über dem Wasser halten.	Impuls S äußern sich
ein Schwimmreifen	TA durch L (TB, Nr. 1)
Zielangabe	L

II. Erarbeitung

1. Teilziel: Gegenstände, die schwimmen oder sinken

a) Planung des Versuchs

Zum Ausprobieren brauchen wir . . .	S sprechen Für jeden Gruppentisch: Wasserschüs- sel und kleinere Gegenstände

b) Einbringen des Erfahrungswissens bzw. von Vermutungen

Von einigen dieser Gegenstände kannst du dir schon denken, ob sie schwimmen oder sinken	L
Der Nagel (Der . . .) geht unter. Die Holzkugel (Der . . .) schwimmt.	Sprechreihe Beim Nennen des entsprechenden Ge- genstandes heften die S die vorbereite- te Wortkarte in die jeweilige Spalte (Siehe TB, Nr. 2!)
c) Durchführung	in Gruppenarbeit (arbeitsgleich) Jeder S einer Gruppe nimmt sich einen (ggf. auch seinen mitgebrachten) Ge- genstand, setzt ihn auf die Wasserober- fläche und merkt sich seine Beobach- tung. (Dies geschieht in festgelegter Reihenfolge)

Artikulation/ Inhalt	Unterrichtsaktivitäten/ Sozialformen/Medien
d) Auswertung	L hält Gegenstand hoch – S mit der entsprechenden Beobachtung stehen auf und sprechen gemeinsam
z. B. Der Plastikwürfel schwimmt.	
e) Sicherung	– Überprüfen der Plazierung der Wortkarten – S stellen sich mit ihrem (ausgewählten) Gegenstand zur entsprechenden Spalte (an die Tafel)

2. Teilziel: Unterschiedliche Wasserverdrängung durch die Formgebung des Materials

a) Problematisierung *Glas*flasche – *Glas*kugel	Impuls: Hinweis auf TA S äußern sich
b) Erprobungsphase	
	Jeder S erhält ein Plastilinstück
Versuche das Plastilinstück zum Schwimmen zu bringen!	Auftrag
c) Erkenntnisformulierung	
	S teilen Ergebnisse mit; Erarbeitung der Erkenntnis (Siehe TB, Nr. 3!) in Klassenarbeit
Der Ball ist *hohl*. Der Krug ist wie ein *Gefäß*. Das Schiff ist wie ein Gefäß geformt.	Verwenden bekannter Begriffe
d) Sicherung Eisenstück/-schiff, Kugel/Schiff aus Aluminiumfolie, Tonklumpen/-krug	L zeigt Materialien als „Vollkörper" bzw. als Hohlkörper

III. Anwendung

1. Jetzt weiß ich, warum diese Dinge schwimmen (Luftmatraze usw.)

2. Du hast nicht nur etwas über einige Gegenstände gelernt, sondern auch über das Wasser!

Formulierung der Überschrift

Wasser trägt

1.) Was mich über Wasser hält

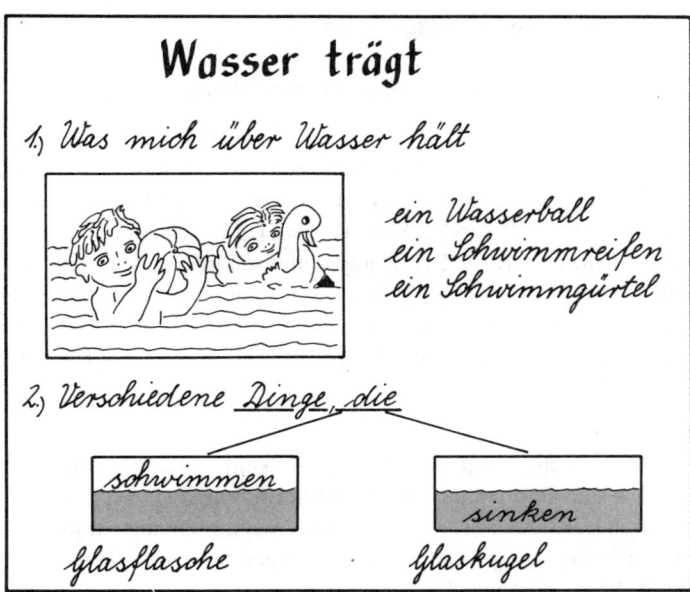

ein Wasserball
ein Schwimmreifen
ein Schwimmgürtel

2.) Verschiedene Dinge, die

schwimmen   sinken

Glasflasche   Glaskugel

Blechdose   Blechdose (mit Wasser
Plastikschiff   ganz gefüllt)
Holz   Schlüssel aus Eisen
Styropor   Stein

3.) Dinge, die sinken,
kann ich so formen,
daß sie schwimmen.
Versuch mit Plastilin:

Abb. 46: Tafelbild zur UZE „Wasser trägt"

289

4.4 Musik- und Bewegungserziehung/Musik

4.4.1 Informationen zum Fach Musik- und Bewegungserziehung

1. Unterrichtsgegenstand

Musik- und Bewegungserziehung ist „in engerem Sinn Bezeichnung für ein ab Schuljahr 1977/78 für die 1. und 2. Jahrgangsstufe der bayerischen Grundschulen neu eingeführtes *Schulfach* (i. O. kursiv, Anm. d. Verf.) . . . Wecken und Förderung der emotionalen Kräfte im Kind, Entfaltung seiner schöpferischen Fähigkeiten und Ermöglichung sozialen Lernens" bilden die allgemeinen Ziele. Im weiteren Sinn war „im pädagogischen Bereich . . . der Zusammenhang von Musik- und Bewegungserziehung schon seit langem betont worden" (H.-B. Ernst, in Kochan/Neuhaus-Siemon, S. 321 f.).

2. Zielsetzungen des Lehrplans

– Das Fach will schöpferische Kräfte im Kind entwickeln sowie grundlegende Elemente der Musik und Formen der Bewegung vermitteln.
– Dies geschieht durch Förderung der Empfindungs-, Wahrnehmungs- und Ausdrucksfähigkeit beim Singen, Sprechen, gestisch-mimischen Darstellen, rhythmischen Bewegen, Musizieren und Musikhören.

3. Übersicht über Inhalte des Lehrplans

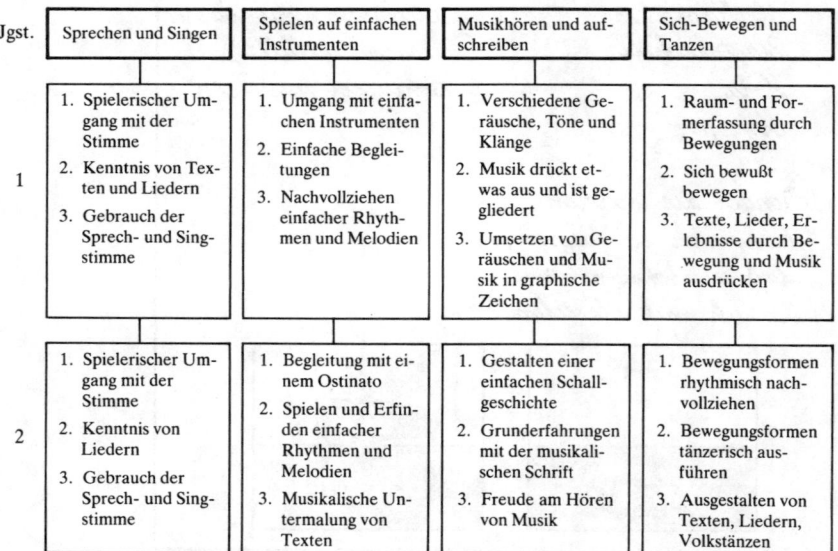

Jgst.	Sprechen und Singen	Spielen auf einfachen Instrumenten	Musikhören und aufschreiben	Sich-Bewegen und Tanzen
1	1. Spielerischer Umgang mit der Stimme 2. Kenntnis von Texten und Liedern 3. Gebrauch der Sprech- und Singstimme	1. Umgang mit einfachen Instrumenten 2. Einfache Begleitungen 3. Nachvollziehen einfacher Rhythmen und Melodien	1. Verschiedene Geräusche, Töne und Klänge 2. Musik drückt etwas aus und ist gegliedert 3. Umsetzen von Geräuschen und Musik in graphische Zeichen	1. Raum- und Formerfassung durch Bewegungen 2. Sich bewußt bewegen 3. Texte, Lieder, Erlebnisse durch Bewegung und Musik ausdrücken
2	1. Spielerischer Umgang mit der Stimme 2. Kenntnis von Liedern 3. Gebrauch der Sprech- und Singstimme	1. Begleitung mit einem Ostinato 2. Spielen und Erfinden einfacher Rhythmen und Melodien 3. Musikalische Untermalung von Texten	1. Gestalten einer einfachen Schallgeschichte 2. Grunderfahrungen mit der musikalischen Schrift 3. Freude am Hören von Musik	1. Bewegungsformen rhythmisch nachvollziehen 2. Bewegungsformen tänzerisch ausführen 3. Ausgestalten von Texten, Liedern, Volkstänzen

Literatur

Ernst, H.-B.: Musik- und Bewegungserziehung – Lernspiele und Aufgaben. Bayerischer Schulbuch-Verlag 1977

Vorbereitung	
Einstimmung	Übungen zur Lockerung, zur Konzentration oder zum Bereitwerden eines bestimmten Sinnesorgans zur Wahrnehmung oder eines Organs zur entsprechenden Leistungsform; z. B. Hörübungen bei geschlossenen Augen, spontanes Reagieren auf Geräusche oder Musik, Spiegelbildübungen
Hinführung zum Vorhaben	Erzählen einer Geschichte; Abspielen eines Tonbands mit einer Hörgeschichte; Provozieren von Reaktionen: Wer errät . . .? Wer kann auch . . .? Wer macht weiter?; Unterscheiden von Instrumenten, von Bewegungsabläufen – daraus die neu zu erlernende Leistungsform ableiten; erste Begegnung mit Spielmaterial – Mitteilen von Erfahrungen, Vormachen; Vorspielen einer offenen Situation, auch begleitet von Instrumenten. Erfassen des Arbeitsvorhabens und Zielangabe
Durchführung	
Auffinden von Gestaltungsmöglichkeiten	Erproben von Material; Umgang mit Wörtern und Texten; spielerische Entwicklung von Bewegungsformen oder rhythmischen Bausteinen; Rhythmisieren von Texten und Wörtern; Finden von Begriffen (Tätigkeiten, Eigenschaften), die den Gegenstand anschaulich werden lassen; Finden weiterführender (analoger) Situationen; Beschreiben – auch Erklären – einer Hörgeschichte; sofortiges oder allmähliches Herauslösen von Einzelsituationen (-ereignissen) und deren Umsetzung in Sprache, Rhythmus und Melodie
Erarbeitung einer vorläufigen Lösung	Ordnen der Einzelsegmente zu einer Gesamtgestaltung; Sichern von Texten, Bewegungen und Begleitformen; ggf. Korrektur oder Modifikation von vorher erprobten Lösungen; Spielen der Geschichte im Gesamtablauf; Bewußtmachen von Handlungen (Abstrahieren), jedoch nicht schwerpunktartig, sondern situativ (z. B. rhythmische Motive durch „Rhythmuskarten" bewußt machen)
Gesamtgestaltung	Betonen der Gestaltungsabsichten; nochmaliges Spielen; Rollentausch; Kinder verbalisieren ihre Erfahrungen – sie bringen zum Ausdruck, was ihnen gefallen hat.

4.4.2 Informationen zum Fach Musik

1. Unterrichtsgegenstand

Musikunterricht in der Grundschule „war bis vor kurzer Zeit im wesentlichen Singunterricht . . . Dieser enge Fachbegriff, der weitgehend am Lied und am Singen orientiert war, wird heute abgelöst durch Konzepte, die grundsätzlich den Gesamtbereich der Musik und des Hörbaren in den Blick nehmen: historische (‚klassische‘) Musik, moderne Musik, Trivialmusik, funktionale Musik, die Musik fremder Kulturen. Allerdings ist die Diskussion darüber, wie weit dies im einzelnen gehen kann und wie weit es immer möglich ist, grundschulgemäße Formen der Vermittlung zu entwickeln, nicht abgeschlossen" (Gundlach, in Kochan/Neuhaus-Siemon, S. 323).

Diese Umorientierung führte dazu, den Bereich Musik in Lernfelder aufzugliedern, die W. Gundlach als Musikmachen, Musiktheorie, Musikhören und Musik in der Umwelt bezeichnet:

– Musikmachen: „Lied und Singen behalten in der Grundschule einen wichtigen Platz." Im Umgang mit dem Lied werden „die kreativen Möglichkeiten wieder mehr in den Vordergrund" gerückt: „Texte erfinden, Melodien verändern, Lieder in kleine Spiele umsetzen usw." Das Instrument wird im Rahmen des Orff-Schulwerks und in Formen eingesetzt, die darüber hinausgehen. „Dabei wird das Instrumentarium immer mehr erweitert, vor allem durch selbstgebaute Klangerzeuger der verschiedensten Art."

– Musiktheorie: „Verständnis für das Wesen und die Eigenart von Notation ist in letzter Zeit immer mehr die *graphische Notation* getreten" (z. B. Striche, Bögen, Verlaufsskizzen).

– Musikhören: Musikbeispiele werden über Tonband oder Schallplatte dargeboten und unterrichtlich behandelt.

– Musik in der Umwelt: „Hier geht es vor allem darum, das *Umfeld, in dem Kindern Musik begegnet* (i. O. jeweils kursiv, Anm. d. Verf.), in den Blick zu nehmen" (Zitate aus Gundlach, a. a. O., S. 324–326).

2. Entwicklungspsychologische Hinweise

„Im Alter von 6 Jahren zeigt sich die rhythmische Wahrnehmungsfähigkeit als sehr gut entwickelt, wenn das melodische Element ausgeklammert bleibt. Umgekehrt ergeben auch Versuche zur Tonhöhenunterscheidung bei Ausschaltung der Rhythmik ziemlich gute Ergebnisse . . . Das Tonalitäts- sowie das Konsonanz- und Dissonanzempfinden sind in der Regel noch unentwickelt. Zwischen 7 und 8 Jahren setzt die Entfaltung der polyphonen Hörfähigkeit ein. Die Aufmerksamkeit konzentriert sich jedoch noch stark auf die Oberstimmen, das Kind vermag die verschiedenen übereinander liegenden Stimmen nur schwer voneinander zu trennen . . . Im Alter von etwa 8 bis 10 Jahren nehmen die melodische und polyphone Hörfähigkeit eine starke Entwicklung. Melodische Veränderungen werden bei tonalen Melodien wesentlich leichter erkannt als bei atonalen. Das

Tonalitätsempfinden ist bereits deutlich ausgeprägt" (Nolte/Schneider: Entwicklungsphasen der musikalischen Wahrnehmung, in Kraus/Noll (Hrsg.): Forschung in der Musikerziehung 1977, Mainz 1977, S. 144–157; zitiert in Kötter, S. 190).

3. Zielsetzungen des Lehrplans

– Im gestaltenden Umgang mit Musik, Liedern, Texten und Tänzen setzt das Kind seine natürlichen Ausdrucksmöglichkeiten ein und entwickelt sie.
– Im Laufe der Grundschulzeit lernen die Kinder Musik bewußter und differenzierter zu hören.
– Ihre Sprech- und Singstimme soll gepflegt und gefördert werden.
– In jeder Jahrgangsstufe sind mindestens 10 Lieder zu lernen.

4. Übersicht über Inhalte des Lehrplans

Jgst.	Sprechen und Singen	Spielen auf einfachen Instrumenten	Musikhören und -aufschreiben
3	1. Rhythmische Gestaltung von Texten und Liedern 2. Kenntnis von Liedern; Singen einfacher Kanons 3. Gebrauch der Sprech- und Singstimme	1. Ein- oder mehrstimmige Begleitung 2. Spielen und Erfinden einfacher Rhythmen und Melodien	1. Einige wichtige Zeichen der Notenschrift 2. Freude am Hören von Musik
4	1. Gestaltung von Texten und Liedern 2. Kenntnis von Liedern; mehrstimmiges Singen 3. Gebrauch der Sprech- und Singstimme	1. Mehrstimmiges Musizieren 2. Instrumentale Gestaltung von Texten und Liedern	1. Einige wichtige Elemente der Notenschrift 2. Einige Formen musikalischer Gliederung 3. Freude am Hören von Musik

Elemente des Lernbereichs „Sich-Bewegen und Tanzen" sind bei den übrigen Lernbereichen berücksichtigt.

Literatur

Lemmermann, H.: Musikunterricht. Klinkhardt, Bad Heilbrunn/Obb. 1977

5. *Strukturmodell:* „Arbeit am Lied"

Einleitung

Einstimmung — Singen eines bekannten Liedes

Vorbereitende Übungen — Aufgreifen eines Ausschnitts dieses Liedes, der ein Übungselement enthält, das hinsichtlich des Liedes vorbereitenden Charakter hat; Stimmbildung, rhythmisches Empfinden, Tonvorstellungsvermögen miteinbeziehen

Erarbeitung

Die Erarbeitung kann nach zwei Aspekten hin untergliedert werden:
a) Gliederung nach den „Bausteinen" des Liedes: Erarbeitung vom Text aus, vom Rhythmus aus, von der Melodie aus; b) Gliederung in methodischer Hinsicht: Erarbeitung vom Gesamteindruck her, nachfolgend ein schrittweises Erschließen

Verschiedene Schwerpunkte können dabei gebildet werden:

– Stimmbildung: Atem einteilen, bewußte Artikulation (Konsonanten, die „Klinger" l, m, n, ng . . .; auf Lippen, Zähne, Zunge, Gaumen achten); leise, lauter, langsam, schnell singen
– rhythmische Übungen: Klopfen, Klatschen, Schnalzen usw. mit Körperinstrumenten; sprechrhythmische Übungen
– Klärung des Textes; Vor- und Nachsprechen; gemeinsam, einzeln lesen; Rhythmus betonen
– Melodische Erarbeitung: akustische und visuelle Darstellung des Liedbausteins; Zusammensetzung der Melodiebausteine; den Melodiebogen mit einer Handbewegung ausdrücken; Atemstellen finden; Einsatz von Handzeichen, Flanelltafel mit Haftnoten, Glockenturm, Instrumenten, Notentafel

Ausgestaltung

Auffinden rhythmischer Begleitungen; Bordunbegleitung; Erfinden (Versuche!) von Vorspann, Zwischenspiel und Abschluß

Verarbeitung

Singen des neuen Liedes mit den evtl. erarbeiteten Begleitformen; Verwenden von Fachbegriffen; Erkennen von Intervallen (auch Zeigen an der Notentafel); Wiedererkennen von Intervallen in anderen Liedern (Musikstücken); auch Singen eines bereits erlernten Liedes als Ausklang

4.4.3 Unterrichtsbeispiel: „Matthais hab' ich lieb, gibt dem Baum den Trieb"*

3./4. Jahrgangsstufe

(Gestaltung eines gebundenen Textes, hier: Wetterregel aus dem bayerischen Raum)
Anmerkung: Die vorliegende Skizze ist für zwei Unterrichtszeiteinheiten gedacht.

I. Einstimmung

S sprechen zu Bildern, die von der Feldarbeit der Bauern erzählen.

II. Durchführung

1. Texterarbeitung

a) Der Text im Sprechrhythmus (mit Wiederholung):

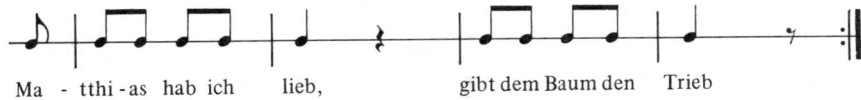

Ma - tthi - as hab ich   lieb,   gibt dem Baum den   Trieb

b) Variiertes Sprechen und Gewinnen von musikalischen Grundeinsichten:
hoch sprechen – tief sprechen; laut sprechen – leise sprechen; lauter werden (crescendo) – leiser werden (decrescendo); Tierstimmen nachahmen (eine Meise flötet, ein Maulwurf nuschelt (usw.); flüstern; wispern; lispeln; Solostimmen – Chorsprechen

c) Konzentrationsübungen zum Text
Beim Sprechen nur die Lippen bewegen (tonlos artikulieren); L oder S „spricht" vor und stoppt mittendrin – S nennen das zuletzt artikulierte Wort; ein einzelner „spricht" vor – die Gruppe setzt den Spruch laut fort.

d) Schwerpunkt: Auftakt
Auftakt erkennen; S geben Einsatz und dirigieren ($^2/_4$ Takt)

2. Textbegleitung

a) mit körpereigenen Instrumenten (Klanggesten)
– Klanggesten kennenlernen: Klatschen, Patschen, Stampfen, Schnalzen
– Begleiten im Grundschlag (metrum) – solo und tutti; Grundschlag halbieren (Augmentation) und Verdoppeln (Diminuierung); ostinate (durchlaufende) Begleitformen erproben
– Klanggesten kombinieren; S erfinden Modelle selbst; L übernimmt Anregungen oder macht auch selbst Vorschläge; geschichtete Rhythmen ausprobieren; Komplementäre Rhythmen einbauen

---

* Dieses Unterrichtsbeispiel verdanke ich Herrn Reinhard Smolina, Grundschule an der Turnerstraße, München

4 Beispiele für ostinate Formen (eintaktik und zweitaktik):

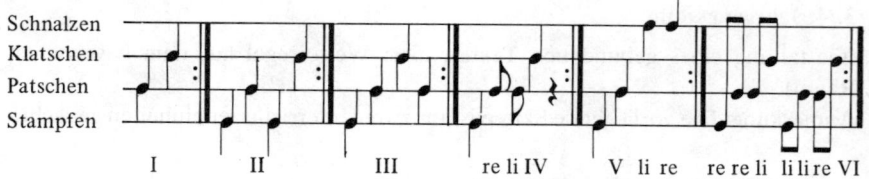

Schnalzen
Klatschen
Patschen
Stampfen

I   II   III   re li IV   V li re   re re li li li re VI

- Begleitung aufbauen, vom Grundschlag ausgehend; Gruppen bilden; Wechsel der Begleitform bei der Wiederholung

b) mit Instrumenten des Kleinen Schlagwerk

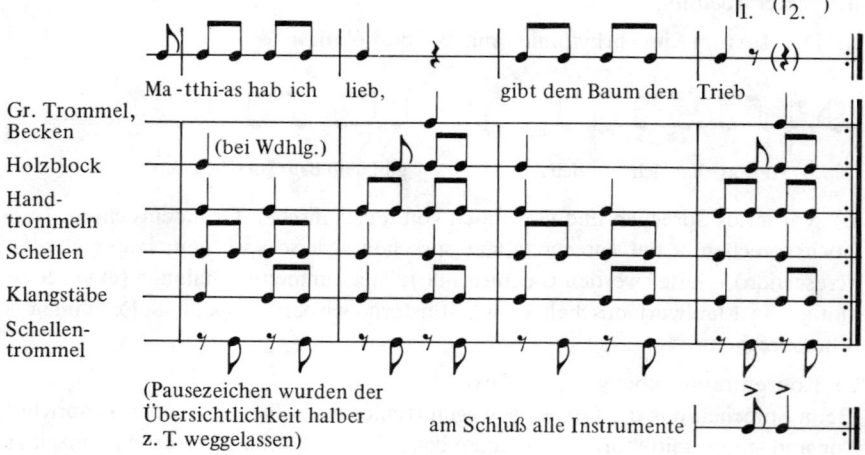

Ma -tthi-as hab ich lieb, gibt dem Baum den Trieb

Gr. Trommel,
Becken

Holzblock   (bei Wdhlg.)

Hand-
trommeln

Schellen

Klangstäbe

Schellen-
trommel

(Pausezeichen wurden der
Übersichtlichkeit halber
z. T. weggelassen)   am Schluß alle Instrumente

(Diese Textbegleitung wird unten mit A bezeichnet)

3. Zwischenspiel Z

Überleitung/Zwischenspiel auf Altxylophonen
(Die Stäbe f und h werden aus dem Instrument genommen.)

aus Orff-Schulwerk Bd. I

re li   re li   re li   re li

296

4. Erweiterung $\boxed{V}$

Durch Einbau von anderen Wetterregeln, die über einen Klanggrund gesprochen (deklamiert) werden, erfolgt eine Erweiterung des Textangebots.

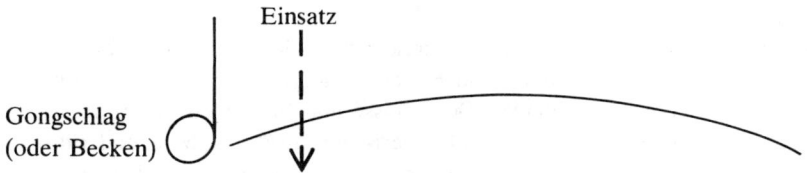

Gongschlag
(oder Becken)

Einsatz

Beispiele: (Solostimmen)

V 1:   Wie's im April und Maien war, so schließt man auf's Wetter im ganzen Jahr.

V 2:   Bringt der April viel Regen, so deutet es auf Segen

V 3:   Wie's Matthäus treibt, es vier Wochen bleibt.

V 4:   Juli Sonnenbrand, gut für Stadt und Land.

V 5:   Auf St. Gall bleibt die Kuh im Stall.

V 6:   Vor Johannes bet' um Regen, nachher kommt er ungelegen.

III. Gesamtgestaltung (Entwicklung einer Rondoform)

$\boxed{A}$ $\boxed{Z}$ $\boxed{V_{1+2}}$ $\boxed{Z}$ $\boxed{A}$ $\boxed{Z}$ $\boxed{V_{3+4}}$ ... $\boxed{A}$

A-Teil   B-Teil   A-Teil   C-Teil ...   A-Teil

4.5 Kunsterziehung

4.5.1 Informationen zum Fach Kunsterziehung

1. Unterrichtsgegenstand

a) *Begriff*

Kunsterziehung „erfaßt . . . in einem stärkeren Maße jene Komponenten, die unter den Begriffen von Bildung und Erziehung angesprochen werden können, also die Erschließung individueller Bedürfnisse und Interessen, die Entbindung schöpferisch-kreativen Verhaltens als bildnerischer Ausdruck, Spiel und künstlerisches Genießen, schließlich die Ausbildung von Emotionen . . . und eines moralischen Urteils" (Rindfleisch, S. 17).

b) *Konzepte einer „Kunsterziehung"*

Im Bereich der Kunsterziehung haben sich verschiedene didaktische Konzeptionen entwickelt, die sich als Musische Bildung, Kunstunterricht, Visuelle Kommunikation und Ästhetische Erziehung bezeichnen. H. Hartwig erkennt „zwei Stränge der Konzeptionalisierung" zum einen „die Tendenz, ästhetisch handwerkliche Praktiken wie Zeichnen, Basteln, Bauen als Mittel und Instrumente aufzufassen, die in Verbindung mit anderen Aktivitäten der Bearbeitung von Erfahrung, der Aneignung von Wirklichkeit, der Darstellung und der Kommunikation über Sachverhalte dienen können; zum anderen die Tendenz, in einem eigenständigen und ganz und gar selbstgenügsamen Fach in Orientierung auf Kunst bildnerische Strukturen und künstlerische Praxis zu lehren." Diese Grobskizzierung beschließt H. Hartwig mit dem Hinweis auf die jeweiligen Gefahren, die im ersten Fall in einer Reduktion auf „Klassenzimmertechniken" liegen könnten und im zweiten, daß Kunstunterricht „in der Nachahmung von unverstandenen Strukturen der Kunst verspießert" (Hartwig, in Kochan/Neuhaus-Siemon, S. 238).

2. Psychologische Hinweise

H. Weikert weist auf die Hand als Organ des „Erkennens, Begreifens und Schaffens" (Weikert, S. 41) hin. Durch die Tätigkeit der Hände werden Werkmaterialien gestaltet; das Gehirn gibt Impulse an den Bewegungsapparat; diese Impulse gehen zurück auf eine Menge an Informationen, die über die Sinne gespeichert wurden – wobei der größte Anteil dem optischen Kanal entstammt; diese Menge an Informationen wird durch den gestalterisch Tätigen häufig verbunden und umstrukturiert zum Ausdruck gebracht. „Während so einerseits die Hand auf das Bewußtmachen der Form hin schafft, fließt andererseits, jedoch der Kontrolle weitgehend entzogen, Unbeabsichtigtes, vorher nicht Geplantes, weil erst von der Materie her angereizt, in die Bewegung der Hände" (ebd. S. 41).

Neben der Hand ist das Auge das wesentliche Organ zur Gestaltung bildnerischer Objekte: „Im Vorschulalter hat das Kind auch den Sinn für die auffälligsten Raumkomponenten, der Vertikalen und Horizontalen entwickelt . . . Ähnliches ist vom Gerundeten zu sagen, auf dessen Wahrnehmung hin der Mensch angelegt ist . . . Gelangen nun im weiteren Verlauf der Entwicklung die Informationen von außen an das Kind heran, so bildet sich allmählich ein raumzeitliches Modell, aufgrund dessen sich in seinem Bewußtsein Bilder (keine Abbilder!) der Welt formulieren" (ebd. S. 42).

3. Zielsetzungen

a) allgemein

Im Blick auf eine „Ästhetische Erziehung" sehen H. und E. Ullrich folgende Fachziele:
– „Kennenlernen und Anwenden bildnerischer Mittel, Verfahren und Materialien;
– Kennenlernen von bildnerischen Prinzipien und Zusammenhängen;
– Entwicklung der Wahrnehmungsfähigkeit;
– Entwicklung von Kreativität;
– Entwicklung von ästhetischer Genußfähigkeit;
– Entwicklung von umweltbezogener Kompetenz und Urteilsfähigkeit" (H. und E. Ullrich, S. 9)

b) Lehrplanaussagen

– Kunsterziehung fördert die Freude des Kindes am eigenen Gestalten und hilft ihm, seine bildnerischen Fähigkeiten vielseitig weiterzuentwickeln.
– Behutsam wird das Kind zu bewußtem Wahrnehmen und Beobachten angeleitet, seine Mitteilungs- und Ausdrucksfähigkeit spielerisch entfaltet.
– Schrittweise wird es an bildnerische Aufgaben herangeführt und mit Arbeitstechniken, Werkstoffen und Werkzeug vertraut gemacht.
– Zeichnungen anderer Kinder, Buchillustrationen, Beispiele aus der bildenden Kunst und Architektur regen zu Betrachtung und Gespräch an.
– Besuche in Kirchen und Museen geben Gelegenheit, originalen Bildwerken zu begegnen.

4. Forderungen

a) Die Schüler erhalten vielfältige Möglichkeiten zur selbständigen Arbeit

b) Die Kinder erfahren Bereicherungen in persönlicher und fachlicher Hinsicht
Differenzierung der Empfindungen, des Ausdrucks; Sensibilisierung der Erlebniswelt; Kennenlernen von Arbeitstechniken, Materialien, Lösungen bildnerischer Probleme

c) Die Sprache wird miteinbezogen
Sie hat die Aufgabe der „Initiation, Steuerung und Intensivierung bildnerischer Denkvorgänge" und ist für das „Erfassen, Prüfen, Kontrollieren und Beurteilen sichtbarer Tatbestände" (Burkhardt, S. 17) bedeutsam.

d) Die Kinder können ihre Phantasie entwickeln und kreative Prozesse in Gang setzen

5. *Übersicht über Inhalte des Lehrplans*

Jgst.					
1	Zeichnen und Malen mit farbigen Stifen und Kreiden – Menschen und Dinge – Phantasiegestalten – Szenen	Drucken mit Fingerfarben	Malen mit Wasserfarben (Unterscheiden, Grundfarben, Mischen)	Darstellendes Spiel – pantomimisch – Spiel mit Puppen	Betrachten von Bildwerken
2	Zeichnen und Malen mit farbigen Stiften und Kreiden – Tiere, Pflanzen – Tätigkeiten – Bewegung	Farbiger Stempeldruck – gebunden – freies Gestalten	Malen mit Wasserfarben (bunte Farben, hell und dunkel)	Darstellendes Spiel – Tätigkeiten – Situationen	Betrachten von Bildwerken
3	Schmückendes Gestalten – Band- und Flächenmuster – Gegenstände – Figuren – Raum	Einfacher Materialdruck, z. B. Schnur-, Karton-, Textil-, Klebstoffdruck	Malen mit Wasserfarben (Mischen, aufhellen, deckend, Farbkontraste)	Schattenspiel, z. B. mit dem eigenen Körper, mit Gegenständen, ...	Begegnung mit Kunstwerken (Bauwerke, Bilder, Volkskunst)
4	Zeichnen einfacher bildnerischer Themen (Gruppieren, Bewegung)	Arbeit mit selbstgefertigten Schablonen	Malen mit Wasserfarben (Bemalen, Farbwirkungen)	Pantomimisches Spiel	Begegnung mit Kunstwerken

Literatur

1. Rindfleisch, F.: Bildende Kunst. Ehrenwirth, München 1978
2. Ullrich, H. und E.: Zeichnen Malen Werken. O. Maier, Ravensburg 1979
3. Weikert, H.: Begegnung mit Kunstwerken. Oldenbourg, München 1972, 2. Aufl.

300

1. Strukturmodell

Vorbereitung

Erfassen der bildnerischen Aufgabe

Auch: Motivation, Einstimmung, Präsentation, Problemstufe.

Lesen eines Textes; Durchführen eines Unterrichtsganges; Betrachten von Gegenständen, Bildern, Illustrationen, Bauwerken, Ornamenten; bildhafte Erzählung des Lehrers; Herausarbeiten des Darstellungsobjekts; Sammeln erschließender Begriffe; szenische oder pantomimische Darstellung; Klärung des Gegenstandes, des Inhalts; Formulieren eigener Erfahrungen und des Vorwissens; Erkennen eines Gestaltungsproblems, auch Aufgliedern des Problems; Bekanntwerden mit den nötigen sachlichen Informationen.

Als Ausgangspunkt der bildnerischen Arbeit bietet sich auch das unmittelbare Experimentieren mit dem Gestaltungsmaterial an – dabei entwickelt sich aus der Beschaffenheit des Materials die Thematik.

Bereitstellen von Lösungsmöglichkeiten

Auch: Vorproduktion, Experimentierphase, Exploration.

Lösung von Teilproblemen durch Umgang mit dem Material; es muß genügend Raum für den spielerischen, eigenständigen (kreativen) Zugriff geboten werden; falls die Technik unbekannt ist, wird der Lehrer durch (schrittweises) Vormachen eine Anleitung zum Tun geben; Erarbeiten und Fixieren von Hinweisen: Format, Technik, Farbtöne, Farbauftrag, Raumaufteilung, Schwerpunkt der Aufgabe (Bewegung, Schmücken usw.); Hinweise zur Organisation (Lage des Materials, Holen von Wasser usw.)

Durchführung

Beratung

Reflexion

Auch: Objektivation, Produktion, Aktion, Problemlösung.

Ausführung der oben gewonnenen inhaltlichen und gestalterischen Informationen; grundsätzlich wird ein störungsfreier Ablauf angestrebt, der die individuelle Lösung fördern soll; jedoch ist in speziellen Fällen auch eine Steuerung erforderlich: Unterbrechung zum Aufzeigen guter Lösungen oder für Hinweise zur Technik, Organisation oder Gestaltung; Beratung des einzelnen und von Gruppen, auch manuelle Hilfestellung durch den Lehrer

Wertung

Auch: Integration, Reflexion.
Besprechen der Arbeiten; Vergleichen mit den Absichten; taktvolle Führung

2. *Unterrichtsbeispiel:* Der Klecks wird immer größer,

3. Jahrgangsstufe

Anmerkung: Als Einführung in das Lernziel 3 bietet sich eine einfache Gestaltungsaufgabe an, die insbesondere die schwächeren Schüler fördern kann.

I. Vorbereitung

1. Motivation

Klecks, der sich ausbreitet, beim Sich-Ausbreiten wird er aber immer schwächer; es gelingt ihm mehrmals, sich zu vergrößern; Gruppierung um ein Tapetenstück; S macht großen Klecks mit Wasserfarbe – Umfahren der Begrenzung mit wasserunlöslichem Wachsstift usw.

2. Klärung der Gestaltungsaufgabe

Wiederholen des Vorgangs an der Tafel durch eine Zeichnung; siehe TB Nr. 1!
Vorzeigen des großflächigen Kleckses (Tapete);
Impuls: Dieser Klecks hat zwei Besonderheiten.
Erarbeiten der Aufgabenstellung in Klassenarbeit (Ergebnis siehe TB Nr. 2!)

3. Erkunden von Lösungsmöglichkeiten

Impuls: Das „Ausbreiten" können wir leicht zeigen!
(Ergebnis: Farbfläche erweitern, mit Wachsstift umfahren)

Das „Schwächer-Werden" wird in Partnerarbeit erprobt.
Auswertung: Mitteilen der Erfahrungen und Fixieren an der Tafel; siehe TB Nr. 3!

II. Durchführung

S erhalten ein hektographiertes Blatt DIN A 4 mit dem Aufdruck EIN KLECKS, siehe unten!
S malen Buchstaben aus und gestalten den Klecks.

III. Integration

1. Besprechung

Ausstellen der Ergebnisse und Beurteilung gemäß Zielsetzung

2. Weiterführung

Bei welchen Gegenständen (Situationen) dieselbe Farbe auch kräftig oder schwach erscheint, z. B. neue und ausgebleichte T-Shirts; in Klassenarbeit.

Abb. 47: Vorlage „Ein Klecks" in DIN A4 für die Hand des Schülers

Abb. 48: Tafelbild zur UZE „Der Klecks wird immer größer"

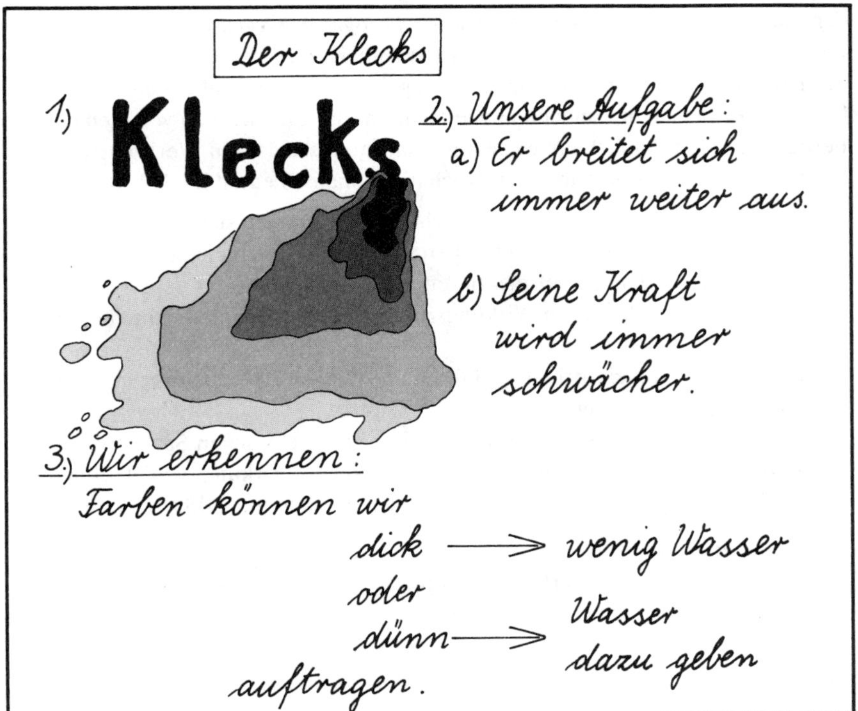

4.6 Textilarbeit/Werken

4.6.1 Informationen zum Fach Textilarbeit/Werken

1. Unterrichtsgegenstand

Textilarbeit/Werken versteht sich als Unterrichtsfach, das die Gegenstände und Produkte der technischen Umwelt zum Inhalt hat und auf Vermittlung technischer Fertigkeiten, Materialkenntnisse und ästhetische Bildung abzielt.

2. Forderungen

a) Die Schüler sollen die Gestaltungsmöglichkeiten mit dem betreffenden Material bzw. Verfahren selbst entdecken

b) Die Themenwahl gliedert sich in die gesamte Lernsequenz ein und berücksichtigt die Lernbedürfnisse und -möglichkeiten des Kindes

c) Neben der Entwicklung und Förderung manueller Fähigkeiten wird auch eine ästhetische Bildung vermittelt

d) Die Schüler sollen das „Funktionieren" des Werkstücks erfahren

3. Zielsetzungen

a) allgemein

Kinder sollen auf textilpraktischem Gebiet „selbständiges, individuelles Gestalten" lernen, „in Form des *freien Experimentierens mit textilem Material,* im Gebrauch *textiler Techniken* wie weben, flechten, . . ., mit dem ausdrücklichen Ziel der Herstellung eines einfachen *funktionsbezogenen Gegenstandes* (i. O. jeweils kursiv, Anm. d. Verf.). Dabei geht es um Entwicklung des kreativen Verhaltens, der Erlebnisfähigkeit in der Wahrnehmung ästhetischer Gegebenheiten bei Textilien unserer täglichen Umgebung wie auch um die Entwicklung von elementaren Fertigkeiten und damit Feinbewegungen im Interesse der ein Werkzeug denkend führenden Hand" (Immenroth, in Kochan/Neuhaus-Siemon, S. 491 f.).

Für den Unterricht über technische Sachverhalte ergeben sich folgende Ziele:
– „*Selbständiges Lösen* von technischen Problemen durch elementares Konstruieren, Nacherfinden, Experimentieren und Erforschen
– *Erkennen* von technischen Wirkungszusammenhängen und technischen Prinzipien
– *Kennenlernen* von einfachen Verfahren der Werkstoffbearbeitung und der dazu notwendigen Werkzeuge und Geräte
– Zeichnerisches und sprachliches *Darstellen* von technischen Sachverhalten
– *Gewinnen* von ersten Einsichten in die Wechselwirkung von Technik und Gesellschaft" (H. Ullrich, in Kochan/Neuhaus-Siemon, S. 489)

b) Aussagen des Lehrplans
– Im Fach Textilarbeit/Werken sollen die bildnerischen und technischen Fähigkeiten des Kindes entwickelt werden.

– Der Umgang mit verschiedenen Materialien und Werkzeugen trägt dazu bei, die Wahrnehmungsfähigkeit zu verfeinern, Kenntnisse über Werkverfahren zu vermitteln, Freude am gestalterischen Tun zu wecken und ästhetisches Empfinden anzubahnen.

4. Übersicht über Inhalte des Lehrplans

1. Jgst.	2. Jgst.	3. Jgst.	4. Jgst.
Gestalten mit Fäden (Grunderfahrungen, einfache Werkverfahren)	Weben (als Fähigkeit; Webmuster entwickeln)	Häkeln (Häkelmaschen, -muster, einfaches Werkstück)	Stricken (als Fähigkeit; Strickmuster, Werkstück)
Freies Sticken (Grunderfahrungen)	Applikation in Verbindung mit freiem Sticken	Gebundenes Sticken (Stichart, Werkstück)	Handnähen (textiles Werkstück nähen)
Arbeit mit Stoffen/Applikation (Grunderfahrungen, einfaches Gestalten)	Handnähen (als Fähigkeit; Zuschnitt, Schnittteile verbinden)	Werken mit Papier (Spielerisches Bauen mit vorgefertigten Körpern)	Werken mit Papier (Werkstück durch Bearbeiten von Papier herstellen)
Gebundenes Sticken (Erfahrungen, Muster)	Werken mit Papier (Falttechniken, -schnitte)	Werken mit Ton (Grunderfahrungen)	Werken mit Ton (Hohlkörper aus Ton)
Werken mit Papier (Grunderfahrungen, Umgang mit der Schere)	Werken mit plastischen Stoffen (Fähigkeit zu formen)	Werken mit Holz (Grunderfahrungen, Werkstück)	Werken mit Holz (Werkstück planen und ausführen)
Werken mit Naturmaterialien	Werken mit Metall (Metallfolie)	Werken mit Metall (Werkstück aus Draht)	Werken mit Metall (Werkstück aus Blechstreifen)

Literatur

1. Sandtner, H.: Schöpferische Textilarbeit. Auer, Donauwörth 1978, 5. Aufl.
2. Ullrich, H. und E.: Zeichnen Malen Werken. O. Maier, Ravensburg 1979

1. Strukturmodell

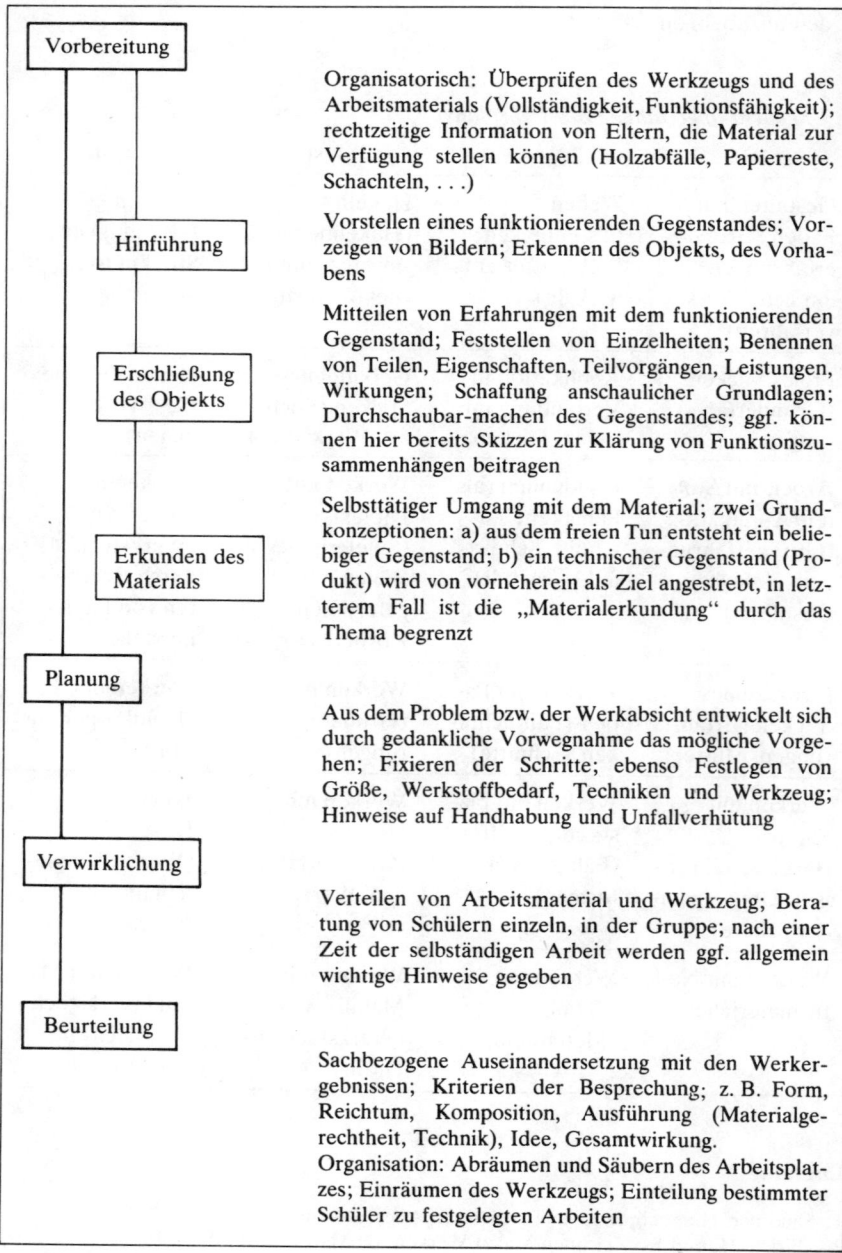

Vorbereitung	Organisatorisch: Überprüfen des Werkzeugs und des Arbeitsmaterials (Vollständigkeit, Funktionsfähigkeit); rechtzeitige Information von Eltern, die Material zur Verfügung stellen können (Holzabfälle, Papierreste, Schachteln, . . .)
Hinführung	Vorstellen eines funktionierenden Gegenstandes; Vorzeigen von Bildern; Erkennen des Objekts, des Vorhabens
Erschließung des Objekts	Mitteilen von Erfahrungen mit dem funktionierenden Gegenstand; Feststellen von Einzelheiten; Benennen von Teilen, Eigenschaften, Teilvorgängen, Leistungen, Wirkungen; Schaffung anschaulicher Grundlagen; Durchschaubar-machen des Gegenstandes; ggf. können hier bereits Skizzen zur Klärung von Funktionszusammenhängen beitragen
Erkunden des Materials	Selbsttätiger Umgang mit dem Material; zwei Grundkonzeptionen: a) aus dem freien Tun entsteht ein beliebiger Gegenstand; b) ein technischer Gegenstand (Produkt) wird von vornehrein als Ziel angestrebt, in letzterem Fall ist die ,,Materialerkundung" durch das Thema begrenzt
Planung	Aus dem Problem bzw. der Werkabsicht entwickelt sich durch gedankliche Vorwegnahme das mögliche Vorgehen; Fixieren der Schritte; ebenso Festlegen von Größe, Werkstoffbedarf, Techniken und Werkzeug; Hinweise auf Handhabung und Unfallverhütung
Verwirklichung	Verteilen von Arbeitsmaterial und Werkzeug; Beratung von Schülern einzeln, in der Gruppe; nach einer Zeit der selbständigen Arbeit werden ggf. allgemein wichtige Hinweise gegeben
Beurteilung	Sachbezogene Auseinandersetzung mit den Werkergebnissen; Kriterien der Besprechung; z. B. Form, Reichtum, Komposition, Ausführung (Materialgerechtheit, Technik), Idee, Gesamtwirkung. Organisation: Abräumen und Säubern des Arbeitsplatzes; Einräumen des Werkzeugs; Einteilung bestimmter Schüler zu festgelegten Arbeiten

2. *Unterrichtsskizze:* Wir stellen eine Glückwunschkarte her (Metallfolie), 2. Jahrgangsstufe

I. Hinführung

Aktueller Anlaß: Schreiben einer Glückwunschkarte an . . .

II. Vorbereitung

1. Erkunden des Materials

S üben Tätigkeiten an (und mit) der Metallfolie aus, die Spuren hinterlassen

2. Klärung der Werkabsicht

a) Planung der Reihenfolge
Eindrücken der Blume – Ausschneiden der Blume – Aufkleben der Blume auf die Karte – Anfertigen einer Umrahmung für die Blume; dies wird an der Tafel fixiert

b) Feststellen des nötigen Werkzeugs/Materials
Gemeinsame Überlegung im Klassengespräch;

die Ergebnisse werden an der Tafel fixiert (Siehe TB, mittlere Spalte!)

c) Vorschläge zur Ausgestaltung der Blüte
S probieren Muster aus und skizzieren ihre Ideen an der Tafel (Siehe TB, rechte Spalte!)

d) Sicherung
Wiederholung des Vorhabens mit Hilfe des TB, dabei Vorzeigen der entsprechenden Werkzeuge/Materialien

III. Verwirklichung

Ggf. Hinweise auf gleichmäßiges Aufdrücken

IV. Beurteilung
Welche Karten ganz bestimmt dem Empfänger gefallen werden!

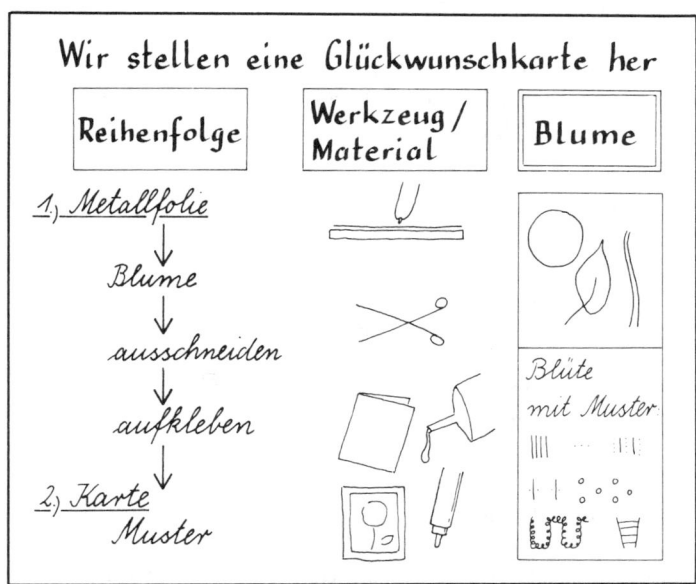

Abb. 49: Tafelbild zur UZE „Wir stellen eine Glückwunschkarte her"

307

▲ 4.7 Sport

4.7.1 Information zum Fach Sport

1. Unterrichtsgegenstand

In der Grundschule können zwei Hauptformen des Sports unterschieden werden: Sportunterricht und Schulsport. „Sportunterricht ist gekennzeichnet durch *planmäßig organisiertes Lehren und Lernen.* Unter Schulsport werden alle *nicht-unterrichtlichen Formen sportlicher Betätigung im schulischen Bereich* zusammengefaßt" (Brodtmann, in Kochan/Neuhaus-Siemon, S. 461).

Deren Gegenstand sind *„im engeren Sinne...* die normierten Formen des außerschulischen Sports und deren Vorformen. Neuere sportdidaktische Tendenzen zielen darauf, die im engeren Sportverständnis angelegten pädagogischen Grenzen durch die Ausweitung des Gegenstandsfeldes auf *Bewegung, Bewegungsspiel und Sport* (i. O. jeweils kursiv, Anm. d. Verf.) zu überwinden" (Brodtmann, a. a. O.).

2. Zur Situation des Kindes bezüglich des Faches Sport

„Ein wesentliches Merkmal der motorischen Entwicklung im Verlauf der Grundschule ist die Verbesserung der peripheren Handlungsvollzüge (d. h. der Koordination von Armen und Beinen). Während der 7- und 8jährige scharf umgrenzte gezielte Bewegungen von Beinen, Armen und Händen noch nicht auszuführen vermag, gelingen dem 9- und 10jährigen bereits Bewegungen im peripheren Bereich, die durch eine gezielte Anpassung an Geräte gekennzeichnet sind" (Baumann, in Schorb/Simmerding, S. 10).

Bei Belastungen im Rahmen des Sportunterrichts ist zu beachten, daß die Pulsschläge pro Minute „von Grundschulkindern den Orientierungswert von 190–200 möglichst nicht überschreiten" (Baumann, a. a. O., S. 12) sollen.

3. Zielsetzungen

a) allgemein

– „Vermittlung vielseitiger Bewegungserfahrungen und altersgemäßer sportmotorischer Grundfertigkeiten,
– Gesunderhaltung, Verhütung von Entwicklungs-, Haltungs- und Koordinationsstörungen sowie von Organleistungsschwächen ...
– Förderung altersgemäßer Partner- und Gruppenbeziehungen, der Hilfsbereitschaft und Entscheidungsfreudigkeit ...
– Förderung des Selbstvertrauens, Abbau von Hemmungen, Konflikten und Angst ...
– Kenntnisse über Spielregeln und Wettkampfbestimmungen sowie Einsicht in den Grundablauf sportlicher Bewegungen ...
– Einsicht in die Notwendigkeit gruppendynamischer Beziehungen, z. B. Rollenverteilungen im Spiel ..." (Baumann, a. a. O., S. 8)

b) Lehrplanaussagen

– Der Sportunterricht soll die Leistungsfähigkeit und Widerstandsfähigkeit des Kindes im Rahmen einer harmonischen Gesamtentwicklung fördern sowie möglichen Haltungs-, Organleistungs- und Koordinationsschwächen vorbeugen bzw. sie beheben.

– Der Sportunterricht vermeidet übertriebenes Leistungsstreben und bemüht sich, jedem Kind Erfolgserlebnisse zu vermitteln.

4. Übersicht über Inhalte des Lehrplans

Jgst.	
1/2	1. Grundeigenschaften der Bewegung
	2. Grundfertigkeiten und -kenntnisse
	3. Spielen und Spielverhalten (ohne/mit Partner, Gruppe)
3/4	1. Gerätturnen, z. B. Einfache Übungen und Übungsverbindungen
	2. Gymnastik und Tanz
	3. Leichtathletik: Lauf-, Weit- Hochsprung, Ballweitwurf
	4. Schwimmen, z. B. Baderegeln, Brustschwimmen, Sprünge
	5. Spiele: Basket-, Fuß-, Handball (Grundlagen)
	6. Wintersport: Eislaufen, Rodeln, Skilauf

5. Forderungen

a) Die Bewegungsaufgaben richten sich nach der Belastbarkeit der Organe
Im Hinblick auf Kraft, Ausdauer, Beweglichkeit, Schnelligkeit.

b) Die Bewegungsformen werden durch unterstützende und abwechslungsreiche Übungen vorbereitet und gesichert

c) Bewegungsabläufe werden im Anfangsstadium des Erlernens beobachtet und Fehlformen unmittelbar korrigiert

d) Unfällen soll durch die Beachtung verschiedener Maßnahmen vorgebeugt werden
z. B. durch Helfen und Sichern; sachgerechte Kleidung; Übungen, die physiologischen Grundsätzen gerecht werden.

e) Bewegungsaufgaben werden auch in differenzierten Wegen und Anforderungen erlernt.

Literatur

1. Schorb/Simmerding (Hrsg.): Lehrerkolleg. Sport in der Grundschule. Bd. 1 und 2. TR-Verlagsunion, München 1976
2. Stübung, A.-D.: Bewegung, Spiel und Sport mit Kindern. Westermann, Braunschweig 1978

1. Strukturmodell

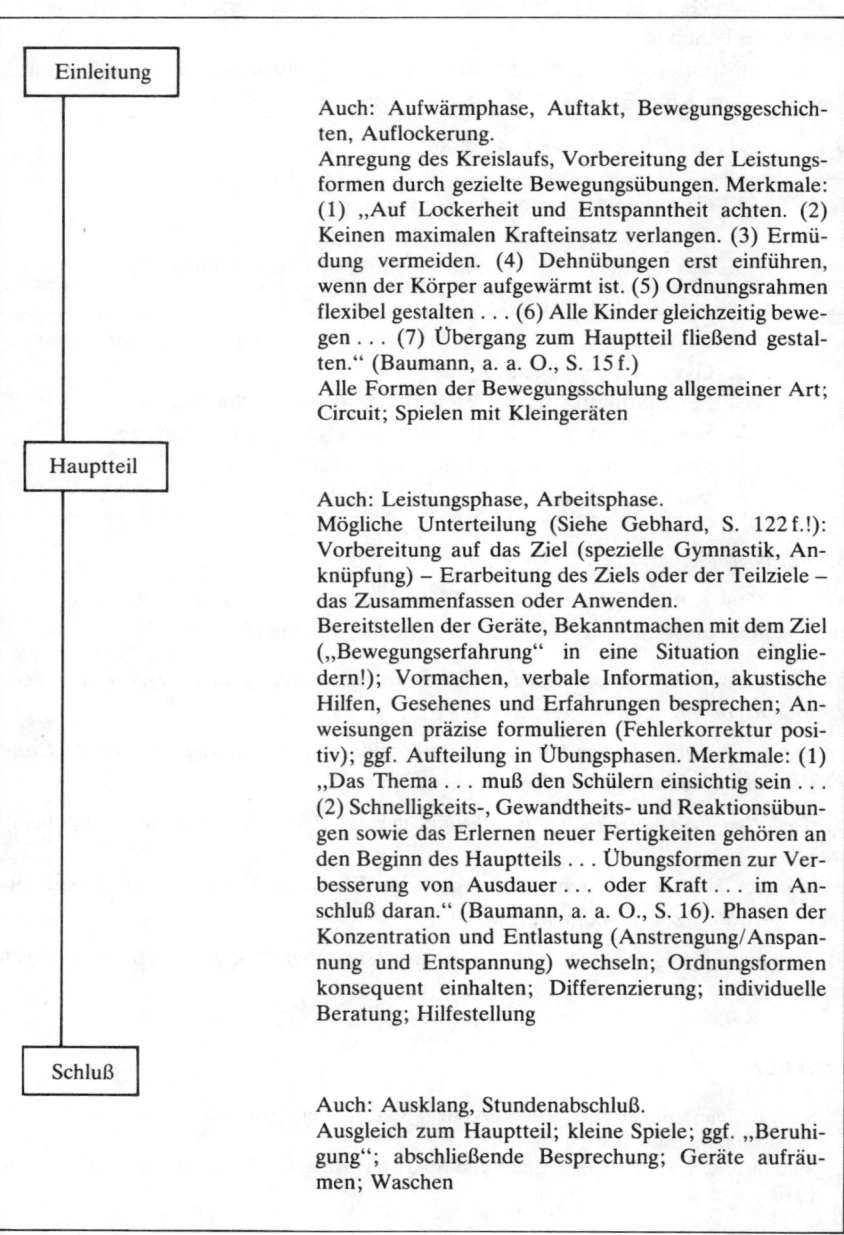

Einleitung

Auch: Aufwärmphase, Auftakt, Bewegungsgeschichten, Auflockerung.
Anregung des Kreislaufs, Vorbereitung der Leistungsformen durch gezielte Bewegungsübungen. Merkmale: (1) „Auf Lockerheit und Entspanntheit achten. (2) Keinen maximalen Krafteinsatz verlangen. (3) Ermüdung vermeiden. (4) Dehnübungen erst einführen, wenn der Körper aufgewärmt ist. (5) Ordnungsrahmen flexibel gestalten . . . (6) Alle Kinder gleichzeitig bewegen . . . (7) Übergang zum Hauptteil fließend gestalten." (Baumann, a. a. O., S. 15 f.)
Alle Formen der Bewegungsschulung allgemeiner Art; Circuit; Spielen mit Kleingeräten

Hauptteil

Auch: Leistungsphase, Arbeitsphase.
Mögliche Unterteilung (Siehe Gebhard, S. 122 f.!): Vorbereitung auf das Ziel (spezielle Gymnastik, Anknüpfung) – Erarbeitung des Ziels oder der Teilziele – das Zusammenfassen oder Anwenden.
Bereitstellen der Geräte, Bekanntmachen mit dem Ziel („Bewegungserfahrung" in eine Situation eingliedern!); Vormachen, verbale Information, akustische Hilfen, Gesehenes und Erfahrungen besprechen; Anweisungen präzise formulieren (Fehlerkorrektur positiv); ggf. Aufteilung in Übungsphasen. Merkmale: (1) „Das Thema . . . muß den Schülern einsichtig sein . . . (2) Schnelligkeits-, Gewandtheits- und Reaktionsübungen sowie das Erlernen neuer Fertigkeiten gehören an den Beginn des Hauptteils . . . Übungsformen zur Verbesserung von Ausdauer . . . oder Kraft . . . im Anschluß daran." (Baumann, a. a. O., S. 16). Phasen der Konzentration und Entlastung (Anstrengung/Anspannung und Entspannung) wechseln; Ordnungsformen konsequent einhalten; Differenzierung; individuelle Beratung; Hilfestellung

Schluß

Auch: Ausklang, Stundenabschluß.
Ausgleich zum Hauptteil; kleine Spiele; ggf. „Beruhigung"; abschließende Besprechung; Geräte aufräumen; Waschen

2. *Unterrichtsskizze:* Rolle rückwärts aus dem Hockstand,

3. Jahrgangsstufe

I. Aufwärmphase

1. Allgemeine Bewegungsübungen (Kreislauf, Bewegungskoordination, Stützkraft, Geschicklichkeit)
   – Langsames Traben (Laufen im Kreis)
   – Gehen in der Hocke
   – Hopserlauf

2. Spezielle Bewegungsübungen (Bauch-, Rückenmuskulatur, Wirbelsäule)
   – Ball an den Partner in Bauchlage weitergeben
   – Schaukeln in der Bauchlage, Nackenstand – zusammenkrümmen
   – Knie neben den Kopf

II. Hauptteil

1. Übungsphase: Rückenschaukel
   – Hockstand – Hände umfassen Unterschenkel – Kopf nach vorne drücken – „schaukeln" zur Nackenlage und zurück
   – zusätzlich: Aufsetzen der Hände neben den Kopf (Handflächen nach oben – Finger zur Schulter)
   – zusätzlich: Bei der Bewegung nach vorne mit den Händen nachdrücken

2. Übungsphase: Rolle rückwärts aus dem Hockstand auf der schiefen Ebene

Rolle vom erhöhten Standort: Kastendeckel wird beim Kastenunterteil eingehängt (oder Langbank in Sprossenwand) – Matte wird aufgelegt. Zusätzliche Anweisung: Beim Überrollen Arme strecken – im Hockstand landen

3. Übungsphase: Rolle rückwärts aus dem Hockstand auf der Ebene

a) Klärung der Bewegungsform an Tafel oder an einem vormachenden S

b) Durchführung in Differenzierung
   – unterschiedliche Geländehilfe: Verschiedene Neigung (verringert durch das unter die Matte geschobene Reutherbrett) bzw. ebene Matte
   – Abbau der Hilfestellung: Partner unterstützen die Drehung an Rücken und Gesäß

4. Übungsphase: Anwendung
   – zwei Rollen rückwärts;
   – Rolle vorwärts, ohne Hilfe der Hände aufstehen, Rolle rückwärts;
   – Rolle rückwärts, aufstehen, Rolle rückwärts

Aufräumen der Matten und Reutherbretter, ggf. der Langbänke

III. Ausklang

Verwendung der Kastenteile: z. B. Kreiskastenball: Abwerfen (mit dem Ball) von 1 oder 2 Kindern in der Mitte eines Kreises, die hinter einem Kasten Schutz suchen können

311

5.1 Gruppenarbeit

1. Begriff

1.1 Definition

Gruppenarbeit ist eine Sozialform des Unterrichts, in der drei bis sechs Schüler zusammenkommen, um einen inhaltlich festgelegten Auftrag mittels gegenseitiger Unterstützung und Ergänzung in mehr oder weniger gesteuerten Verfahren zu bearbeiten.

1.2 Formen

1.2.1 Themengleich (konkurrierend)

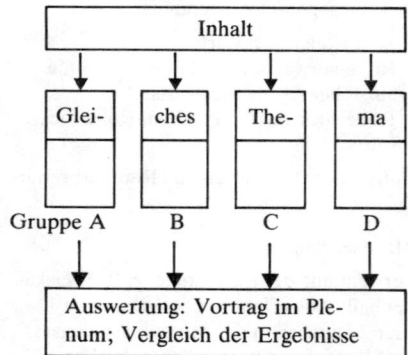

Beispiel: Lösung einer Textaufgabe

1.2.2 Thementeilig (kooperierend)

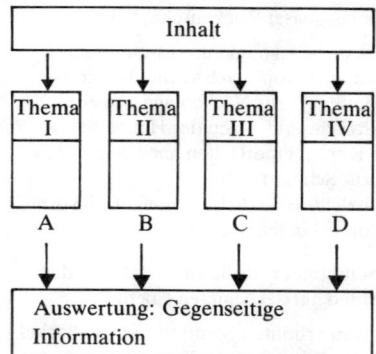

Beispiel: Unterrichtsgang zur Stadtpfarrkirche

1.2.3 Arbeitsgleich

Jedes Mitglied der Gruppe übt dieselbe Tätigkeit aus:

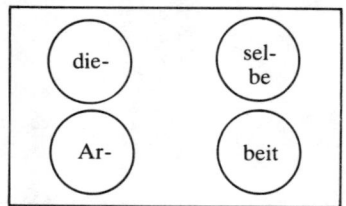

Beispiel: Suchen treffender Ausdrücke

1.2.4 Arbeitsteilig

Jedes Mitglied der Gruppe übt eine andere Tätigkeit aus:

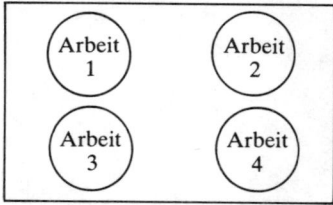

Beispiel: Erstellen einer Collage

312

1.2.5 Mischformen

Die obige Einteilung hat in den ersten beiden Fällen die Klasse als Ganzes im Blickfeld, während in den beiden letzten Fällen die Gruppe in ihrer Binnenstruktur betrachtet wird. Somit ergeben sich daraus bereits Kombinationen, wie z. B. themengleich-arbeitsteilig. Ferner ist es häufig der Fall, daß ein Schüler der Gruppe (Gruppensprecher) eine herausgehobene Tätigkeit zugewiesen bekommt, z. B. das Aufschreiben von Ergebnissen; dies ist also eine Modifikation einer arbeitsteiligen Gruppenarbeit.

2. Bedeutung

- Förderung sozialer Einstellungen, z. B. Rücksichtnahme, Mitverantwortung und Hilfsbereitschaft
- Anbahnung von Kooperationsbereitschaft und Toleranz
- Aufbau des Selbstwertgefühls (Bewußtwerden der eigenen Leistungen; aber auch unbewußtes Registrieren der Bedeutung der eigenen Beiträge für das Gelingen der Arbeit)
- Erfahrung der Notwendigkeit, eine Arbeit zu teilen oder eine Arbeit gemeinsam zu erledigen
- Begünstigung produktiven Denkens und Tuns; raschere, gedankliche Abläufe durch sofortige Korrektur; manche Lerngegenstände sind eher im kleinen Rahmen zu besprechen
- Steigerung der Arbeitsleistung: durch Arbeitsteilung; durch höhere Produktivität des Denkens; durch Imitation von Vorbildern; durch größere Motivation, aufbauend auf frühere positive Erfahrungen
- Unterstützung der Selbständigkeit, Entscheidungen zu treffen und Handlungen durchzuführen
- Beitrag zum schülerorientierten Lerngeschehen
- Förderung des sachbezogenen, argumentierenden Denkens
- Ort für viele fachgemäße Arbeitstechniken
- Erleichterung der Organisation: Austeilen von Arbeitsmitteln; Arbeitsunterlagen des öfteren nur in beschränkter Anzahl vorhanden

3. Lehrplanaussage

Zur bestmöglichen Förderung des einzelnen Schülers treten neben den Unterricht, der sich an die ganze Klasse wendet, Formen der Einzel-, Partner- und Gruppenarbeit. Dabei soll die Zusammensetzung der Gruppen immer wieder wechseln (Präambel, 3.5).

4. Organisation

4.1 Einführung

Durch gemeinsames Tun mit dem Partner wird Gruppenarbeit angebahnt; zwei Partnergruppen erhalten gemeinsam einen Auftrag und bekommen nun als Vierer*gruppe* eine Bestätigung; die Beobachtungen des Lehrers führen zu einer günstigen Zusammensetzung von Kleingruppen, deren äußere Zusammengehörigkeit schließlich in einer Gruppensitzordnung sichtbar wird.

4.2 Bildung

Zunächst werden sich die Schüler spontan ihre Tischgruppe aussuchen können, so daß Freundschaftsgruppen entstehen. Oft zeigt es sich bei Klassen mit hoher Schülerzahl, daß sich eine Restgruppe mit den weniger beliebten Schülern bildet. In solchen Fällen wird der Lehrer schon frühzeitig steuernd eingreifen müssen. Die späteren Umgruppierungen sollen gezielt und behutsam vorgenommen werden; Anlässe dazu sind Sympathiebeziehungen, Sachinteressen, fachliche Leistungen – also Freundschaftsgruppen, Neigungsgruppen, leistungshomogene oder -heterogene Gruppen; die Gründe können aber auch bei körperlichen Eigenschaften zu finden sein, wie Körpergröße, Seh- und Hörvermögen, Linkshändigkeit.

5. Grundsätze

5.1 In den Gruppen sollte ein weitgehend konfliktfreies Arbeiten möglich sein: Äußere Bedingungen, Zusammensetzung der Gruppe, Rolle des Lehrers (Bestätigungen; Ergebnisse würdigen, zumindest einbringen lassen!).

5.2 Den Kindern sollte die Eigenart der Arbeit in Gruppen bewußt gemacht werden: Sitzordnung, Gesprächsregeln, Aufgabenverteilung, Rollenzuweisung, Kompromißbereitschaft.

5.3 Der Einsatz der Gruppenarbeit ist im Hinblick auf die didaktische oder pädagogische Intention zu überprüfen: Kooperationsfähigkeit als Lernziel, notwendige Verteilung der Arbeit (z. B. bei einem Versuch), Präzision des Ergebnisses als Zielsetzung (z. B. Bildauswertung), Lernen des Argumentierens (z. B. Auswertung eines Textes mit ethischem Motiv), Umfang des Arbeitsergebnisses (z. B. Aufnotieren von Wörtern), Äußerungen sind nicht für „viele andere" bestimmt (z. B. religiöse Empfindungen formulieren, persönliche Erfahrungen mitteilen), Lerngegenstand erschließt sich zunächst in der Kleingruppe (z. B. in Phasen der Besinnung), Schnelligkeit der Durchführung (z. B. Sammeln bestimmter Naturgegenstände im Wald), Integration bestimmter Schüler (z. B. verantwortliche Übernahme einfacher Aufgabenstellungen), Produktivität und Kreativität (z. B. bei Problemlösungen, bei gestalterischen Aufgaben), Addition der physischen Kräfte (z. B. Aufbau von Sportgeräten).

5.4 Die äußeren Bedingungen sollen die Arbeit ermöglichen: Sitzordnung, Raum, Zeit, Arbeitsmaterialien.

5.5 In der Gruppe soll gearbeitet werden: Gezielte Vorbereitung; Klarheit des Auftrags hinsichtlich Inhalt, Verfahren, Arbeitsmittel und ggf. Dauer; Auftrag

muß verstanden sein (Wiederholen lassen!); eingeschulte Arbeitsweisen; Arbeitsmaterialien bereitgestellt; Spannungen abbauen.

5.6 Die Ergebnisse der Gruppe sollen eingebracht und in den Lernprozeß integriert werden: Auswertung der Gruppenarbeit im Plenum; sachbezogene Würdigung (langfristig kann sich auch ein Zuviel an undifferenziertem Lob negativ auswirken), Aufbau von langfristigen Motivationen.

6. Verwirklichung

6.1 Ablauf

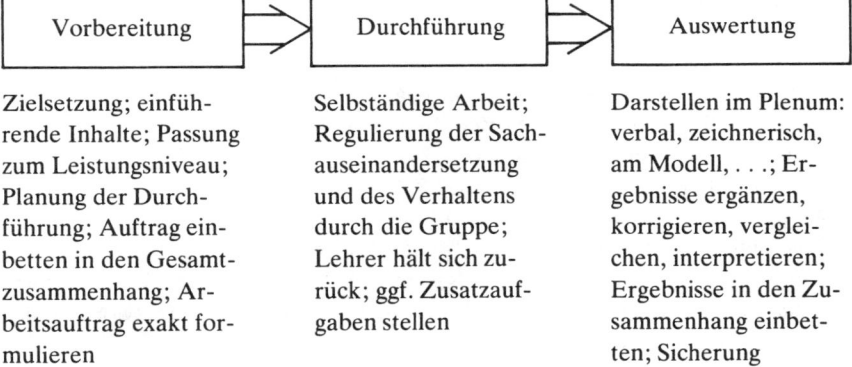

Vorbereitung	Durchführung	Auswertung
Zielsetzung; einführende Inhalte; Passung zum Leistungsniveau; Planung der Durchführung; Auftrag einbetten in den Gesamtzusammenhang; Arbeitsauftrag exakt formulieren	Selbständige Arbeit; Regulierung der Sachauseinandersetzung und des Verhaltens durch die Gruppe; Lehrer hält sich zurück; ggf. Zusatzaufgaben stellen	Darstellen im Plenum: verbal, zeichnerisch, am Modell, . . .; Ergebnisse ergänzen, korrigieren, vergleichen, interpretieren; Ergebnisse in den Zusammenhang einbetten; Sicherung

6.2 Möglichkeiten des unterrichtlichen Einsatzes

6.2.1 in der Anfangsphase: Rechenfertigkeitsübung (z. B. möglichst viele Lösungen), Fragen formulieren, Aufgabenstellung klären, Vermutungen aufnotieren, Vorhaben planen (Unterrichtsgang, Ausstellung).

6.2.2 in der Hauptphase: Material sammeln (Wörter, Gegenstände, Zahlen); Informationen sammeln (aus Text, Bild, Film); Objektuntersuchungen und Versuche planen; Sachaufgaben durchdringen und Lösungswege erstellen; Material ordnen (Wörter, Beobachtungsergebnisse, Handlungsablauf); Einüben von Techniken und Verfahrensweisen (schriftliches Addieren); Material handhaben, damit umgehen (Versuch durchführen, Wörter laut vorsprechen); Gegenstände herstellen; Ergebnisse darstellen; Ergebnisse sichern.

6.2.3 in der Schlußphase: neues Material in Beziehung zum Gelernten setzen; Regel auf neue Fälle anwenden; Ergebnisse darstellen (z. B. sich fertige Aufsätze vorlesen); eigenständige Anfertigung eines Produkts nach erarbeitetem Muster (z. B. Gedicht schreiben); das Wesentliche zusammenstellen (z. B. Niederschrift anfertigen)

1. Begriffsklärung

Der Unterrichtsgang ist eine Form der Begegnung mit einem Objekt, das zum Zweck der Erkundung an seinem originalen Standort bzw. an einem Ausstellungsort aufgesucht wird. Unterrichtsgänge haben eine klare didaktische Zielsetzung.

2. Bedeutung

- Der originale Gegenstand motiviert zur Auseinandersetzung aus der Sache heraus (sofern er hier natürlich im Verstehenshorizont der Schüler liegt); Erhöhung der Lernbereitschaft
- Ansprechen des affektiven Bereichs
- Beteiligung verschiedener Sinne
- Wahrung des sachlichen Zusammenhangs
- Bereicherung der Wirklichkeitserfahrung
- Anschauliche Erarbeitung von Begriffen
- Anregung zur Schüleraktivität
- Chance zum entdeckendem Lernen
- Möglichkeit zu problemorientiertem Lernen
- Erlernen und Anwenden fachspezifischer Arbeitsweisen
- Verwirklichung pädagogischer Aufgaben, z. B. Festigung der Klassengemeinschaft, Vermittlung sozialer Erfahrungen, Förderung des verantwortungsbewußten Verhaltens

3. Rechtliche Bestimmungen (auszugsweise)

- Unterrichtsgänge sind „sonstige schulische Veranstaltungen" (ASchO § 16, Abs. 1)
- Wahrnehmung der Aufsichtspflicht (LDO § 5); Inhalt: Schüler vor Schäden bewahren, Schädigung Dritter verhindern; Anfang bzw. Ende: Treff- und Endpunkt innerhalb des Schulsprengels
- Haftung: Voraussetzung ist eine schuldhafte Verletzung der Aufsichts- und Sorgfaltspflicht
- Benutzung privater PKW nicht gestattet

4. Didaktischer Ort

4.1 Der Unterrichtsgang als Ausgangspunkt der Sacherschließung: Das reale Objekt liefert Information und regt zu Fragestellungen, Vermutungen und auch eigenen Versuchen an.

4.2 Der Unterrichtsgang als Mittelpunkt (der Informationsgewinnung) in der Phase der Erarbeitung: Gegenstände und Vorgänge, die bisher nur durch Medien vermittelt wurden, werden in der Wirklichkeit wiedererkannt; einzelne Wissenselemente werden in einen Zusammenhang gebracht; Fragen werden beantwortet und Lösungen gefunden.

5. Vorbereitung des Unterrichtsganges

5.1 Organisation

– Vorausgehender Besuch des Objekts durch den Lehrer
– Festlegung des Weges, der Beobachtungspunkte, der Lehrabsichten und der Arbeitsaufträge
– Ausrüstung des Lehrers (Bekleidung, Informationsmaterial, ggf. Materialien zur Untersuchung, Geldreserve, . . .); Ausrüstung des Schülers.

5.2 Information

– Schulleitung – Schulamt; Vertretungen
– Eltern (über Schüler – mündlich; ggf. auch schriftlich)
– Schüler: Inhaltlich (Karte, Bilder, Absichten), Ablauf, Ausrüstung, Verhalten, Belehrungen, ggf. auch Naturschutz
– Lehrer: Telefonliste, Besonderheiten bei einzelnen Schülern (bei Unterrichtsgang mit biologischem Schwerpunkt: z. B. Allergien)

6. Durchführung des Unterrichtsganges

6.1 Organisatorisch

Überprüfung der Vollzähligkeit, Absicherung bei Gefahrenstellen, Haltepunkte für Hinweise oder Aussagen über beobachtete Sachverhalte

6.2 Inhaltlich

Sammeln, Versuche durchführen, Zeichnen, Skizzieren, Vergleichen von Sammelobjekten (oder von Zeichnung bzw. Modell mit der Wirklichkeit), Beobachten, Benennen, Beschreiben, Notieren

7. Auswertung

Beantworten der Problemfragen; Feststellen der Beobachtungen (hierbei ggf. Korrektur der Aussagen); Mitteilen der Ergebnisse der Arbeitsaufträge; Zusammenstellen der wesentlichen Informationen; Eingliedern in einen größeren Zusammenhang; Gewinnen der allgemeinen Einsicht; Unterstützen der Beobachtungen durch Versuche, Anfertigen von Skizzen, Bau von Modellen oder Darstellungen im Sandkasten; Fixieren der wichtigsten Erkenntnisse; Übertragung auf ähnliche/neue Bereiche; Darstellen der Eindrücke und Informationen in Form bleibender Medien (Fotowand, Collage, Modelle, Zeichnungen)

1. Begriffsklärung

Unterrichtsverfahren zur Erschließung oder Sicherung des Lerninhalts durch verschiedene Tätigkeiten mit dem konkreten Gegenstand

2. Bedeutung

- Anreiz zur Sachauseinandersetzung durch das Vorhandensein des Gegenstandes selbst
- Verwirklichung sach- bzw. fachgemäßer Arbeitsweisen
- Anschauliche Begriffsbildung: Durch den Umgang mit der Sache werden Teile, Vorgänge und Funktionen deutlich; es entwickelt sich eine Anschauung vom Gegenstand; daraus bilden sich klare Begriffe, und Zusammenhänge werden erhellt
- Beteiligung verschiedener Sinneskanäle („multisensorisch")
- Anbahnung des sachbezogenen Argumentierens
- In-Gang-Setzen von Denkprozessen und Fragestellungen
- Eigene Erfahrungen erhöhen das gute Behalten
- Schülerorientierter Ansatz: Abkehr vom bloßen „Vermitteln" zugunsten einer selbständigen „Erarbeitung"

3. Lehrplanaussage

- Der Grundschulunterricht erweitert die Wahrnehmungsfähigkeit durch gezieltes Beobachten, fördert und differenziert Sprache und Denken. Dies geschieht in erster Linie durch die Arbeit an der konkreten Wirklichkeit (Präambel, 3.3).

4. Verwirklichung

4.1 „Orte" der Arbeit mit dem konkreten Gegenstand

4.1.1 Wir holen den Gegenstand ins Klassenzimmer

HSK:

Materialien / Stoffe: Eiswürfel, Glasplatte, Gummischlauch, Wollreste, Styroporplatten, Kerzenwachs; technische Gegenstände: Laterne, Luftpumpe, Thermometer, Fahrrad, Fahrradschlauch, Taschenlampe; historische Gegenstände: Schlüssel, Pfanne, Bügeleisen; Tiere und Pflanzen: Schmetterlingsraupen, Wiesenblumen

DEU: Sprache in verschiedenen Situationen gebrauchen, erleben und bewußt verändern

MAT: Repräsentation der Zahl durch Elemente; Veränderung der Mächtigkeit der Zahl z. B. durch Wegnehmen

4.1.2 Wir suchen den Gegenstand in seiner realen Umgebung auf

HSK: an Blumen riechen, mit einem alten Schlüssel selbst das alte Schloß aufsperren, eine Ente am Parkteich füttern, helle Kleidung im Nebel tragen, sich mit Gummistiefeln in den Bach stellen und die Strömung spüren

4.2 Formen der Arbeit mit dem konkreten Gegenstand

4.2.1 Die Kinder gebrauchen den Gegenstand: Selbstgebaute Schalter betätigen; ein Gedicht betont vortragen

4.2.2 Die Kinder untersuchen den Gegenstand: Feuer auf verschiedene Weise löschen; Getreidepflanze in Teile zerlegen; das „Verhalten" des Gymnastikstabs erproben

4.2.3 Die Kinder stellen Dinge selbst her: Nachbauen von Geräten mit technischen Baukästen; Anfertigen einer Zeichnung, eines Werkgegenstandes; Anfertigen eines Aufsatzes, eines Gedichts

4.3 Gegenstandsspezifische Aktivitäten

Die speziellen Eigenheiten von Sache, Sprache und Zahl bedingen die unterschiedliche Arbeit mit dem jeweiligen konkreten Gegenstand.

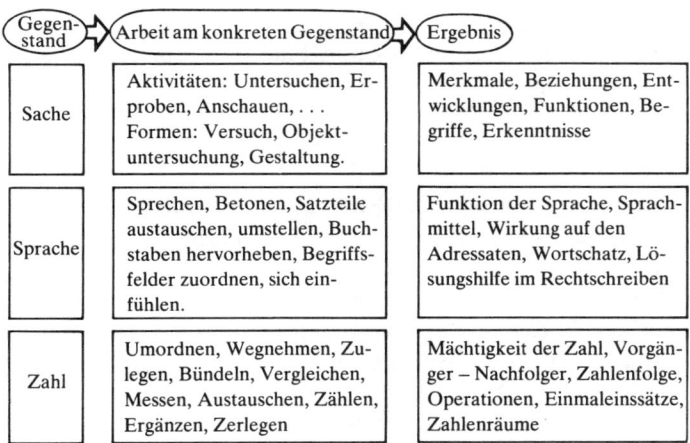

Gegenstand	Arbeit am konkreten Gegenstand	Ergebnis
Sache	Aktivitäten: Untersuchen, Erproben, Anschauen, ... Formen: Versuch, Objektuntersuchung, Gestaltung.	Merkmale, Beziehungen, Entwicklungen, Funktionen, Begriffe, Erkenntnisse
Sprache	Sprechen, Betonen, Satzteile austauschen, umstellen, Buchstaben hervorheben, Begriffsfelder zuordnen, sich einfühlen.	Funktion der Sprache, Sprachmittel, Wirkung auf den Adressaten, Wortschatz, Lösungshilfe im Rechtschreiben
Zahl	Umordnen, Wegnehmen, Zulegen, Bündeln, Vergleichen, Messen, Austauschen, Zählen, Ergänzen, Zerlegen	Mächtigkeit der Zahl, Vorgänger – Nachfolger, Zahlenfolge, Operationen, Einmaleinssätze, Zahlenräume

4.4 Ablauf

Die Arbeit am konkreten Gegenstand kann in ungelenkten Verfahren (z. B. Werken) aber auch in gesteuerten Lernprozessen (z. B. Sprachlehre) vollzogen werden. Davon ist dann in hohem Maße abhängig, inwieweit Aufträge zur Sacherschließung formuliert werden müssen. In jedem Fall sind die Erfahrungen und Ergebnisse einzubringen und zu integrieren.

1. Begriffsklärung

1.1 Definition

„Aufmerksame und planvolle Wahrnehmung und Registrierung von Vorgängen an Gegenständen, Ereignissen oder Mitmenschen in Abhängigkeit von bestimmten Situationen" (dtv Wörterbuch zur Psychologie, München 1974, 8. Aufl., S. 63; zitiert in Köck/Ott, S. 44).

1.2 Formen

Mit Hinweis auf W. Kuhn führt H. Berkmüller drei Arten der Beobachtung auf:

– Das „bestätigende Beobachten": „. . . es ist die Bestätigung des Gezeigten." (Berkmüller, S. 166).
– Das „beschreibende Beobachten": „Der Schüler muß mit allen Sinnen den Lerngegenstand betrachten und prüfen (ebd. S. 166).
– Das „entdeckende Beobachten": „Der Schüler muß selbsttätig den Lerngegenstand durchdringen, sein Vorwissen aktivieren, das Geschaute vergleichen und das Typische erkennen" (ebd. S. 167).
– Die „Wahrnehmung und Registrierung" (vgl. Definition!) kann ohne Veränderung des Vorgangs geschehen oder in Verbindung mit einer experimentellen Änderung der Verlaufsbedingungen erfolgen.
– Schließlich wird nach der Dauer der Beobachtung Kurz- und Langzeitbeobachtung unterschieden.

2. Bedeutung

– Förderung sachgerechter Argumentation (Sache als Urteilsgrundlage)
– Bewußtwerden physikalischer und chemischer Reizeinwirkungen (auf die Sinne)
– Schärfung der Wahrnehmungskanäle; Sensibilisierung
– Gewinnung an Sicherheit, Reizeindrücke einzuordnen und zu werten
– Grundlage zur Gewinnung von Anschauungen, Erkenntnissen, Einsichten und Begriffen
– Wichtige Arbeitsweise zum Sammeln von Informationen
– Verbindung von Wahrnehmungsleistungen mit Denkprozessen
– Aufbau von Motivationen durch die Begegnung mit der Sache

3. Lehrplan

3.1 Zielsetzung

Der Grundschulunterricht erweitert die Wahrnehmungsfähigkeit durch gezieltes Beobachten (Präambel, 3.3).

3.2 Inhalte von Beobachtungen

– Deutsch: Wirkung einer Erzählung auf den Zuhörer, Verhalten des Sprechpartners bei der Anrede (Rollenspiel)
– Heimat- und Sachkunde: Tiere fressen verschiedene Nahrung, Verwendbarkeit bestimmter Materialien für den Lampion; Änderung des Sonnenstandes, Wurzelbildung bei einem Keimling, Verhalten von mit Luft gefüllten Gegenständen, Schwimmeigenschaften verschiedener Gegenstände, Wirkungen des Winds; Herstellung eines Brots, Wirkungen des elektrischen Stroms
– Musik- und Bewegungserziehung: Räumliche Beziehungen, Raumformen, metrisch gebundene Abläufe

4. Verwirklichung

4.1 Arbeitsschritte – Eingliederung der „Beobachtung" in den gesamten Lern- und Denkprozeß

4.1.1 Ausgangssituation: Ein Problem wird erkannt und formuliert

(Wie kam es dazu, daß . . .? Welches Material eignet sich . . .? Wie entwickelt sich . . .? Wie entsteht . . .? Welche Wirkung hat . . .? Was ändert sich, wenn . . .?)

4.1.2 Vorbereitung

Einbringung des Vorwissens; Hypothesenbildung: Schüler äußern Vermutungen, sofern dazu eine hinreichende Sachgrundlage gegeben ist; Planung: Material, Hilfsmittel (Geräte), Tätigkeit; Organisation: Festlegung von Ort und Zeitpunkt der Beobachtung, Beobachter (-gruppen), Tabellen, Beobachtungsblätter, Protokollant, ggf. auch Pflege des Objekts nötig; Beobachtungsaufträge formulieren (auch durch Schüler!)

4.1.3 Beobachtung: Die Schüler sehen, hören, tasten, fühlen, riechen; zählen, messen (Strecken messen, wägen, ablesen), zeichnen ab (nach), zerlegen, stellen Formen und Farben fest; schreiben die Feststellungen in Worten und Zahlen nieder.

4.1.4 Auswertung: Berichten über die Ergebnisse, kritische Überprüfung, Ordnen der Beobachtungen, Verknüpfen der Einzelinformationen (Zusammenhang), Finden einer Regel, Formulieren einer Erkenntnis, Verbalisieren des Gesamtergebnisses, Erklären des Vorgangs, Vergleichen

4.1.5 Weiterarbeit: Transfer, Suchen nach Informationen in anderen Medien, neue Aufgaben, Arbeitsrückschau

4.2 Einzelhinweise

Beobachtungsmöglichkeit für alle Schüler; Zwischenkontrolle durch den Lehrer; Mitteilen lassen der bisherigen Ergebnisse; Beobachtungsergebnisse nicht auf das gewünschte Ziel hin manipulieren; Anleitung zum Beobachten

1. Begriffsklärung

1.1 Definition

Der Versuch ist ein Unterrichtsverfahren zur Gewinnung von Problemstellungen oder Informationen aus dem Bereich der Naturerscheinungen, das daraus einen Teilvorgang isoliert und – für den zweiten Fall (der Informationsgewinnung) – diesen schrittweise durch methodische Untersuchung, in Anlehnung an das naturwissenschaftliche Experiment, klärt.

1.2 Formen

Der Versuch kann unterschieden werden hinsichtlich

– seiner Dauer: Kurz-, Langzeitversuch
– der ausführenden Person: Lehrer-, Schülerversuch
– der Anzahl der ausführenden Personen: Einzel-, Partner-, Gruppenversuch
– der Meßbarkeit: quantitativer Versuch (zahlenmäßige Erfassung von Dimensionen: Strecken, Raum, Zeit), qualitativer Versuch (eher „vorwissenschaftliche" Aussagen über die Änderung der Eigenschaft, z. B. „Je schneller . . ., desto heller . . .")
– seiner didaktischen Funktion: Problem-, Überraschungs- oder Einführungsversuch, Erkenntnisversuch, Bestätigungsversuch, Übungs- oder Wiederholungsversuch (vgl. Scholler, S. 559)
– der Nähe zum realen Vorkommen in der Umwelt des Kindes: Versuch mit dem Gegenstand selbst, Modellversuch

2. Bedeutung

– „Das Experiment . . . ist eine wichtige *methodische Grundlage für einen wissenschaftsorientierten Unterricht*" (i. O. kursiv, Anm. d. Verf.)
– „Das Experiment . . . entspricht dem handelnden (Um-) Weltbegreifen des Kindes" (Thesen bei Bäuml, S. 38)
– Anschauliche Gewinnung von Erkenntnissen, Begriffen und Fertigkeiten
– Schulung der Sinne und des schlußfolgernden Denkens
– Anbahnung von fachspezifischen Arbeits- und Denkweisen
– Erhöhung der Lernaktivitäten durch das konkrete Material

3. Grundsätze

3.1 Der Versuch soll einen tatsächlichen Lernzuwachs ermöglichen: Es ist sinnlos, eine Beobachtung zu verlangen, die längst im Erfahrungsschatz des Kindes ist.

3.2 Der Versuch soll für das Kind durchschaubar sein: Dies wird durch eine übersichtliche Anordnung, durch einfaches, meist aus der Umwelt des Kindes stammendes Versuchsmaterial und durch faßbare Vorgänge erreicht.

3.3 Der Zusammenhang Versuchselemente – Realität soll klar sein: Die Schüler erfahren, welche Einzelheiten aus dem Versuch den einzelnen Teilen und Vorgängen in der Wirklichkeit entsprechen. Beispiel: Der Eimer ist an der Stelle des Hochbehälters; der Plastikschlauch stellt die Wasserleitung dar.

3.4 Der Versuch soll das Denken des Kindes anregen: Es wird entweder eine Fragestellung entwickelt, oder die Kinder finden durch ihre Beobachtung, Messungen und Vergleiche einen Zusammenhang oder ein Naturgesetz.

3.5 Die Versuchsdurchführung soll unter einem klaren Beobachtungsaspekt stehen: „Das konkreteste und ausgiebigste Beobachten allein nützt nichts, wenn es nicht sinngesteuert ist." (Bönsch [2], S. 138)

3.6 Dem Schüler soll bekannt sein, welchen Sinn eine Versuchsreihe hat: Bei einer bloßen Addition von Teilaktivitäten verliert das Kind den gedanklichen Zusammenhang und die Motivation.

3.7 Die Durchführung des Versuchs muß gut organisiert sein: Vollständigkeit des Materials, Hinweis auf Schwierigkeiten, hygienische Maßnahmen, Angaben zur Durchführung, Festlegung von Teilaufgaben (Ablesen, Aufschreiben).

3.8 Der Versprachlichung bei Vorbereitung, Durchführung und Auswertung des Versuchs kommt eine besondere Bedeutung zu: Fragen, Vermutungen, Aufbau, Tätigkeiten, Beobachtungen, Erkenntnisse; Begriffe im Zusammenhang, Teilzusammenfassungen, Übertragung auf andere Erscheinungen.

4. Verwirklichung (Erkenntnisversuch)

4.1 Vorbereitung

Lebensnahe Fragestellung, Problemfrage fixieren; Vermutungen; Notwendigkeit eines Versuchs; Planung: Gegenstände, Ablauf, Tätigkeiten, zu erwartende Ergebnisse, ggf. Plan skizzieren, Arbeitsauftrag sichern

4.2 Durchführung

Umgehen mit dem Versuchsgegenstand und mit Materialien, Beobachten, Messen, Eintragen, Zeichnen, Betrachten, Vergleichen, Beschreiben, Ordnen

4.3 Auswertung

Ergebnisse mitteilen; Darstellung in Tabelle, Zeichnung, Schema; Schlußfolgerungen; Verbalisierung der Erkenntnis; Fixierung des Ergebnisses, Ausgangsfrage beantworten; Eingliederung in den größeren Zusammenhang
Eine Durchführung all dieser Einzelmaßnahmen ist nicht anzustreben.

1. Begriff

Die Sachzeichnung ist die flächige Darstellung eines begrenzten Ausschnittes der Wirklichkeit; in der Darstellung ist der Gegenstand als solcher noch erkennbar, jedoch erscheint er nicht als naturalistische Abbildung, sondern in vereinfachter Form. Zur Darstellung werden Umrißlinien, Gegenstandssymbole, Querschnitte, Klappungen und Größenveränderungen verwendet. Die Anfertigung erfolgt durch Lehrer und/oder Schüler.

2. Bedeutung

- Konkretisierung von Wahrnehmungsinhalten
- Vereinfachung komplexer innerer Bilder
- Aktivierung von Vorstellungsinhalten
- Klärung und Modifizierung von Vorstellungsinhalten
- Erleichterung der Auffassung von Vorgängen, Abläufen, Zuständen und Zusammenhängen
- In-Beziehung-Setzen von Bestandteilen eines Gegenstandes
- Aha-Effekte im Augenblick des Entstehens („So muß das vermutlich funktionieren!")

3. Didaktische Funktion

- Darstellung eines äußeren Erscheinungsbildes, d. h. Umsetzen des räumlichen Gebildes in die Fläche durch grafische Zeichen
- Wiedergabe der Vorstellung von einem Objekt, auch im Hinblick auf eine „Innen-Ansicht"
- Unterstützung der Anschauung von einem Gegenstand
- Visualisierung von Inhalten (Lerninhalten)

4. Elemente

4.1 Zeichen für die Darstellung: Umrißlinien, Gegenstandssymbole, Umklappungen, „Herausklappungen", Bildfolge

4.2 Zeichen für Funktionen:

- Linien: . . . steht in Verbindung mit . . ., . . . ist abhängig von . . ., . . . stehen im Zusammenhang, . . . verteilt sich auf . . .
- Pfeile: . . . hat zur Folge . . ., . . . bewegt sich nach . . ., . . . in diese Richtung, weist auf eine Besonderheit hin, . . . ist das Resultat aus . . ., . . . beeinflußt . . .
- unterschiedliche Strichstärke: diese Teile sind von den anderen inhaltlich (gedanklich) abzugrenzen
- ferner: Punkte, Farben, helle/dunkle Flächen

5. Grundsätze

5.1 Die Sachzeichnung muß didaktisch begründet sein: Sie soll einen tatsächlichen Beitrag zur Erschließung des Lerngegenstandes leisten.

5.2 Der Schüler soll in der Lage sein, die (geforderte) Sachzeichnung anzufertigen: Voraussetzungen dazu sind die Fähigkeit zur Darstellung (z. B. Querschnitt) und strukturierte Vorstellungen. Abweichend davon gewinnt eine unvollkommene, unvorbereitete Sachzeichnung dann ihre Berechtigung, wenn sie zum Gedankenexperiment herangezogen wird oder dazu dient, im Vergleich mit der späteren exakten Sachzeichnung – d. h. den Fortschritt in der Vorstellung – aufzuzeigen.

5.3 Die vom Lehrer angefertigte Sachzeichnung soll durchschaubar sein: Perspektivische Darstellungen sollten nur dann verwendet werden, wenn es unbedingt notwendig ist. Die Zeichnung ist grafisch übersichtlich anzulegen. Eine Vielzahl von Einzelementen ist zu vermeiden, dies gilt sowohl für die Einzelteile als auch für funktionale Zeichnungen (z. B. Pfeile).

6. Verwirklichung

6.1 Didaktischer Ort

– Einstiegsphase: Vorgabe einer unvollständigen Sachzeichnung; Versuch einer Zeichnung, „Unvollkommenheit" als Anlaß zur Informationsgewinnung
– Hauptphase: a) sukzessiv: schrittweise Entwicklung zu einem ganzen Bild gemäß den Teilzielen (Beispiel: Aufbau der Kirschblüte) b) integrierend: als Zusammenfassung der bisherigen Informationen (Beispiel: Teich im Querschnitt) c) punktuell: notwendig zur Erfassung eines Teilinhalts (Beispiel: Anlage eines Wehrturms)
– Schlußphase: Zusammenfassung des gesamten Lerninhalts

6.2 Tätigkeiten der Schüler

Zeichnen auf Blockblatt, Folie oder Tafel; Vergleich mit dem realen Objekt oder Modell; Einfärben wichtiger Teile; Entwickeln einer Zeichnung auf Grundlage eines vorliegenden Untersuchungsobjektes oder Textes; Beschriften der Zeichnung; dynamisches Zeichnen: etwas verändert sich oder geschieht „jetzt" (es regnet); Verändern der Zeichnung durch Weglöschen und Hinzufügen

6.3 Themenbeispiele

Der Grundriß des Pausehofs, Sonnenstand im Tageslauf, einfaches Straßennetz der Umgebung; der Mauerring als Verteidigungsanlage

7. Wertung

Nur im Zusammenhang mit originaler Begegnung oder zumindest mit anderen Medien, die den Gegenstand repräsentieren, sinnvoll; Relation Zeitaufwand – Effekt beachten.

1. Begriffsklärung

Das Tafelbild ist ein Medium, das den Lehrstoff und teilweise den Unterrichtsverlauf an der Wandtafel sichtbar macht; diese Visualisierung geschieht durch das gestaltete und geordnete Zueinander von Text und Bild oder Text und Text; es dient der Veranschaulichung, der Abstraktion, der Strukturierung und insbesondere der Fixierung von Unterrichtsinhalten; es ermöglicht die Gliederung des Unterrichtsgeschehens und aktiviert die Schüler zur Auseinandersetzung.

2. Begründung für den unterrichtlichen Einsatz

2.1 Das Tafelbild fixiert den Lehrstoff und erlaubt damit immer wieder den Rückgriff auf das bereits Erarbeitete (z. B. bei Unsicherheiten während der späteren Begriffsentwicklung).

2.2 Die Tafelzeichnung im Rahmen eines Tafelbildes leistet Veranschaulichung im Dienste der Anschauung.

2.3 Das Bild an der Wandtafel bietet spezielle Vorteile:
– optische Akzentuierung des Wichtigsten (Farbe, Symbole)
– die Strichzeichnung läßt Nebensächliches weg
– Passung in bezug auf die jeweilige Klassensituation
– Es besitzt dynamischen Charakter. (Es entsteht vor den Augen der Schüler.)

2.4 Das Tafelbild leistet einen Beitrag zur Abstraktion:
– Verbalisierte Ergebnisse werden festgehalten
– die Tafelzeichnung (Strichzeichnung) verdichtet Informationen
– die Kombination Wort-Bild ist eine Hilfe bei der Reproduktion des Gelernten.

2.5 Das Tafelbild fördert das Behalten:
– Es reduziert den Umfang des Stoffs (auch „räumlich"),
– informiert über den Lernstoff,
– koordiniert Einzelaussagen und Details,
– isoliert die Schwerpunkte der Behandlung,
– markiert das Wichtige,
– strukturiert die Lerninhalte

2.6 Das Tafelbild entlastet den Lehrer: Das Erarbeitete ist unmittelbar sichtbar; das, was noch entwickelt werden muß, kündigt sich in den vorbereiteten Teilen des Tafelbildes (z. B. durch fein vorgezogene Zeilen) an.

2.7 Das Tafelbild übt eine erzieherische Wirksamkeit aus: Vorbild durch gründliches, sauberes und überlegtes Anfertigen des Tafelbildes durch den Lehrer; dadurch entsteht u. a. eine Anregung für ein entsprechendes Arbeitsverhalten beim Hefteintrag.

3. Verwirklichung

3.1 Das Tafelbild wird auf verschiedene Weisen entwickelt

Die Zeichnung wird entwickelt; die Zeichnung wird ergänzt (fertiggestellt); sie entsteht zum Tafeltext; ein Text wird formuliert; ein Text entsteht zur Zeichnung; Überschriften werden hinzugefügt; Beziehungen werden hergestellt.

3.2 Der Einsatz in den einzelnen Unterrichtsphasen

- in der Anfangsphase: Zeichnen eines Bildes, Notieren der Schülerfragen, Fixieren der Problemfrage oder der Überschrift, Aufschreiben des Vorwissens und der Vermutungen, Vervollständigen einer Tabelle, Aufdecken einer vorbereiteten Zeichnung oder Aufgabenstellung (z. B. Textaufgabe)
- in der Hauptphase: Aufnotieren der gefundenen Begriffe, Vervollständigen einer Zeichnung, Markieren der wichtigen Wörter oder Zahlen, gemeinsames Entwickeln eines Schaubilds, Notieren der Erkenntnis, Eintragen von Wörtern oder Zahlen in eine Skizze, Anschreiben von Teilüberschriften, Herstellen von Beziehungen (z. B. durch Pfeile), Veranschaulichen des Vorgangs durch ein Schema
- in der Schlußphase: Erklären des neuen Sachverhalts an einer vorbereiteten Grafik, Suchen der passenden Überschrift, Ausfüllen eines Lückentextes, Zuordnen zusammenhängender Begriffe oder Bilder, Durchlesen des entstandenen Tafelbilds und Wiederholen bei zugeklappter Tafel, Notieren eines abschließenden Gedankens als Vertiefung

3.3 Das Tafelbild als Vorlage für den Einstieg

Die Schüler übertragen die Texte und Zeichnungen des Tafelbildes in das Heft oder das Arbeitsblatt.

3.4 Das Tafelbild als Vorlage für eine Niederschrift

Ein Teilinhalt der gesamten Stundenthematik wird herausgegriffen und findet als Niederschrift seine sprachliche Fassung; dabei bietet das Tafelbild etwa durch Stichworte oder ein Schaubild eine Informationshilfe.

4. Grundsätze

4.1 Das Tafelbild soll die wesentlichen Unterrichtsergebnisse fixieren.

4.2 Das Tafelbild soll die Struktur der Sache erhellen.

4.3 Das Tafelbild soll methodisch begründbar sein. (Kein Selbstzweck)

4.4 Das Tafelbild wird entwickelt.

4.5 Die an der Tafel fixierten Ergebnisse sollen Beiträge der Schüler sein.

1. Begriffsklärung

– „Der Arbeitsprojektor, auch Schreib- oder Overhead-Projektor genannt, ist ein Diaskop (Dia-Projektor) mit großem Objektfeld zur Projektion von Informationen im Unterricht oder bei einem Vortrag." (Witte, S. 6).

– „Das Transparent ist eine transparente Folie mit Bild – und/oder Textinformationen (einfaches Transparent) oder ein Satz transparenter Folien mit Bild und/oder Textinformationen (mehrfaches Transparent)." (ebd. S. 7)

2. Bedeutung

– Vielseitig einsetzbares technisches Medium
– Wiederverwendbarkeit der einmal angefertigten Folien, Projektionselementen oder Abdeckvorrichtungen
– Ort zum Fixieren von Ergebnissen
– Übergabe von Informationen (Text, Bild)
– Möglichkeit, Vorgänge dynamisch darzustellen
– Hilfe in den Anfangsklassen, den Eintrag auf ein Arbeitsblatt zu erleichtern (Folie analog Arbeitsblatt)
– Entlastung der Tafelfläche: Informationselemente, die zur Entwicklung des Tafelbildes entbehrlich sind, können durch die Projektion vermittelt werden.
– Steuerung des Arbeitsprozesses durch vorgegebene Strukturen

3. Techniken

Die im folgenden aufgeführten Projektionstechniken sind bei Witte (S. 74–81) ausführlich erläutert:

3.1 Abdecktechnik: „Diejenigen Teile eines Transparents, die nicht im Zusammenhang mit den im Augenblick wesentlichen Inhalten gezeigt werden sollen, werden, solange man sie nicht benötigt, durch Papierstreifen abgedeckt" (Witte S. 75). Abgedeckt werden können: Zeilen, Teilflächen (Spalten von Tabellen, Zeichnungen, Zahlen, Informationstexte)

3.2 Figurinentechnik: „Als Figurinen werden kleine, ausgeschnittene oder auf Folienstreifen aufgeklebte oder gezeichnete, nicht transparente, also bei der Projektion als Schattenrisse sichtbare Figuren bezeichnet, deren Lage über eine Basisfolie veränderlich ist" (ebd. S. 76). Beispiele: Verkehrsteilnehmer an der Kreuzung bewegen sich in der richtigen Reihenfolge, Mengensymbole werden eingeordnet, verschiedene Siedlungsformen entstehen durch unterschiedliche Anordnung der Häuser.

3.3 Deckfolientechnik: Die Gesamtinformation wird durch übereinandergelegte Folien, die die Teilinformationen enthalten, aufgebaut.

3.4 Ergänzungstechnik: „Enrichmentfunktion haben alle schriftlichen und zeichnerischen Zusätze, mit denen die vorgelegten Transparente im Verlauf des Unter-
richtes versehen werden und die nicht dauerhaft zum Informationsbestand des
Transparents gehören sollen" (ebd. S. 81).

4. Unterrichtliche Verwendung

4.1 Äußere Voraussetzungen

Lesbarkeit (Schriftgröße, Schriftzug) der Texte, Klarheit der Projektion, störungsfreier Sichtkontakt, ggf. angemessene Arbeitshöhe für den Schüler, ggf.
Beachtung einer annähernden Übereinstimmung von Blickwinkel und Schreibhaltung

4.2 Darstellungen (Techniken) und Aktivitäten

- in der Eingangsphase: Entwickeln der Problemfrage aus dem Vergleich zweier
  Zeichnungen, Mobilisieren des Vorwissens durch ein motivierendes Bild, Anregen zum Sprechen durch Vorgabe eines Stichworts (oder einer Überschrift),
  Hinführen zum Sprechhandeln durch abgebildete Sprechpartner mit leerer
  Sprechblase, Einsetzen der richtigen Zahlen in den Rechenstern
- in der Hauptphase: Aufnotieren der Vermutungen der Schüler, Aufschreiben
  der genannten Wörter, Zuordnen von Folienteilen (z. B. Spaltenanordnung),
  Verdeutlichen eines Ablaufs durch Verschieben von Folienteilen, Einzeichnen
  von Pfeilen (Zusammenhang herstellen), Abgrenzen von Mengen mit Wollfä-
  den, Unterstreichen der wichtigen Zahlen, Einfärben der schwierigen Buchstabenverbindung, Aufdecken neuer Informationen, Aufbauen eines Schichten-
  transparents, Zusammenstellen der Einzelergebnisse von Gruppenarbeiten (auf
  Folienstücken).
- in der Schlußphase: Eintragen von Wörtern in einen Lückentext, Hinzuschrei-
  ben von Begriffen zu Bildteilen, Ausfüllen einer Tabelle, Bearbeiten von Arbeitsaufträgen (auch im Sinne der Differenzierung)

5. Grenzen

- Projektionsmöglichkeiten nur in seltenen Fällen optimal
- Gefahr eines starren, gelenkten Vorgehens („Entblößungsmethode": Vorge-
  fertigte Folie mit Ergebnissen wird schrittweise aufgedeckt.)
- Gefahr der Vernachlässigung anderer Medien und Methoden (Es entsteht ein
  Methodenmonismus.)
- Gefahr der Informationsüberhäufung
- Gefahr eines „Aktivismus": Ergebnisse werden nicht mehr aus der Sache
  heraus erarbeitet
- Gefahr der mangelnden Passung bei Verlagsprodukten
- Verzerrung geometrischer Figuren. (Quadrat wird beispielsweise zum Trapez.)

1. Begriffsklärung

Unterrichtsmedium, das Ausschnitte der Wirklichkeit durch Laufbilder repräsentiert.

2. Arten von Unterrichtsfilmen

Unter Bezugnahme auf H. Ruprecht unterscheidet J. Filler folgende Typen:

a) Unterrichtsfilme mit Dokumentationscharakter: „Filmische Einzeldokumente zeigen in neutraler und möglichst gestaltungsfreier Wiedergabe meist etwas Unabgeschlossenes, Teilstückhaftes . . . Durch ihre radikale Sachorientierung lassen sie wenig didaktischen Spielraum und bleiben meist punktuellem Einsatz vorbehalten" (Filler, S. 128).

b) Unterrichtsfilme mit Informationscharakter: „Die Palette reicht vom sachlichen Berichtsfilm . . . über lebensvolle Milieuschilderungen . . . bis hin zu spielfilmartig gestalteten Filmen . . . Für die Gestaltung spielen vier Faktoren eine Rolle: Das Thema als reale oder geistige Substanz, die das Rohmaterial liefert; die pädagogische Intention; die filmische Umformung des Materials und die innere Struktur und Wesensgestalt, die sich aus der Form ergibt. Informiertheit und Sachtreue zeichnen diese Filme aus und lassen ihren Zuschnitt auf eine didaktische Hochform hin erkennen" (ebd.).

c) Unterrichtsfilme mit Motivationscharakter: „Als sogenannte Fragezeichen-Filme . . . lassen diese Filme ein Problem zurück, das den Zuschauer weiterfragen läßt . . . Besonders eignen sich diese Filme im Bereich sozialer oder emotionaler Lernziele" (ebd.).

3. Bedeutung

Über die allgemeine Bedeutung von AV-Medien im Unterricht hinaus (vgl. 3.9 Einsatz von Unterrichtsmedien!) lassen sich Unterrichtsfilme speziell begründen:

– Vorgänge, Bewegungen und Handlungen werden als solche abgebildet.
– „Laufbilder ermöglichen durch die dynamische Bilderfolge eine leichtere Aufnahme des Inhalts" (Vilgertshofer, S. 260).
– „Laufbilder können . . . ,Statisches' in Bewegung umsetzen" (ebd.).
– Der Strukturzusammenhang der Sache wird erhellt. Der Film „vermag dies mittels seines Gefügecharakters, den er durch Schnitt, Montage, Trick, Aufnahmetechnik, Überblendung, Zeitraffung und -dehnung, Mikro- und Makrofotografie, Blende und andere Mittel gewinnt" (Schwartz, S. 264).
– Laufende Bilder üben auf die Schüler stets Faszination aus.
– Filme können unterbrochen, als Ganzes und ausschnittweise wiederholt werden.

4. Grundsätze

Hier können Grundsätze entwickelt werden, wie sie unter 3.9 Einsatz von Unterrichtsmedien zu finden sind.

5. Verwirklichung

5.1 Funktion des Unterrichtsfilms in den verschiedenen Phasen des Unterrichts:

– Einstiegsphase: Provozieren einer Problemfrage, Einführung in den Sachbereich, Aktivierung des Erfahrungswissens. Tätigkeiten der Schüler: Fragen stellen, Sprechen über eigene Erlebnisse, Mitteilen des Vorwissens
– Erarbeitungsphase: Vermitteln von Informationen; Veranschaulichung des Sachverhalts; Strukturierung eines komplexen Geschehens; Gewinnung einer Erkenntnis. Tätigkeiten der Schüler: Notieren von Stichwörtern; spontanes Sprechen über den Film; Aufstellen von Vermutungen; Feststellen von Lösungen; Erklären von Begriffen, Vorgängen und Zusammenhängen; Finden von Teilüberschriften zu Filmabschnitten; Wiedergeben einfacher Darstellungen aus dem Film in einer Zeichnung; Bearbeitung von Arbeitsaufträgen (Leitfragen)
– Verarbeitungsphase: Integration von Einzelinformationen in den Zusammenhang, Herstellen eines Gesamteindrucks, Erweiterung des Gelernten, Sicherung, Tätigkeiten der Schüler: Sprechen zum Film ohne Ton, Wiederholen der Ergebnisse, Mitteilen der Kernaussage (-information)

5.2 Strukturmodell: Falls der Film als zentraler Informationsträger eingesetzt wird, ist folgende Artikulation möglich:

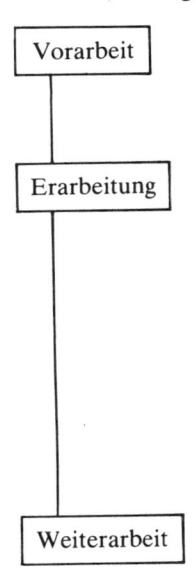

Vorarbeit
1. Herstellen des sachlichen Rahmens
2. Fragen an den Film
3. Klärung von Schwierigkeiten

Erarbeitung
1. Gesamtinformation
   a) Darbietung als Ganzes
   b) Spontane Aussprache (Erste Lösungen und Klärung von Schülerfragen)
   c) Festlegung von Bearbeitungsaufträgen
2. Gewinnung der Erkenntnis
   a) Darbietung von Ausschnitten oder des Ganzen
   b) Bearbeitung der Aufträge
   c) Auswertung
3. Fixierung der Ergebnisse

Weiterarbeit
z. B. Nachmachen des Geschehenen, Vertiefung der Informationen (z. B. Modell bauen)

1.   Begriffsklärung

Bild: Eine flächige, visuelle Darstellung eines begrenzten Ausschnittes von realen Gegebenheiten. Die verschiedenen Bildarten besitzen einen unterschiedlichen Grad der Abstraktion; man unterscheidet demnach: naturalistische Bilder, Bilderfolge, Schnitte, Schaubilder, Symbole, Schemata, Maßstabszeichnungen und Karten. Sie lassen sich auch hinsichtlich Werktechnik (Foto, Dia, Gemälde, Aquarell, Reproduktion), Herkunft (Kalenderfoto, Schulbuchzeichnung), Intention (Karikatur, Flugblatt) und Größe (Wandbild, Plakat) unterscheiden.
Die folgenden Aussagen beziehen sich mehr auf das gegenständliche Bild. Hinweise zum abstrahierenden Bild (Schema) sind in 5.7 Tafelbild enthalten.

2. Begründung der Verwendung

– Lernen durch Sehen 83%; Behalten durch Sehen 30%, durch Hören und Sehen 50%
– Beitrag zur Konkretisierung einer – nicht im Klassenzimmer vorhandenen – Wirklichkeit
– Breite Verwendungsmöglichkeit durch hohe Informationsdichte
– Beitrag zur sachbezogenen Arbeit (Objektivierung)
– Unterstützung der Begriffsbildung
– Verfügbarkeit über das Bild: Verweilen können, ungestörtes Arbeiten, auch: Markieren von Bildelementen und Eintragungen möglich

3. Grundsätze

Hier können Grundsätze entwickelt werden, wie sie unter 3.9 Einsatz von Unterrichtsmedien zu finden sind.

4. Vorbereitung – Auswahl

Hinweise dazu können analog Punkt 3 in 5.11 Schulfunk erarbeitet werden.

5.   Verwirklichung

5.1 Arbeitsschritte mit dem Einzelbild

– In seltenen Fällen wird *ein* Bild der zentrale Informationsträger für die gesamte Unterrichtsstunde sein; insofern dies zutrifft, kann analog Punkt 4.1.1, Modell 1, in 5.11 Schulfunk vorgegangen werden.

– In vielen Fällen wird das Bild in einer bestimmten Phase des Unterrichts **5** eingesetzt. Beispiel:

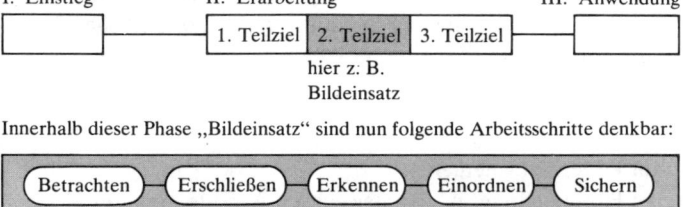

Innerhalb dieser Phase „Bildeinsatz" sind nun folgende Arbeitsschritte denkbar:

5.2 Tätigkeiten der Schüler (am Einzelbild)

5.2.1 Arbeitsschritt „Betrachten": Selbständiges und ungestörtes Anschauen des Bildes, Gewinnen eines Gesamteindrucks

5.2.2 Arbeitsschritt „Erschließen": Ungelenke Aussprache (Klasse, Gruppe, Partner); Mitteilen von Beobachtungen; Zeigen von Einzelheiten; Beschreiben von Gegenständen und Personen; Umsetzen des „Statischen" in das „Dynamische" (Wie schaut das Bild vorher/nachher aus? Was geschieht jetzt, wenn . . . hinzukommt?); Fragen stellen; Äußern von Empfindungen; gezieltes Verbalisieren der Beobachtungen; Anstellen von Vermutungen (Gefühle, Gedanken, Sprachäußerungen, Absichten der Personen auf dem Bild); Feststellen der Tatsachen mit Hilfe von Arbeitsaufträgen und Detailfragen (Landschaft, Jahres-, Tageszeit, Gegenstände, Vorder- und Hintergrund, Tätigkeiten der Personen, Bekleidung, Farben); Einfärben von Objekten, die unter einem bestimmten Gesichtspunkt zusammengehören; Hinzufügen von Zeichnungen

5.2.3 Arbeitsschritt „Erkennen": Formulieren der wesentlichen Aussage; Mitteilen und Begründen der eigenen Meinung

5.2.4 Arbeitsschritt „Einordnen": Feststellen des größeren Sinnzusammenhangs; Verbinden mit den vorausgegangenen Informationen; Erzählen eigener Erfahrungen; Herstellen der Verbindung zu anderen Medien, die verwendet wurden.

5.2.5 Arbeitsschritt „Sichern": Formulieren von Merksätzen und -texten; Erarbeiten einer Zusammenfassung oder Niederschrift; Eintragen der Ergebnisse in eine Skizze oder ein Schema

5.3 Der Einsatz einer Bildfolge

Eine Bildfolge löst einen Handlungsablauf in Einzelbilder (z. B. Bildergeschichte) auf. Ergänzend zu 5.2: Ordnen der Bilder, Vorzeigen des ersten und letzten Bildes: Was könnte geschehen sein?

333

1. Begriffsklärung

Medium, das Ausschnitte der Wirklichkeit in gesprochene Sprache und Schallereignisse umsetzt; diese wird in Form einer Sendung von den öffentlichen Rundfunkanstalten ausgestrahlt.

2. Bedeutung

Vgl. 3.9 Einsatz von Unterrichtsmedien!
Spezifische Vorteile: Hörerziehung, Aktivitätswechsel, Aufrufen innerer Vorstellungen, Offenheit der Bearbeitung (Kürzung, Ausschnitte), Anpassung an Lernphase und Klassensituation

3. Vorbereitung

3.1 Analyse der Sendung

– Welche Inhalte werden behandelt?
– Lassen sich diese Inhalte in Übereinstimmung mit dem eigenen (und damit auch dem amtlichen) Lehrplan bringen?
– Wie ist die Sendung dramaturgisch aufgebaut?
– Welche Schwierigkeiten könnten für die Kinder entstehen? (Wortwahl, Satzstrukturen, Abfolge der Abschnitte, Verstehbarkeit der medieneigenen Mittel: Einblendungen, Geräusche, Wechsel des Sprechers)
– Welche Schauplätze werden vorgestellt, und welche Personen treten darin auf?
– Spricht diese Sendung den Verstehenshorizont, die Erfahrungswelt und die Gefühlslage der Kinder an?
– Bietet das Heft „Schulfunk" sachliche, didaktische und methodische Hilfen an?

3.2 Methodische Überlegungen

– Kann die Sendung als Ganzes eingesetzt werden, oder sollen sie ausschnittweise (chronologisch – mit Unterbrechung) abgehört werden?
– Sollen nur einzelne Ausschnitte verwendet werden?
– Wie sollen mögliche Schwierigkeiten beseitigt werden?
– Welche Arbeitsaufträge oder Leitfragen helfen, die Informationen der Sendung für die Erreichung der gesteckten Lernziele nutzbar zu machen?
– Wie werden die Aussagen der Sendung ausgewertet?
– Müssen die Schulfunk-Informationen durch andere Medien ergänzt werden? (Zeichnungen, Bilder, Arbeitsblatt, Tafel, Folie)
– Wie werden die Ergebnisse fixiert?

3.3 Schaffung günstiger Voraussetzungen

Vorteilhaft: Sendung auf Kassette (Tonband); akustisch einwandfreie Wiedergabe; Sitzordnung, z. B. Halbkreis, U-form; Störungen vermeiden

4. Durchführung

4.1 Arbeitsschritte mit der Schulfunksendung:

4.1.1 Übersicht

1. Modell: Übergabe als Ganzes

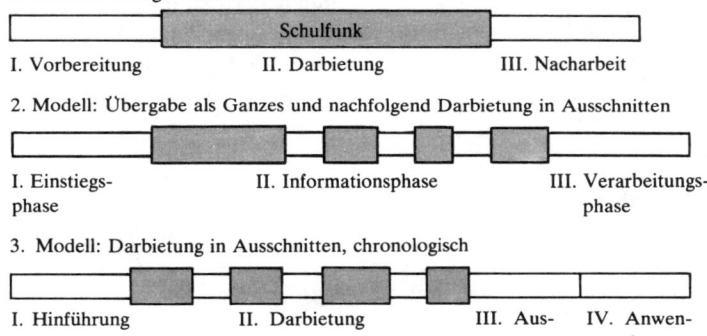

I. Vorbereitung   II. Darbietung   III. Nacharbeit

2. Modell: Übergabe als Ganzes und nachfolgend Darbietung in Ausschnitten

I. Einstiegs-   II. Informationsphase   III. Verarbeitungsphase   phase

3. Modell: Darbietung in Ausschnitten, chronologisch

I. Hinführung   II. Darbietung   III. Aus-   IV. Anwen-
wertung   dung

Die Entscheidung für ein bestimmtes Ablaufmodell richtet sich nach der Dauer der Sendung, der Konzentrationsfähigkeit der Schüler, nach der Schwierigkeit der Teilinhalte und nach der Notwendigkeit, andere Medien (Lernhilfen) klärend dazwischenzuschieben.

4.1.2 Modell 1 in Einzelschritten

I. Vorbereitung
1. Einführung in die Handlung
2. Vorinformationen (Schauplätze, Personen, Begriffe)
3. Zielangabe (auch Problemstellung)

II. Darbietung
Intensives Zuhören; falls eingeschult: auch Notieren weniger Stichworte möglich.

III. Nacharbeit
1. Spontane Aussprache (Erste Klärung des Problems, von Schwierigkeiten)
2. Erkenntnis- oder Meinungsbildung
3. Sicherung der Ergebnisse
4. Ausweitung/Vertiefung (ethischer Gehalt?)

4.2 Tätigkeiten der Schüler in der Phase der Auswertung/Nacharbeit: Benennen, „Ausmalen" der Personen und Schauplätze; Formulieren von Fragen; Umsetzen in Skizzen, Bilder und Schemata; Gliederung in Abschnitte; Einholen von Zusatzinformationen; Wiedergeben von Teilaussagen; Begründen der eigenen Meinung.

5.12 Arbeit am Informationstext

1. Begriffsklärung

1.1 Definition

Unterrichtliche Maßnahme zur Gewinnung von Informationen aus schriftsprachlichen Informationsträgern.

1.2 Formen von Informationstexten

Didaktisch aufbereitete Texte, wie sie z. B. in Schulbüchern zu finden sind oder vom Lehrer angefertigt auf Arbeitsblättern, Folien oder der Wandtafel erscheinen; Zeitungstexte; Berichte; Beschreibungen; Protokolle; Lieder; Briefe; Urteile; Gesetze; Verordnungen; Tagebücher; Flugblätter; Chroniken

2. Zielsetzungen

– Selbständige Entnahme von Informationen aus dem Text
– Herauslösen bestimmter Aussagen des Textes bezüglich des gestellten Arbeitsauftrages
– Herstellung von Zusammenhängen mit dem Problem bzw. dem Thema der Stunde
– Herstellung von Zusammenhängen mit anderen Informationsträgern wie Bild, Modell, Karte

3. Bedeutung (abhängig von Art und Gattung des Textes)

– Berücksichtigung des Prinzips der Wissenschaftlichkeit (direkter Zugang zur Sache; in manchen Fällen ist der Text die originale Begegnung mit der Sache.)
– Allgemeiner Erziehungswert: Selbständigkeit, Argumentieren mit sachlicher Grundlage, konzentriertes Arbeiten
– Erlernen und Üben einer allgemein lebensbedeutsamen Technik der Informationsgewinnung
– Beitrag zur Rhythmisierung des Unterrichtsgeschehens: Wechsel der Arbeitsweisen und Tätigkeiten; Wechsel von Anspannung und Entspannung (Einzelarbeit)
– Intensivierung des Unterrichtsgesprächs
– Möglichkeit zur variantenreichen Arbeit mit demselben Informationsträger (hier: Text)

4. Grundsätze

4.1 Der Text soll sich für die unterrichtliche Absicht eignen: Aussagekräftig bezüglich des Inhalts; Begriffe, die bekannt sind oder vorher geklärt werden können; unbekannte Begriffe sollten sich auch aus dem Textzusammenhang interpretieren lassen; einfacher Satzbau; angemessener Umfang

4.2 Arbeit am Text verlangt gezielte Bearbeitungsaspekte: Klare Arbeitsaufträge 5
mit Angabe des zu erarbeitenden Inhalts; ggf. auch das Verfahren angeben, z. B.
Aufnotieren, Stichpunkte formulieren; ebenso steuern Leitfragen die Bearbeitung

4.3 Die Arbeit am Text soll sich organisch in den Unterrichtsablauf eingliedern:
Ankündigung des Textes, z. B. „Ein Text wird dir jetzt helfen, unsere Frage . . . zu
beantworten"; ggf. auch vorausgehende Klärung von Begriffen; Einpassung in die
logische Abfolge der Teilinhalte

4.4 Die Arbeit am Text soll möglichst selbständig verlaufen können: Klare Arbeitsaufträge; Klarheit über das Verfahren, z. B. Unterstreichen mit Farbstift;
günstig ist ein dem Schüler vorliegender Text (Textblatt, Arbeitsblatt)

4.5 Arbeit am Text beinhaltet Nacharbeit: Auswertung der Aufträge; Beantwortung der Fragen; Klärung von Nicht-Verstandenem; Herstellen von Zusammenhängen

4.6 Arbeit am Text muß gesichert werden: Fixierung der Ergebnisse an Tafel,
Folie, im Heft, auf dem Arbeitsblatt

5. Verwirklichung

5.1 Tätigkeiten des Schülers

Begriffe unterstreichen; wichtige Zahlen markieren; zusammenhängende Begriffe
mit gleicher Farbe unterstreichen; treffende Eigenschaftswörter einrahmen; Abschnitte kennzeichnen; die wesentliche Aussage in einem Satz, in zwei Sätzen
herausschreiben; Stichpunkte aufnotieren; die gestellten Fragen schrittweise beantworten; Wiedergabe im „Telegrammstil"; Kernstellen nennen; Aussagen ordnen oder vorgegebenen Begriffen zuordnen; Absichten des Autors interpretieren;
Zusammenhang herstellen zwischen Text und Bild, Schemazeichnung, Beobachtung, Objektuntersuchung oder Versuch; mit Hilfe des Textes eine Zeichnung
entwickeln, einen Querschnitt beschriften; Vergleichen von Texten

5.2 Didaktischer Ort

Die Arbeit mit dem Informationstext gehört natürlich in die Phase der Informationsgewinnung; jedoch können im weiteren Sinne Sachtexte oder „Arbeitstexte"
auch in der Ausgangs- oder Schlußphase eingesetzt werden: Weckung des Interesses, Präzisierung des Problems; Herstellung eines aktuellen Bezugs, Wechsel des
Standpunkts

6. Grenzen

Nötige Elementarisierung kann zur Simplifizierung werden; mögliche Überforderung der Schüler; fehlende Anschaulichkeit; Gefahr der Loslösung aus dem Zusammenhang; Darstellung nur kleiner Ausschnitte von Sachverhalten

1. Begriffserklärung

1.1 Definition

Arbeitsblätter sind vorgedruckte oder vom Lehrer erstellte Lehr- und Lernmittel in Lose-Blatt-Form, die der Vorbereitung, Erarbeitung, Anwendung, Sicherung oder Lernzielkontrolle des Lerngegenstandes dienen.

1.2 Formen

- Arbeitsblätter zur Ergebnissicherung
- Arbeitsblätter zur Informationsgewinnung
- Arbeitsblätter zur Lenkung der Selbsttätigkeit
- Arbeitsblätter in diversen Mischformen

2. Didaktische Funktion

- Fixierung der im Unterricht erarbeiteten Ergebnisse
- Veranschaulichen des Gegenstandes (z. B. in einer Skizze)
- Informationsquelle zur Erarbeitung von Begriffen
- Möglichkeit zur Individualisierung des Lernprozesses
- Anpassung an die spezifische Leistungssituation der Schüler
- Anregung und Grundlage zur Selbsttätigkeit
- Mittel zur Variation der Unterrichtstätigkeiten und Sozialformen
- Einübung fachgemäßer Arbeitstechniken am Arbeitsblatt
- Steuerung des Lernprozesses und der Stoffentwicklung

3. Realisierung

3.1 Didaktischer Ort

Das Arbeitsblatt ist grundsätzlich in allen Phasen einsetzbar (die Reihung soll die ungefähre Gewichtung des Arbeitsblatteinsatzes aufzeigen): Anwendung, Sicherung, Lernzielkontrolle, Erarbeitung, Übung, Problemstellung

3.2 Schüleraktivitäten

Beschriften von Bildern;
Ausfüllen von Lückentexten;
Zuordnen von Begriffen und Bildern;
Auswerten einer Tabelle;
Erlesen eines Textes und anschließendes Notieren von Stichworten;

Ausstreichen falscher Wörter;
Anstreichen wichtiger Begriffe;
Ausmalen zusammengehöriger Gegenstände mit gleicher Farbe;
Ergänzen von Schemata;
Beschriften von Karten;

Unterstreichen der für die Rechnung notwendigen Zahlen;
Einfärben der einzuübenden Buchstabenverbindung;
Einrahmen der zu erarbeitenden Satzglieder;
Sprechen zu einem Schaubild;
Vergleichen von Bildern;
Aufschreiben selbstformulierter Texte;

Ordnen von Gegenständen (oder deren Abbildungen) der Reihe nach (durch Numerieren);
Aufnotieren von Beobachtungen;
Eintragen der gefundenen Wörter in Spalten;
Einzeichnen von Skizzen;
Bearbeiten von Anweisungen, Aufträgen und Fragen;
Vervollständigen von Tabellen

5

4. Grundsätze

4.1 Das Arbeitsblatt soll ansprechend gestaltet sein: Lesbarkeit der Texte, optische Strukturierung der Gestaltungselemente, Einhaltung von Rand und Schriftgröße

4.2 Das Arbeitsblatt soll sachlich richtig sein.

4.3 Das Arbeitsblatt soll den Stoff strukturieren, z. B. durch Teilüberschriften und Beschränkung auf die Kernaussagen.

4.4 Das Arbeitsblatt soll am didaktisch richtigen Ort eingesetzt werden, d. h., der Lehrer muß das Vorhandensein (anderer) adäquater Medien überprüfen; ferner ist es in vielen Fällen widersinnig, Texte aus dem klasseneigenen Schülerbuch abzuschreiben.

4.5 Das Arbeitsblatt soll zur Selbsttätigkeit anregen und zur Selbständigkeit erziehen.

4.6 Beim Ausfüllen achtet der Lehrer auf den sachlich richtigen und gestalterisch sauberen Eintrag, d. h. Inhalt; „Kopf"; Zeichnungen; Verwendung von Füller, Bleistift und Farbstiften.

4.7 Das Arbeitsblatt muß in einem festgesetzten Platz (Heft, Mappe) eingefügt werden: Damit soll die Voraussetzung geschaffen werden, daß die Schüler zu einem späteren Zeitpunkt nochmals nacharbeiten bzw. nachlesen können.

4.8 Das Arbeitsblatt enthält klare Arbeitsaufträge (siehe dazu den Exkurs „Arbeitsaufträge" auf der nachstehenden Seite!).

4.9 Der selbständige Eintrag ins Heft ist dem gelenkten Ausfüllen des Arbeitsblattes vorzuziehen: Eine Möglichkeit, dies auch bei der Verwendung z. B. komplizierter oder arbeitsaufwendiger Zeichnungen oder Informationstexten durchzuführen, ist die Anlage eines sog. „Sequenzbogens". Auf diesem werden alle, zu einer bestimmten Lernsequenz notwendigen Bilder und Texte zusammengestellt und dann bei Bedarf ausgeschnitten (Siehe Beispiel dazu auf der übernächsten Seite!).

4.10 Die Arbeit mit dem Arbeitsblatt bedarf der Einführung.

5. Wertung

5.1 Vorteile

Das Arbeitsblatt bietet die Möglichkeit:

zur Selbständigkeit,
zum zielstrebigen Vorgehen,
zur Situationsanpassung,
zur ökonomischen Nutzung der zur Verfügung stehenden Zeit,
zum Einsatz in allen Unterrichtsphasen

5.2 Nachteile

Das Arbeitsblatt kann:
den Unterrichtsverlauf gängeln,
zur rezeptiven Arbeit verleiten,
Arbeitsergebnisse vortäuschen,
vom Lehrer viel Zeitaufwand bei der Erstellung verlangen,
dazuführen, daß sich die Aktivität im bloßen Abschreiben erschöpft

* Exkurs „Arbeitsaufträge" zu Punkt 4.8:

– W. Wellenhofer stellt die Bedeutung von Arbeitsaufträgen im Rahmen der Arbeitsblätter heraus und unterscheidet dann begrifflich „Arbeitsaufträge" und „Arbeitsanweisungen": „Arbeitsaufträge bilden das Herzstück eines Arbeitsblattes . . . Die Arbeitsaufgabe ist ein Instrument, das die Denkaktivitäten der Schüler mobilisiert und lenkt. Sie dient in hohem Maße dem selbständigen Lernen, der Selbstbildung, der individuellen Auseinandersetzung des Schülers mit einem gestellten Problem auf der Grundlage eines dafür geeigneten Informationsmaterials . . . Die Arbeitsanweisung zählt ebenfalls zu den Arbeitsaufträgen, sie ist jedoch umfangreicher und besitzt einen differenzierteren Aufbau als die Arbeitsaufgabe, da sie auf größere, umfangreichere Sachverhalte abzielt." Sie bilden „den Ausgangspunkt für längere, geschlossene Phasen" (Wellenhofer, S. 394 f.).

– Forderungen an die Arbeit mit Arbeitsaufträgen:
1. Gute Arbeitsbedingungen: Schreibgeräte, Schreibunterlagen und die nötigen Hilfsmittel (z. B. Arbeitsblatt, Karte, Bild, Heimatatlas, Wortkarten, Zahlenkärtchen) müssen bereitliegen.
2. Klare Inhalte: Der Gegenstand der Aktivität, das Verfahren der Bearbeitung und ggf. auch Zeit und Sozialform sollen deutlich erkennbar sein.
3. Verständliche Sprache: Wortwahl (neue Begriffe?) und Satzbau sollen eine rasche und eindeutige Dekodierung gewährleisten.
4. Überschaubarkeit von Umfang und Form: Der Auftrag sollte unnötiges Beiwerk weglassen; der Auftrag kann (z. B. durch räumliches Absetzen von Satzgliedern) optisch strukturiert werden.
5. Gesichertes Verständnis: Begriffe klären, Wichtiges unterstreichen, lautes Vorlesen, wiederholen lassen.
6. Angemessene Differenzierung: Überprüfen, ob eine Differenzierung möglich und sinnvoll ist.

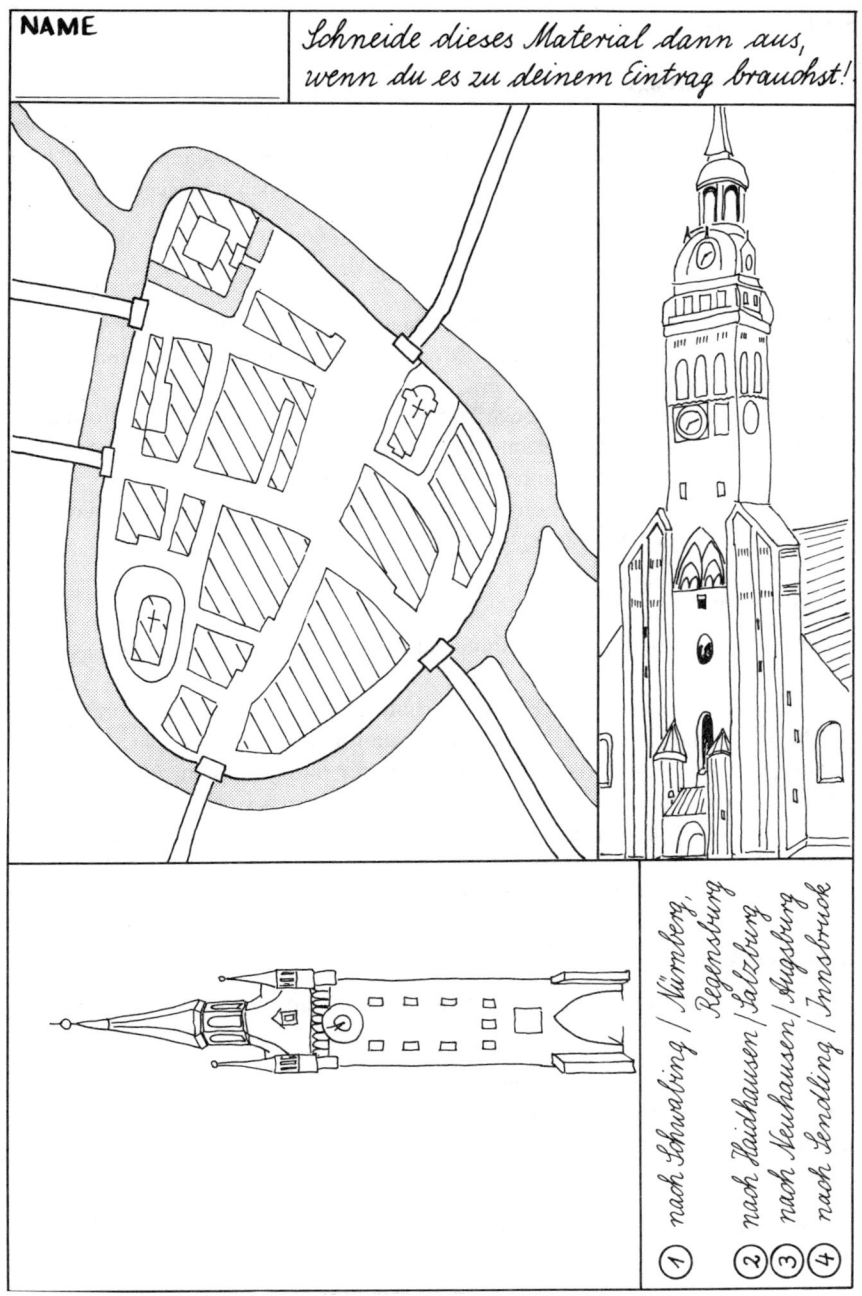

Abb. 50: Beispiel zu „Sequenzbogen"

1. Begriffsklärung

Gebundene Druckwerke für die Hand des Schülers, die zu genau festgelegten Sachbereichen Informationen und Aufgabenstellungen enthalten; sie sind in allen Unterrichtsphasen einsetzbar und haben die Aufgabe, den Lehrgegenstand dem Schüler zu erschließen und näherzubringen.

2. Formen

– Schulbücher, die vorwiegend Informationen enthalten: Sachdarstellungen, Beschreibungen, Berichte, Quellentexte, Merksätze, Tabellen, Karten, Querschnitte, Schaubilder, Übersichten
– Schulbücher, die als Arbeitsbuch konzipiert sind: Neben den o. g. Informationen enthalten sie Material zum Einstieg (z. B. Erlebnisschilderung), Aufträge zur Vorbereitung (z. B. Sammeln von . . .), Aufträge zum Heranführen an eine Erkenntnis (z. B. Vergleichen) und weiterführende Aufgaben (z. B. Beobachten eines analogen Vorgangs)

3. Bedeutung

– Lerninhalte werden – übereinstimmend mit dem amtlichen Lehrplan – dargestellt
– Lerninhalte werden durch Fotos, Zeichnungen und Schaubilder veranschaulicht. Lerninhalte werden (häufig) aufbereitet und strukturiert
– Anregung zur Weiterarbeit: Einholen weiterer Informationen, Aufsuchen der Wirklichkeit, Durchführen von Versuchen, Anfertigen von Übersichten
– Hilfe zur Kontrolle von Ergebnissen, die durch die Arbeit an anderen Informationsquellen gewonnen wurden
– Entlastung des Lehrers bei der Informationsvermittlung

4. Forderungen

4.1 Wir überprüfen die Schulbuchinhalte auf ihre genaue Übereinstimmung mit dem amtlichen Lehrplan.

4.2 Wir analysieren die Angemessenheit des Schulbuchs: Sind die Stoffe im Hinblick auf die Erfahrungswelt der Schüler aufbereitet? Entsprechen Wortwahl und Satzstrukturen dem Sprachvermögen der Schüler? Vermögen Inhalte und Gestaltung die Interessenlage des Schülers anzusprechen?

4.3 Wir stellen fest, welche anderen Informationsquellen neben dem Schulbuch vorhanden sind bzw. eingesetzt werden können.

4.4 Wir versuchen unsere methodischen Maßnahmen so zu treffen, daß die Schüler mit Hilfe des Schulbuchs aktiviert werden.

4.5 Wir bevorzugen andere Medien dann, wenn diese als Lernhilfe besser geeignet sind als das Schulbuch.

4.6 Wir verwenden das Schulbuch zur produktiven Auseinandersetzung des Schülers mit der Sache. Dies bedeutet auch, daß von den Schülern eine gedankliche Leistung beim Buchgebrauch abverlangt wird.

4.7 Schließlich wird das Schulbuch selbst verschiedenen Kriterien formaler und inhaltlicher Art entsprechen müssen, z. B. Inhaltsverzeichnis; Verhältnis: Bild – Text; Übersichtlichkeit; grafische Gestaltung; Lehrplanbezug; Aufbereitung der Inhalte; Sachgerechtigkeit; didaktische Klarheit.

5. Verwirklichung

5.1 Vorbereitung

Studium des Buches durch den Lehrer; Einführung der Schüler in den Gebrauch des Buches: Verschaffen eines Überblicks, Interpretation von Schrifttypen, Druckstärke, Farbdruck und Symbolen, Einsetzen des informierenden Lesens, Gebrauch des Inhaltsverzeichnisses

5.2 Didaktischer Ort

Das Schulbuch kann in allen Phasen des Unterrichtsgeschehens eingesetzt werden.
- Anfangsphase, z. B. ein Bild führt zum Thema, ein Zeitungsbericht provoziert eine Fragestellung.
- Hauptphase, z. B. ein Text informiert über einen Teilinhalt, ein Bild macht auf die Komplexität des Sachverhalts aufmerksam, ein Diagramm macht Zusammenhänge deutlich, eine Tabelle ordnet die Fakten, eine Versuchsbeschreibung leitet zum eigenen Tun an.
- Schlußphase: Eine Frage beleuchtet die Erkenntnis von einer neuen Seite, Bilder erweitern die Kenntnis über den Lerngegenstand, Texte weisen auf Anwendungen hin.

5.3 Schülertätigkeiten

Erlesen von Sachtexten; Erläutern von Skizzen; Überprüfen von selbstgefundenen Erkenntnissen; Beantworten von Arbeitsaufträgen; Sprechen zu Bildern; Identifizieren von Gegenständen in Fotografien oder von Merkmalen an abgebildeten Objekten; Bilden zusammenhängender Geschichten aus Bildfolgen; Lösen von Aufgabenstellungen; Vergleichen von gegenübergestellten Bildern; Deuten von Texten; Herstellen eines Zusammenhangs zwischen Bild und Text; Interpretieren von Tabellen; Ausführen von Arbeiten gemäß den Arbeitsanweisungen; lautes Vorlesen von Texten, Merksätzen oder Regeln; Herausschreiben der wichtigsten Informationen (in Stichworten)

1. Begriffsklärung

Geografische Karten zeigen Verhältnisse auf der Erdoberfläche. Das landschaftliche Phänomen wird mittels festgelegter Projektionsverfahren in die Ebene abgebildet, in einem bestimmten Maßstab verkleinert und in Symbolen dargestellt.

2. Bedeutung

– Hilfsmittel zu Orientierung in der Landschaft
– Medium zur Gewinnung von Informationen über Ausschnitte der Landschaft: Oberflächenformen, Besiedlung, Pflanzenwuchs, landschaftliche Nutzung, Verkehrswege, politische Grenzen, heimatgeschichtliche Fakten
– Fachspezifisches Arbeitsmittel (erdkundlich, geschichtlich, auch sozial- und wirtschaftskundlich) zur selbständigen Informationsentnahme

3. Zielsetzungen des Lehrplans

– 2. Jahrgangsstufe: Fähigkeit, sich auf einem einfachen Grundriß zurechtzufinden (4.1)
– 3. Jahrgangsstufe: Kenntnis der Himmelsrichtungen (4.1); Fähigkeit, sich auf einer einfachen Lageskizze zurechtzufinden (4.2); Einblick in die Kartendarstellung des heimatlichen Raumes (4.3)
– 4. Jahrgangsstufe: Kennenlernen einiger charakteristischer Gegebenheiten der Heimat; Einsicht in einfache Zusammenhänge (4.1); Fähigkeit, sich im erweiterten heimatlichen Raum mit Hilfe von Plänen und Karten zu orientieren (4.2)

4. Verwirklichung

4.1 Einführung: Grundsätzlich ergeben sich zwei Modelle:

4.1.1 Einführung nach dem Prinzip „Vom Konkreten zum Abstrakten": 1. Unterrichtsgang: Gezielte Beobachtungen hinsichtlich markanter Punkte und Verlauf des Weges; 2. Nachbildung im Sandkasten, Projektion des Modells in die Ebene (z. B. Nachzeichnen auf der Glasabdeckung des Sandkastens); 3. Orientierungsübungen: Dabei wird das Medium verändert (von der Waagrechten in die Senkrechte), Verwendung von Skizze/Plan auf der Grundlage der amtlichen Kartierung; 4. Erweiterung der Karte

4.1.2 Einführung durch die schrittweise Lösung sachstruktureller Teilprobleme: „Draufsicht", Verkleinerung, Symbole (Legende), „Nordung".

4.2 Schüleraktivitäten beim Karteneinsatz: Wiederfinden der Symbole (aus der Legende) in der Karte; Nachfahren des Streckenverlaufs einer Straße; Einsetzen von Symbolen in eine „stumme Karte"; Abzeichnen von Einzelinhalten der Karte; Einkleben von Bildern in Karten; Heraussuchen bestimmter Merkmale der Landschaft

5.16 Sandkasten

1. Begriffsklärung

Medium zur dreidimensionalen Nachbildung landschaftlicher Phänomene. Ein rechteckiger Behälter ist auf einem, oft fahrbaren, Gestell befestigt und enthält eine Füllmasse aus feinem Sand oder Xyloform (eine Art Sägemehl, das ölhaltig ist).

2. Bedeutung

- Bindeglied (im Abstraktionsprozeß) zwischen konkreter Erfahrung der Landschaft und dem Gebrauch der Karte
- Hilfsmittel zum Aufbau geografischer Vorstellungen
- Veranschaulichung räumlicher Verhältnisse: Lage, Entfernung, (relative) Höhe
- Vermittlung erdkundlicher Zusammenhänge und Begriffe
- Modellhafte Darstellung von Vorgängen und Abläufen (Die Veränderung eines Sachverhalts wird sichtbar (Dynamik); dies entspricht dem sozialgeografischen Ansatz.)
- Möglichkeit zur Aktivierung der Schüler (handelnder Umgang)

3. Lehrplanbezug

Für die 3. Jahrgangsstufe (Lernziel 4.3) ist in den „Empfehlungen zur Unterrichtsgestaltung" auf den Sandkasten hingewiesen. Die Lerninhalte der Jahrgangsstufen 2 mit 4 lassen sich im Sandkasten unter verschiedenen thematischen Schwerpunkten darstellen: Schulgelände, Sportplatz, Spielplatz, wichtige Straßenzüge und Gebäude im Schulsprengel, Siedlungsformen, Bauernhof, Kläranlage, Wasserversorgung des Ortes, Geländeerhebungen, Verkehrsnetz, Höhendarstellung

4. Verwirklichung

4.1 Didaktischer Ort: Einsatz siehe Punkt 4.1 in 5.15 Karte! Der Sandkasten ist zur Vorarbeit (Orientierungshilfe), zur eigenständigen Erarbeitung (z. B. Grundbegriffe) oder zur Nacharbeit (Verarbeitung, Abstraktion) einsetzbar.

4.2 Schüleraktivitäten: Formen der Füllmasse zu Geländeerhebungen; Kennzeichnen der Flächen mit farbigem Bestreuungsmaterial (gemäß der Bebauung bzw. der landwirtschaftlichen Nutzung); Einsetzen von Gebäudemodellen (Zündholzschachteln, Legosteine); Formulieren von Fragestellungen (die sich z. B. aus einer gezeigten Veränderung „in der Landschaft" ergeben), Einnorden des Sandkastens; Abzeichnen der Nachbildung (Projektion in die Fläche)

Einsatz bei der Höhendarstellung: Schüler markieren gleiche Höhe durch eine Stricknadel, die auf einem Holzblock aufliegt, auf dem modellierten Berg (!).

1. Begriffe:

– Eintrag: Fixierung von wesentlichen Arbeitsergebnissen des Unterrichts im Schulheft oder auf Blättern, die in eine Mappe eingeheftet werden; wesentliche Arbeitsergebnisse betreffen die Einführung eines neuen Stoffes oder die Übung.
– Heftführung: Organisation und Gestaltung der Einträge aus sämtlichen Unterrichtsfächern, in denen Einträge sinnvoll sind. Die Praxis verwendet den Begriff „Heftführung" im übergeordneten Sinne auch für die Einträge in Mappen, auf Arbeitsblättern und in vorgedruckte Arbeitshefte.

2. Bedeutung

– Einschulung allgemein verwendbarer Arbeitstechniken, z. B. übersichtliche Raumaufteilung; optische Hervorhebung bedeutsamer Aussageträger; Gebrauch von Füller, Farbstift, Bleistift und Lineal; Anfertigen von Sachzeichnungen; Gebrauch von Darstellungsformen (Tabellen, Zeitleiste, Spaltenanordnung)
– Anlage eines Wissensspeichers
– Gewöhnung der Schüler an selbständiges Arbeiten

3. Didaktische Funktion

– Sammeln von Lerninhalten und Verfahren
– Ordnen von Lerninhalten nach sachlogischen Gesichtspunkten
– Visualisieren von Unterrichtsergebnissen
– Grundlage zum Wiederholen und Nachlernen, damit als Beitrag zur Lernsicherung
– In vielen Fällen Rückmeldung an den Lehrer, ob das Erarbeitete verstanden wurde

4. Verwirklichung

4.1 Hefte oder Mappen?

Maßgebend für eine Entscheidung über Heft oder Mappe sind Erwägungen von der Sache her: Können die Kinder die losen Blätter einordnen? Wo werden die Blätter verwahrt? Kommen in diesem Bereich der Einträge (z. B. Niederschriften) häufig Fehler vor, so daß sich lose Blätter anbieten? Kommen Ringordner zu teuer?

Hefte	Mappen	**5**

Vorteile:

Kein Eintrag geht verloren; keine „Zettelwirtschaft"; gleiche Lineatur; gute Ordnung; größere Konzentration, da der Eintrag nicht entfernt werden kann.	Fehlerhafte Einträge können entfernt und ersetzt werden; für den Lehrer sind die Einzelblätter leichter zu transportieren; auch Arbeitsblätter können eingeordnet werden.

4.2 Realisierung von Grundsätzen der Heftführung

4.2.1 Einträge sollen den Unterrichtsstoff lerneffektiv aufbereiten: Dies ist eine Anforderung für den Lehrer. Sie betrifft die sachlogische Abfolge, die Hervorhebung des Wichtigen, das Herausstellen von Regeln und Merksätzen, die Strukturierung der Inhalte; je nach Sachbereich: Einbeziehung von Übungen und Anwendungsbeispielen, Festhalten wichtiger Methoden (z. B. Normalverfahren, Durchführung von Versuchen)

4.2.2 Einträge sollen am didaktisch richtigen Ort erfolgen: a) unterrichtsbegleitend, „prozeßorientiert": Einträge werden immer dann vorgenommen, wenn eine Phase (ein Teilziel) abgeschlossen ist; Vorteil: Wechsel der Tätigkeit, Eintreten einer Beruhigungsphase
b) zusammenfassend: Der gesamte Eintrag geschieht am Schluß der Unterrichtseinheit; Vorteil: Keine Probleme mit langsameren Schreibern während der Stunde; keine Unterbrechung der Stoffentwicklung. Hinweis: Nicht erarbeiten, während andere Schüler noch schreiben oder zeichnen!

4.2.3 Hefte und Einträge sollen so gestaltet sein, daß ein rascher Zugriff möglich ist:
Einheitlicher farbiger Einband; Zäsuren zwischen den Einträgen; Datieren des Eintrags; bewährt hat sich auch die Numerierung; Verwendung vereinbarter Zeichen für Haupt-, Stunden- und Teilüberschriften (Farbe, Schriftgröße, Art des Schreibgeräts, Unterstreichen); Markieren von Merksätzen (z. B. durch Einrahmen); Gebrauch von Farben; keine übertriebenen Verzierungen; Übersichtlichkeit der Anordnung

4.2.4 Die Einträge sollen sauber gestaltet sein:
Verwendung von Tinte – bei Niederschriften ist auch Bleistift sinnvoll; Vermeidung von Klecksen; Beachtung des Schriftbilds (Lesbarkeit); Einhaltung des Rands; einheitliche und saubere Berichtigung; Löschblatt verwenden

4.2.5 Die Einträge sollen korrigiert oder kontrolliert sein: Korrektur aller Einträge in Deutsch; Korrektur/Kontrolle bei Mathematik und Heimat- und Sachkunde mischen; jeder durchgesehene Eintrag ist zu kennzeichnen; Durchsicht am besten vor dem nächsten Eintrag; Hausaufgaben regelmäßig kontrollieren und in Stichproben korrigieren; Bemerkungen am Ende von Einträgen (nicht bei jedem!).

6. Anhang

6.1 Literaturempfehlungen zu den Kapiteln 3 und 5

zu 3.1 Erziehung:

1. Breslauer, K.: Schulleben und Unterricht – Indizien für eine gefährliche Sicht beider Begriffe. In: Breslauer/Engelhardt (Hrsg.): Schulleben – Chance oder Alibi? Schroedel, Hannover 1979, S. 42–54
2. Oblinger, H.: Über den Erziehungsauftrag der Schule und seine Probleme. In: Schneid, K. (Hrsg.): Erziehen in der Schule. Oldenbourg, München 1979, S. 57–78

zu 3.2 Erfahrung:

1. Bönsch, M.: Grundphänomene im Unterricht. Klinkhardt, Bad Heilbrunn/Obb. 1966, S. 58–73
2. Begriff „Erfahrung". In: Lexikon der Pädagogik, Bd. 1, Herder, Freiburg 1970, S. 375–377

zu 3.3 Anschauung:

1. Bönsch, M.: Die lernpsychologische und didaktische Relevanz der Anschauung. In: Welt der Schule (Grundschule) 4/1974, S. 121–141
2. Engelmayer, O.: Pädagogische Psychologie für Schule und Unterricht. Ehrenwirth, München 1974, S. 145–152
3. Pollert, M.: Anschauung. In: EGM 6/1980, S. 3 f.

zu 3.4 Begriffsbildung:

1. Aebli, H.: Grundformen des Lehrens. Klett, Stuttgart 1976, 9. Aufl., S. 192–209
2. Oerter, R.: Psychologie des Denkens. Auer, Donauwörth 1974, 4. Aufl., S. 19–131

zu 3.5 Denkerziehung:

1. Kopp, F.: Die Förderung des Denkens durch den Unterricht. In PW 9/1969, S. 537–550
2. Oerter, R.: Psychologie des Denkens. Auer, Donauwörth 1974, 4. Aufl.

zu 3.6 Sprecherziehung:

1. Pschibul, M.: Mündlicher Sprachgebrauch. Auer, Donauwörth 1980
2. Singer, K.: Aufsatzerziehung und Sprachbildung. Ehrenwirth, München 1974, 5. neubearb. Aufl., S. 191–242

zu 3.7 Stoffauswahl:

Kopp, F.: Didaktik in Leitgedanken. Auer, Donauwörth 1965, S. 79–93

zu 3.8 Selbsttätigkeit:

1. Biester/Möller: Handeln, die ungenutzte Chance des Sachkundeunterrichts. In: Sachunterricht und Mathematik in der Primarstufe 4/1980, S. 126–132
2. Brunnhuber, P.: Prinzipien effektiver Unterrichtsgestaltung. Auer, Donauwörth 1976, 6. Aufl., S. 40–50
3. Burzer, Th.: Der Anteil der Schülertätigkeit in den aktiven und passiven Formen des Lernvollzugs. In: Schnitzer, A.: Schwerpunkt: Lernplanung und Unterrichtsgestaltung. Oldenbourg, München 1977

zu 3.9 Einsatz von Unterrichtsmedien:

1. Haarmann/Schwartz (Hrsg.): Mediengebrauch in der Grundschule. Arbeitskreis Grundschule e. V., Frankfurt a. M. (Postfach 900148) 1977
2. Schnitzer, A. (Hrsg.): Medien im Unterricht. Ehrenwirth, München 1977

zu 3.10 Motivation:

1. Brunnhuber, P.: Prinzipien effektiver Unterrichtsgestaltung. Auer, Donauwörth 1976, 9. Aufl., S. 21–28
2. Seidemann, O.: Lernpsychologische Forschungsergebnisse im Hinblick auf die Gestaltung und Organisation von Unterricht und Schule. In: Alt-Stutterheim u. a., S. 19–52, hier S. 24

zu 3.11 Zielorientierung:

Herrmann, D.: Lernzielorientierung bei Lernplanung und Unterrichtsgestaltung. In: Schnitzer, S. 35–62

zu 3.12 Differenzierung:

Merkle, S.: Die innere Differenzierung des Unterrichts in der Grundschule. Auer, Donauwörth 1972

zu 3.13 Sozialformen:

1. Witzenbacher, K.: Die Unterrichtsplanung. Prögel, Ansbach 1976, S. 76–78
2. Regelein, S.: Anbahnung und Verwirklichung von Partnerarbeit. In: EGM 10/1980, S. 9–12

zu 3.14 Sachgemäße Arbeitsweisen:

1. Bauer u. a.: Fachgemäße Arbeitsweisen in der Grundschule. Klinkhardt, Bad Heilbrunn/Obb. 1971
2. Pleiner, W.: Arbeitstechniken im Heimat- und Sachkundeunterricht der Grundschule. In: EGM 2/1975, S. 7–10

zu 3.15 Übung:

1. Bönsch, M.: Wie sichere ich Ergebnis und Erfolg in meinem Unterricht? Neue Deutsche Schule Verlagsgesellschaft, Essen 1968
2. Brunnhuber, P.: Prinzipien effektiver Unterrichtsgestaltung. Auer, Donauwörth, 9. Aufl., S. 62–68
3. Rabenstein, R.: Übung. In: EGM 1/1978, S. 3 f.

zu 3.16 Sicherung:

1. Brunnhuber, P.: Prinzipien effektiver Unterrichtsgestaltung. Auer, Donauwörth 1976, 9. Aufl., S. 64 f.
2. Katzenberger, F.: Auffassung und Gedächtnis. E. Reinhardt, München 1967, S. 62–64

zu 3.17 Lernzielkontrolle:

Witzenbacher, K.: Die Unterrichtsplanung. Prögel, Ansbach 1976, S. 71 f.

zu 5.1 Gruppenarbeit:

1. Meyer, E.: Gruppenunterricht. Ernst Wunderlich, Worms 1964
2. Regelein, S.: Anbahnung und Verwirklichung von Gruppenarbeit. In: EGM 11/1980, S. 9–12

zu 5.2 Unterrichtsgang:

Vilgertshofer, R.: Der Unterrichtsgang. In: Meißner/Zöpfl, Bd., 1, S. 270–276

zu 5.4 Beobachtung:

Berkmüller, H.: Der fachliche Bereich Biologie. In: Barsig u. a. [3], S. 155–182, hier S.166–168

zu 5.5 Versuch:

Bäuml, M.-A.: Das Experiment im Sachunterricht der Grundschule. Prögel, Ansbach 1979

zu 5.6: Sachzeichnung:

Sandtner, H.: Tafelzeichnung und Hefteintrag in Grund- und Hauptschule, Auer, Donauwörth 1975, 2. geänd. Aufl.

zu 5.7 Tafelbild:

1. Maras, R.: Das Tafelbild im Unterricht. Lurz, München 1979
2. Röhling, J.: Das Tafelbild – Bedeutung, Aufgabe, Gestaltung. Hrsg. v. Bayer. Lehrerinnen- und Lehrerverband 1978

zu 5.8 Arbeitsprojektor:

Witte, A.: Didaktische Handreichung zur Arbeitsprojektion. Lempp, Schwäbisch Gmünd 1975

zu 5.9 Unterrichtsfilm:

Vilgertshofer, R.: Medien im Unterricht. In: Meißner/Zöpfl, Bd. 1, S. 256–265, hier S. 260–262

zu 5.10 Arbeit mit dem Bild:

Vilgertshofer, R.: Medien im Unterricht. In: Meißner/Zöpfl, Bd. 1, S. 256–265, hier S. 259 f.

zu 5.13 Arbeitsblatt:

1. Meißner, O.: Arbeitsblätter. In: Meißner/Zöpfl, Bd. 1, S. 232–255
2. Wellenhofer, W.: Didaktische Grundlagen und Gestaltungsaspekte des Arbeitsblattes. In: PW 7/1979, S. 387–400

zu 5.14 Schulbuch:

Gärtner, H.: Das Schulbuch – Lernmedium zwischen Chance und Schelte. In: Müller/Weigand (Hrsg.): Seminardigest 4. Oldenbourg/Prögel, München/Ansbach 1979, S. 221–233

zu 5.15 Karte:

Engelhardt/Glöckel (Hrsg.): Wege zur Karte. Klinkhardt, Bad Heilbrunn/Obb. 1977, 2. veränd. Aufl.

zu 5.16 Sandkasten:

Engelhardt/Glöckel (Hrsg.): Wege zur Karte. Klinkhardt, Bad Heilbrunn/Obb. 1977, 2. veränd. Aufl.

zu 5.17 Eintrag:

Meißner, O.: Heftführung und Heftkontrolle. In: Meißner/Zöpfl, Bd. 1, S. 224–232

6.2 Anregungen für die Arbeit im Rahmen der 2. Ausbildungsphase

- Zu einer Konkretisierung allgemeiner Erläuterungen in den Kapiteln 3 und 5 tragen die im Buch skizzierten Unterrichtsbeispiele bei. Dazu bietet es sich an, die Unterrichtsthemen festzustellen, in denen die Konkretisierung erfolgt.

  Beispiel „Differenzierung":

  „Das rechte Mitleid" von K. Killer
  Ich übe mein H
  Lernwörter mit -h-
  „Harte Arbeit im Wald" (Nachschrift)
  Wir stellen Sätze um
  „Alles nur wegen . . ." (Aufsatz)
  Einführung in die Zahl 6
  Einführung in das Einmaleins mit 4
  Wir lösen eine Textaufgabe
  Zusammenzählen gemischter Zahlen mit Zehnerübergang
  Rolle rückwärts aus dem Hockstand

- Zum Erstellen eigener Lösungen zu fachlich bedeutsamen Aufgabenstellungen können die entsprechenden Ausführungen des Buches kombiniert werden.

  Beispiele:

	Hinweise im Buch
Die Verwendung des Arbeitsblattes im Heimat- und Sachkundeunterricht im Themenbereich „Kind und Natur" – Bedeutung, Einsatz und Grenzen	5.13 Arbeitsblatt 4.3.3 Unterricht im naturwissenschaftlichen Bereich 3.9 Einsatz von Unterrichtsmedien
Der Aufbau von Begriffen im Lernbereich „Sprachbetrachtung" des Deutschunterrichts	3.3 Anschauung 3.4 Begriffsbildung 4.1.6 Sprachbetrachtung

- Schließlich eignen sich die Ausführungen der Kapitel 3, 4 und 5 als Vorlage zum Entwurf sog. Aspektbeobachtungen, die in der Unterrichtsmitschau (z. B. für den hospitierenden Lehramtsanwärter) eine wichtige Hilfe sein können. Die Aspektbeobachtungen betreffen sowohl allgemeine didaktische (vgl. Abb. 51) als auch fachliche Fragestellungen (vgl. Abb. 52).

6.3 Verzeichnis der Unterrichtsbeispiele

351

Wir wechseln um	Mathematik	3
Das Komma trennt Mark und Pfennig	Mathematik	3
Wir lösen eine Textaufgabe	Mathematik	3
Zusammenzählen gemischter Zahlen mit Zehner-übergang – Übung	Mathematik	2
Wir untersuchen den Quader	Mathematik	4
Wie kann ich meiner Mutter zu Hause helfen?	Heimat- und Sachkunde	1
München im ersten Mauerring	Heimat- und Sachkunde	3
Wie werden Berge in der Karte dargestellt?	Heimat- und Sachkunde	4
Bei der Feuerwehr	Heimat- und Sachkunde	3
Franz muß sich gründlich waschen	Heimat- und Sachkunde	1
Wasser trägt	Heimat- und Sachkunde	2
„Matthias hab' ich lieb . . ."	Musik	3/4
Der Klecks wird immer größer	Kunsterziehung	3
Wir stellen eine Glückwunschkarte her	Textilarbeit/Werken	2
Rolle rückwärts aus dem Hockstand	Sport	3

Aspektbeobachtung	Unterrichtsprinzipien: Sicherung des Lernerfolgs	
Fach: Thema:	Jgst.: Datum:	
Bitte lesen Sie erst die Beobachtungsaspekte durch: Es wird im Verlauf der UZE erforderlich sein, daß Sie zwischen den einzelnen Aspekten wechseln.		
Beobachtungsaspekte	Beobachtung	Anmerkung
1. Sicherung durch **Motivation** a) Eingangsmotivation b) Motivationen im Verlauf der UZE		
2. Sicherung durch **Aktivierung** Möglichkeiten zum eigenen Tun, zum eigenen Denken		
3. Sicherung durch **Strukturierung** Schrittweise (logisch) sich ent-wickelnde Teilinhalte		
4. Sicherung durch **Veranschaulichung** Medien, Vorzeigen, Vereinfa-chen, Darstellen		
5. Sicherung durch eigens eingeplante **Sicherungsphasen** Zusammenfassung(en), Wie-derholung, Übung/Anwen-dung		

6. Sicherung durch **Merkhilfen** Fixierung an Tafel, im Heft, auf dem Arbeitsblatt; Schaubild, Symbole		
7. Sicherung durch **Versprachlichen** exakte Formulierung, Sprechreihen, Merksätze		

Abb. 51 Vorlage zu einer „Aspektbeobachtung"

Aspektbeobachtung	**Deutsch/Sprachbetrachtung Strukturierung**	
Thema:	Jgst.:	Datum:
Beobachtungsaspekte	Beobachtung	Anmerkung
Phase der Sprachbegegnung Welche Sprechhandlungssituation? Wird der Sprachfall von der Situation zwingend gefordert? Aktivitäten des L. Wie wird der Sprachfall isoliert oder hervorgehoben? Auf welche Weise wird weiteres Sprachmaterial gesammelt? Aktivitäten der S.		
Phase der Sprachbesinnung Welche Maßnahmen werden ergriffen, um die Spracherkenntnis vorzubereiten (z. B. ordnen)? Wie wird die Leistung der Sprachform veranschaulicht? Formulieren die S. die Spracherkenntnis selbst? Wie wird die Erkenntnis fixiert?		
Phase der Sprachanwendung Kann das Sprachwissen eingeübt werden? Beantwortung der Ausgangssituation? Erfolgt eine Anwendung? Aktivitäten der S.		

Abb. 52 Vorlage zu einer „Aspektbeobachtung"

6.4 Verwendete Abkürzungen

– Unterrichtsfächer:

DEU	Deutsch
MAT	Mathematik
HSK	Heimat- und Sachkunde
MuB	Musik- und Bewegungserziehung
MUS	Musik
KUN	Kunsterziehung
Te/We	Textilarbeit/Werken
SPO	Sport

– in den Unterrichtsbeispielen:

L	Lehrer
S	Schüler
TA	Tafelanschrift
TB	Tafelbild
UZE	Unterrichtszeiteinheit

– Fachzeitschriften

BFL	Blätter für Lehrerfortbildung
EGM	Ehrenwirth Grundschulmagazin
PW	Pädagogische Welt

– Sonstige:

Jgst.	Jahrgangsstufe
ASchO	Allgemeine Schulordnung für die Schulen in Bayern
LDO	Dienstordnung für Lehrer an staatlichen Schulen in Bayern

– Lehrplan:

Die grundsätzlichen Ausführungen zum Lehrplan sind als „Präambel", die grundsätzlichen Anmerkungen zum jeweiligen Fach (Lernbereich) als „Vorbemerkungen" gekennzeichnet, oder ggf. dabeistehende Zahl verweist auf den entsprechenden Absatz, z. B. HSK, 2 (d. h. Vorbemerkungen zur Heimat- und Sachkunde, Absatz 2).

Literatur

Aebli, H.: Grundformen des Lehrens. Klett, Stuttgart 1976, 9. Aufl.

Alt-Stutterheim u. a.: Unterrichtspraxis und Lerntheorie. Ehrenwirth, München 1973

Altekamp, G.: Handbuch der Schülerarbeit. Otto Maier, Ravensburg 1976

Altmann, W.: Schriftliche Sprachgestaltung in der Grundschule. In: Altmann u. a. [3], S. 173–187

Altmann u. a. [1]: Seminar und Schule. Bd. 1, Oldenbourg, München 1978

Altmann u. a. [2]: Seminar und Schule. Bd. 2, Oldenbourg, München 1979

Altmann u. a. [3]: Seminar und Schule. Bd. 3, Oldenbourg, München 1980

Baer, J. R.: Der Leselernprozeß bei Kindern. Beltz, Weinheim 1979

Bärmann, F. [1]: Taxonomie der Lernziele im Schreibunterricht. In: Westermanns Pädagogische Beiträge 8/1972, S. 431–437

Bärmann, F. [2] (Hrsg.): Lernbereich Schrift und Schreiben. Westermann, Braunschweig 1979

Bärmann, F. [3]: Schrift und Schreiben – ein erziehungswissenschaftliches Problem? In: Bärmann [2], S. 8–56

Bäuml, M.-A.: Das Experiment im Sachunterricht der Grundschule. Prögel, Ansbach 1979

Bäuml-Roßnagl, M.-A.: Sachunterricht in der Grundschule: Naturwissenschaftlich-technischer Lernbereich. Ehrenwirth, München 1979

Barsig u. a. [1] (Hrsg.): Deutschunterricht in Grund- und Hauptschule II. Englisch – Praktikanteneinsatz. Auer, Donauwörth 1978

Barsig u. a. [2] (Hrsg.): Mathematik in der Grundschule. Auer, Donauwörth 1978

Barsig u. a. [3] (Hrsg.): Heimat- und Sachkunde in der Grundschule – aktuell. Auer, Donauwörth 1979

Barsig/Berkmüller: Die Unterrichtsvorbereitung für die Schule von heute. Auer, Donauwörth 1970

Bauer, H. F. u. a.: Fachgemäße Arbeitsweisen in der Grundschule. Klinkhardt, Bad Heilbrunn/Obb. 1971

Baumann, S. [1]: Weiterführendes Lesen in der zweiten bis vierten Jahrgangsstufe. Grundlegung literarischer Bildung – Arbeit mit dem Kinderbuch. In: Barsig u. a. [1]:, S. 31–55

Baumann, S. [2]: Sprachlehre in der Grundschule. In: Altmann u. a. [3], S. 123–138

Beck, O.: Curriculum und Aufsatzunterricht. In: Beck/Payrhuber, S. 11–60

Beck/Payrhuber (Hrsg.): Aufsatzunterricht heute. Herder, Freiburg i. Br. 1980, 3. Aufl.

Beckmann, H.-K.: Unterrichtsvorbereitung aus der Sicht der Allgemeinen Didaktik. In: Westermanns Pädagogische Beiträge 11/1974, S. 581–591

Beckmann/Biller [1] (Hrsg.): Unterrichtsvorbereitung – Probleme und Materialien. Westermann, Braunschweig 1978

Beckmann/Biller [2]: Modell zur Unterrichtsvorbereitung aus realistischer Sicht. In: Beckmann/Biller [1], S. 53–70

Berkmüller, H.: Der fachliche Bereich Biologie. In: Barsig u. a. [3], S. 155–182

Biester/Möller: Handeln, die ungenutzte Chance des Sachkundeunterrichts. In: Sachunterricht und Mathematik in der Primarstufe 4/1980, S. 126–132

Biglmaier, F.: Der Stellenwert des Leselernprozesses im Unterricht der Eingangsstufe. In: BFL 9/1977, S. 322–328

Bischoff, P.: Grundlagen und Praxis des Rechtschreibunterrichts. Schroedel, Hannover 1969

Bönsch, M. [1]: Wie sichere ich Ergebnis und Erfolg in meinem Unterricht? Neue Deutsche Schule Verlagsgesellschaft, Essen 1968

Bönsch, M. [2]: Die lernpsychologische und didaktische Relevanz der Anschauung. In: Welt der Schule (Grundschule) 4/1974, S. 121–141

Bönsch, M. [3]: Unterrichtsvorbereitung. Don Bosco, München 1977

Bönsch, M. [4]: Hilfen für das Einprägen. In: PW 3/1979, S. 180–183

Breslauer, K.: Schulleben und Unterricht – Indizien für eine gefährliche Sicht beider Begriffe. In: Breslauer/Engelhardt (Hrsg.): Schulleben – Chance oder Alibi? Schroedel, Hannover 1979, S. 42–54

Brunnhuber, P.: Prinzipien effektiver Unterrichtsgestaltung. Auer, Donauwörth 1976, 9. Aufl.

Burkhardt, H.: Grundschul-Praxis des Kunstunterrichts. Otto Maier, Ravensburg 1971, 4. Aufl.

Correll, W.: Einführung in die Pädagogische Psychologie. Auer, Donauwörth 1976, 7. Aufl.

Davidson, D.: Die Förderung des mündlichen Sprachgebrauchs in der Grund- und Hauptschule. In: BFL 9/1980, S. 390–397

Dostal, K. A.: Schreiberziehung. Leitner, Wunsiedel 1956

Eidt, H.: Mathe-Lehrpläne – kindgerecht? In: Die Grundschule 3/1981, S. 118–121

Einsiedler, W.: Elemente der Unterrichtsplanung. In: PW 9/1977, S. 515–526

Ellrott/Schindler: Reform des Mathematikunterrichts. Klinkhardt, Bad Heilbrunn/Obb. 1975

Engelhardt, W.: Erdkunde in der Grundschule: wozu und wie? In: BFL 10/1979, S. 445–450

Engelmayer, O.: Pädagogische Psychologie für Schule und Unterricht, Ehrenwirth. München 1974

Exner, E.: Fachbereich Deutsch: Erstlesen [2]: In: Meißner/Zöpfl, Bd. 2, S. 65–71

Fiegl u. a.: Operationen im Mathematikunterricht der Grund- und Hauptschule. In: PW 9/1978, S. 527–540

Filler, J.: Lernen mit dem Unterrichtsfilm. In: BFL 4/1971, S. 125–131

Franz, K.: Mündlicher Sprachgebrauch im Deutschunterricht der Grund- und Hauptschule – Grundlagen und Tendenzen. In: BFL 10/1977, S. 380–384

Gebhard, U.: Didaktik des Sportunterrichts in der Grundschule. Don Bosco, München 1974

Geisreiter, E.: Artikulation und Dynamisierung des Unterrichts. In: BFL 3/1978, S. 103–106

Gerster, H.-D.: Schwierigkeiten von Schülern mit der Schreibweise bei der schriftlichen Division. In: Mathematische Unterrichtspraxis 3/1980, S. 1–10

Glöckel, H. [1]: Schreiben lernen – Schreiben lehren. Auer, Donauwörth 1976, 3. überarb. Aufl.

Glöckel, H. [2]: Lernkontrolle und Beurteilung im Lernbereich Schrift und Schreiben. In: Die Grundschule 6/1976, S. 314–318

Glöckel, H. [3]: Unterrichtsplanung zwischen den Polen der Festgelegtheit und der Offenheit. In: Pädagogische Welt 9/1977, S. 523–526

Goor, L.: Eine neue Methode der schriftlichen Division. In: EGM 12/1976, S. 9–12

Gramm, D. [1]: Weiterführendes Schreiben – zur Notwendigkeit der Schriftpflege. In: BFL 3/1978, S. 124–127

Gramm, D. [2], Entwicklungsgemäßes Schreibenlernen. Teil I. Zickfeldt, Hannover 1979, 2. Aufl.

Greil, J.: Rechtschreiben in der Grund- und Hauptschule. In: Altmann u. a. [3]: S. 85–102

Greil/Kreuz [1]: Aspekte eines neuzeitlichen Rechtschreibunterrichts. In: PW 2/1978, S. 92–101

Greil/Kreuz [2]: Möglichkeiten des Umgangs mit Kinder- und Jugendliteratur in Grund- und Hauptschule. In: Barsig u. a. [1], S. 57–84

Greil/Kreuz [3]: Umgang mit Texten in Grund- und Hauptschule. Auer, Donauwörth 1978, 3. Aufl.
Greil/Kreuz [4]: Anregungen zum Biologieunterricht in Grund- und Hauptschule. In: PW 3/1980, S. 140-148

Haas, G.: Textkombination als Form der Interpretation. In: Westermanns Pädagogische Beiträge 9/1971, S. 473–481
Hauke, H.: Erziehender Unterricht in der Leistungsschule. In: PW 2/1979, S. 66–73
Heuß, G. E.: Anregungen zur individuellen Lernwegsteuerung im ersten Leseunterricht. In: PW 9/1977, S. 527–532
Heuß/Rabenstein (Hrsg.): Grundschuldidaktik 1. Oldenbourg, München 1979
Huber, G. L.: Lernen. Bayerischer Schulbuch-Verlag, München 1975

Kamke, S.: Der Deutschunterricht in der 1. und 2. Jahrgangsstufe. Auer, Donauwörth 1976
Katzenberger, L. F. [1]: Auffassung und Gedächtnis. E. Reinhardt, München 1967
Katzenberger, L. F. [2]: Didaktik des Sachunterrichts der Grundschule. In: Heuß/Rabenstein, S. 57–79
Knauf, T. (Hrsg.): Handbuch der Unterrichtsvorbereitung in der Grundschule. Päd.-Extra-Buchverlag, Bensheim 1979
Knoll, J.: Arbeitsweisen und Problemlösungsstrategien. In: Bauer u. a., S. 166–201
Kober/Rössner: Anleitungen zur Unterrichtsvorbereitung. Diesterweg, Frankfurt a. M. 1967
Kochan/Neuhaus-Siemon (Hrsg.): Taschenlexikon Grundschule. Scriptor, Königstein/Ts. 1979
Köck/Ott: Wörterbuch für Erziehung und Unterricht. Auer, Donauwörth 1976
Kögel, A.: Der fachliche Bereich Sozial- und Wirtschaftskunde. In: Barsig u. a. [3], S. 68–85
Köhnlein, W.: Einige Tendenzen in der Physikdidaktik. In: PW 12/1979, S. 706–717
Kötter, E.: Psychologische Aspekte des Musikunterrichts. In: Rost, S. 187–199
Kolbinger, K.-H.: Einführung in das Normalverfahren im Mathematikunterricht der Grundschule. In: Barsig u. a. [2], S. 72–105
Kolem, U.: Besondere Schwierigkeiten im Leselernprozeß der 1. Klasse – Methodische und organisatorische Maßnahmen zu deren Überwindung. In: BFL 10/1980, S. 450–456
Kopp, F.: Didaktik in Leitgedanken. Auer, Donauwörth 1965

Lämmel u. a.: Grundlagen der Schreiberziehung. Pelikan AG, Hannover o. J.
Lauter, J. [1] (Hrsg.): Der Mathematikunterricht in der Grundschule. Auer, Donauwörth 1976
Lauter, J. [2]: Didaktische und methodische Schwerpunkte des Mathematikunterrichts in der Grundschule. In: Barsig u. a. [2], S. 32–45
Lehmann, J.: Wo steht der Deutschunterricht heute? In: PW 9/1974, S. 515–526
Liedel, M. [1]: Gegenwärtige Tendenzen in der Praxis des Schreibenlernens. In: PW 9/1977, S. 533–537
Liedel, M. [2]: Fachbereich Schreiben: Erstunterricht im Schreiben. In: Meißner/Zöpfl, Bd. 2, S. 85–96
Liedel/Tauschek: Ein Beitrag zur Diskussion der Ausgangsschrift. In: Theorie und Praxis, in PW 10/1980, S. 590–600
Loch, M.: Weiterführender Schreibunterricht. In: Altmann u. a. [3], S. 65–74

Maier, H.: Didaktik der Mathematik 1–9. Auer, Donauwörth 1976, 3. Aufl.
Maier/Schubert: Sachrechnen, Ehrenwirth. München 1978
Mann, Ch.: Aufsatzunterricht mit Acht- bis Zwölfjährigen. Kösel, München 1977
Marenbach, D.: Zurück zum Aufsatzunterricht? In: PW 11/1980, S. 642–650

Maskus, R.: Unterricht als Prozeß. Klinkhardt, Bad Heilbrunn/Obb. 1976
Meiers, K. [1] (Hrsg.): Erstlesen. Klinkhardt, Bad Heilbrunn/Obb. 1977
Meiers, K. [2]: Studiengang „Erstlesen". In: Heuß/Rabenstein, S. 80–100
Meißner/Zöpfl: Handbuch der Unterrichtspraxis. Bd. 1–3. Ehrenwirth, München 1973 und 1974
Merkel, A.: Übungsmöglichkeiten im ersten Lesen. In: PW 9/1974, S. 561–567
Mersinger, E.: Innere Differenzierung im ersten Leseunterricht. In: PW 10/1980, S. 580–585
Müller, E. P.: Lesen in der Grundschule. Oldenbourg, München 1978
Müller, L. W.: Unterricht nach Schema F? In: Monatshefte für die Unterrichtspraxis – Die Scholle 6/1980, S. 369–371
Müller, R. G. E.: Psychologische und sachlogische Bedingungen für den Rechtschreibunterricht. In: Bischoff, S. 12–26

Oblinger, H.: Über den Erziehungsauftrag der Schule und seine Probleme. In: Schneid, K. (Hrsg.): Erziehen in der Schule. Oldenbourg, München 1979, S. 57–78
Oehl, W.: Der Rechenunterricht in der Grundschule. Schroedel, Hannover 1962
Oerter, R. [1]: Erkennen. Auer, Donauwörth 1974
Oerter, R. [2]: Psychologie des Denkens. Auer, Donauwörth 1974, 4. Aufl.
Oppolzer/Gmelch: Die Artikulation des Unterrichts in historischer Sicht. In: Schmaderer, S. 57–69

Patho, K.: Schreiben im 1. Schuljahr. In: Altmann u. a. [3], S. 55–64
Pelikan: Schreibenlernen mit Pelikan. Pelikan AG, Postfach 103, 3000 Hannover
Peterßen, W. H.: Medien als „Voraussetzung" und als „Zielsetzung" des Unterrichts. In: Die Grundschule 5/1974, S. 273–279
Pleiner, W.: Arbeitstechniken im Heimat- und Sachkundeunterricht der Grundschule. In: EGM 2/1975, S. 7–10
Plößl, W.: Aufgaben für eine Grundschule von Heute und Morgen. In: Staatsinstitut für Schulpädagogik (Hrsg.): Plädoyer für Erziehung. Auer, Donauwörth 1975, S. 175–184
Pschibul, M.: Mündlicher Sprachgebrauch. Auer, Donauwörth 1980

Rabenstein, R. [1]: Einführung zu „Fachgemäße Arbeitsweisen in der Grundschule". In: Bauer u. a., S. 7–12
Rabenstein, R. [2]: Übung. In: EGM 1/1978, S. 3 f.
Rabenstein/Schorch: Erstschreibunterricht: Beginn mit der Druckschrift? In: Bayerische Schule 1/1979, S. 17–20
Rauh, R.: Erstlesen. In: Altmann u. a. [3], S. 35–54
Rauscher, H.: Zum aktuellen Stand der Sprachlehre-Didaktik. In: PW 1/1981, S. 3–15
Regelein, S. [1]: Grundlegung der Addition und Subtraktion – Zum Aufbau von Operationen im Mathematikunterricht der ersten Jahrgangsstufe. In: BFL 9/1978, S. 404–411
Regelein, S. [2]: Lernzielkontrollen im 1. Schuljahr – aufgezeigt an Beispielen zum Erstleseunterricht. In: Monatshefte für die Unterrichtspraxis – Die Scholle 7/1980, S. 462–466
Regelein, S. [3]: Anbahnung und Verwirklichung von Partnerarbeit. In: EGM 10/1980, S. 9–12
Reumuth, K.: Von der Anschauung zum Begriff, In: Didaktische Studien, Dürrsche Buchhandlung, Bonn 1955
Richtlinien für die bayerischen Volksschulen. Maiß, München 1966, 2. Aufl.
Rindfleisch, F.: Bildende Kunst. Ehrenwirth, München 1978
Ritz-Fröhlich, G. [1]: Weiterführender Leseunterricht in der Grundschule. Klinkhardt, Bad Heilbrunn/Obb. 1973
Ritz-Fröhlich, G. [2]: Voraussetzungen und didaktisch-methodische Möglichkeiten zur Förderung der Sprechbereitschaft im Unterricht. In: BFL 10/1977, S. 390–397

Rombach, H. (Hrsg.): Lexikon der Pädagogik. Bd. 1–4. Herder, Freiburg 1970

Rost, D. H. (Hrsg.): Unterrichtspsychologie für die Grundschule. Klinkhardt, Bad Heilbrunn/Obb. 1980

Roth, A.: Die Elemente der Unterrichtsmethode. List, München 1973

Roth, H.: Pädagogische Psychologie des Lehrens und Lernens. Schroedel, Hannover 1976, 15. Aufl.

Sauter, H. [1] (Hrsg.): Heimat- und Sachkunde in der Grundschule. Auer, Donauwörth 1976

Sauter, H. [2]: Fachbereich Erdkunde. In: Sauter [1], S. 143–184

Sauter, H. [3]: Aufsatzunterricht und kommunikativer Sprachgebrauch. In: PW 11/1977, S. 659–669

Sauter, H. [4]: Unterrichtsplanung und Unterrichtsgestaltung im Deutschunterricht auf der Grundlage lerntheoretischer Erkenntnisse und pädagogischer Bedürfnisse. In: Barsig u. a. [1], S. 9–30

Sauter, H. [5]: Modelle des schriftlichen Sprachgebrauchs in der Grundschule. Auer, Donauwörth 1978

Sauter/Pschibul: Vom Aufsatzunterricht zur sprachlichen Kommunikation in der Sekundarstufe I. Auer, Donauwörth 1975, 2. Aufl.

Schlederer, F.: Die Denkerziehung in der Grund- und Hauptschule. In: Welt der Schule (Grundschule) 1/1970, S. 1–19

Schmaderer, F. O. (Hrsg.): Lernplanung und Unterrichtsgestaltung auf der Grundlage pädagogischer und lernpsychologischer Erkenntnisse. Ehrenwirth, München 1977

Schmalohr, E.: Psychologische Aspekte des Leseunterrichts, insbesondere des Erstlesens. In: Rost, S. 99–118

Schmidt, R.: Das Problem des Divisionsalgorithmus. In: Die Grundschule 1/1972, S. 37–44

Schnitzer, A. (Hrsg.): Schwerpunkt: Lernplanung und Unterrichtsgestaltung. Oldenbourg, München 1977

Scholler, L.: Das Experiment als wesentliche Arbeitsmethode im Physikunterricht der Hauptschule. In: BFL 12/1979, S. 557–567

Schröder, H.: Der Lehrer als Organisator von Lernprozessen. Teil 2. In: Bayerische Schule 11/1978, S. 17 f. und 23 f.

Schorb/Simmerding (Hrsg.): Lehrerkolleg. Sport in der Grundschule, Bd. 1 und 2. TR-Verlagsunion, München 1976

Schulz, W.: Unterrichtsplanung. Urban & Schwarzenberg, München 1980, 2. durchges. Aufl.

Schwartz, E.: Die Funktion des Unterrichtsfilms. In: Die Grundschule 5/1974, S. 261–267

Seidemann, O.: Lernpsychologische Forschungsergebnisse im Hinblick auf die Gestaltung und Organisation von Unterricht und Schule. In: Alt-Stutterheim u. a., S. 19–52

Singer, K. [1]: Lebendige Lese-Erziehung. Ehrenwirth, München 1969

Singer, K. [2]: Aufsatzerziehung und Sprachbildung. Ehrenwirth, München 1974, 5., neubearb. Aufl.

Stadler, B.: Über die Handlungsanalyse zur Sprechanalyse. In: BFL 1/1981, S. 6–14

Stechele, I.: Literarische Erziehung in der Hauptschule. In: Altmann u. a. [3], S. 105–122

Stock, H.: Weiterführendes Lesen in der Grundschule. In: Altmann u. a. [3], S. 75–88

Stöckel, H.: Sprachlehre in Grund- und Hauptschule. In: Barsig u. a. [1], S. 139–169

Stolla, G.: Die Ausgangssituation im Sprachlehreunterricht der Grund- und Hauptschule. In: BFL 1/1981, S. 15–20

Uhr, H.: Geometrie in der Grundschule. In: Barsig u. a. [2], S. 146–180

Ullrich, H. und E.: Zeichnen, Malen, Werken. Otto Maier, Ravensburg 1979

Vilgertshofer, R.: Medien im Unterricht. In: Meißner/Zöpfl, Bd. 1, S. 256–265

Vogel, A.: Artikulation des Unterrichts. Otto Maier, Ravensburg 1975, 4. Aufl.

Vortmann/Schmid: Die Übung im Mathematikunterricht der Grund- und Hauptschule in Unterrichtsbeispielen. A. Henn, Ratingen 1975

Wagner, G.: Gibt es die Alternative: Kommunikatives Schreiben – Aufsatzunterricht über Stilgattungen? In: BFL 11/1980, S. 516–520

Watzke, O.: Rechtschreibunterricht in der Primarstufe. List, München 1976, 3. Aufl.

Weber, A.: Grundlagen der Literaturdidaktik. Ehrenwirth, München 1975

Weber, H.-G.: Schreibenlernen aus physiologischer Sicht. In: Die Grundschule 6/1976, S. 292–294

Weigl, E.: Zur Schriftsprache und ihrem Erwerb. In: Meiers [1], S. 45–68

Weikert, H.: Begegnung mit Kunstwerken. Oldenbourg, München 1972, 2. Aufl.

Weinert u. a.: Schreiblehrmethode und Schreibentwicklung. Beltz, Weinheim 1966

Wellenhofer, W.: Didaktische Grundlagen und Gestaltungsaspekte des Arbeitsblattes. In: PW 7/1979, S. 387–400

Wenzel, A.: Die Einführung in den Leselehrgang im Anfangsunterricht – Didaktische Überlegungen und methodische Hinweise. In: BFL 10/1980, S. 446–449

Witte, A.: Didaktische Handreichung zur Arbeitsprojektion. Lempp, Schwäbisch Gmünd 1975

Witzenbacher, K.: Die Unterrichtsplanung. Prögel, Ansbach 1976

Zech, F.: Der Aufbau von mathematischen Begriffen und Denkoperationen durch die operative Methode. In: BFL 9/1978, S. 397–403

Zeitler, K.: Weiterführende Schreiberziehung. In: BFL 3/1981, S. 71–75

Zitterbart, E.: Die Übung im Mathematikunterricht der Grundschule. In: Barsig u. a. [2], S. 181–198